Von den sechziger bis zu den achtziger Jahren gehörte der Theorieband als Vademekum in jede Manteltasche. Es war die Zeit der apokalyptischen Meisterdenker, der glamourösen Unverständlichkeit und der umstürzenden Lektüreerlebnisse. In einer Welt, die im Kalten Krieg erstarrte, ging nur von großen Ideen Bewegung aus. Je schwieriger die Texte, desto intensiver die Lektüre, je abstrakter die Argumente, desto relevanter für die Wirklichkeit. Heute, wo die intellektuellen Energien von '68 in schwach glimmende Substanzen zerfallen sind, ist es Zeit zurückzublicken: Was war Theorie? In West-Berlin versorgte der Merve Verlag die Geister mit wildem Denken – von den Kadern der Studentenbewegung über Spontis und Punks bis zu den Avantgarden des Kunstbetriebs. Philipp Felsch schreibt die Geschichte einer intellektuellen Revolte, indem er sich den Büchermachern und ihren Lesern anvertraut. Er folgt ihren verschlungenen Pfaden vom Klassenkampf bis in den White Cube der Galerien, um eine Epoche wiederauferstehen zu lassen, in der das Denken noch geholfen hat.

Philipp Felsch ist Professor für Kulturgeschichte an der Humboldt-Universität zu Berlin. Bei C.H.Beck ist von ihm erschienen: *Wie Nietzsche aus der Kälte kam. Geschichte einer Rettung* (2022).

Philipp Felsch

Der lange Sommer der Theorie

Geschichte einer Revolte
1960–1990

C.H.Beck

Dieses Buch erschien zuerst 2015 in gebundener Form
im Verlag C.H.Beck.
2. Auflage. 2015
3., durchgesehene Auflage. 2015

Vorige Doppelseite: *Will McBride, Sektorengrenze an der Wilhelmstraße (?),
Berlin, 1960*

Sämtliche in diesem Buch abgebildeten Bücher stammen aus der
Handbibliothek des Merve Verlags.

Mit 23 Abbildungen

1. Auflage in C.H.Beck Paperback. 2025
© Philipp Felsch
© Verlag C.H.Beck GmbH & Co. KG, München 2015
Wilhelmstraße 9, 80801 München, info@beck.de
www.chbeck.de
Dieses Werk wurde vermittelt durch die Literarische Agentur Michael Gaeb.
Umschlaggestaltung: Kunst oder Reklame, München
Umschlagabbildung: André Kertész, Washington Square, NYC, 1970,
© The Estate of André Kertész, courtesy Stephen Bulger Gallery.
Kertész veröffentlichte die Aufnahme 1971 in seinem Buch *On Reading*,
einem Bildband zum langen Sommer der Theorie.
Satz: Fotosatz Amann, Memmingen
Druck und Bindung: Druckerei C.H.Beck, Nördlingen
Printed in Germany
ISBN 978 3 406 83086 0

verantwortungsbewusst produziert
www.chbeck.de/nachhaltig
produktsicherheit.beck.de

«Wir sind besessene Leser.»

Heidi Paris
(1950–2002)
&
Peter Gente
(1936–2014)

Inhalt

Einleitung
Was war Theorie?

Andreas Baader, der 1968 wegen Brandstiftung zu drei Jahren Haft verurteilt wurde, entdeckte im Gefängnis das Briefeschreiben. Er schilderte das Elend des Alleinseins, schimpfte über das Wachpersonal und bat seine Freunde, ihn mit dem Nötigsten zu versorgen. Abgesehen von Wurst und Tabak waren das in erster Linie Bücher. Er ließ sich Marx, Marcuse und Wilhelm Reich zuschicken, die Lieblingsautoren der Studentenbewegung, die er bislang nur vom Hörensagen kannte. «Berge von Theorie, was ich nie wollte», schrieb er an die Mutter seiner Tochter. «Ich arbeite und leide, ohne zu klagen natürlich.» Auch später in Stammheim mussten seine Anwälte seinen Lesehunger stillen. Bei seinem Tod befanden sich an die vierhundert Bände in seiner Zelle: für einen Terroristen, der unter seinen Genossen für seinen Mutwillen berüchtigt war, eine beachtliche Bücherwand. Sicher spielte Baader die Rolle des Gefängnisintellektuellen in ähnlicher Weise, wie er vorher den Revolutionär gegeben hatte. Zugleich steckte in seinem Studium aber auch viel Ernsthaftigkeit. Aus seinen Briefen geht hervor, dass er das Bedürfnis hatte, einen Rückstand aufzuholen.[1] Schließlich beruhte der Kampf, für den er sich entschieden hatte, auf theoretischen Grundlagen.[2] Zu einer anderen Zeit hätte Baader vielleicht zu malen begonnen oder den Roman seines Lebens zu Papier gebracht. Doch stürzte er sich – wider seinen Willen – in die Theorie.

Heute, wo die intellektuellen Energien von '68 in schwach glimmende Substanzen zerfallen sind, fällt es schwer, sich die Faszination eines Genres zu vergegenwärtigen, das Generationen von Lesern in seinen Bann gezogen hat. Theorie war mehr als eine Folge bloßer Kopfgedanken; sie war ein Wahrheitsanspruch, ein Glaubensartikel und ein Lifestyle-Accessoire. In billigen Taschenbüchern breitete sie sich unter ihren Anhängern aus, in Seminaren und Lesegruppen etablierte sie neue Sprachspiele. Die Frankfurter Schule, der Poststrukturalismus und die Systemtheorie wurden zu Marken mit Bestsellerauflagen. In Adornos Büchern entdeckten die westdeutschen Studenten die Poesie der Begriffe. Zu Beginn der sechziger Jahre profilierte sich die Neue Linke gegen den Pragmatismus der Sozial-demokraten unter dem Banner ihrer «Theoriearbeit». Wer die Welt verändern wollte, musste sie in ihren Augen erst durchdenken. Mit der Philosophie der Professoren, die sich darauf beschränkten, den Sinn von Sein oder die Texte der Klassiker auszulegen, hatte dieses Denken aber nichts zu tun. Statt auf ewige Wahrheiten zielte es auf die Kritik der Verhältnisse ab, und in seinem Licht bekamen selbst die alltäglichsten Vorgänge gesellschaftliche Relevanz. Die Intensi-tät, mit der seine Studenten die Schriften von Herbert Marcuse lasen, erinnerte den Berliner Religionsphilosophen Jacob Taubes an den Ernst, «mit dem einst Talmud-Jünger den Text der Thora ausleg-ten».[3] Theorie verhalf nicht nur zu akademischem Kapital, sondern auch zu Sexappeal bei den Kommilitonen. Auf Marcuse folgte Marx, und auf Marx folgte Hegel: Wer mitdiskutieren wollte, legte sich die zwanzigbändige Suhrkamp-Gesamtausgabe zu.[4] Erst nach dem Schock, den Stammheim und Mogadischu auslösten, wuchsen sich die Zweifel am Kanon von '68 zu offenem Widerstand aus. Aus Paris kam ein neues Denken nach Deutschland, das mit dem Sound der Dialektik brach. Die Bücher von Deleuze oder Baudrillard mussten anders als Marx oder Hegel gelesen werden. Sie schienen wichtigere Aufgaben zu haben, als wahr zu sein. In den achtziger Jahren ver-wandelte sich Theorie in ein ästhetisches Erlebnis. Und während die Ökologie die spekulative Fantasie der siebziger Jahre auf Mess- und Grenzwerte reduzierte, trat das schwierige Denken seinen Weg in die Kunstwelt an.

Der erste Anstoß, dieses Buch zu schreiben, liegt schon einige Jahre zurück. Im Frühjahr 2008 rief mich ein Redakteur der *Zeitschrift für Ideengeschichte* an, um mich für einen Beitrag über den Merve Ver-lag zu gewinnen. Er plante ein Heft über West-Berlin, die Frontstadt des Kalten Krieges, die Merve zwei Jahrzehnte lang mit Theorie be-liefert hatte. Da Peter Gente, der Gründer und Verleger von Merve, sich aus dem Geschäft zurückgezogen und seine Papiere an ein Ar-chiv verkauft hatte, um seinen Lebensabend in Thailand zu finan-zieren, schien der Moment günstig für einen historischen Rückblick zu sein.[5] Ich konnte unmöglich nein sagen. Auch als Nicht-Berliner war mir Merve ein Begriff. Der Verlag ist als «Reclam der Post-moderne» und rechtmäßiger Urheber des deutschen Wortes «Dis-kurs» bezeichnet worden.[6] In den achtziger Jahren hatte er sich vor allem durch die Übersetzung der französischen Poststrukturalisten einen Namen gemacht. Unter eingefleischten Theorielesern galten seine billig geleimten Bändchen als Garantie für avanciertes Den-ken, und wegen ihrer unakademischen Machart galten sie außerdem als Pop. Als Logo besaß die farbige Raute des *Internationalen Merve Diskurses* ein ähnliches Renommee wie der Regenbogen des Suhr-kamp Verlags.

An meine eigenen ersten Merve-Titel konnte ich mich noch gut erinnern: Mit großem Aufwand hatte ich sie mir Mitte der neunzi-ger Jahre nach Bologna bestellt. Eigentlich war ich für ein Semester nach Bologna gegangen, um bei Umberto Eco zu studieren. Doch Ecos Vorlesung entpuppte sich als Touristenattraktion. Was der be-rühmte Semiotiker weit entfernt in ein Mikro sprach, konnte man besser in einer seiner einschlägigen Einführungen nachlesen. Im Nachhinein stellte sich das als Glücksfall heraus, denn ich musste mich nach einer Alternative umsehen. Auf der Suche nach einem intensiveren Bildungserlebnis landete ich – zwölf Jahre nach seinem Tod – bei Michel Foucault. Zwar trug er weder Glatze noch Rollkra-genpullover, und auch das Französisch, das er gelegentlich benutzte, hatte einen unüberhörbaren italienischen Akzent. Doch seine große rhetorische Geste und sein Hang, die Worte überzuartikulieren, sind mir bis heute unvergesslich. In seinen besten Momenten kam er sehr nah an das Original heran. Zu Beginn der Achtziger, wenn ich mich richtig erinnere, hatte Valerio Marchetti den echten Foucault am Col-lège de France gehört und – wie ich später auf Youtube überprüfte – zugleich mit dessen Denk- auch dessen Redeweise übernommen. An der Università di Bologna bekleidete er eine Professur für frühneu-zeitliche Geschichte. Seine Vorlesung, zu der nur wenige Studenten kamen, war einem Thema gewidmet, das sich nur ein Foucaultianer ausdenken konnte: Sie handelte von «Hermaphrodismus im Frank-reich des Barockzeitalters». Ich war begeistert, von den Debatten des 17. Jahrhunderts zu erfahren, in denen Theologen und Mediziner über die Bedeutung abnormer Geschlechtsmerkmale gestritten hatten.[7] An der deutschen Uni, wo Platon und Kant gelesen wurden, hatte ich so etwas noch nie gehört. Ich hing an Marchettis Lippen, besuchte sogar den Jiddischkurs, den er aus irgendeinem Grund anbot, und fing an, die zitierte Literatur zu lesen: Michel Foucault, Paul Veyne, Claude Lévi-Strauss, Georges Devereux… Auf das Eintreffen der deutschen Übersetzungen wartete ich wochenlang. Ich las mehr, als ich je wieder gelesen habe, und schrieb Exzerpte auf farbige Karteikarten. In der Hitze des italienischen Sommers klebten meine Unterarme an der *Mikrophysik der Macht* und am *Eisberg der Geschichte* fest.[8]

Seit Jahren hatte ich diese Bücher nicht mehr in der Hand gehabt. Beim Öffnen brachen ihre Rücken mit trockenem Knacken auseinander. Die heftigen Bleistiftzeichen, auf die ich im Innern stieß, erinnerten mich daran, welche Offenbarung für mich damals die Theorie gewesen war. Doch aus dem Abstand eines Jahrzehnts wirkte dieses Erlebnis seltsam fremd. Es schien einer intellektuellen Epoche anzugehören, die unwiderruflich vergangen war. Ich fuhr nach Karlsruhe, um mir die Materialien anzuschauen, die Peter Gente dem Zentrum für Kunst und Medientechnologie übergeben hatte. In den vierzig schweren Kartons, die darauf warteten, geöffnet zu werden, steckte vielleicht auch ein Kapitel meines eigenen Bildungsromans. Sie enthielten die Korrespondenz mit den berühmten und den weniger berühmten Merve-Autoren nebst jener Papiermoräne, die den Wegrand von über dreihundert Verlagstiteln säumte: Zeitungsausschnitte, Notate, Kalkulationen, Dossiers … Während Gente vermutlich schon unter Kokospalmen saß, versank ich in seinen Hinterlassenschaften. Erst nach einer Weile wurde mir klar, dass, was ich vor mir hatte, kein klassischer Geschäftsnachlass war. Es handelte sich vielmehr um das Archiv eines epischen Leseabenteuers.

Die ältesten Dokumente reichten bis in die späten fünfziger Jahre zurück, als Gente auf die Bücher von Adorno stieß. Danach wurde alles anders. Fünf Jahre lang lief er mit den *Minima Moralia* durch West-Berlin, bevor er mit deren Autor in Verbindung trat. Da steckte er schon mitten in den Theoriediskussionen der Neuen Linken, durchkämmte Bibliotheken und Archive, um der verschütteten Wahrheit der Arbeiterbewegung auf die Spur zu kommen. Er war überall dabei, bejubelte Herbert Marcuse im Audimax der FU, ging mit

Andreas Baader auf dem Ku'damm demonstrieren und lief Daniel Cohn-Bendit kurz vor dem Mai '68 in Paris über den Weg. Später diskutierte er mit Toni Negri, saß mit Foucault in Untersuchungshaft und beherbergte Paul Virilio in seiner Berliner Wohngemeinschaft. Es steht außer Frage, dass er zur Avantgarde der Bewegung gehörte. Doch hielt er sich selbst im Hintergrund. Da er weder als Aktivist noch als Autor agieren mochte, fand er lange keine Rolle. «Versucht einzugreifen, war aber nicht in der Lage dazu», lautete seine Bilanz des Jahres '68.[9]

Von Anfang an war Gente vor allem ein Leser gewesen. Helmut Lethen, der ihn seit Mitte der sechziger Jahre kannte, hat ihn den «Enzyklopädisten des Aufruhrs» genannt.[10] Er kannte jede Verzweigung der Debatten aus der Zwischenkriegszeit, verstand es, selbst die entlegensten Zeitschriften aufzutreiben, und gab seinen Genossen die entscheidenden Lektüretipps. Im Vergleich zu Baader, dem er Bücher nach Stammheim schickte, verkörperte er das andere Ende der Bewegung: Der Mann, den ich im Jahr 2010 kennenlernte, um ihn über seine Vergangenheit zu befragen, interagierte über Texte mit der Welt.[11] Vor unseren Gesprächen legte er sich Bücher, Briefe und Zeitungsartikel zurecht, die er beim Reden abwechselnd in die Hand nahm, um diesen oder jenen Punkt zu unterstreichen. Im Echoraum der Theorien, den er wie kein Zweiter beherrschte, fand er sein Lebenselement. Jacob Taubes, selbst ein begnadeter Leser, der Gente zu seinen Schülern zählte, bescheinigte ihm 1974 Talent für das «intensive Umgehen mit spröden Texten».[12] Es gehört zu den Merkwürdigkeiten der theorieversessenen Achtundsechziger, dass aus ihren Reihen kaum eigene Theoretiker hervorgegangen sind. «Während sie den Vätern das Wort abschnitten, gaben sie es den Großvätern zurück, vorzugsweise den Exilierten unter ihnen.»[13] Ob Henning Ritter, als er diese Beobachtung notierte, an seinen ehemaligen Kommilitonen dachte, mit dem er bei Taubes in den sechziger Jahren Hilfskraft gewesen war? So gesehen stellt Gente nämlich den Idealtyp des Neuen Linken dar: Er war ein Partisan des Klassenkampfs in den Archiven.[14]

Er fuhr nach Paris und brachte Texte von Roland Barthes und Lucien Goldmann mit, Autoren, die in Berlin noch niemand kannte.

Heidi Paris und Peter Gente, West-Berlin, um 1980

Gegen Ende der Sechziger, als der linke Buchmarkt zu boomen begann, ergatterte er kleine Herausgeberjobs. Die Antwort auf die Frage nach seinem Lebensthema gelang ihm jedoch erst, als er mit Mitte dreißig beschloss, sich selbständig zu machen: Mit befreundeten Genossen gründete er 1970 den Merve Verlag. Anfangs verstanden sich die Büchermacher als sozialistisches Kollektiv; doch mit den politischen Überzeugungen veränderte sich auch die Arbeitsweise. Über zwei Jahrzehnte prägte Merve die Theorielandschaft der Mauerstadt und der alten Bundesrepublik. Von den Nachzüglern der Studentenbewegung bis zu den Avantgarden des Kunstbetriebs bekamen sie alle ihr gefährliches Denken: italienischen Marxismus, französischen Poststrukturalismus, eine Dosis Carl Schmitt und zu guter Letzt Luhmanns nüchterne Systemtheorie.

Doch wäre Merve vermutlich nur ein linker Kleinverlag geblieben, auf dessen Bücher man gelegentlich noch in roten Antiquariaten stößt, wenn Gente nicht Heidi Paris begegnet wäre. In der Männerwelt der Theorie, in der Frauen allzu oft auf die Rolle von Müttern oder Musen reduziert wurden, war sie eine Pionierfigur.[15] Sie lenkte die Publikationspolitik des Kollektivs in neue Bahnen und trug zu dessen Auflösung bei. Ab 1975 verband sie mit Gente eine Arbeits- und Liebesbeziehung. Als Verlegerpaar komponierten sie legendäre Merve-Longseller, etablierten Autoren wie Deleuze und Baudrillard in Deutschland und steuerten ihren Verlag in die Kunst, wo er bis heute seine feste Bleibe hat. Sie produzierten Bücher, die nicht in der Uni gelesen werden wollten, verwandelten Leser in Fans und Autoren in Denkstilikonen. Mit Blixa Bargeld und Heiner Müller arbeiteten sie an Filmprojekten, mit Martin Kippenberger zogen sie durch die Discos von Schöneberg.[16] Als notorische Szenegewächse waren sie auf ein Milieu von Gleichgesinnten angewiesen, das mit dem Standbein in der Uni, mit dem Spielbein aber schlau im Nachtleben stand. Oder umgekehrt. In den achtziger Jahren wurde die Lektüre von Merve-Bändchen für dieses Milieu zur Pflicht.

«Wir sind fast nie in Paris und leben gern in Berlin», schrieben Paris und Gente 1981 an den New Yorker Professor Sylvère Lotringer.[17] Für ihren Verlag stellte West-Berlin einen idealen Standort dar. Im politischen Ausnahmezustand, der hier herrschte, florierte das spekulative Denken. Zwischen Schöneberg und Dahlem konnte die Merve-Kultur prächtig gedeihen. In den sechziger Jahren war Berlin die Hochburg der Neuen Linken gewesen, in den Siebzigern wurde es zum Biotop der Gegenkultur. Und während die Ideologien des Kalten Krieges zu Schemen verblassten, brach hier in den achtziger Jahren die Postmoderne an. Schon Hegel hatte die Hauptstadt von Preußen als Sitz des Weltgeistes angesehen. Seine kritischen Erben standen ihm darin in nichts nach. Auch wenn die Existenz der «Enklave auf vorgeschobenem Posten», wie Heidi Paris ihren Wohnort einmal nannte, Hegels Theorie gerade zu widerlegen schien.[18]

Die Geschichte des Verlegerpaares ist untrennbar mit West-Berlin verbunden; doch bietet sie mehr als eine intellektuelle Milieustudie aus der Mauerstadt. Man neigt dazu, die Ära der Theorie hierzulande mit der sogenannten Suhrkamp-Kultur gleichzusetzen, die der englische Kritiker George Steiner 1973 als Kanon der alten Bundesrepublik beschrieb.[19] Für den Zuschnitt und die Proliferation der Gattung – das wird im Folgenden deutlich – hat das Frankfurter Verlagshaus tatsächlich eine entscheidende Rolle gespielt. Seine Politik, Theorie im Taschenbuch herauszugeben, hat auch ein Projekt wie Merve überhaupt erst möglich gemacht. Doch gerade weil sich die Berliner Tochter nie zu einem Unternehmen mauserte, das Angestellte beschäftigte, geregelte Bücher führte und unter dem Zwang zur Rendite stand, ermöglichen die Akten, auf die ich in Karlsruhe aufmerksam wurde, eine andere Perspektive: Sie erzählen den langen Sommer der Theorie aus User-Sicht. Zeit ihres Lebens verstanden sich die Büchermacher und ihre Freunde als passionierte Leser; daher war Merve nicht nur ein Verlag, sondern eine Lektüregruppe und eine Fangemeinde – kurz: ein Rezeptionszusammenhang.

Für mein Vorhaben, die Geschichte eines Genres zu schreiben, bietet das einen unschätzbaren Vorteil: Will man den Siegeszug der Theorie seit den sechziger Jahren verstehen, sind ihre Lesarten und Gebrauchsweisen mindestens genauso wichtig wie ihre – längst gut erforschten – Inhalte.[20] Darauf haben nicht zuletzt die in jüngerer Zeit erschienenen Memoiren ehemaliger Theorieleser aufmerksam gemacht.[21] Vielleicht war das Lektüreerlebnis genauso entscheidend wie der begriffliche Zusammenhang. Vielleicht wog die Suggestivkraft einschlägiger Texte sogar schwerer als ihre Systematik. Ausgehend von dieser Einstiegsintuition, die auch eine methodische Entscheidung bedeutet, soll den Darstellungen der Ideengeschichte des 20. Jahrhunderts im Folgenden keine weitere hinzugefügt werden.[22]

Dieses Buch erzählt von Peter Gentes Bildungserlebnissen, von den Irrfahrten des Merve-Kollektivs und von den Entdeckungen des Verlegerpaares. Es folgt der Spur ihrer Lektüren, ihrer Debatten und Lieblingsbücher – aber es dringt nicht ins Innere der Bleiwüsten ein. Die Geschichte der Wissenschaften richtet ihr Augenmerk schon lange auf die «theoretische Praxis», wie der Merve-Autor Louis Althusser das Geschäft des Denkens nannte. Im Anschluss an ihn und andere hat sie gelernt, auf die Medien, Institutionen und Praktiken von Wissen zu schauen.[23] Warum sollte sich dieser Ansatz nicht für die Theorielandschaft der sechziger und siebziger Jahre fruchtbar machen lassen, in deren Umgebung er einst formuliert wurde?[24] 1978 entwickelte Michel Foucault das Konzept der «Ideenreportage», einer Form, die der Realhistorie der Ideen galt. «In der heutigen Welt wimmelt es von Ideen», schrieb er, «die entstehen, sich bewegen, verschwinden oder wieder auftauchen und den Menschen wie auch den Dingen Stöße versetzen.» Daher sei es nötig, «die Analyse des Gedachten stets mit der Analyse des Geschehens» zu verknüpfen.[25] Genau darin besteht das Ziel dieses Buches.

1965

Die Stunde der Theorie

Filme 1956

1.) Rififi   1 -   Cinema 2.1.

2.) Über den Dächern v. Nizza   2/1   Delphi 9.1

3.) Wir sind keine Engel   2/3 Kamme 17.1.

4.) Gigi   2 - Studio 30.1

5.) Lola Montez   1/2   F.B. Wien 9.2

6.) Paisa   1   Br. Cent. 14.2

7.) Mädchen in Uniform 1   "   20.2.

8.) Daddy Langbein   2+ Forum 24.2

9.) Millionenstadt Neapel 1- Studio 23.2

10.) Sir Kay, The Pilgrim   1   Br. Cent. 28.2

11.) La Belle et la Bête   2   "   "   5. III

12.) An einem Tag wie jeder andere 1- F. Th. Berlin 15. III

13.) Mutter Krauses Fahrt ins Glück 2- Br. Cent. 19. III

14.) Der Mann mit d. gold. Arm 1- F.B. Wien 21. III

15.) Dreigroschenoper   1+ F.B. Steinpl. 12.5

16.) Opium   5   Br. Cent. 13.5

1. Bundesrepublik Adorno

17.) Othello   1+   T.B. Steripl. 26.4.
18.) Nachtasyl   1   „   „   30.IV
19.) Die roten Schuhe   2/3   „   4.V.
20.) B.G. Story   3   Titania-P.   7.V
21.) Hotel die Nord   1+   Lido   12.V.
22.) Herr Satan persönlich 1/2 Studio   18.V
23.) Gas-Öil   2- Rathaus 30.V
24.) Das Tagebuch d. Mr.Th. 3- Cinema-P. 4.VI
25.) Schatten der Vergange 1/2 Steripl. 7.VI
26.) Die schön. Mädl. v. Florenz 1/2 Niki 12.VI
27.) Ich denke oft an Piroz.   2+ Bio   14.VI
28.) Die Schönen der Nacht   1+ Capit. 21.VI
29.) Einladg z. Tanz   1 T.B. Wien 22.VI
30.) Die weiße Schlangenfrau 3   „   24.„
31.) Mädchen mit Ollui   2   26.„
32.) Haverie mir in Monte Carlo 2 „   29.„
32.) Der unbekannte Soldat p.Gloria 1.VII

An dem Abend, als der Sender Freies Berlin die Geheimrede von Nikita Chruschtschow ausstrahlte, ging Peter Gente ins Kino. Während die Radiohörer der geteilten Stadt von den Verbrechen des Stalinismus erfuhren, öffnete sich der Vorhang für *Die Schönen der Nacht*, eine Komödie von René Clair, die von der Weltflucht eines jungen Mannes handelt, der von großen Erfolgen und schönen Frauen träumt und darüber den Bezug zur Wirklichkeit verliert – bis er am Ende des Films gerade rechtzeitig erwacht, um sich dem echten Leben zu stellen.[1] Peter Gente war begeistert. In seinem Kulturtagebuch bekam der Film die Note 1+. Er ging damals oft ins Kino. Außerdem ging er in die Theater, die Konzerthäuser und Kulturpaläste von Berlin. Nachdem er mit seinen Eltern aus der sowjetisch besetzten Provinz in die Großstadt gekommen war, hatte er seine Leidenschaft für die Kultur entdeckt. Mit einem Eifer, der für Spätzünder typisch ist, begann er, Romane zu lesen, und was seine Ferienjobs an Geld einbrachten, investierte er in Eintrittskarten.[2] Herbert von Karajan dirigierte die Berliner Philharmoniker. Im Berliner Ensemble, das wegen des Wechselkurses zwischen West- und Ostmark unschlagbar billig war, saß Brecht noch leibhaftig in der Loge. Und in den Lichtspielhäusern waren Filme aus Frankreich und Italien zu sehen, deren Ästhetik mit Opas Kino brach.[3] Am Vorabend der Nouvelle Vague ließ sich Gente von Fellini verzaubern, von Hitchcock, Orson Welles und Jean Cocteau. «Bürgerliche Romane gelesen; allgemeiner Kulturkonsum», rekapitulierte er später in einer Selbstkritik vor sozialistischen Genossen.[4]

Karl Marx hat einmal bemerkt, die Deutschen seien die philosophischen, aber nicht die historischen Zeitgenossen ihrer Gegenwart.[5] Auch in Gentes Leben kam die große Politik nur als Hintergrundrauschen vor. Von Chruschtschows Rede, mit der im Osten das Tau-

Vorangehende Doppelseite: *Peter Gente geht ins Kino, 1956*

24

wetter und im Westen die Ernüchterung der linken Intelligenz begann, scheint er kaum Notiz genommen zu haben.[6] Dabei befand er sich im Epizentrum des Kalten Krieges. Doch war vielleicht gerade Berlin der falsche Ort, um einen stabilen Wirklichkeitssinn auszubilden. Dazu lagen hier zu viele Wirklichkeiten nebeneinander: die Ruinen des Weltkriegs und die Monumente des Wirtschaftswunders, der Kurfürstendamm mit seinen Buttercremetorten und die Stalinallee mit ihrem Zuckerbäckerstil. Für Maurice Blanchot, den Gente später zu seinen Lieblingsautoren rechnete, war Berlin «weder eine Stadt, noch zwei Städte», sondern «ein Ort, wo sich die Reflexion auf die zugleich notwendige und unmögliche Einheit in jedem vollzieht, der dort wohnt und der, dort wohnend, nicht nur die Erfahrung von einem Wohnort, sondern auch die von der Abwesenheit eines Wohnortes macht».[7]

So kann es klingen, wenn eine politische Situation zu metaphysischen Spekulationen Anlass gibt. Doch 1956 erblickte Gente die Welt noch nicht im Licht der Theorie. In runden Schriftzügen, die seine Jugend verraten, hielt er seine Kino- und Theaterabende fest. Seine Listen sind das Protokoll einer Suche, die gerade aufgrund ihrer minimalistischen Prosa vor gestautem Begehren zu vibrieren scheint. Gente brannte darauf, einen Platz in der Welt der schönen Künste zu finden.[8] Unter dem Einfluss prägender Lektüreerlebnisse begrenzte er seine Suche bald auf den Kanon der Hochkultur. Im Jahr des Tauwetters war sein Geschmack aber noch nicht ausgegoren. In seinem Tagebuch mischen sich Musicals mit Autorenkino und Puccini mit Hollywood und Brecht. Den gemeinsamen Nenner musste er aus eigener Kraft herstellen. Dazu verteilte er die Zensuren des Gymnasiums, auf dem er selbst bis vor kurzem zur Schule gegangen war. Sie bildeten das vergleichsweise bescheidene Instrumentarium einer Kulturkritik in Zahlen, die sich um High- und Lowbrow unbekümmert zeigte. Die unwesentlich ältere Susan Sontag, die in Chicago ihr Kulturpensum absolvierte, notierte in ihrem Tagebuch damals schon versierte Kurzkritiken.[9] Die Spanne von Gentes Noten reichte dagegen nicht weiter als von der herausragenden 1++ für den *Diener zweier Herren*, aufgeführt vom Mailänder Piccolo Teatro, bis zur mäßigen 3 für Puccinis *La Bohème*. Als Verehrer der Kultur war Gente ein großzügiger Lehrer, der sein Spektrum mehrfach nach oben erweitern musste, weil er von Anfang an zu viele Einser gab.

Reflexionen aus dem beschädigten Leben

Im Jahr darauf, 1957, hatte Gente ein Erweckungserlebnis. Allerdings ereignete es sich nicht im Kulturbetrieb, wo er nach seiner Zukunft suchte, sondern an der Basis der Lohnarbeit. Für die junge Bundesrepublik, die in der zweiten Hälfte der fünfziger Jahre schon auf die Vollbeschäftigung zusteuerte, ist die Szene symptomatisch. Am Fließband in den Spandauer Siemenswerken, wo Gente jobbte, um das Jurastudium zu finanzieren, das er auf Wunsch seines Vaters angefangen hatte, hörte er zwei Kommilitonen zu, die sich über einen gewissen Adorno unterhielten, der ihnen aus irgendeinem Grund unumgänglich schien. Was genau es war, das seine Aufmerksamkeit fesselte, wusste er später nicht mehr mit Sicherheit zu sagen. Auf jeden Fall muss der Eindruck tief gewesen sein. «Adorno stellte bisherige Lebensweise in Frage», heißt es lapidar in der bereits erwähnten Selbstkritik vor den Genossen.[10] Gente besorgte sich Adornos bekanntestes Buch, die *Minima Moralia*, und las sich darin fest, obwohl ihm die wenigsten der dichten Aphorismen verständlich waren.[11] Doch der Autor, der behauptete, dass nur solche Gedanken wahr sein könnten, «die sich selber nicht verstehen», betrachtete den hermetischen Tonfall offenbar als Teil seiner Botschaft.[12] Die schwierige Sprache, deren Bedeutung sich nur mit Geduld erschloss, trug zur Wirkung eines Buches bei, neben dem die Bücher, die Gente bisher gelesen hatte, plötzlich belanglos wirkten.[13]

Adornos *Reflexionen aus dem beschädigten Leben*, wie die *Minima Moralia* im Untertitel heißen, wurden 1957 noch als Geheimtipp gehandelt. Sechs Jahre nach Erscheinen deutete wenig darauf hin, dass in dem Buch ein philosophischer Bestseller schlummerte, von dem bis heute über 120 000 Stück verkauft sind. Mitten im Wirtschaftswunder, zwischen Opel Rekord und Eiscafé, irritierte das Buch Gente mit dem Denkstil eines noch kaum bekannten Frankfurter Philosophiedozenten, der, egal, wohin er schaute, nur Unheil sah. «Das Leben lebt nicht», stand als Warnung schon auf der ersten Seite. Es folgten Variationen auf dieses Paradoxon. In Miniaturen, die seine Erfahrung im amerikanischen Exil verdichteten, entlarvte Adorno die modernen Verhältnisse als Verblendungszusammenhang. Was lebendig und authentisch schien, war in Wirklichkeit längst abgestorben; was weiter nach vorne strebte, verdankte sich einem geisterhaften Bewegungsdrang.[14] Die Welt der Gegenwart war eine Welt nach der Katastrophe. «Das Unheil geschieht nicht als radikale Auslöschung des Gewesenen», heißt es an einer Schlüsselstelle, «sondern indem das geschichtlich Verurteilte tot, neutralisiert, ohnmächtig mitgeschleppt wird.» Daher die Atmosphäre des Gespenstischen in den *Minima Moralia*, deren Seiten von Untoten bevölkert sind. Unter den Gestalten, die Adorno ihrer unheimlichen «Post-Existenz» überführte, befanden sich insbesondere die Errungenschaften der vergangenen bürgerlichen Epoche – wie der Liberalismus, der Sozialismus oder das Gastgewerbe, das im Zeitalter des *room service* in einem Zustand der «Totenstarre» angekommen sei. Dass die Bewohner der aufgeklärten Hemisphäre nicht mehr richtig schenken, wohnen oder eine Tür schließen konnten, sind weitere, längst berühmte Beispiele, die zeigen, dass Adorno im Kleinsten auf das Schrecklichste stieß. «Die Welt ist das System des Grauens», lautete sein Urteil über die Gegenwart. Zwei Jahrzehnte vor *Apocalypse Now* hatte das die düstere Wucht von Coppolas Colonel Kurtz, der eine Schnecke über sein Rasiermesser kriechen lässt. Und im Hintergrund lief im Radio Freddy Quinn.[15]

Im Nachkriegsmief der fünfziger Jahre stellte Adorno klar, dass es in Deutschland «nichts Harmloses» mehr geben könne, denn im Hintergrund seiner Diagnose der tödlich erstarrten Gesellschaft standen die Konzentrationslager.[16] «Sie schufen einen Zwischenzustand, lebende Skelette und Verwesende», hat er an anderer Stelle über die Urszene geisterhaften Lebens notiert.[17] Bei Peter Gente müssen solche Bilder Kindheitserinnerungen wachgerufen haben. Gegen Ende des Krieges waren Häftlinge aus dem in der Nähe gelegenen Arbeitslager auch in seiner Heimatstadt Halberstadt aufgetaucht. Dass es Stollen gab, in denen diese Gestalten Flugzeuge montierten, kursierte unter den Kindern als Gerücht – das deren Eltern mit Still-schweigen quittierten. Dafür schwieg sich Gente für den Rest seines Lebens über seine Eltern aus. Der Bruch, der nicht zuletzt durch seine Adorno-Lektüre ausgelöst wurde, war zu tief, um ihnen eine Bedeutung zuzugestehen, die über Ablehnung hinausgegangen wäre. Daher sind mir nur ein paar verstreute Fakten bekannt: Der Vater war Jurist, der in der Wehrmacht als Oberleutnant diente; an der Ostfront geriet er in russische Gefangenschaft. Die Mutter, aus einer «sehr antisemitischen Familie» stammend, trug dieses Erbteil in die Ehe ein. Gente erinnerte sich, wie er beim Bombenangriff, der im April 1945 große Teile von Halberstadt zerstörte, die gelähmte Groß-mutter zusammen mit der Mutter in den Luftschutzkeller trug. Das große Haus am Stadtrand bekam keinen Treffer. Sechs Jahre später, als der Vater aus Russland zurückkehrte, war dafür seine Karriere zerstört. Für das ehemalige Parteimitglied gab es im Justizapparat der DDR keine Aufstiegschancen. Eine der letzten Erinnerungen, die Peter Gente mit Halberstadt verband, war die Tanzstunde, in die er zusammen mit der Arzttochter Alexandra Kluge ging. Wenig später musste die Familie in den Westen flüchten – angeblich, weil der Vater seiner Kontakte zum amerikanischen Geheimdienst überführt wor-den war.[18]

Wie eine anfangs zögerlich und dann rasch wachsende Zahl von Altersgenossen machte Gente die *Minima Moralia* zu seinem Hand-brevier: ein Buch, das sich nur in kleinen Portionen verdauen, dafür aber immer aufs Neue zu Rat ziehen ließ. Die deutsche Ordinarien-universität wusste mit Adornos «schmerzhaft in sich verwickelter intellektueller Lyrik», wie Thomas Mann das Buch einmal genannt hat, nichts anzufangen.[19] Daher fanden die einschneidenden Lektüre-erlebnisse außerhalb der Uni statt.[20] Wenn Gente als Verleger spä-ter Wert darauf legte, ambulatorische Bücher zu machen, die in der S-Bahn, «auf Reisen» oder beim Ausgehen gelesen werden könnten, dann waren seine Erfahrungen als Adorno-Leser sicher maßgeblich für diese Idee.[21] «Ich habe die ‹Minima Moralia› also gute fünf Jahre mit mir rumgeschleppt. Jeden Tag, immer bei mir, so ein richtiges Vademekum.»[22] Mit seiner melancholischen Gegenwartsdiagnose etablierte Adorno eine neue Gebrauchsweise von Philosophie: Seine

Bücher ersetzten den Gedichtband in der Manteltasche. Genau wie Thomas Mann wiesen auch die ersten Kritiker, die die *Minima Moralia* in den fünfziger Jahren besprachen, auf deren poetischen Charakter hin. Sie dekuvrierten das Buch wahlweise als «verschwiegenes lyrisches Gedicht» oder attestierten ihm, es könne «nur von einem Musiker» komponiert worden sein.[23] Adorno selbst betonte später in einem *Spiegel*-Interview, ein «theoretischer Mensch» zu sein, «der das theoretische Denken als außerordentlich nah an seinen künstlerischen Intentionen empfindet».[24] Für seinen großen Erfolg war diese Nähe zweifellos ausschlaggebend. Sie bediente das lyrische Bedürfnis der Nachkriegszeit. Im selben Jahr, in dem die *Minima Moralia* erschienen waren, hatte Gottfried Benn den Triumph der Dichter über die Denker konstatiert. Selbst die Philosophen, erklärte er 1951 in seiner Marburger Rede über «Probleme der Lyrik», sehnten sich neuerdings danach, Gedichte zu verfassen. «Sie fühlen, daß es mit dem systematischen diskursiven Denken im Augenblick zu Ende ist, das Bewußtsein erträgt im Augenblick nur etwas, das in Bruchstücken denkt, die Betrachtungen von fünfhundert Seiten über die Wahrheit, so treffend einige Sätze sein mögen, werden aufgewogen von einem dreistrophigen Gedicht.»[25] Wenn diese Diagnose zutraf – und allein die Zahl neuer Lyrik-Zeitschriften in den fünfziger Jahren spricht dafür –, dann lag Adorno mit seinen philosophischen Aphorismen im Trend der Zeit.

Er selbst hätte sein Werk allerdings unmöglich als ein Prosagedicht missverstanden wissen wollen. Philosophen, die «Anleihen bei der Dichtung» machten, um «in einer aus Parmenides und Jungnickel montierten Poesie Sein selber» auszusprechen, lehnte er bekanntlich wegen ihres «Jargons der Eigentlichkeit» ab.[26] Doch Adorno ging noch weiter: In einer Welt, die die Apokalypse hinter sich hatte, sah er für Lyrik als solche keine Zukunft. Gedichte zu schreiben, lautet sein berüchtigtes, ebenfalls ins Jahr 1951 datierendes Credo, sei nach Auschwitz ein Werk der Barbarei. Zogen die *Minima Moralia* bereits die Konsequenz aus dieser Überzeugung? Unterwanderten sie die poetische Form mit diskursivem Denken?[27] In literarischem Gewand schmuggelte Adorno ein Werk der Gesellschaftsanalyse, das voll von schwierigen philosophischen Bezügen war, unter seine Leser. Im Lauf der sechziger Jahre nahmen sie den Köder an. Zwar las Gente auch weiterhin Romane, doch las er sie nicht mehr als Erbauungsliteratur. Michael Rutschky, der die *Minima Moralia* ein paar Jahre nach ihm entdeckte, schrieb, Adornos Texte hätten dafür gesorgt, «daß das literarische Schreiben ganz kraftlos erschien gegenüber dem philosophischen».[28] Gut zehn Jahre nach Gottfried Benns verfrühter Siegesmeldung herrschten andere Kräfteverhältnisse vor: «Theorie», wie man jetzt im kollektiven Singular sagte, hatte sich der Dichtung so erfolgreich anverwandelt, dass sie im Begriff stand, ihr den Rang abzulaufen.

Kultur nach Feierabend

Mit den *Minima Moralia* als Kompass in der Tasche brach Gente in die sechziger Jahre auf. Die jungen deutschen Intellektuellen jener Zeit trugen Cäsaren-Ponys und schlichte Kleider und stellten ihren Nonkonformismus mit Camus-Lesen und Jazz-Hören unter Beweis. Durch Adornos «Lehre vom richtigen Leben» bekam ihr existentialistisch grundiertes Lebensgefühl allmählich eine gesellschaftskritische Note.[29] «Noch der Baum, der blüht», lasen sie, «lügt in dem Augenblick, in welchem man sein Blühen ohne den Schatten des Entsetzens wahrnimmt.» Und: «Für den Intellektuellen ist unverbrüchliche Einsamkeit die einzige Gestalt, in der er Solidarität etwa noch zu bewähren vermag.»[30] Die Betroffenheit, die solche Sätze bei ihren Lesern auslösten, lässt sich heute nur schwierig nachempfinden. Für Ohren, die mit den Spielarten postmoderner Ironie vertraut sind, klingt ihr Pathos fremd. Nicht ohne Nostalgie hat sich Michael Rutschky an die Jahre erinnert, als die Welt noch «vollkommen in Unordnung» war. Mit ein wenig Erfahrung ließ sich Adornos Begriffsbesteck auf Situationen des Alltags anwenden – was seine Benutzer dem Risiko aussetzte, sich als Besserwisser aufzuspielen.[31] Kein Wunder, dass Adorno vielen älteren Deutschen als aus dem Exil zurückgekehrter Racheengel vorkam. Auf die Generation der Jüngeren wirkte sein «grimmig glanzvolles» Denken dafür umso stärker.[32]

Geschrieben im kalifornischen Exil in der Mitte der vierziger

Berliner Zeitschichten: Trümmerfrauen beim Wiederaufbau des Hansaviertels,
1957

Jahre, nahmen die *Minima Moralia* das Unbehagen an der jungen
Bundesrepublik vorweg. Der polnische Exilschriftsteller Witold
Gombrowicz, der das Jahr 1963 als Gast der Ford Foundation in
West-Berlin verbrachte, scheint das Buch nicht einmal dem Namen
nach gekannt zu haben. Die Eindrücke, die er in der geteilten Stadt
notierte, kamen Adornos Lagebeurteilung jedoch erstaunlich nah.
Er überblickte den Tiergarten aus seinem Appartement im fünfzehn-
ten Stock des Hansaviertels, ließ sich auf breiten Boulevards in die
Freie Universität chauffieren und bestaunte die Betonfrisuren der
Damen in den Cafés am Kurfürstendamm. «Eine Kurstadt, die kom-
fortabelste Stadt, die ich kenne, gleichmäßig und ohne Staus gleiten
die Autos dahin, die Menschen gehen gleichmäßigen Schritts, ohne

Hast, und Enge und Gedränge sind so gut wie unbekannt.» Doch die kühle Modernität und die Atmosphäre von Geschichtslosigkeit, die ihn umgaben, flößten dem Autor ein Gefühl der Beklemmung ein. An jedem Stück Torte schien «lebendiger Tod» zu kleben; von überwachsenen Ruinengrundstücken gingen schreckliche Ahnungen aus. «Dämonisch», schrieb Gombrowicz, der sich in Berlin ein Herzleiden zuzog, «ist hier das Normale.»[33]

Peter Gente, sein Vademekum in der Tasche, muss mit ähnlichen Gefühlen durch die Stadt gelaufen sein. In Berlin, wo sich Vergangenheit und Zukunft überlagerten, fiel der «Abschied von gestern» besonders schwer. Als er zu Hause von seinem neuen Lieblingsautor erzählte, witterte seine Mutter «jüdische Zersetzung» – ihr Gespür für rassische Unterschiede hatte sie sich über den Krieg hinaus bewahrt.[34] Die Antwort des Sohns bestand darin, sein Jurastudium zu schmeißen, sich in Philosophie, Soziologie und Germanistik einzuschreiben und «täglich zehn Stunden am Schreibtisch» zu sitzen, um ein gigantisches Lektürepensum zu absolvieren.[35] Mit politischem Unbehagen allein ist das nicht erklärt. Adorno war nicht nur die moralische Instanz, die das Schweigen brach, das über der Vergangenheit lastete. Seine ersten Anhänger gewann er über deren Hunger nach Kultur. Nach seiner Rückkehr aus dem amerikanischen Exil hatte er 1949 mit Erstaunen registriert, mit welchem Eifer sich die Frankfurter Studenten «in den Geist» stürzten. In einem Brief an Leo Löwenthal verglich er sein Seminar mit einer «Talmudschule» – «wie wenn die Geister der ermordeten jüdischen Intellektuellen in die deutschen Studenten gefahren wären». So sehr er diese Studenten schätzte – und so sehr sie ihm dabei halfen, in der Bundesrepublik heimisch zu werden –, so bedenklich erschien Adorno ihre politische Apathie. Wer sich lieber mit Gedichten als mit der Weltlage auseinandersetzte, perpetuierte in seinen Augen ein deutsches Verhaltensmuster, das ihn daran hinderte, das Ausmaß der Katastrophe zu erkennen. Doch ebenso – das war die Dialektik von Adornos Erfolgsgeheimnis – war er dafür prädestiniert, von Adorno fasziniert zu sein.[36]

Die Arbeit des Intellektuellen, las Peter Gente in den *Minima Moralia*, schließe das ein, «was die Bürger als ‹Kultur› auf den Feierabend verlegen».[37] Zumindest in diesem Punkt muss ihm das Buch auf Anhieb eingeleuchtet haben. Zu Herbert von Karajan oder in die Komische Oper zu gehen, wurde mit Adorno zu einer ernsthaften Beschäftigung. Um «ästhetisch angeschaut» werden zu können, erklärte er in einem seiner Radiovorträge, müsse Kunst nämlich «immer auch gedacht» werden.[38] Nur indem man ihre gesellschaftliche Verstrickung reflektierte, versetzte man sich in die Lage, ihr geheimes Erlösungspotential zu aktivieren. Für Leser, die wie Gente den diffusen Wunsch verspürten, selber Kultur zu machen, hielt Adorno daher eine reizvolle Aufgabe bereit: Sie waren gehalten, sich als Kulturkritiker zu betätigen. Sogar im Kino ließ sich die Anstrengung des Begriffs trainieren. Seit seinem Erweckungserlebnis in den Siemenswerken musste Gente deshalb nie wieder Schulnoten verteilen. Die neue Lektüre gab ihm ganz andere Reaktionsmöglichkeiten an die Hand.[39]

Es heißt, Adorno habe als «Treuhänder» einer kompromittierten deutschen Tradition von Beethoven bis Hölderlin gewirkt, die durch sein Werk überhaupt erst wieder hör- und lesbar wurde. Vielleicht kommt es aufs Gleiche hinaus, wenn man feststellt, dass die westdeutschen Nachkriegsintellektuellen nicht nur ein Faible für Kultur, sondern auch ein Bedürfnis danach verspürten, das Reflexionsniveau im Umgang mit Kunstwerken zu erhöhen. Adornos Überzeugung, dass Kultur nach dem Zivilisationsbruch «im traditionellen Sinn» als «tot» anzusehen sei, leuchtete ihnen durchaus ein. Nur mittels kritischer Distanznahme ließ sich das Erbe antreten – wodurch es im selben Atemzug gesellschaftliche Relevanz gewann. Joachim Kaiser schrieb, es habe den deutschen Studenten «nicht kompliziert genug» sein können. Witold Gombrowicz, der das Jahr 1963 in West-Berliner Literaten- und Akademikerkreisen verbrachte, fand das intellektuelle Klima zu «zerebral». Genau wie die Ästhetisierung der Theorie, der Adorno mit seinen Büchern Vorschub leistete, war die Theoretisierung der ästhetischen Erfahrung das Gebot der Stunde.[40]

Als Nutznießer beider Entwicklungen geriet das neue Genre schon früh unter Jargonverdacht. Einer der Ersten, die das zu spüren bekamen, war Adornos Antipode, der Stuttgarter Technikphilosoph Max Bense. Benses Projekt, die «Programmierung des Schönen», zielte darauf ab, das Feld der Ästhetik den mathematischen Kalkülen der Informationstheorie zu unterwerfen. Wie ein Kulturingenieur führte er Formeln ins Feld, um den irrationalen Kunstglauben zu demontieren. Der Ton in Frankfurt und Stuttgart hätte nicht gegensätzlicher sein können: Während hier die Kritik an der instrumentellen Vernunft zum guten Ton gehörte, herrschte dort die harte Sprache der Naturwissenschaften. Doch jenseits dieses Stilunterschieds gab es frappierende Übereinstimmungen: Auch Bense ließ seine komplizierten Formeln auf Kunstwerke los; auch er hatte künstlerische Ambitionen, die er der Theoriebildung jedoch hintanstellte; und auch seine Theorie ließ sich sofort an ihrem Slang erkennen.[41] Schon in den fünfziger Jahren war Benses Unverständlichkeit so legendär, dass er zum Opfer eines Happenings *avant la lettre* wurde. Die Gruppe SPUR, der deutsche Flügel der Situationistischen Internationale, kündigte 1959 einen Vortrag des Stuttgarter Professors in München an – den Bense jedoch in letzter Minute absagen musste. Zum Glück konnte er zumindest ein Tonband schicken, dem dreihundert Zuhörer ersatzweise lauschten, ein einsames Glas Wasser zum Trost auf dem Rednerpult. Das Publikum hörte, traute seinen Ohren nicht – und applaudierte. Erst später, als Bense Anzeige erstattete, stellte sich heraus, dass er weder eingeladen noch kurzfristig verhindert worden war. Hans-Peter Zimmer, einer der Situationisten, hatte sein Œuvre gefleddert und mit verstellter Stimme ein Potpourri eingesprochen. Folglich war der Vortrag genau das, als was ihn seine Hörer nicht zu entlarven gewagt hatten: reiner Nonsense. Der Theoriediskurs, Sound der sechziger Jahre, trat schon zu Beginn der Dekade ins Zeitalter seiner Parodierbarkeit ein.[42]

Im literarischen Supermarkt

Peter Gentes Begeisterung für Adorno ging so weit, dass er alles von ihm lesen wollte. Ausgehend von seiner Einstiegsdroge, den *Minima Moralia*, arbeitete er sich systematisch bis zu den frühen musikästhetischen Schriften zurück, die damals, vor der Suhrkamp-Gesamtausgabe, zum Teil nur schwierig zu kriegen waren. Die Rekonstruktion des theoretischen Zusammenhangs erforderte den Gang in die Bibliotheken. Mit der gleichen Akribie, die er bis vor kurzem auf sein

Kulturtagebuch verwandt hatte, stellte Gente bibliografische Übersichten zusammen, tippte Inhaltsverzeichnisse ab und machte dicke, gummierte Xerox-Kopien, die in der Zwischenzeit fast vollständig verblasst sind. Doch nicht nur die vergangene, auch die laufende Publikationstätigkeit Adornos musste im Auge behalten werden. Angesichts seiner wachsenden Popularität und Präsenz in den westdeutschen Medien war das eine zeitraubende Aufgabe. Mit einer Handvoll Gleichgesinnter, die von den Kommilitonen für «Spinner» gehalten wurden, schloss sich Gente zu einem «Informationskartell» zusammen, um alles, was Adorno an noch so obskuren Orten veröffentlichte, in die Finger zu bekommen. «Der hat jetzt wieder im *Neuen Forum* was geschrieben, also bin ich zu Schöller geflitzt, habe mir das gekauft.»[43] Bevor die roten Buchläden den Markt eroberten, bezogen West-Berlins revolutionäre Studenten ihre Literatur aus Marga Schöllers Charlottenburger Traditionsbuchhandlung. Das dicke Dossier, das der Adorno-Fan Gente zusammentrug, bildete sein Startkapital als Büchermacher. Aus dem Theorie-Archiv, das mit den Jahren in die Breite wuchs, sind später die ersten Merve-Titel hervorgegangen.

Unter den frühesten Artikeln, die er ausschnitt und aufbewahrte, befindet sich eine Glosse von Adorno zur Frankfurter Buchmesse von 1959. Adorno verlieh darin einer vagen «Beklemmung» Ausdruck, die ihn schon seit geraumer Zeit angesichts der jeweils aktuellen Neuerscheinungen befalle. Es kam ihm vor, als sähen die Bücher nicht mehr wie Bücher aus. Der Umschlag, zu «Reklame» geworden, rücke dem Konsumenten, zu dem der Leser erniedrigt werde, auf den Leib. Die «Liquidation des Buches» kündige sich in «allzu intensiven und auffälligen Farben» an. Der geübte Stilist brauchte nicht mehr als zwei Zeitungsspalten, um das ganze Register seiner Kulturkritik zu ziehen: die Diagnose von Tod, wo nur scheinbares Leben herrsche, ein Moment des Erschreckens und die Einsicht von Ausweglosigkeit. Denn Adorno wäre nicht Adorno gewesen, wenn er am Ende keinen dialektischen Haken geschlagen und die Industrialisierung des Buchmarktes nicht für unvermeidlich gehalten hätte. Die Melancholie über den Verfall eines Kulturgutes, «in dem Wahrheit sich darstellt», wurde dadurch aber nur umso größer.[44]

Der apokalyptische Diskurs vom Tod des Buches hat sich an allen neuen Medien entzündet, insbesondere am Fernsehen und an der Bildschirmkultur der digitalen Welt.[45] In der Nachkriegszeit wurde er zum ersten Mal als Kritik am Taschenbuch vernehmbar. Im selben Jahr, in dem Adorno von der Frankfurter Messe berichtete, war im Hessischen Rundfunk Hans Magnus Enzensbergers «Analyse der Taschenbuch-Produktion» zu hören, die die Programme führender deutscher Verlage inspizierte. Mit der *RoRoRo*-Reihe waren in Deutschland 1950 die ersten Taschenbücher auf den Markt gekommen. Seither hatte die Branche kontinuierlich zugelegt. In seiner Kritik, die die Bedeutung des Paperback-Phänomens zu erfassen suchte, kam Enzensberger im Wesentlichen zu den gleichen Schlüssen wie Adorno. Auch er sah den Geist hinter bunten Covern zur Ware verkommen, auch er sah den Leser zum Konsumenten degradiert. Die Befürchtung, die billigen Taschenbücher würden weniger gelesen als nach flüchtigem Durchblättern im Regal entsorgt oder sogar weggeworfen, war indes nicht auf die Bundesrepublik beschränkt. Als Topos der Kulturkritik kursierte sie überall dort, wo die Verlage auf den neuen Buchmarkt drängten: in Frankfurt genauso wie in Paris oder Rom. Das Paperback erschien als Vorbote der globalen «Massenkultur».[46] Enzensbergers größte Sorge war die Entmündigung des Lesers. Durch die Flut der Neuerscheinungen hielt er ihn für seiner Urteilskraft beraubt. Im «literarischen Supermarket», wo das Kalkül der Verkäuflichkeit an die Stelle des Bildungskanons trete, sei der Leser den Manipulationen der Kulturindustrie hilflos ausgeliefert.[47]

Weder Enzensberger noch Adorno konnten 1959 ahnen, dass sie ihren eigenen publizistischen Erfolg der Generation der Taschenbuchleser verdanken sollten.[48] Seitdem die *Minima Moralia* Anfang der sechziger Jahre in Broschur erschienen, trug niemand das Buch mehr als Hardcover mit sich herum. In den diversen Taschenbuchreihen des Suhrkamp Verlags erzielte Adorno später seine größten Auflagen. Das neue Medium, das in den Augen seiner Kritiker die Konformität der Konsumenten sicherstellte, schmuggelte schwieriges Denken – zunächst als Konterbande – in wachsende Leserkreise ein.[49] Die Geschichte der Theorie ist ohne die Umwälzung auf dem Buchmarkt nicht zu begreifen. Daher ist Peter Gente, der Büchersammler und Büchermacher, eine für diese Geschichte so exemplarische Figur. Es war der deutsch-jüdische Emigrant und Penguin-Designer Hans Schmoller, der 1974 das Paradox der «Taschenbuchrevolution» notierte: «Obwohl Paperbacks in der westlichen Hemisphäre zum großen Geschäft geworden sind, hat das ihre Verleger nicht daran gehindert, für die Verbreitung von Ideen zu sorgen, die gegen die herrschenden politischen und wirtschaftlichen Systeme gerichtet sind – ja sogar für deren Umsturz eintreten.»[50]

Adorno antwortet

So gründlich, wie Adorno zwischenzeitlich in Vergessenheit geriet, so allgegenwärtig war er in den sechziger Jahren.[51] Er füllte die Hörsäle und bespielte die jungen Massenmedien, allen voran das Radio, die deutsche «Gegenuniversität» der Nachkriegszeit.[52] Die kaum modulierte Stimme, die ihre Worte durch winzige Pausen trennte, war unverkennbar. Sie wurde zum Publikumsrenner der Kulturformate und Nachtstudios. Im Radio lernen, wie man richtig Hegel liest: Solch atemberaubendes Highbrow versetzt bürgerliche Kulturredakteure bis heute in Nostalgie. Es sei kaum noch vorstellbar, schrieb Joachim Kaiser zu Adornos hundertstem Geburtstag, welchen Einfluss der Philosoph damals gehabt habe.[53] Damals, als Kaiser selbst unter diesen Einfluss geriet, beschrieb er es so: «Wer heute schreibt, spekuliert, politisiert, ästhetisiert, hat mit Adorno zu tun.»[54] Ein vergleichbares Monopol hat es seither nicht mehr gegeben. In den Siebzigern, als der Marxismus verknöcherte, die Kritische Theorie im Thinktank am Starnberger See abtauchte und die Franzosen die theoretische Luftherrschaft übernahmen, gewöhnte sich eine nachfolgende Generation daran, in Deutschland in der philosophischen Provinz zu leben, von den mühsam entzifferten Importen eines Theorie-Mekkas jenseits des Rheins. Der Weltgeist wohnte hierzulande nicht mehr.

Ironie der Geschichte, dass das ausgerechnet vor ’68 anders war – in einer Gesellschaft, die kommunikativ ihre jüngste Vergangenheit beschwieg. Das gefährliche Denken musste damals nicht über die Grenze geschmuggelt werden, es saß in Frankfurt vor Ort. Und wenn man nicht, wie Joachim Kaiser, zu den Auserwählten gehörte, die persönlich in Adornos Umlaufbahn kreisten, konnte man sich ein Telefonbuch besorgen, die Adresse heraussuchen und an ihn schreiben.[55] Adornos philosophische Präsenz, hat man im Rückblick den Eindruck, verlangte geradezu nach direkter Kommunikation. Das scheinen auch die Münchner Situationisten gespürt zu haben, in deren indirekter Sendung sich freilich bereits ein erster Widerstand gegen Adorno artikulierte. 1964, fünf Jahre nachdem sie sich Max Bense vorgenommen hatten, plakatierten sie ihre berühmte «Suchanzeige» an deutschen Unigebäuden, auf der in Versalien gesetzte Passagen aus der noch weitgehend unbekannten *Dialektik der Aufklärung* zu lesen waren: «DER KULTURINDUSTRIE IST DIE VERWAND-LUNG DER SUBJEKTE IN GESELLSCHAFTLICHE FUNK-TIONEN SO DIFFERENZLOS GELUNGEN, DASS DIE GANZ ERFASSTEN, KEINES KONFLIKTS MEHR EINGEDENK, DIE EIGENE ENTMENSCHLICHUNG ALS MENSCHLICHES, ALS GLÜCK DER WÄRME GENIESSEN» und dergleichen mehr. Wem das zu denken gebe, stand auf dem Plakat, dessen Entfernung die Universität Stuttgart Adorno in Rechnung stellte, solle sich mit dem Autor in Verbindung setzen – der genau wie weiland Bense völlig ahnungslos war: «Th. W. Adorno, 6 Frankfurt/Main, Kettenhofweg 123».[56]

Der Verblendungszusammenhang, den Adorno düster ausmalte, drang bis in die Kapillaren des Alltags ein. Mangels funktionaler Ausdifferenzierung, die seine Theorie nicht vorsah, konnte vor dem falschen gesellschaftlichen Ganzen nichts sicher sein – woraus Adorno wiederum eine beinah unbegrenzte Kompetenz ableitete. Die Menge der unverlangt eingesandten Briefe in seinem Nachlass zeigt, wie bereitwillig seine deutschen Leser und Hörer diese Kompetenz in Anspruch nahmen. Dass in den *Minima Moralia* stand, in einer Gesellschaft, in der «alle Mauselöcher verstopft» seien, würden Ratschläge «unmittelbar zum Verdammungsurteil», hielt sie nicht davon ab, den Autor des Buches um Rat zu fragen – und zwar in fast allen erdenklichen Lebenslagen.[57] Er erteilte ihn, teils zögerlich, teils widerstrebend, aber immer redlich bemüht. Für «geistige Menschen», wie Adorno in einem seiner Antwortbriefe schrieb, muss der Bedarf nach spiritueller Führung damals hoch gewesen sein.[58]

Die Anfragen, die aus allen Bundesländern und Bevölkerungs-schichten kamen, setzen sich zu einer intellektuellen Physiognomie der frühen Bundesrepublik zusammen. Doktoranden der Philosophi-schen Fakultät schickten Adorno ihre Dissertationsvorhaben. Ent-täuschte Studenten baten ihn um Sinnstiftung. Es ist erstaunlich, mit welchen Erwartungen sie sich an Adorno wandten. Von der Figur des Intellektuellen ging nach dem Krieg noch ein Versprechen aus. Ein Tübinger Jurastudent, der mit seinem Studium haderte, versicherte Adorno, er sei «der einzige Mann in Deutschland», der ihm «zur sitt-lichen Freiheit verhelfen» könne, und äußerte die Hoffnung, «in einer wenn auch minimalsten Korrespondenz-Beziehung» mit ihm stehen zu können.[59] Die Baronin Gersdorff, die sich 1956 an Adorno wandte, gab unumwunden zu, ihren Brief erst nach vier gescheiterten Anläu-fen – und mitten in der Nacht – zustande gebracht zu haben. «Die Ursache dieser schulmädchenhaften Unsicherheit ist in dem beträcht-lichen Respekt zu finden, den Ihre Bücher mir einflößen.»[60]

Allein anhand der Zuschriften zu den *Minima Moralia* ließe sich eine kleine Rezeptionsgeschichte erzählen. «Von den Minima Mora-lia bin ich völlig gebannt», schrieb eine Schweizerin an Adorno, die ihn im Engadin kennengelernt hatte: «ich lese, ich lese wieder, ich sage, ja und natürlich – u. ich erschrecke und bin dann doch erlöst, wenn eine klare Wahrheit einfach dasteht und man sie einsieht.»[61] In den fünfziger Jahren benutzten manche Leser das Buch wie ein Evangelium. «Nun bin ich einige Monate lang herumgewandelt in dem leuchtenden Raum ihrer Gedanken», lautet ein Brief aus Wies-baden; «zuletzt habe ich täglich aus Ihren Gedankenskizzen Weisung und Licht geschöpft, wie andere die Losungen der Brüdergemeinde am Morgen lesen, um daraus Kraft zu schöpfen.»[62] Trügt der Ein-druck, dass Adorno in der Provinz seine treuesten Anhänger fand? «Ich wohne als Lehrer in einem einsamen ostfriesischen Dorf von 500 Einwohnern und habe kaum Gelegenheit, Anregungen dieser Art zu erhalten», schrieb ein einsamer Hörer, der ihm im Radio be-gegnet war. «Seien Sie gewiß, daß Ihre Worte auch im entferntesten Winkel wachsame und begierige Ohren gefunden haben!»[63]

Der Kreis der Absender beschränkte sich indessen nicht auf junge Intellektuelle. Unter den Musikliebhabern, die Adorno um musikalische Hilfestellung baten, befanden sich auch viele ältere Deutsche. «Ich möchte von Ihnen wissen, ob Sie die Musik von Weber, Durch die Felder, durch die Auen, zur leichten oder zur ernsten Musik rechnen.»[64] Das kam von einer Frau, die seine Tante vor dem Krieg gekannt hatte. Und was ist mit dem mittelständischen Unternehmer aus Wuppertal, der Adorno versicherte, «ebenfalls zu den Nonkonformisten zu gehören, was Sie vielleicht daraus ersehen können, daß ich soeben aus einem etwas ungewöhnlichen Aufenthalt, nämlich dem sogenannten ‹Kloster auf Zeit› zurückkehrte, wo ich vierzehn Tage mich in die Gemeinschaft eines Benediktinerklosters einordnete»?[65] Es gibt keine Antwort auf diesen Brief. Mit wachsender Prominenz kam Adorno im Lauf der sechziger Jahre immer öfter in die Verlegenheit, sich falscher Freunde erwehren zu müssen. Einen ehemaligen Klassenkameraden, der sich bemüßigt fühlte, dem Autor der *Minima Moralia* eine physikalische Wissenslücke anzukreiden, beschied er mit den Worten: «Du bist nicht der einzige Jugendfreund von mir, der, nach jahrzehntelanger Unterbrechung, heute den Kontakt wieder mit mir sucht, dabei aber so offensichtlich von Ressentiment geplagt wird, daß jener Kontakt im selben Augenblick gestört wird, in dem er sich herstellen sollte, und angesichts der Tatsache, daß mein Name nun einmal unter die Leute gekommen ist, kann ich mich gegen dies Ressentiment nicht einmal recht wehren, ohne mich dem Mißverständnis der Arriviertheit auszusetzen.»[66] Sofort hilfsbereit reagierte Adorno dagegen auf einen Brief, der ihn 1968 aus seinem Kindheitsparadies Amorbach im Odenwald erreichte. Das Mädchen aus dem Schreibwarenladen, der dem Hotel gegenübergelegen hatte, das die alljährliche Sommerresidenz der Familie Wiesengrund vor dem Krieg gewesen war, wandte sich mit der Bitte an ihn, er möge bei der Regierung Unterfranken gegen die geplante Umgehungsstraße intervenieren. Postwendend hielt er die Politiker in Würzburg dazu an, «alles zu unterlassen, was den in seiner Weise einzigartigen Platz häßlich machen könnte».[67]

Adorno, der sich zum Reagieren verpflichtet fühlte, empfand die Zuschriften als Belastung. Immer wieder wies er in seinen Antworten darauf hin, dass es nicht seine Aufgabe sei, sich «in die Kasuistik irgendwelcher Einzelfälle» einzumischen.[68] Gelegentlich klagte er sogar darüber, eine «Schmutzflut» würde sich über ihn ergießen.[69] Nach seinen Radiovorträgen gingen regelmäßig Beschimpfungen ein, und auch die Projektemacher und Laienphilosophen, die ihn in ihre Planspiele verwickeln wollten, dürften nicht nach seinem Geschmack gewesen sein. Weder zur «Spectralanalyse der Vernunft», die ein Justitiar aus Darmstadt in russischer Kriegsgefangenschaft ersonnen hatte, noch über die «internationalen Intellektuellengewerkschaften», die ein Absender aus Duisburg für unumgänglich hielt, mochte er sich äußern.[70] Und auch die Astrologen, mit denen ihn seit seiner noch in Kalifornien verfassten Analyse der Horoskopspalte der *Los Angeles Times* eine Art Privatfehde verband, hielt er sich so weit wie möglich vom Hals.[71]

Als guter Geist der Nachkriegsdeutschen hatte Adorno seine stärksten Momente, wenn er es mit intellektuellen und existentiellen Notlagen zu tun bekam. In diesen Briefwechseln wird die Enge einer Gesellschaft fassbar, die die Kulturrevolution der Achtundsechziger dringend nötig hatte. «Sehr geehrter Herr Professor Adorno!», beginnt das berührende Schreiben eines achtzehnjährigen Wiener Kunststudenten. «Meine homophile Veranlagung selbst würde mir keinerlei Probleme stellen, wäre ich nicht mit einer unwissenden, haßerfüllten, tyrannischen, kein ‹anderssein› duldenden Welt konfrontiert. Es würde mir sehr helfen, wenn ich ab und zu etwas lesen würde, das die Lügen meiner Umwelt durch wahre und menschliche Einstellung aufwiegen könnte. Sehr geehrter Herr Professor Adorno, bitte schreiben Sie mir Namen und Anschrift einer guten homosexuellen Zeitschrift, damit ich sie abonnieren könne. Ich bin jung und verzweifelt, aber ich will nicht den Glauben an mich verlieren.»[72] In seiner Antwort empfahl Adorno die Lektüre von André Gide und bekräftigte den Absender darin, nicht «vorm Konformismus» zu kapitulieren. Da er selbst allerdings «auch nicht die leisesten Neigungen nach dieser Richtung» verspüre, könne er «beim besten Willen» keine homosexuelle Zeitschrift empfehlen.[73] Wenn hier ein Ressentiment anklingt – dessen Adorno sich übrigens auch an anderer Stelle verdächtig macht –, so vermochte es die Dankbarkeit des Kunststudenten nicht zu schmälern. «Ich war ehrlich überrascht und erschrocken, wie umfangreich Sie geantwortet haben», schrieb er zurück.

«Ich weiß Ihren Verdienst an der ganzen Menschheit (wir Homosexuellen sind nur ein verschwindend geringer Teil der Menschheit)
zu würdigen.»[74]

Das ging auch der Berliner Philosophiestudentin so, die darum
rang, mit dem Gefühl von Ausweglosigkeit fertig zu werden, das nach
der Lektüre von Adornos Schriften von ihr Besitz ergriffen hatte.
«Je deutlicher ich das, was ich las, mitdenkend und anderes selber zu
durchdenken versuchend, die totale Negativität erkannte», schrieb
sie im Sommer 1966, «desto weniger konnte ich verstehen, daß es da
noch Hoffnung geben soll. Ich kann die unendlich beglückende ‹Luft
von anderen Planeten› nur noch als Versprechen eines Unmöglichen
empfinden; ich kann den letzten Satz der Minima Moralia nicht
begreifen. Und ich finde niemanden, der mir irgendwie helfen könnte.
Weil ich es nicht mehr ertragen konnte, so dahinzuleben und zu
reden, als ob man ein unbeschwertes Privatleben führen könne, habe
ich persönlich Bindungen abgebrochen, die mir in meinem Suchen
nach irgendeiner Möglichkeit zur Hoffnung nicht helfen konnten,
sondern in ihrer geistigen Leere mich noch verzweifelter machten.»[75]
Mit den Risiken und Nebenwirkungen konfrontiert, die von seinen
Gedanken ausgingen, schrieb Adorno postwendend zurück. Er warnte
vor Kurzschlusshandlungen und schlug ein persönliches Treffen vor.
«Der Weg vom Denken zur sogenannten Praxis», gab er prinzipiell
zu bedenken, «ist viel verschlungener, als man es im allgemeinen
heute sich vorstellt.»[76] Offenbar verfing seine Beschwichtigungstak-
tik, denn in ihrem nächsten Brief ging es seiner Briefpartnerin deutlich besser. Sie bedankte sich für ein Treffen, das ihr Leben verändert
habe – und zwar im Tonfall einer echten Schülerin: «Sie meinten, es
sei etwas eigenartig, daß ich gerade bei Ihnen Trost suche, wenn ich
finde, daß ‹alles so furchtbar sei›; ich habe hinterher erst begriffen,
daß ich wohl gar nicht Trost suchte, sondern Solidarität in der Trost-
losigkeit.»[77]

Zielen Ihre Bestrebungen auf eine Veränderung der Welt ab?

Peter Gente wandte sich nicht als Hilfesuchender an Adorno. Im Oktober 1965 schrieb er ihm in einer scheinbar rein philologischen Angelegenheit: «Vor einigen Wochen habe ich das Sonderheft der Zeitschrift ‹Sinn und Form› über Hanns Eisler gelesen. Dort waren Auszüge aus ‹Komposition für den Film› abgedruckt. Dies Buch habe ich mir sofort ausgeliehen und war sehr irritiert. Hat es wirklich Eisler verfaßt? Es liest sich wie ein Exkurs der ‹Dialektik der Aufklärung›, und das Manuskript wurde angeblich schon 1942 (!) abgeschlossen. Ich vermute, daß Sie der wirkliche Autor sind und wäre für eine Bestätigung dankbar. Gestatten Sie, wenn ich das Bedürfnis habe, Ihnen alles Gute zu wünschen und Sie sehr herzlich zu grüßen.»[78] So grüßt, in distanziertem Ton, ein Schüler seinen Meister. Adornos Antwort verrät, dass er sich durchaus geschmeichelt fühlte: «Was Ihre Vermutungen wegen des Buchs ‹Komposition für den Film› anlangt, so haben sie die Wahrheit erraten. Ich glaube nicht unfair zu sein, wenn ich sage, daß neun Zehntel des Buches von mir und höchstens ein Zehntel von ihm sind.» Der Anlass, seinen Namen vom Titelblatt zu nehmen, war, wie er andeutete, die Kampagne Joseph McCarthys gewesen, der kurz vor Drucklegung im Jahr 1947 die ersten Verfahren vor dem Komitee für unamerikanische Umtriebe eröffnet hatte – ausgerechnet gegen die Brüder Hanns und Gerhart Eisler. «Unter diesen Umständen», erklärte Adorno, «hielt ich es für richtiger, nicht als Autor in Erscheinung zu treten, darauf vertrauend, daß solche Menschen, die sich für meine Arbeiten interessieren, es sowieso merken werden. Sie sind, nach soviel Jahren, einer der ersten.» Zum Schluss bat er Gente, seine Mitteilung vertraulich zu behandeln, denn «bei dem gegenwärtig bei uns herrschenden Klima würden natürlich manche Leute die Sache auszubeuten versuchen».[79]

Schon um die Gunst ihrer amerikanischen Geldgeber nicht aufs Spiel zu setzen, waren die Häupter der Frankfurter Schule darauf bedacht, ihre marxistische Vergangenheit unter Verschluss zu halten. Deshalb sperrten sie sich lange gegen eine Neuauflage der *Dialektik der Aufklärung* und strichen klassenkämpferische Passagen aus alten Texten heraus.[80] Und deshalb scheute Adorno 1965 davor zurück, in

Verbindung mit Hanns Eisler gebracht zu werden, dem jüngst ver-
storbenen Komponisten der DDR-Nationalhymne, dessen Bruder
Gerhart als hoher SED-Funktionär jenseits der Mauer saß. Auch
wenn er diesbezüglich weniger Berührungsängste als Max Horkheimer an den Tag legte: Den Makel des Kommunistenfreundes suchte
Adorno in der restaurativen Bundesrepublik zu vermeiden. Erst im
Mai 1969, kurz vor seinem Tod, erschien *Komposition für den Film* bei
Zweitausendeins unter seinem Namen. Im Anhang klärte er über
die wahre Autorschaft auf. Der Brief an Gente, in dem er das schon
vier Jahre früher getan hatte, schaffte es später sogar ins editorische
Nachwort der Suhrkamp-Gesamtausgabe.[81] Der Merve-Verleger, der
nie aufhörte, Adorno zu lesen, war darauf natürlich stolz.

Dabei hatte er seinen Brief, bei aller offen eingestandenen Verehrung, in durchaus kritischer Absicht formuliert. 1965, auf dem Höhepunkt seines Ruhms, zeigte Adornos moralische Autorität nämlich
erste Risse. Hinter der Frage, ob das Buch zur Filmmusik in Wirklichkeit aus seiner Feder stamme, verbarg sich der unausgesprochene
Verdacht, er habe Eisler, dem Marxisten, seine eigene, in letzter Konsequenz bürgerlich-elitäre Ästhetik untergeschoben. Sowohl Adorno
als auch Eisler waren seit den zwanziger Jahren für die Zwölftonmu-
sik eingetreten; wer immer das fragliche Buch geschrieben hatte, hielt
Schönbergs progressive Dissonanzen sogar für die einzige Musik, die
dem Medium Film angemessen war. Doch lag, wie der belesene
Gente inzwischen wusste, zwischen Adornos und Eislers Haltungen
eine entscheidende politische Differenz. Bestand die Funktion der
Dodekaphonie darin, die Musik – unter Absehung vom Publikums-
geschmack – vom Mythos natürlicher Tonalität zu befreien, oder
hatte sie einen Auftrag zur Erziehung der revolutionären Klasse? In
Adornos «leninistischem Hören», wie Rainald Goetz das einmal genannt hat, blieb die Avantgarde unter sich.[82] Für Hanns Eisler hingegen, den das Studium bei Schönberg nicht daran gehindert hatte,
seiner Wahlheimat DDR eine wohlklingende Hymne zu komponieren, musste der musikalische Fortschritt im Dienst der sozialistischen
Gesellschaft stehen. Ästhetischer Elitismus oder Musik für die revolutionären Massen: Das waren die Positionen, zwischen denen es sich
zu entscheiden galt. Das Filmmusikbuch schlug sich – unter Eislers

Namen – auf Adornos Seite. Seit Mitte der sechziger Jahre war diese Seite jedoch politisch fragwürdig geworden.[83]

Über kurz oder lang lief Gentes subtile Kritik auf die Gretchenfrage hinaus, die sich Adorno in den letzten Jahren seines Lebens immer häufiger anhören musste. Nur wenige Wochen nach Gentes Brief stellte einer seiner Frankfurter Studenten sie bereits unumwunden: «Verehrter Herr Professor Adorno», lautet das Schreiben vom November 1965, «für unsere Generation, oder wenigstens einen Teil davon, besteht das erschütternde Erlebnis, daß unsere Eltern unter dem NS gelebt haben und uns nicht erklären konnten, warum sie alles hingenommen haben, außer daß sie sagten, da sei doch nichts zu machen gewesen. Deshalb unser Nachdenken, was denn nun Philosophie für die Praxis bedeutet, bedeuten könnte. Ist Theorie praktizierbar oder nicht? Zielen Ihre Bestrebungen auf eine Veränderung der Welt ab?»[84]

lichen Proliferation von Parallelogrammen. Auch da vertraut man entweder dem Unendlichen (d. h. der Unbestimmtheit, d. h. der epistemologischen Leere), um in der endgültigen Resultante *die* Resultante zu produzieren, die man *herleiten* möchte: *die*, die mit der ökonomischen Bestimmung in letzter Instanz zusammenfällt etc.; d. h. *man vertraut der Leere, um das Volle hervorzubringen* (und was z. B. das rein *formale* Modell der Kräftezusammensetzung betrifft, so entgeht es Engels nicht, daß die besagten, anwesenden Kräfte sich aufheben oder sich durchkreuzen können ... wer beweist uns, unter diesen Bedingungen, daß die globale Resultante z. B. nicht *nichts* sein wird, oder jedenfalls, wer beweist uns, daß *sie die sein wird, die man anstrebt, die ökonomische,* und keine andere, die politische oder die religiöse? Auf dieser formalen Ebene *hat man keinerlei Gewißheit über den Inhalt irgendeiner Resultante*). Oder aber man *unterschiebt* heimlich *der endgültigen Resultante das Resultat, das man erwartet,* wo man ganz einfach das wiederfindet, was man, von Anfang an, an makroskopischen Bestimmungen in die Bedingtheit des Einzelwillens, neben verschiedenen anderen mikroskopischen Bestimmungen, eingeschoben hatte: die Ökonomie. Ich bin gezwungen, das, was ich eben unter »Diesseits« gesagt habe, zu wiederholen: entweder man bleibt *im Problem,* das Engels seinem Gegenstand stellt (die individuellen Willen), aber dann fällt man in die epistemologische Leere der Unendlichkeit der Parallelogramme und ihrer Resultanten, oder aber man *gibt* ganz einfach die marxistische Lösung, dann aber hat man sie nicht mehr *begründet* und es war nicht der Mühe wert, sie zu *suchen.*

Das Problem, das sich stellt, ist also das folgende: warum ist alles so klar und übereinstimmend auf der Ebene der *individuellen Willen,* und warum wird alles entweder leer oder tautologisch *diesseits* oder *jenseits* von ihnen? Wie kommt es, daß das Problem, *so gut gestellt,* so gut dem *Gegenstand,* in dem es gestellt ist, entsprechend, keiner Lösung fähig ist, sobald man sich von seinem anfänglichen Gegenstand entfernt? Eine Frage, die das Rätsel der Rätsel bleibt, solange man nicht bemerkt,

94

daß es *sein ursprünglicher Gegenstand* ist, der gleichzeitig *die Evidenz des Problems und die Unmöglichkeit seiner Lösung* beherrscht.

Die ganze Beweisführung von Engels hängt in der Tat an diesem ganz besonderen *Gegenstand*, d. h. an den *individuellen Willen*, die im physikalischen Modell des Kräfteparallelogramms zueinander in Beziehung gesetzt sind. *Das ist ihre wirkliche, sowohl methodologische als auch theoretische Voraussetzung.* Da hat in der Tat das Modell einen Sinn: man kann ihm einen *Inhalt* geben und es *handhaben*. Es »beschreibt« zweiseitige menschliche Verhältnisse der Rivalität, des Streites oder der offenbar »elementaren« Kooperation. Auf dieser Ebene kann man den Eindruck haben, in wirklichen, diskreten und sichtbaren Einheiten die frühere unendliche Verschiedenartigkeit der mikroskopischen Ursachen zu erfassen. Auf dieser Ebene wird der Zufall zum Menschen, die frühere Bewegung wird zum bewußten Willen. Da fängt alles an, und von hier aus kann man mit der *Deduktion* beginnen. Aber unglücklicherweise begründet diese so sichere Begründung nichts; dieses so klare Prinzip mündet nur in die Nacht- es sei denn, es bliebe in sich selbst und wiederholte für sich als unbeweglicher Beweis alles dessen, was man von ihm erwartet, *seine eigene Evidenz*. Welche Evidenz ist das aber? Man muß zugeben, *daß diese Evidenz nichts anderes ist als die der Voraussetzungen der klassischen bürgerlichen Ideologie und der bürgerlichen politischen Ökonomie*. Und geht in der Tat diese klassische Ideologie von etwas anderem aus, handele es sich nun um Hobbes in der Konstruktion des *conatus*, um Locke oder Rousseau in der Hervorbringung des allgemeinen Willens, um Helvétius oder Holbach in der Produktion des allgemeinen Interesses, um Smith oder Ricardo (die Texte wimmeln davon) in den Verhaltensweisen des Atomismus; wovon geht sie aus, wenn nicht eben von der Gegenüberstellung dieser berühmten *individuellen Willen*, die in nichts der Ausgangspunkt der Wirklichkeit sind, sondern der Ausgangspunkt einer *Vorstellung* von der Wirklichkeit, *eines Mythos*, der dazu bestimmt ist, *die Zielsetzungen*

Doch bevor die Philosophie in den Mahlstrom der Praxis und Adorno zwischen nackte Brüste geriet, musste noch einige Zeit vergehen. Im Jahr 1965 triumphierte die Theorie. Von der Aura eines gesellschaftlich bedeutsamen Ereignisses umweht, las Adorno in diesem Wintersemester über negative Dialektik. Am Arm einer hübschen Assistentin trat er ans Katheder. Zum ersten Mal lief ein Tonbandgerät mit, um seine Botschaft für die Nachwelt aufzuzeichnen. Adorno ging aufs Ganze, wenn er Marx' berühmter Feuerbach-These, nach der es in der Philosophie darauf ankomme, die Welt zu verändern, attestierte, veraltet zu sein. Weil der prognostizierte Umschlag von Theorie in Praxis nicht erfolgt, weil ihre Abschaffung mithin misslungen sei, erklärte er, müsse neuerlich von der Aktualität theoretischen Denkens ausgegangen werden. In einer kühnen Wendung stellte er Marx kurzerhand auf den Kopf: «Die Welt ward wahrscheinlich auch deswegen nicht verändert, weil sie zu wenig interpretiert worden ist.» Nur Theorie, darauf lief seine dialektisch vertrackte Argumentation hinaus, die nicht unmittelbar auf Veränderung abziele, sei zu Veränderung überhaupt in der Lage. Und wo, wenn nicht hier, in der friedlichen Bundesrepublik, finde ein solches Denkprojekt die benötigte «Atempause»?[1] Es ist erstaunlich, wie freundlich Adorno auf die deutschen Zeitläufe blickte. Normalerweise war er der härteste Kritiker des Status quo. Doch schien er geradezu eine historische Chance zu wittern. Die Gegenwart, versicherte er den Studenten, die seinen Hörsaal überfüllten, sei die «Zeit der Theorie».[2]

Vorangehende Doppelseite: *Louis Althusser, Für Marx, Frankfurt a. M.: Suhrkamp 1968*

Neue Linke

Die Frontlinie künftiger Auseinandersetzungen ist hier schon vorge-
zeichnet. Doch in den Reihen der Neuen Linken muss Adornos
Bekenntnis zum reinen Denken im Wintersemester 1965 noch auf Zustimmung gestoßen sein. Dass Adornos Saat in den sechziger Jahren
so üppig aufgehen konnte, hat ebenso mit der Kulturbegeisterung der
deutschen Kriegskinder wie mit dem Aufstieg dieser ersten Theorie-
generation zu tun.[3] 1961, im Kielwasser des Godesberger Programms,
hatte die SPD die Unvereinbarkeit ihrer politischen Linie mit dem
Sozialistischen Deutschen Studentenbund erklärt und sah fernerhin
davon ab, ihre einstige Nachwuchsorganisation finanziell zu unterstützen. Mit diesem Stoß ins Prekariat, das freilich bald durch DDR-
Gelder aufgepolstert wurde, beginnt in der Bundesrepublik die Geschichte der Neuen Linken. Von ihrer Mutterorganisation SPD im
Stich gelassen, brachen die Studenten mit den Dogmen sozialdemo-
kratischer Folklore, taxierten den Konformismus des westdeutschen
Proletariats und beschlossen, aus der Not eine Tugend machend,
sich selbst als revolutionäres Subjekt in Gang zu setzen. Analog zur
«Arbeiter-» formierte sich in den frühen sechziger Jahren die «Studentenbewegung». Das Distinktionsmerkmal, durch das sie sich von
der klassischen Linken absetzte, war – besonders in der Bundesrepublik – die Theorie.[4]

«Was tun?», rief die Germanistikstudentin Elisabeth Lenk auf der
XVII. ordentlichen Delegiertenkonferenz des SDS im Oktober 1962
in den Saal. Ihre Antwort auf Lenins berühmte Frage lautete: Theoriearbeit. Angesichts von Gewerkschaftsfunktionären, die stolz darauf seien, keine Bücher zu lesen, angesichts einer SPD, die sich dem
Kleinbürgertum an den Hals werfe, müsse der Weg der Neuen Linken in den Weinberg der Texte führen. Eindringlich warnte Lenk vor
dem kulturkritischen Ungefähr der Nonkonformisten, die «glauben
schon revolutionär zu sein, wenn sie in Jazzkellern sitzen und die
Haare à la Enzensberger tragen». Der SDS brauche harte, «sozialistische Theorie». Aus Lenks Rede spricht das Bedürfnis nach einer
Art linker Grundlagenforschung, wie sie zuletzt in den zwanziger
Jahren betrieben worden war. «Was ist eigentlich sozialistische Theorie?», fragte sie ihre Genossen. «Ist sie identisch mit dem unverfälsch-

ten Marxismus? Oder ist sie ein revidierter Marxismus, und wenn, dann welcher; der Bernsteinsche, Kautskysche, Leninsche oder der irgendeines Marx-Existentialisten? Oder ist sie gar nur das eklektische In- und Miteinander von brauchbaren Theorie-Einzelstücken?»[5]

Man sieht hier bereits die zerklüfteten Textmassive am Horizont, die die Studenten in den kommenden Jahren erklimmen sollten. Unter ihren Leseraugen verwandelte sich die Revolution in Textarbeit.[6] Bis zu seiner schleichenden Erschöpfung war der linke Theoriediskurs von einer mächtigen Aufschubsphantasie beherrscht, die Adornos «Atempause» erstaunlich ähnlich sieht: Keine Revolution, so lautete das Credo dieser Jahre, ohne Theorie der Revolution, die weder Marx noch seine Nachfolger geliefert hatten. Und eine solche Theorie brauchte mehr Zeit als einen Fünfjahresplan. Die SDS-«Studiengruppen», die Elisabeth Lenk empfahl, waren noch relativ kurzfristig terminiert. Dagegen veranschlagte Hans-Jürgen Krahl, der intellektuelle Kopf der Frankfurter Antiautoritären, für die Ausarbeitung einer Theorie der Revolution 1969 schon mehrere Jahrzehnte.[7] Das war im selben Jahr übrigens, in dem Niklas Luhmann in Bielefeld seine «Theorie der Gesellschaft» auf eine Laufzeit von dreißig Jahren berechnete. Nach '68, als die messianischen Erwartungen enttäuscht worden waren, bekam die Theorie einen langen Atem – und zwar nicht nur im linken Lager. In dem Maß, wie der Fundus der verfügbaren Klassiker wuchs, das Netz der Referenzen dichter und die politischen Hoffnungen diffuser wurden, verwandelte sich die Praxis des schwierigen Denkens in einen Prozess, dessen Ende kaum abzusehen war.

He didn't write

Peter Gentes Weg durch das rote Jahrzehnt blättert den Bildungsroman der Achtundsechziger auf. An der Freien Universität kam er mit dem Berliner Flügel des SDS in Kontakt, schloss sich dem Argument-Club um Margherita von Brentano und Wolfgang Fritz Haug an, in dem sich die schlausten Linken trafen, folgte Adorno erst bis zum letzten Buchstaben und begann dann mit der Kritik am «Überbaukatecheten».[8] Alte Nummern der *Zeitschrift für Sozialforschung* tauchten auf, in denen offenkundig wurde, wie unverblümt marxistisch die Kritische Theorie in der Vorkriegszeit gewesen war. Im Frankfurter Institut für Sozialforschung hatte Horkheimer diese Hefte in den Giftschrank verbannt. In West-Berlin wussten Kenner sie aus dem Nachlass des deutsch-jüdischen Politologen Franz Neumann herauszufischen, der 1942 mit *Behemoth* eine der ersten Strukturanalysen des Dritten Reiches vorgelegt hatte.[9] Die langsame Abwendung von der Kritischen Theorie vollzog sich in der zweiten Hälfte der sechziger Jahre als Grabungsarbeit. Mit philologischem Eifer durchkämmten die Studenten die Bibliotheken und Antiquariate, um der verschütteten Wahrheit der Arbeiterbewegung auf die Spur zu kommen.[10] Dem Naturell Gentes musste diese stille Radikalisierung entgegenkommen. Über seiner detektivischen Rekonstruktion des Adorno'schen Œuvres war er im Paralleluniversum der entlegenen Quellen längst zu einer Koryphäe geworden. In einem Brief an seinen Autor Pierre Klossowski hat er sich später einmal als «monomanischen Sammler» bezeichnet.[11] Ein wenig erinnert diese Sammelleidenschaft an den Fall des Mailänder Verlegers Giangiacomo Feltrinelli, der seinen Citroën DS in den fünfziger Jahren quer durch Europa gesteuert hatte, um eine Bibliothek der Arbeiterbewegung zusammenzukaufen – von Morus' *Utopia* in Erstausgabe bis zum Briefwechsel Palmiro Togliattis. Später ging er in den Untergrund und sprengte sich unter ungeklärten Umständen am Fuß eines Hochspannungsmasts in der Nähe von Mailand in die Luft.[12] Im Unterschied zu Feltrinelli besaß Gente keine bibliophile Ader. Ebenso wenig hat er jemals den Sprung in den Aktivismus gewagt. Als «Enzyklopädist des Aufruhrs» versorgte er Berlins studentische Linke mit gefährlichen Lesestoffen.[13]

1960 heiratete Gente die Fußpflegerin Merve Lowien. Der Intellektuelle und die Proletarierin – für die Kommilitonen aus dem SDS kam die Verbindung einem politischen Statement gleich.[14] Gentes Bekenntnis reichte bis zur Familiengründung. Während sich seine Altersgenossen unter dem Schutzschirm der Pille ins sexuelle Abenteuer stürzten, wurde er 1962 Vater. Seine intellektuelle Entwicklung ließ in diesen Jahren keinen hedonistischen Lebensstil zu. Mit Schnurrbart und Nickelbrille schien er sich allmählich in Walter Benjamin zu verwandeln.[15] Unter Berliner Studenten war die Benjamin-Mimikry damals ein weit verbreitetes Phänomen – und zwar nicht nur, weil der gebürtige Berliner sich dazu eignete, die Rolle des linken «Lokalheiligen» zu spielen.[16] In seinem materialistischen Spätwerk hatte Benjamin einen revolutionären Schriftstellertypus entworfen, der seine Schreibmaschine als Sprachingenieur in den Dienst des Klassenkampfs stellte: «Gelingt es ihm, die Vergesellschaftung der geistigen Produktionsmittel zu fördern? Sieht er Wege, die geistigen Arbeiter im Produktionsprozesse selbst zu organisieren? Hat er Vorschläge für die Umfunktionierung des Romans, des Dramas, des Gedichts?»[17] Verglichen mit der Radikalität, die von solchen Fragen ausging, wirkte Adorno mit seiner Vorliebe für Stifter und Beethoven plötzlich wie ein Repräsentant des reaktionären Bürgertums.[18] Erstickte die «Meditation der Ohnmacht», die seine Texte vorführten, nicht jeden Bewegungsimpuls im Keim?[19] War der revolutionäre Brecht nicht dem von Adorno favorisierten Beckett vorzuziehen? Der Brief, den Gente 1965 an Adorno schrieb, ließ bereits die Politisierung seines ästhetischen Repertoires erkennen. Kurz darauf ergriff er offen gegen seinen ehemaligen Lieblingsautor Partei, als er die Redaktion der Dahlemer Theoriezeitschrift *Alternative* mit Originalarbeiten Benjamins aus den dreißiger Jahren versorgte, aus denen hervorging, dass die Editionspolitik seiner Frankfurter Herausgeber fragwürdig war. Der Verdacht, die maßgeblich von Adorno verantwortete Suhrkamp-Ausgabe spiele Benjamins Konversion zum Marxismus herunter, indem sie Schlüsselsätze retouchiere, sorgte für einen Eklat im philologischen Klassenkampf. Für seine wachsende Gemeinde innerhalb der Studentenbewegung wurde Benjamin durch das Unrecht seiner Nachlassverwalter noch einmal zum Märtyrer.[20]

Während er seine Kenntnisse der linken Presse zur Verfügung stellte, kam Gentes Studium nur schleppend vorwärts. Die Seminararbeiten, die er über materialistische Ästhetik verfasste, stießen bei seinen Professoren nicht auf Begeisterung. «Ansätze und Andeutungen, die manchmal die Grenze von Wissenschaft und Journalismus überschreiten», urteilte Peter Szondi über eine Lukács-Arbeit aus dem Jahr 1965 und gab «befriedigend».[21] Trotz mäßiger Noten hegte Gente Promotionspläne. Die Arbeit, zu der ihn seine Benjamin-

Lektüre inspiriert hatte, sollte dem Versagen der bürgerlichen Künste gewidmet sein. Doch Szondi war für dieses Thema nicht zu gewinnen. «Der hat das nicht so richtig verstanden, was ich eigentlich wollte, und ich konnte ihm das nicht richtig erzählen und so.» Die Idee, die Kunst abzuschaffen, dürfte Szondi genauso unheimlich wie Adorno gewesen sein.[22] Unter dem Namen Kulturrevolution war sie seit dem Mai '68 in aller Munde. «L'art est mort», hatten die Pariser Studenten an die Mauern der Sorbonne geschrieben, und Hans Magnus Enzensberger hatte ihren Abgesang im *Kursbuch* fortgesetzt: «Für literarische Kunstwerke läßt sich eine wesentliche gesellschaftliche Funktion in unserer Lage nicht angeben», lautete seine Diagnose, die Wellen unter Verlegern und Autoren schlug. Als Vorbilder für eine künftige revolutionäre Literatur führte Enzensberger Günter Wallraff und Ulrike Meinhof an.[23] Angesichts der öffentlichen Resonanz waren seine Thesen nicht länger als Dissertationsthema geeignet. Es sieht so aus, als habe Peter Gente seine akademische Karriere verschlafen. Aber vielleicht war ihm in der Zwischenzeit auch nur aufgegangen, dass er kein Talent zum Schreiben besaß.

«He didn't write», schrieb der New Yorker Theorieverleger Sylvère Lotringer viele Jahre später über seinen Freund.[24] Der Satz trifft Gentes Lebensthema. Vielleicht trifft er sogar das Thema seiner Generation. Als angehender Intellektueller war er während der sechziger Jahre nicht nur in den linken Überlieferungszusammenhang eingedrungen, sondern hatte auch nach seiner eigenen Stimme gesucht. Mangels besserer Alternativen bezeichnete er sich zum Zeitpunkt der Gründung des Merve Verlags noch als «freier Schriftsteller».[25] Außer einem Beitrag zum Bitterfelder Weg der ostdeutschen Arbeiterliteratur hatte er jedoch so gut wie nichts veröffentlicht.[26] Es lag ihm näher, die Texte anderer zu publizieren. In einer Zeit, die vor editorischen Projekten wimmelte, gab es dazu viele Möglichkeiten. Sein erster kleiner Herausgeber-Coup gelang ihm 1965 mit einem Themenheft der bereits erwähnten *Alternative* über Pariser Essayisten. Gente hatte seine Sammelleidenschaft zu diesem Zeitpunkt auch auf französische Zeitschriften ausgedehnt und Texte von Roland Barthes, Claude Lévi-Strauss, Lucien Goldmann und anderen ausfindig gemacht. In Berlin, wo diese Theoretiker so gut wie niemand kannte, stieß das Heft auf große Resonanz. Zwei Jahre später konnte er seinen Kenntnisvorsprung erneut unter Beweis stellen, als er im Editionsstreit um Benjamin die entscheidenden Hinweise gab. Helmut Lethen, der damals ebenfalls zur *Alternative* stieß, empfand ihn aufgrund seines enzyklopädischen Wissens als «ungeheure Inspirationsquelle». Zum festen Redakteur wurde Gente aber trotzdem nicht: Hildegard Brenner, die Herausgeberin, mochte sich nicht damit abfinden, dass er partout nicht zum Schreiben zu bewegen war.[27]

In der Schule des Lesens

1965, kurz nach Erscheinen des *Alternative*-Heftes, bestellte der neu berufene Professor für Philosophie und Judaistik Jacob Taubes Gente in sein Büro. In seinen Seminaren war ihm der stille Zuhörer bisher nicht aufgefallen. Dass Gente die Franzosen kannte, hielt er jedoch für bemerkenswert. Als Zeichen der Anerkennung bot er ihm eine seiner begehrten Hilfsassistenten-Stellen an. Die erste Aufgabe bestand darin, Taubes' Bibliothek auszupacken, die, wie sich Gente erinnerte, «in schweren Überseekisten aus New York ankam».[28] Zum Selbstverständnis eines Ordinarius und bürgerlichen Gelehrten gehörte es damals noch, im Privatbesitz über die eigenen Produktionsmittel zu verfügen.[29] Für den lesehungrigen Hilfsassistenten muss die Begegnung mit Taubes' Büchern ein prägendes Bildungserlebnis gewesen sein. Taubes' Bibliothek umfasste mehr als den Kanon aus deutscher Philosophie und klassischer Moderne, der für die Anhänger der Kritischen Theorie verbindlich geworden war. Sie dokumentierte den Leseweg eines intellektuellen Kosmopoliten, der eine Vorliebe dafür hatte, sich auch auf abgelegene und skandalöse Denker einzulassen. Taubes verbreitete ein Klima geistiger Intensität, in dem das Schicksal der Menschheit von der Interpretation der entscheidenden Texte abzuhängen schien.[30] Es kursierte das Gerücht, er sei «durch bloßes Handauflegen» in der Lage, «den Gehalt eines Buches unfehlbar zu erfassen».[31] Dass er trotz – oder gerade wegen – dieser Begabung als Leser nicht als Autor in Erscheinung trat, gehörte zu den Rätseln seiner schillernden Persönlichkeit. Adorno, der ein gespaltenes Verhältnis zu Taubes hatte, hielt ihn für einen «in seiner Produktivität schwer gestörten Menschen».[32] Den Studenten, die sich von seiner geistigen Erregung angezogen fühlten, vermittelte Taubes die existentielle Bedeutung der Theorie. Die Abteilung für Hermeneutik, die er an der Freien Universität aufbaute, «war das Zentrum einer oft wilden Interdisziplinarität, heftig umstritten und Unterschlupf für viele, die keinen vorgezeichneten Weg gehen wollten», hat sich Henning Ritter erinnert, der in den sechziger Jahren bei Taubes Tutor war.[33] Zu den Abweichlern, die in diesem Umfeld ihren geistigen Horizont erweiterten, gehörte auch der Hilfsassistent Peter Gente. Unter Taubes' Einfluss zu geraten, bedeutete, sich durch apokryphe Lektüren gegen den Dogmatismus der Studentenbewegung zu immunisieren. Es bedeutete, sich Adorno zu entfremden, den Taubes seinerseits für einen «protestierenden Linksheideggerianer» mit manieriertem Schreibstil hielt.[34] «Wer kann hier so schön wie Adorno schreiben?», soll er «gespenstisch lachend» während einer Vorlesung zu wiederholten Malen in den Hörsaal gerufen haben.[35]

Adornos schriftstellerische Begabung war ihm genauso fremd wie dessen Scheu, sich politisch einzumischen. An der Freien Universität, die er als das deutsche Berkeley betrachtete, ergriff Taubes für die rebellierenden Studenten Partei. Dabei stand er ihren utopischen Erwartungen durchaus skeptisch gegenüber. An den Aktionen des SDS interessierte ihn weniger das sozialistische als das subversive Moment. Sein Gutachten, das den Aufruf zur Kaufhausbrandstiftung in die Tradition der literarischen Avantgarden stellte, half den Kommunarden Fritz Teufel und Rainer Langhans, einer Haftstrafe zu entgehen.[36] Im Juli 1967 moderierte er den Auftritt seines Freundes Herbert Marcuse an der FU, der die Studenten zu Begeisterungsstürmen hinriss. Im selben Jahr lud er den Pariser Hegel-Interpreten Alexandre Kojève nach Berlin ein, der seine zum Umsturz bereiten Zuhörer mit der Empfehlung in Ratlosigkeit versetzte, in der gegenwärtigen Situation sei es das Beste, Altgriechisch zu lernen. Der Snobismus Kojèves blieb den Achtundsechzigern unverständlich. Nur Eingeweihte aus dem Taubes-Zirkel mochten entschlüsseln, dass er eine Kostprobe seiner Theorie des Posthistoire zum Besten gab.[37] Das Unterlaufen linker Erwartungen gehörte auch in Taubes' eigenes

Repertoire, was sein politisches Engagement mitunter undurchschaubar machte. Sein Studienfreund, der Rechtsintellektuelle Armin Mohler, war der Meinung, er habe die Protestbewegung «mit Surrealismus» impfen wollen.[38]

Theorie im Taschenbuch

In der Geschichte der Theorie in der Bundesrepublik spielt Taubes eine wichtige Rolle. Er gehört nämlich zu den Architekten der Suhrkamp-Kultur. 1965, als Gente an seinen Lehrstuhl kam, steckte er mitten in der Planung einer neuen Taschenbuchreihe für Siegfried Unseld. Drei Jahre zuvor hatte Unseld die *edition suhrkamp* erfunden, deren Regenbogenspektrum zum Emblem einer geistigen Ära werden sollte. Ihr Konzept, literarische und philosophische Titel im Taschenbuchformat zu bringen, war erst durch den Tod des Altverlegers Peter Suhrkamp möglich geworden, der sich zeitlebens dagegen gewehrt hatte, Geld mit Paperbacks zu verdienen.[39] 1962 war dieser Schritt bei Suhrkamp immer noch umstritten. Unselds Berater, zu denen auch der Taschenbuchkritiker Enzensberger gehörte, diskutierten unter anderem darüber, ob sich eine «intellektuelle Reihe» ein buntes Cover leisten dürfe. Die Kompromisslösung, die vorsah, Willy Fleckhaus' Design auf einen abnehmbaren Umschlag zu drucken, unter dem grauer Karton für geistige Solidität bürgen sollte, verrät viel über das Gewicht der ideologischen Auseinandersetzungen. Die *edition suhrkamp* lief auf Anhieb gut; besonders ihre philosophischen Titel schienen die «jüngeren und studierenden Leser» zu erreichen, die Unseld für die Reihe im Auge gehabt hatte.[40] Dass Autoren wie Wittgenstein, Bloch oder Adorno selbst in Bahnhofsbuchhandlungen an der Spitze der Verkaufszahlen standen, war ein bemerkenswerter Trend.[41] Ein philosophischer Grundlagentext der Moderne wie Husserls *Logische Untersuchungen* hatte sich 1966 gerade 7500 Mal verkauft. Der erfolgreichste Longseller des 20. Jahrhunderts, Heideggers *Sein und Zeit*, lag bei 40 000 Exemplaren.[42] Im Vergleich mit Suhrkamps philosophischen Taschenbüchern waren solche Zahlen niedrig: Herbert Marcuses *Kultur und Gesellschaft I*, das 1965 in der *edition* erschien, erreichte innerhalb weniger Jahre eine Auflage von 80 000.[43]

Vom Erfolg der Theorie im Taschenbuchformat hatten sich dessen Kritiker anfangs besonders bestätigt gefühlt, denn er schien ihren Verdacht zu bestätigen, dass Paperbacks zwar gekauft, aber nicht gelesen würden.[44] Das Phänomen ließ aber auch die entgegengesetzte Diagnose zu: Vielleicht revolutionierten die erschwinglichen Bändchen tatsächlich die Lesegewohnheiten; vielleicht waren sie ein Medium, um schwieriges Denken zu verbreiten. Unseld, den Optimisten zugehörig, engagierte die jungen Koryphäen der westdeutschen Geisteswissenschaften, um eine weitere Reihe zu konzipieren, die dieses Ziel verfolgte. Jürgen Habermas, Hans Blumenberg, Dieter Henrich und Jacob Taubes wurden als Berater und Herausgeber engagiert, um das Suhrkamp-Wissenschaftsprogramm stärker am Zeitgeist auszurichten. Ein paar Jahre später nominierte Unseld noch Niklas Luhmann nach. «Die einzelnen Bände sollen sowohl formschön als auch wohlfeil sein», instruierte der verantwortliche Lektor Karl Markus Michel im Januar 1965 die Professorenrunde, «sich ebenso von den allgegenwärtigen Pocketbooks und Paperbacks unterscheiden wie von den traditionellen Büchern, die die Tendenz haben, sich in die Regale der Buchhandlungen zu verkriechen.»[45] Das Ergebnis, im Jahr darauf auf der Frankfurter Buchmesse präsentiert, war die Reihe *Theorie*, deren minimalistischer Einband das nüchterne Gegenstück zur bonbonbunten Pop-Art ihrer älteren Schwester bildete: dort *Sgt. Pepper*, hier *Weißes Album* der Suhrkamp-Kultur.[46] An den Erfolg der *edition* hat die Reihe *Theorie* freilich niemals anknüpfen können. Erst ihr Nachfolger, das dunkelblau gedeckte *suhrkamp taschenbuch wissenschaft* (*stw*), erreichte in den siebziger Jahren breitere Leserkreise.[47] Dafür gebührt der *Theorie*-Reihe ein anderes Verdienst: Mit ihrem Titel trug sie dazu bei, ein neues Genre zu etablieren.

Geburt eines Genres

Das wird nicht erst im Rückblick deutlich, sondern entsprach dem Selbstverständnis der Herausgeber. Ihre Korrespondenz, die im Deutschen Literaturarchiv in Marbach liegt, verrät den Anspruch, einem neuen Denkstil Konturen zu verleihen, der nicht nur auf der Höhe der Zeit, sondern aus geschichtsphilosophischen Gründen quasi unvermeidlich war. In den sechziger Jahren favorisierten die Gelehrten noch die großen Erzählungen. Das trifft besonders für Jacob Taubes zu, der auch als Verlagsberater in eschatologischen Mustern argumentierte. «Es besteht kein Zweifel», teilte er Karl Markus Michel 1965 mit, «daß heute die Philosophie nachhinkt und im schlechten Sinne zum Nach-denken verurteilt ist. Ethnologie, Linguistik, Psychoanalyse, Literaturkritik, Filmtheorie, ja sogar Archäologie und Geschichte sind Modi, in denen sich das neue Bewußtsein auszusprechen versucht.»[48] Die Diagnose vom Ende der Philosophie, die er an anderer Stelle drastischer formulierte, stützte sich nicht auf die Beobachtung von wissenschaftspolitischen Konjunkturzyklen. Für Taubes ergab sie sich zwingend aus dem Erbe der Hegel'schen Dialektik, die den Horizont abgesteckt hatte, in dem der Geist «von Ionien bis Jena» zu sich selber fand.[49] Was danach, in der arbeitsteiligen Gesellschaft, kam, musste sich unweigerlich zwischen mehreren Disziplinen abspielen. Für «jenes Gebiet» suchte das Herausgebergremium einen passenden Namen.[50] Das «Bewusstsein der Gegenwart», das sie auf den Punkt bringen wollten, erforderte den Stil moderner Sachlichkeit.[51] Dieter Henrich warf «Kritik», «Argument», «Concept» und «Diagnose» in die Debatte.[52] Nach dem Vorbild einer Buchreihe, die er in den fünfziger Jahren für die New Yorker Beacon Press konzipiert hatte, schlug Taubes «humanitas» vor.[53] Als Label, das den meisten Vorstellungen gerecht wurde, setzte sich schließlich aber «Theorie» durch. Dabei spielte sicher eine Rolle, dass der Pariser Philosoph Louis Althusser 1965 in den Éditions Maspero eine Reihe mit dem gleichen Titel startete.[54] Legionen von französischen, vor allem aber von deutschen Lesern verdanken ihm einschneidende Lektüreerlebnisse.

Der Abstand zur Philosophie ist für Theorieleser immer wichtig geblieben – wenn auch nicht unbedingt aus den genannten geschichtsphilosophischen Gründen. Taubes selbst markierte eine weitere entscheidende Differenz, wenn er auf dem Rückflug von Paris an Unseld schrieb, «auf Professorenphilosophie der Philosophieprofessoren» solle die neue Reihe unbedingt verzichten: «Das Gebiet liegt zwischen Philosophie (‹indirekt›), Ethnologie und Literatur.»[55] Zumindest in diesem Punkt wusste er sich mit Adorno einig, der in seiner Vorlesung 1965 ja ebenfalls die «Zeit der Theorie» verkündete: Den Akademismus der Philosophie betrachteten beide als Erkenntnishindernis. Seit den Tagen der Frankfurter Schule hat sich Theorie daher immer als Gegendiskurs verstanden – gegen die Seinsfrage, gegen das Curriculum und gegen das systematische Philosophieren, dem Adorno schon 1958 mit der Form des Essays begegnet war: «radikal im Nichtradikalismus, in der Enthaltung von aller Reduktion auf ein Prinzip, im Akzentuieren des Partiellen gegenüber der Totale, im Stückhaften.»[56] Auch Siegfried Unseld beharrte darauf, in der *Theorie*-Reihe nur kurze Texte zu publizieren.[57] Peter Gente machte in den siebziger Jahren noch kleinere Formen zum Markenzeichen des Merve Verlags. Wie man sieht, lässt sich die Gattung Theorie nicht auf bestimmte Inhalte reduzieren. Ihre Form entwickelte sich entlang den Möglichkeiten des Paperbacks.[58]

Als «Jagdhund» für Suhrkamp, wie er sich gegenüber Unseld bezeichnete, ging Taubes die Aufgabe, das intellektuelle Profil der neuen Reihe zu schärfen, beinah mit Übereifer an.[59] «Es fallen ihm stets neue Sachen ein, unter denen sich zweifellos viele wichtige, ja notwendige Werke finden», notierte Karl Markus Michel 1965 nach einem Arbeitstreffen in Berlin. Er fügte jedoch gleich hinzu, dass Taubes' Vorschläge «nicht nur der Kontrolle» bedürften – «sie sind geradezu auf Kontrolle erpicht».[60] «Theorie» – das bedeutete 1965 in erster Linie kritische Gesellschaftstheorie auf der Linie der Neuen Linken. Unter Taubes' Ideen, die die Zustimmung von Michel fanden, stand Karel Kosíks *Dialektik des Konkreten*, das Manifest eines humanistischen Materialismus aus dem Prager Tauwetter, daher an erster Stelle. Doch hatte sich Unseld bewusst für ein Herausgebergremium mit internen Checks and Balances entschieden. Dieter Henrich war besorgt, dass die von ihm mitverantwortete Reihe dem Suhrkamp Verlag als «ideologisches Forum» dienen könnte.[61] «Das ist alles unentbehrlich», schrieb er Unseld, nachdem der ihm auseinandergesetzt hatte, was er unter Aufklärung verstand, «– aber ist es alles? Aufklärung kam nicht immer von ‹links›. Und kam sie von dort, so hatte oft genug der Gegner die besten Argumente provoziert oder gar geliefert.»[62]

Wie tief die Suhrkamp-Kultur in den intellektuellen Haushalt der Bundesrepublik eingegriffen hat, geht vor allem aus den Bedenken von Hans Blumenberg hervor. Für Karl Markus Michel blieb er «die große Unbekannte» innerhalb des Vierergespanns: «Wie wird er reagieren, wenn man ihm die Planungen vorlegt? Wird er Titel wie Kosík ablehnen?»[63] In der Tat verhielt sich Blumenberg zunächst ablehnend, doch war seine Ablehnung prinzipieller Natur. Schon die Aussicht, als Teil eines mehrköpfigen Herausgebergremiums zu agieren, ging ihm gegen den Strich. Dazu hatte er «mit Kollektivunternehmen», wie er Michel andeutete, zu schlechte Erfahrungen gemacht. Noch schwerer wog aber, dass er die Entwicklung «unseres mehr und mehr zur Markenindustrie sich wandelnden Publikationswesens» mit Skepsis beobachtete. Auch 1965 stieß das Projekt einer wissenschaftlichen Taschenbuchreihe innerhalb der Gelehrtenrepublik noch auf Widerstand. Es war der rastlose Jacob Taubes, der auf die Idee kam, Blumenberg nicht nur als Herausgeber, sondern auch als Autor zu gewinnen. «Hans Blumenberg hat ein Buch unter dem Titel ‹Die Legitimität der Neuzeit› fast fertig», schrieb er Unseld im April 1965. «Ich möchte Dich bitten, so rasch wie möglich bei ihm anzurufen. Er hat Angebote von traditionellen philosophischen Verlegern. Aber ich glaube, wir können das Werk für Suhrkamp kapern.»[64] Die freibeuterische Metaphorik ist gut gewählt, denn in der Tat musste Blumenberg zu seinem Glück gezwungen werden. Obwohl die *Legitimität der Neuzeit* nicht einmal als Paperback, sondern im regulären Wissenschaftsprogramm erscheinen sollte, sträubte er sich gegen Taubes' Plan. Er hatte nicht vor, sein Werk einem Verlag mit «noch zu spezifizierender Resonanz» zu überlassen, in dem er «die mehr rhetorischen Aufklärer und die philosophische Essayistik» aufgehoben sah.[65] Karl Markus Michel gegenüber äußerte er die Befürchtung, «daß der Verlag aus nicht in der Sache liegenden Gründen auf die Gestaltung von Text und Apparat einwirken könnte».[66]

Den Anspruch des Geistes mit den Bedürfnissen des Publikums zu verbinden, lief Blumenbergs Selbstverständnis als Philosoph zuwider.

Nur Jacob Taubes waren solche Bedenken fremd. Die Prämisse, unter der er seine Tätigkeit als Suhrkamp-Berater antrat, lautete, «den wissenschaftlichen Markt zu überrennen und zu transformieren».[67] Die Berichte, die er aus Paris und New York nach Frankfurt schickte, haben daher auch keinen professoralen Sound; eher lesen sie sich wie die Lagebeurteilungen eines professionellen Publizisten. «*Competition* ist scharf», schrieb er Michel aus den USA, wo er die Situation sondierte, und empfahl ihm, möglichst viele Optionen zu sichern, «weil der Markt von Deutschland her rasch abgegrast wird». So habe der Rowohlt Verlag ebenfalls Agenten ins Feld geschickt, deren horrende Monatsgehälter allein darauf schließen ließen, dass ihr Auftrag lautete, Ergebnisse zu liefern.[68] Es ist kein Zufall, dass Taubes in seinen Konjunkturberichten häufig in englisches Vokabular verfällt: Zum kühlen Blick auf die Kulturindustrie war nur ein Amerika-Kenner in der Lage.[69] Auch seine intellektuelle Promiskuität, die kaum ideologische Berührungsängste kannte, passt gut zu seinem amerikanischen Habitus. Wie er später in einem bei Merve publizierten Band verriet, setzte er sich sogar dafür ein, den berüchtigten Staatsrechtler Carl Schmitt für Unselds Wissenschaftsprogramm zu gewinnen; ein Vorhaben, das ebenso am Widerstand von Habermas wie an der Weigerung von Schmitt gescheitert ist, mit seinen Büchern «in die Suhrkamp-culture» zu gehen.[70]

Als Global Player konzentrierte Taubes seine Aktivitäten aber vor allem auf den internationalen Markt. Für diese Rolle war er sicherlich auch vorgesehen. Gerade da, wo seine Dossiers das anglo-amerikanische und das französische Theorieangebot taxieren, verraten sie viel über die westdeutsche Rezeptionslage. Wer war noch mal Claude Lévi-Strauss, der 1955 mit *Tristes tropiques* einen großen Erfolg gelandet hatte? «Der Meister, der die Fäden zusammenhält und das Interesse in Frankreich nach dem Existentialismus in intellektuellen Kreisen seit Jahren hält. L. S. als Erscheinung zweideutig. Er hält sich für die Nachfolge Rousseau – Marx, hat auch marxsche Elemente rezipiert, aber sein ‹Strukturalismus› ist ageschichtlich.» Und was war von Serge Mallet, dem jungen Autor von *La Nouvelle Classe ouvri-*

ère, zu halten, einem Buch, das in der Pariser Linken in aller Munde war? «Hoch begabt, lange in kommunistischen Gewerkschaften, aber merkt, dass die Gewerkschaften nicht merken, dass eine ganz neue Physiognomie der Arbeiterklasse sich entwickelt hat. Sonst werden solche Einsichten nur ‹von rechts› (seit E. Jüngers *Der Arbeiter*) vorgetragen. Journalistisch begabt, keine Professur, wird wohl auch keine kriegen.»[71] Vielleicht stimmt es, dass Taubes in der Lage war, Bücher durch Handauflegen zu erfassen. Jedenfalls konnte er intellektuelle Landschaften mit wenigen Federstrichen skizzieren.

Die vier Professoren an einen Tisch zu kriegen, erwies sich als schwieriges Unterfangen. Dieter Henrich wollte unbedingt mit Habermas, aber ungern mit Blumenberg zusammenarbeiten, der seinerseits vor einer Kooperation mit Taubes zurückschreckte, den er für einen «unsicheren Kantonisten» hielt.[72] Taubes wiederum, der das Gefühl hatte, mehr als die anderen zu arbeiten, weigerte sich, das «fürs selbe Geld» zu tun.[73] Dass er Blumenbergs *Legitimität der Neuzeit*, die er Unseld so sehr ans Herz gelegt hatte, nach Einsicht in die Fahnen enttäuschend fand, hielt er nicht nötig, für sich zu behalten.[74] Nur in Habermas meinte Michel einen verlässlichen Partner «ohne Zwang und ohne Ambitionen» gefunden zu haben, «der ganz spontan die brauchbarsten Vorschläge macht». Doch nach einer besonders mühsamen Sitzung mit Henrich und Blumenberg bat ausgerechnet Habermas darum, aus dem «Hexenkessel» der Theorie-Reihe entlassen zu werden. «Ich habe ihm sehr deutlich gesagt, daß die Reihe im Hinblick auf seine Mitarbeit konzipiert worden sei, und daß wir das Interesse an ihr verlören, wenn er sich zurückzöge.»[75] Den Stoßseufzer des Lektors kann man nachvollziehen: «Es ist schon arg», notierte er, «daß die Technik noch nicht erlaubt, Konferenzen zu veranstalten ohne die gleichzeitige Anwesenheit aller Beteiligten.»[76]

Den Schwierigkeiten mit den Herausgebern zum Trotz klopften Unseld und Michel zwischen 1965 und 1966 ein erstes Herbstprogramm fest. Der Markt für Theorie erschien zu vielversprechend, um unnötig Zeit zu verlieren. Um Suhrkamps Auftritt Wucht zu verleihen, sollte die neue Reihe zunächst sogar durch eine Zeitschrift flankiert werden, in der «jeweils ein wichtigeres philosophisches oder wissenschaftliches Buch (oder auch Lebenswerk) von verschiedenen Philosophen oder Wissenschaftlern kritisch behandelt werden soll».[77] Auch für dieses Projekt ließ sich Taubes sofort begeistern: «Der Zeitpunkt für eine Zeitschrift ist günstig gewählt, da ‹Merkur› und ‹Neue deutsche Hefte› wohl ihrem Ende entgegengehen.» Als Titel für ein Blatt, das das absehbare Erbe antreten sollte, schlug er «Janus» und «Angelus novus» vor. Was er Michel im August 1965 darüber hinaus anzubieten hatte, klang allerdings weniger nach Mitarbeit als nach freundlicher Übernahme. Die Verantwortung sollte in den Händen von Taubes' Lebensgefährtin, der FU-Philosophin Margherita von Brentano, liegen. Für den Redaktionssitz schien ihm Berlin der geeignete Standort zu sein. Als üppig ausgestatteter Lehrstuhlinhaber stellte Taubes in Aussicht, «vier bis fünf Hilfsassistenten» als redaktionelle Mitarbeiter «in den Topf der Zeitschrift» zu werfen – darunter ein gewisser Peter Gente, der «Ihnen vielleicht als der Herausgeber eines Heftes der Alternative zur französischen Literaturkritik» bekannt ist.[78] Um ein Haar wäre Gente 1965 also in der Suhrkamp-Kultur gelandet. Doch eine Zeitschrift namens *Janus* oder *Angelus novus* hat nie das Licht der Welt erblickt. Enzensbergers *Kursbuch*, dessen Pilotheft im selben Jahr erschien, ließ ein weiteres Suhrkamp-Periodikum wahrscheinlich überflüssig erscheinen.

Die Episode hat trotzdem Spuren hinterlassen. Über Taubes' Beratertätigkeit kam Gente mit dem Verlagswesen in Kontakt. Sein Wunsch, publizistisch tätig zu werden, nahm in der zweiten Hälfte der sechziger Jahre allmählich konkrete Formen an. Die Ereignisse zwischen dem Tod von Benno Ohnesorg und der Schlacht am Tegeler Weg erlebte er im Inner Circle der Bewegung.[79] Doch selbst im Tumult der Jahre 1967 und 1968 blieb sein Lesepensum hoch. 1968 gab er bei Rogner & Bernhard den Band *Marxismus und Fragen der Sprachwissenschaft* von Josef W. Stalin heraus.[80] Im Jahr darauf entwickelte er das Konzept für eine eigene Buchreihe. Im Gegensatz zu seinen holprigen Seminararbeiten wirkt die Geschäftsidee, mit der er bei Verlagen vorstellig wurde, erstaunlich ausgegoren. Sie lässt den Jäger und Sammler erkennen, der seit zehn Jahren durch den Wald der intellektuellen Journale zog. Gentes Konzept sah vor, Theorie-Trouvaillen, «von denen anzunehmen ist, dass ihre bisherige Verbreitung das vorhandene Leserinteresse nicht erschöpft hat», im Broschürenformat herauszugeben. Dabei hatte er vor allem Beiträge aus ausländischen Zeitschriften zu Diskussionen im Sinn, «in denen das letzte Wort noch nicht gesprochen ist». Der kleine Band zur Lage – das lag in der Konsequenz von Suhrkamps Theorie-Taschenbüchern, die seit Mitte der sechziger Jahre dazu einluden, überboten zu werden. Gente schwebte vor, das «Interesse an sozialwissenschaftlicher Orientierung auch bei höchst verschiedenen Leserkreisen» zu bedienen, «die in der Vergangenheit allenfalls für die Belletristik als ein relativ geschlossenes Publikum in Betracht kamen».[81] Das Kapitel bundesrepublikanischer Ideengeschichte, das in diesem Satz steckt, hatte Gente selber miterlebt: die Verschiebung der Lesegewohnheiten, den Relevanzverlust der schönen und den Siegeszug der theoretischen Literatur. Theorie, wie Romane verschlungen und derartig taschenbuchfähig gemacht: Aus dieser Formel erwuchs um 1970 ein neues Marktsegment mit wachsenden Umsätzen. Es gelang Gente trotz allem nicht, einen Partner zu gewinnen. Früher oder später tauchte daher die Idee auf, einen eigenen Verlag zu gründen. West-Berlin war mit seinen niedrigen Mieten der ideale Standort dafür.[82]

1970
Ewige Gespräche

Der MERVE-VERLAG Berlin ist ein sozialistisches Kollektiv, das die Reihe INTERNATIONALE MARXISTISCHE DISKUSSION herausgibt.

Kalkulation, Rechnungsführung, Druck, Vertrieb usw. machen wir gemeinsam, d.h. im arbeitsteiligen Zusammenhang mit den Arbeiten, die aus der Herausgabe der Texte entstehen. Selbstagitation und Erarbeitung der Grundlagen der Marx'schen Theorie sind bei uns verbindlicher Bestandteil der Kollektivarbeit.

In der Reihe INTERNATIONALE MARXISTISCHE DISKUSSION verlegen wir regelmäßig (15-20 Hefte im Jahr) Arbeiten zu Problemen marxistischer Theorie und nicht-revisionistischer Praxis. Diese Arbeiten sollen zur Klärung des Revisionismusbegriffs beitragen, und damit Theorie- und Strategiebildung fördern, deren jede revolutionäre Praxis bedarf. In diesem Umkreis stehen die Arbeiten zur Imperialismus-, Klassen-, Staats- und Parteitheorie. Dabei werden wir sowohl die methodologische Problematik solcher Theorien als auch ihren Niederschlag in Kampfstrategien revolutionärer Gruppen berücksichtigen.

Der MERVE-VERLAG ist kein Profitunternehmen.

charles bettelheim
über das fortbestehen von
warenverhältnissen in den
»sozialistischen ländern«

internationale
marxistische diskussion   1
merve verlag berlin

dm 2,—

Im Februar 1970 war Adorno seit einem halben Jahr tot. Hans-Jürgen Krahl, das junge Theorietalent der deutschen Studentenbewegung, prallte mit einem Lastwagen zusammen, als sein Auto auf vereister Bundesstraße nördlich von Frankfurt ins Schleudern geriet. Vier Tage später machte sich Peter Gente zusammen mit seiner Frau und einem befreundeten Genossen daran, in einem leerstehenden Ladenlokal in Berlin-Steglitz sein erstes Buch zu drucken: *Wie sollen wir ‹Das Kapital› lesen?*, eine schmale Broschüre von Louis Althusser. Die Szene, die Merve Lowien in ihrer Geschichte des Merve Verlags festgehalten hat, spielt in einem der vielen stillen Winkel der Mauerstadt: verwaiste Straßen, ein griechischer Gastarbeiter, der an seinem kaputten Auto schraubte, und 120 Quadratmeter voller Staub, in dem noch die Requisiten «irgendeiner fortgezogenen Kreuzberger Theatergruppe» herumlagen.[1]

In den siebziger Jahren war Berlin nicht mehr die umkämpfte Metropole, auf deren Boden die Blockmächte ihre symbolische Überlegenheit demonstrierten. Die Isolation durch die Mauer und die Verfestigung der Fronten im Kalten Krieg hatten viele Bewohner vertrieben und den Westteil der Stadt buchstäblich ausgeblutet. «Wie leer Berlin war», staunte ein westdeutscher Besucher 1968. «Viel zu weit die breiten Boulevards und Alleen, die Gegenwart viel zu schmächtig dafür.»[2] Auf Bohemiens, die vom selbstbestimmten Leben träumten, übte diese Leere eine große Anziehungskraft aus. Neuberliner, die vor der Wehrpflicht und den hohen Lebenshaltungskosten in Hamburg oder Stuttgart flüchteten, konnten geräumige Altbauwohnungen beziehen. Statt Aussichten auf Karriere fanden sie niedrige Mieten vor; statt mittelständischer Unternehmen blühte die Projekt-

Vorangehende Doppelseite: *Charles Bettelheim, Über das Fortbestehen von Warenverhältnissen in den ‹sozialistischen Ländern›, Berlin: Merve 1970. Die Broschüre war die erste offizielle Publikation des Merve Verlags* ökonomie der Subkultur. Das Merve-Kollektiv ist ein typisches Beispiel für diesen Sektor, der es sich leisten konnte, auf schwarze Zahlen zu verzichten: «Das ‹Verlag-Machen› gilt als Experiment», schreibt Lowien, «was jederzeit soll abgebrochen werden können, sobald die Beteiligten eine andere Tätigkeit für sinnvoller halten sollten.»[3]

Den Büchermachern, die mit klammen Fingern an der noch unvertrauten Druckmaschine hantierten, muss Krahls Tod wie ein düsteres Omen vorgekommen sein. Gente hatte ihn seinerzeit noch in Frankfurt erlebt, wo Krahl nicht nur als gefürchteter Redner, sondern auch als Faktotum und Säufer galt, der zur Jukebox sang und sein Glasauge betrunken ins Schnapsglas fallen ließ.[4] Doch zuletzt war es still um ihn geworden. Die Außerparlamentarische Opposition zerfiel nach '68 in tausend Splittergruppen, die freie Liebe oder Kadergehorsam predigten und den Rückmarsch in den Marx'schen Urtext antraten. Gente selbst, in negativer Dialektik geschult, fand sich als Stalin-Herausgeber wieder.[5] Darf man Diedrich Diederichsen Glauben schenken, dann fanden Seminardiskussionen nie wieder zum Komplexitätsgrad der sechziger Jahre zurück.[6] Adorno war tot, Max Horkheimer saß als Mystiker im Tessin, und Jürgen Habermas hatte den Studenten «linken Faschismus» vorgeworfen. Als mit Krahl auch der Vordenker der antiautoritären Bewegung starb, schien sie bis auf weiteres gescheitert.[7]

Die Auflösung des Diskussionszusammenhangs bedeutete allerdings nicht, dass weniger gelesen worden wäre. Erst in den siebziger Jahren weitete sich der harte Kern der Protestbewegung zum linken Mainstream aus. Die neuen Theorie-Reihen, Theorie-Zeitschriften und Theorie-Verlage schossen daher wie Pilze aus dem Boden.[8] Der Appetit auf marxistische Klassiker kurbelte ein Raubdruckwesen an, das die längst vergriffenen Quellcodes der Arbeiterbewegung in graue Bestsellerliteratur verwandelte. Im Innern dieser expandierenden Gutenberggalaxis suchte auch der Merve Verlag nach seiner Nische. Auf den Namen von Gentes Frau und die Rechtsform des Kollektivs einigte man sich im Verlauf des ersten Geschäftsjahres. Bis 1976 gingen zahlreiche Genossen durch das Kollektiv hindurch, darunter Studenten, gelernte Handwerker, Schauspieler, Buchhändler …[9] Ihre publizistische Mission bestand darin, den deutschen Ableitungsmarxismus mit Theorie-Importen aus dem Ausland zu versorgen. Vielleicht träumte Gente, der enzyklopädisch Belesene, insgeheim davon, das intellektuelle Gewissen der Bewegung zu sein. Jedenfalls passt es ins Bild, dass die erste Wahl auf Louis Althusser fiel. Mit Althusser sollte sich die Regression *ad fontes* noch einmal in theoretische Avantgarde verwandeln. Selbst in den theorietrunkenen sechziger Jahren hatte niemand härter als er gedacht. Und anders als Adorno tat Althusser das ganz aus der Deckung des Marx'schen Urtextes heraus.

Theoretische Praxis

Er bleibt als Marx-Exeget in Erinnerung, der das *Kapital* einer «symptomalen» Lektüre unterzog, um dessen implizite Philosophie, die Marx selbst nur hatte andeuten können, in explizite Begriffe zu übersetzen. Dass dieser in der Tiefe des 19. Jahrhunderts geborgene Schatz sich am Ende als Althussers eigenes Denken, sprich: als Strukturalismus Pariser Observanz entpuppte, machte den Clou von Althussers schwierigem Œuvre aus. Als Mitglied der Kommunistischen Partei Frankreichs verteidigte er den Marxismus seit den frühen sechziger Jahren gegen dessen humanistische Interpreten. Der «menschliche» Marx, den europäische Linksintellektuelle von Sartre bis Karel Kosík nach dem Ende des Stalinismus aus den Frühschriften herauslasen, erschien Althusser als eine besonders gefährliche Form von Revisionismus, der die Radikalität des Meisterdenkers an den Feind verriet. Gestützt auf die Begriffe des Epistemologen Gaston Bachelard las er Marx gegen den Strich und machte einen «epistemologischen Bruch» ausfindig – erst durch Althusser erlangte der Begriff in den sechziger Jahren seinen großen Bekanntheitsgrad –, der mitten durch Marx' Gesamtwerk verlief. Die «ideologischen» Frühschriften überließ er bereitwillig den Humanisten. Erst später, im *Kapital*, so Althusser, habe Marx zu seiner revolutionären «THEORIE» gefunden, deren Botschaft – gut strukturalistisch – laute: Absage an den Humanismus, an das Subjekt und den dialektischen Geschichtsprozess. Bis heute lässt sich nirgends besser als bei Althusser nachlesen, warum «der Mensch» und seine Derivate den Pariser Denkern als gefährliche Ideologien erschienen. Unter ihrem universalistischen Deck-mantel ließen sich nach Belieben die Interessen immer nur bestimm-ter Menschen verfolgen.[10] Wenn man Althussers «Hyperintellektua-lismus» mit den Texten linker Humanisten vergleicht, leuchtet ein, warum er seine Leser als Avantgarde faszinierte.[11] Radikaleres, sprich: abstrakteres Denken war nicht auf dem Markt.

Eine der erfolgreichsten Prägungen aus Althussers Schule der rei-nen Theorie war der Begriff der «theoretischen Praxis». «Es gibt nicht einerseits die Theorie als reine geistige Schau ohne Körper und Materialität und andererseits eine durch und durch materielle Praxis, die dann ‹Hand anlegte›», schrieb er in seinem Hauptwerk *Das Kapi-tal lesen*, das 1972 bei Rowohlt auf Deutsch erschien. «Diese Dichoto-mie ist ein ideologischer Mythos.»[12] Stattdessen, heißt es weiter, sei auch Theorie eine Form von Praxis, eine produktive Arbeit, bei der eben Erkenntnisse produziert würden. Die Finessen und Kurz-schlüsse dieser Marx-Übertragung wurden in den siebziger Jahren bis zum Überdruss diskutiert. Auf der einen Seite entspann sich der Faden einer akademischen Rezeption: Epistemologen, die im Gefolge von Gaston Bachelard die Dialektik der Aufklärung in der Ge-schichte der europäischen Wissenschaften entschlüsselten, inspirierte der Begriff der «theoretischen Praxis» dazu, sich der praktischen Seite der Forschung zuzuwenden und ihr die Aufmerksamkeit zu widmen, die sie bisher den Ideen und Theorien vorbehalten hatten. Über die «diskursiven Praktiken», die der Althusser-Schüler Michel Foucault in seiner *Archäologie des Wissens* in die Diskussion einführte, ist diese neue Perspektive in den Genpool der Kulturwissenschaften eingewandert, die bis heute, dem sogenannten *practical turn* verpflich-tet, auf Kriegsfuß mit der Ideengeschichte stehen.[13]

Auf der anderen Seite betraf Althussers «theoretische Praxis» nicht nur die Wissenschaften, sondern auch seine eigene Existenz als mar-xistischer Intellektueller. Für die zeitgenössische Rezeption war die-ser Aspekt sogar viel entscheidender. Der Begriff implizierte, wie ein kritischer West-Berliner Leser anmerkte, dass «der Denkvorgang Dank seiner Praxisförmigkeit dem Realprozeß prinzipiell gleich-wertig» sei.[14] Im Handstreich legitimierte er die Tätigkeit des Intellek-tuellen – den Althusser konsequent als «intellektuellen Arbeiter» bezeichnete.[15] In der zunehmend scharf geführten Auseinandersetzung zwischen Theoretikern und Aktivisten, die die späten sechziger Jahre kennzeichnet, war das eine wertvolle strategische Position, von westeuropäischen Seminarmarxisten «wie ein Mantra» wiederholt.[16] Auch Adorno hatte angesichts rabiater werdender Studenten in seinen «Marginalien zu Theorie und Praxis» erklärt: «Denken ist ein Tun, Theorie eine Gestalt von Praxis; allein die Ideologie der Reinheit des Denkens täuscht darüber.»[17] Perry Anderson, der Herausgeber der *New Left Review*, der die Theoriebegeisterung der Neuen Linken in einer melancholischen Bilanz mit ihrer Politikverdrossenheit aufwog, war der Ansicht, man könne «den trotzigen Theoretizismus dieser Äußerungen» geradezu «als das Motto betrachten, das über dem ganzen westlichen Marxismus in der Epoche nach dem Zweiten Weltkrieg steht».[18]

Das Motiv ließe sich mühelos über den Marxismus hinaus verfolgen. Solange die Faszination der Theorie anhielt, tauchte es immer wieder auf, um die Relevanz des Denkens sicherzustellen. Selbst Niklas Luhmann, der aus seiner Distanz zur Linken nie einen Hehl gemacht hat, erwies dem politischen Gegner eine ironische Reverenz, als er, frisch an die Reformuniversität Bielefeld berufen, 1968 klarstellte, «daß die Arbeit an Theorien ein Handeln ist wie jedes andere Handeln auch».[19] Ihre bis heute nachwirkende Gestalt hat die Idee der theoretischen Praxis aber bei den französischen Links-Nietzscheanern gefunden, mit deren Import in den deutschen Diskussionszusammenhang der Merve Verlag in der zweiten Hälfte der siebziger Jahre begann. 1977 erschien bei Merve ein Gespräch zwischen Michel Foucault und Gilles Deleuze mit dem Titel «Die Intellektuellen und die Macht», in dem sich die beiden Theoretiker gewisser geteilter Grundannahmen versicherten. Deleuze äußert die Überzeugung, dass es «keine Repräsentation mehr» gebe, sondern nur noch Aktion: «die Aktion der Theorie und die Aktion der Praxis». Worauf ihm Foucault mit der Bemerkung beipflichtet, dass «Theorie nicht der Ausdruck, die Anwendung, die Übersetzung einer Praxis», sondern «selbst eine Praxis» sei.[20] Für das Merve-Kollektiv, dessen Beitrag zur Veränderung der Verhältnisse darin bestand, Texte zu verbreiten, stellte dieser Zusammenfall der Gegensätze eine ideale Legitimationsgrundlage dar. «Althusser und Foucault haben immer für sich in Anspruch genommen, daß ihre Theorie Praxis ist», erklärte Gente später. «Wir machen Bücher, das ist unsere Praxis.»[21]

Der Althusser, den Merve und andere Verlage mit einer gewissen Verspätung in die deutsche Diskussion einschleusten, hatte einen schweren Stand. Der Leninist der Begriffe, der behauptete, die eigentliche Revolution finde in der Theoriebildung statt, geriet in den siebziger Jahren in Verdacht, philosophische Glasperlenspiele zu betreiben. «Eine ins Esoterische zurückgezogene Wissenschaft darf sich durch einen verbalen Trick ea ipsa für Praxis halten», schrieb ein Kritiker 1975 im *Argument*.[22] Mit *Wider den akademischen Marxismus*, einer Sammlung von Polemiken des abtrünnigen Althusser-Schülers Jacques Rancière, kehrte in diesem Jahr auch das Merve-Kollektiv seinem allerersten Autor den Rücken zu. Rancière, der im Mai '68 in den Strudel der «Ereignisse» geraten und anschließend zum Maoismus übergelaufen war, begegnete dem «Althusserismus» seither schon deshalb mit Misstrauen, weil dessen Urheber als Professor auf einem akademischen Lehrstuhl saß. Das Erlebnis des Aufstands und die Nachrichten aus China hatten ihm die Augen geöffnet: «Ohne revolutionäre Theorie keine revolutionäre Aktion. Das haben wir bis zum Überdruß wiederholt. Jetzt ist es Zeit, daß wir aus der Erfahrung dessen, woran uns die Kulturrevolution und die ideologische Revolte der Studenten erinnert haben, lernen: Von der revolutionären Praxis getrennt verwandelt sich die revolutionäre Theorie in ihr Gegenteil. Die Verkehrung des Marxismus in Opportunismus ist vollendet.»[23]

Fünf Jahre später, 1980, nahm Althussers Leben eine tragische Wendung. In einem Anfall von geistiger Umnachtung erwürgte er seine Frau, ließ sich festnehmen und verschwand anschließend im Zwielicht psychiatrischer Institutionen. Die Bluttat in der Dienstwohnung der École Normale Supérieure schien seinen Kritikern im Nachhinein recht zu geben: War der Mord nicht die logische Konsequenz aus Althussers «theoretischem Antihumanismus»? War es verwunderlich, dass ein erklärter Feind des Menschen seine Frau umbrachte?[24] Die theoretische Abstraktion, die Althusser verkörpert hatte, geriet durch seinen Fall selbst unter Pathologieverdacht. Die Memoiren, die er später zu seiner Verteidigung schrieb, machten alles nur noch schlimmer. Es stellte sich heraus, dass seine Schriften einer geistigen Erkrankung abgerungen waren. Den Mai '68, der für seine Schüler zum Schlüsselerlebnis geworden war, hatte Althusser in der Psychiatrie verbracht: der Theoretiker als Getriebener, der Begriffe erfunden hatte, um seine als nutzlos empfundene Existenz zu rechtfertigen.[24] Mit brutaler Lakonie zog der Merve-Autor Heiner Müller 1982 die Konsequenzen: «Althusser interessiert mich nur noch als Stoff.»[26]

Zerschlagt das bürgerliche Copyright!

Am 10. August 1973 lag Althussers Tragödie aber noch in ferner Zukunft. Aus West-Berlin hatten ihn schlechte Neuigkeiten erreicht, auf die er verärgert mit einem Brief an die «Herren» – nicht etwa «Genossen» – des kleinen Merve Verlags reagierte. Die stillschweigende Übersetzung seines Essays *Freud und Lacan*, schrieb Althusser, sei ein «Akt der Piraterie», den er nur dann nicht gerichtlich verfolgen werde, wenn Merve ihm rückwirkend einen «angemessenen» Vertrag anbieten sollte: «Verstehen Sie das Wort ‹angemessen› bitte in seinem starken Sinn.»[27] Vermutlich sind die Büchermacher dem Professor damals entgegengekommen, denn drei Jahre später erschien sein Essay in zweiter Auflage. Doch widersprach der Erwerb von Copyrights eigentlich ihrem Geschäftsmodell. Wer den sprunghaft gewachsenen Markt linker Bewegungsliteratur mit frischem Textfutter aus dem Ausland versorgen wollte, der durfte es bei Urheberrechten nicht so genau nehmen. Zumindest, wenn er über keinerlei Startkapital verfügte. Wie andere linke Verlage der Zeit ging auch Merve aus einer Mischkalkulation hervor: Es gab die Mission, dem dogmatischen deutschen Kadermarxismus mit Impulsen aus Italien und Frankreich auf die Sprünge zu helfen. Es gab die Bereitschaft, sich zwischen Druckerpresse und Büchertisch selbst auszubeuten. Es gab die historische Chance schließlich, mit Raubdrucken das nötige Kleingeld zu verdienen. Aus dem Artikel «Raubdrucke», den das

Merve-Kollektiv 1974 für den Band *Comunicazione di Massa* der *Enciclopedia Feltrinelli Fischer* schrieb:

«Die zu Beginn der Studentenbewegung (Ende 1966) in Berliner Kommunen und politischen Gruppen entstandene Raubdruckbewegung hat sich, nicht zuletzt dank der von ihr benutzten avancierten technischen Mittel (Offset-Druck), schnell ausgeweitet. Die Zahl der Gruppen, die für den schwarzen Markt der roten Bücher produzieren, dürfte 1973 etwa 25 betragen. Die Zahl der nachgedruckten Titel umfaßt bis Ende 1971 bereits 1000, wobei die Auflagenhöhe zwischen 200 und 6000 und der Preis zwischen 0,30 und 18,– DM schwankt. Einige Titel haben es zu Auflagen zwischen 20 und 30 000 gebracht. Die Preise insgesamt liegen 40 bis 60 % unter denen der offiziellen Drucke. Nachgedruckt werden und wurden vor allem marxistische und psychologische/psychoanalytische Texte. Hinter der Parole ‹Zerschlagt das bürgerliche Copyright› steht die radikale These der Literaturproduzenten, ‹daß unter den gegenwärtigen sozioökonomischen Bedingungen der Kultur- und Bewußtseinsindustrie das ‹geistige Eigentum› an künstlerischer, literarischer und wissenschaftlicher Arbeit weitgehend nicht der gesamtgesellschaftlichen Entwicklung, sondern kapitalistischer Profitmaximierung dient›. Ein Raubdruck von 120 Seiten Umfang und in einer Auflage von 2000 Exemplaren ist bei funktionierender Maschine und mittlerer Geschicklichkeit in 40 Stunden gedruckt, in weiteren 80 Stunden gesammelt und gebunden und kostet an Material ca. 800 DM.»[28]

Um die Stimmung in der Branche zu schildern, eignet sich der Fall der erwähnten «Literaturproduzenten» besonders gut. Auf der Buchmesse 1968 hatten sich die linken Verleger, Autoren und Buchhändler zu einer Interessengemeinschaft zusammengeschlossen. Zwei Jahre später verabschiedeten sie ihr erstes Resolutionspapier. Neben dem ökonomisch begründeten Appell, «proletarische Reprints» zu produzieren, findet sich darin unter anderem auch der Vorwurf an die Bonner Bundesregierung, sie habe auf eigene Rechnung graue Literatur produziert und zu antisozialistischer Propaganda über Ostdeutschland abgeworfen. «Zu dem Zwecke eigens hergestellte impressumlose Raubdrucke wurden mit Luftballons und Raketen in die DDR transportiert. Diese totale Manipulation von Literatur hat dazu geführt, die aufklärerische Funktion aller Literatur zu denunzie-ren.»[29] Belletristik als politischer Skandal: Die Episode gehört in den Prozess, den die Achtundsechziger den schönen Künsten machten. Um welche Titel es sich gehandelt haben soll, geht aus der Resolution nicht hervor und ließe sich, wenn überhaupt, wohl nur durch Geheimdienstakten klären. Konsalik? Ernst Jünger? Arthur Koestler? Von Seiten der Bundesregierung liegt keine Stellungnahme vor.

Das Copyright ist nicht erst im elektronischen Zeitalter unter Beschuss geraten. In den siebziger Jahren machten die Angreifer aus ihren politischen Motiven keinen Hehl.[30] Zu den Gruppen, die den West-Berliner Markt mit Raubdrucken versorgten, gehörte anfangs auch das Merve-Kollektiv. Neben Althusser und anderen zeitgenössischen Autoren, die die theoretische Avantgarde repräsentierten, stieß die Rotaprint-Maschine, die im Steglitzer Ladenlokal ratterte, auch juristische Fachliteratur und marxistische Klassiker aus – als graues Schrifttum ohne ordentliches Impressum: Karl Korsch, Walter Benjamin, Sergej Tretjakow, Ernst Ottwalt … In linken Buchläden und am Büchertisch vor der FU wurde die Ware unters Volk gebracht – sehr zum Leidwesen des deutschen Buchhandels, der die Copyrightpiraten mit Klagen überzog.[31] Es heißt, an den Futterplätzen des neuen Buchmarkts seien Millionen gemacht und unter anderem die RAF finanziert worden. Doch kamen derlei riskante Hochrechnungen vom politischen Gegner. Wo harte Zahlen fehlten, fing die Paranoia der siebziger Jahre an.[32] Immerhin konnte man vom Raubdrucken leben. Das Merve-Kollektiv blieb im grauen Markt, bis die eigenen Bücher gut genug liefen, um sich selbst zu finanzieren. Seitdem gibt es nur noch offizielle Titel mit der Merve-Raute auf dem Cover.[33] Das Lavieren um Copyrights blieb trotz allem Teil des Geschäftsmodells. Bis heute soll der Verlag kaum über Urheberrechte verfügen, was seinen ökonomischen Wert darauf reduziert, die Marke «Merve» zu sein.

Die Raute, die sich die Büchermacher von einem befreundeten Grafiker entwerfen ließen, stellte im eigenen Lager zunächst einen Stein des Anstoßes dar.[34] Selbst Anflüge von Corporate Design waren in der roten Gutenberggalaxis verpönt. Die Einwände, die die Literaturproduzenten gegen das bürgerliche Verlagswesen erhoben, machten nämlich nicht bei Urheberrechten Halt; im «Tauschwert» der Bücher erblickten sie das eigentliche Problem. Daher sehen sich die Kulturkritik der fünfziger und die Kulturrevolution der siebziger Jahre bisweilen so erstaunlich ähnlich: Beide richteten sich gegen die Kommerzialisierung des Kulturguts Buch. Allerdings zogen sie daraus entgegengesetzte Schlüsse. Für die Achtundsechziger kündigte das Paperback nicht den Untergang, sondern die Revolution des Buches an, indem es dessen Aura zerstörte und dazu einlud, dessen überkommene Gebrauchsweisen zu unterlaufen.[35] Schon 1964 hatte der spätere Filmemacher Harun Farocki die *edition suhrkamp* in einer Besprechung für das *Spandauer Volksblatt* mit dem Vorwurf bedacht, hier siege «Aesthetik über den Geist» – und im selben Atemzug passende Abhilfe vorgeschlagen: «Entfernen wir den Umschlag also und knüllen das Buch erst einmal tüchtig. Dann schlagen wir es auf.»[36] Die Geste der Respektlosigkeit gegenüber einem Medium, das in den Augen seiner Kritiker stets als Fetisch verdinglicht worden war, nahm die Publikationspraxis linker Theorieverlage vorweg.[37] Spätestens seit Wolfgang Fritz Haugs Suhrkamp-Bestseller *Kritik der Warenästhetik* von 1971, der die Expansion des bundesdeutschen Markenuniversums bis zu Goebbels zurückverfolgte, artikulierte sich diese Praxis im Idiom eines Ableitungsmarxismus, der Gebrauchs- und Tauschwert gegeneinander ausspielte.[38]

Auch das Merve-Kollektiv wollte «Besitzbücher» durch «Gebrauchsbücher» ersetzen – obwohl die Raute diesem Grundsatz eigentlich zuwiderlief.[39] Als Absage an die «Reizgestaltung der herrschenden Konsumwelt», wie Merve Lowien schrieb, schlugen die Verleger ihre Broschüren in schmuckloses Grau.[40] Da auch im Innenteil Reduktion auf das Nötigste herrschen sollte, schickten sie ihre Leser mit jedem Titel von Neuem in die Bleiwüste. Seit der Umstellung auf Klebebindung fielen ihre Bücher obendrein rasch auseinander. Die knappen Mittel und die politischen Überzeugungen gingen unter der Ägide des Neomarxismus oft Hand in Hand. «Unsere Werbung», schrieben die Merves in den achtziger Jahren, «besteht darin, an bestimmten Orten nicht in Erscheinung zu treten.»[41] 1986, als Hans Magnus Enzensbergers *Andere Bibliothek* einen Rückfall in bibliophile Muster zu besiegeln schien, sahen sie sich veranlasst, ihre

Philosophie der «schlecht gemachten Bücher» in einem Statement für das Branchenblatt *Buchmarkt* zu erklären: «Wie es Lachs heute in jedem Supermarkt gibt, so ist ja auch das schöne, das bibliophile Buch das gängige, das übliche Buch geworden, und das schlechte Buch das der Spezies, der Sammler und Insider. Davon kann man sich notfalls gleich zwei kaufen, darin anstreichen, es aufs Klo oder Reisen mitnehmen, es verschenken, liegenlassen, wegwerfen, zu allen möglichen Dingen verwenden.»[42]

Montag, Freitag, Sonntag

Nach dem Vorbild der chinesischen Kulturrevolution verstand sich der Merve Verlag als sozialistisches Kollektiv, in dem Arbeit und Leben nicht voneinander getrennt werden sollten. «Wir versuchen, Handarbeit zu denken, Theorie zu handhaben», lautete die Devise der Büchermacher.[43] Was das im Einzelnen hieß, kann man in Merve Lowiens Chronik der Ernüchterung nachlesen, die den Aufstieg und Niedergang eines utopischen Sozialexperiments dokumentiert. *Weibliche Produktivkraft – Gibt es eine andere Ökonomie?* heißt Band 65 der *internationalen marxistischen diskussion*, jener einzigen Reihe, die die Verleger seit 1970 herausgaben. In ihrem Buch zog die scheidende Namensgeberin ihre Bilanz aus sechs Jahren gemeinsamer Subsistenzwirtschaft. Sie erzählte vom Versuch, ein gallisches Dorf im Spätkapitalismus zu errichten. Und sie analysierte die Gruppendynamik, die diesen Versuch immer wieder scheitern ließ.

Um das Diktat der «gesellschaftlichen Arbeitsteilung» zu durchbrechen, mussten alle Genossen alles machen: von der Planung des Verlagsprogramms über die Buchhaltung bis zur Belieferung der Abonnenten.[44] Für ein Kollektiv aus Bürger- und Arbeiterkindern, die sich das Büchermachen selbst beibringen mussten, war das kein leichtes Ziel. «Die Fungibilität aller Leistungen und Menschen», hatte Adorno in den *Minima Moralia* geschrieben, «und der daraus abgeleitete Glaube, alle müßten alles tun können, erweisen sich innerhalb des Bestehenden als Fessel.»[45] Als hätte er die Schwierigkeiten des Merve-Kollektivs vorausgeahnt. Bei Verlagsintellektuellen wie

Peter Gente führte die Bedienung der Druckerpresse zu «zielloser Motorik», wie seine Frau notierte. In der «papierenen Arena» der Theoriedebatten kamen dagegen die Verlagsproletarier nicht gut zurecht.[46] Trotz steigender Auflagen und verbesserter Arbeitsabläufe reproduzierten sich im Kollektiv daher die Widersprüche der Gesellschaft: Bei allen erdenklichen Gelegenheiten flammten Konflikte auf.

Die Wochenendklausur, in der sich die Gruppe auf eine politische Linie einigen wollte, «mißlang gründlich», weil irgendwer auf die Idee kam, Alkohol mitzubringen. Der Versuch, den Bruderkuss einzuführen, ging schief. In Paris, auf der Suche nach neuen Texten, tigerte Gente gereizt durch die Buchläden, während seine Mitreisenden läppisches «Freizeitverhalten» an den Tag legten. Einer der Genossen, der einen Hang zu praktischen Tätigkeiten entwickelte, fühlte sich von den anderen zum «Dienstmädchen» degradiert.[47]

Lowiens Buch ist voll von solchen Episoden. Ungeniert, was Verkehr mit dem Weltgeist anging, schickten die Verleger ein Exemplar an Herbert Marcuse nach Kalifornien. Er habe bisher nur einen flüchtigen Blick in die *Weibliche Produktivkraft* werfen können, meldete der Meisterdenker in seiner Antwort vom April 1977 zurück. Über das Verlagskollektiv, dessen Begriff und Arbeitspraxis sei aber tatsächlich jede Menge zu sagen. «Die Sache mit euch durchzusprechen scheint mir unbedingt nötig», erklärte Marcuse, zwei Jahre vor seinem plötzlichen Tod, eine «verantwortliche Diskussion» brauche jedoch viel Zeit.[48] Sein Angebot, den Gesprächsfaden weiterzuspinnen, scheint dem Buch einzig angemessen. Das Psychodrama, das Merve in ihrer kleinen Verlagsgeschichte entfaltete, nahm nämlich selbst als Diskussionsgeschehen seinen Lauf.

Darauf deutet schon der Reihentitel der *internationalen marxistischen diskussion* hin, den das Kollektiv anfangs noch in Enzensberger'schen Minuskeln setzte. Mit diesem Titel lag es voll im Trend. Der Suhrkamp Verlag rief 1970 den Ableger *Theorie-Diskussion* ins Leben – die Reihe in Rot, in der im Jahr darauf die berühmte Debatte zwischen Habermas und Luhmann ausgetragen wurde.[49] Die Koinzidenz verrät viel über den Abstand, der das Theoriegefühl der frühen siebziger Jahre von der akademischen Unschuld der weißen Suhrkamp-Bände trennte. In der Zwischenzeit hatte sich '68 ereignet. So wie die

Studentenführer aus den heroischen Tagen der Revolte plötzlich anachronistisch wirkten, so haftete der Theorie, im Seminarstil vorgetragen, der Hautgout des «Theoretizismus» an. Dagegen signalisierte «Diskussion», auf Prozesse und nicht auf Ergebnisse, auf Kommunikation und nicht auf dogmatische Lehrmeinungen zu setzen. Für die Kollektive und Basisgruppen, die das Erbe der Außerparlamentarischen Opposition angetreten hatten, war die Form des Theoriepalavers geradezu überlebenswichtig. Abgesehen von ihrem egalitären Ethos hatte sie nämlich einen unschätzbaren strategischen Vorteil: Solange es gelang, den Konsens aufzuschieben, konnte das Gespräch immer weitergehen.[50]

Beim Diskutieren kam das Merve-Kollektiv zu sich selbst. Reihum trafen sich die Genossen dafür in ihren Wohngemeinschaften. «Diese Sitzungen dauerten stets mindestens vier, höchstens sieben Stunden, ohne Pause, aber mit viel Café-Verbrauch.» Am Montag stand Organisatorisches auf dem Programm, am Freitag Theorielektüre, am Sonntag «Selbstagitation». Der Anspruch, nicht nur Bücher zu verkaufen, sondern eine politische Existenz zu führen, machte es in den Augen der Verlegerin erforderlich, «das eigene Tun sozusagen auf Schritt und Tritt zu verfolgen», um «die Krücken des alten Drecks herrschender Wahrnehmungs- Denk- und Schreibweise» langsam, aber sicher «abzuwetzen» – in Form andauernden Miteinander-Redens. Vorbei die Zeit, als Adorno seinen Lesern unverbrüchliche Einsamkeit empfohlen hatte; vergessen seine Warnung davor, so zu tun, als könne man noch sinnvoll miteinander sprechen. «Der Mensch entsteht durch Kommunikation», schrieb Lowien wie einen ersten Glaubensartikel in ihr Buch. «Das Ende der Kommunikation heißt Tod», lautete der zweite. Dem Paradigma der Arbeit, an das die Linke seit Marx ihre politischen Hoffnungen geknüpft hatte, gesellte sich in den siebziger Jahren das Paradigma der Kommunikation hinzu. In den neuen Gesellschaftstheorien von Luhmann und Habermas rückte es in den Mittelpunkt. In einer der Freitagsdiskussionen, in denen Peter Gente häufig seinen Lektürevorsprung ausspielte, entlarvte er Habermas' Utopie der «herrschaftsfreien Kommunikation» als «liberalistische Illusion» und Verschleierung von Machtverhältnissen. Aus Sicht der linksradikalen Büchermacher gehörte der neue Kopf der Frankfurter Schule längst ins Lager der Sozialdemokraten. Doch änderte das nichts an ihrem eigenen Diskussionsmarathon. Für Genossen, die den Weg der Gewalt ablehnten, scheint der Glaube an die Macht der Kommunikation damals alternativlos gewesen zu sein.[51]

Der größte anzunehmende Unfall bestand für die Büchermacher daher in Sprachlosigkeit, oder schlimmer: in «schweigender Sprachlosigkeit», wie Lowien mit einem Pleonasmus formuliert, der verrät, wie sehr sie diesen Zustand fürchtete. Er drohte spätestens dann einzutreten, wenn die Spannungen zwischen Hand- und Kopfarbeitern in unüberbrückbare Differenzen umschlugen. «Allein der Gedanke, hierherzukommen, macht mich schon krank», erklärte einer der Genossen am Ende einer epischen Diskussion, in der er den anderen eröffnet hatte, dass er nicht mehr weitermachen wollte. Er bekomme ein Kind und gedenke, sein Pädagogikstudium zu beenden, und im Übrigen habe er das viele Diskutieren satt. Die anderen, die diese «Kaputtheit» akzeptieren mussten, verloren nicht nur ihren besten Mann an der Druckmaschine. Durch seinen Abschied, dem andere Abschiede vorausgegangen waren, stand die Zukunft des Verlagsexperiments auf dem Spiel. «Was soll nun aus dem politischen Anspruch, aus der kollektiven Arbeit werden, wenn einer nach dem anderen einfach abhaut?», fragte die Verlegerin händeringend. Ein paar Jahre später ging sie selbst diesen Weg.[52]

Die Probleme der Genossen lassen sich den Protokollen entnehmen, in denen sie ihre Diskussionen für die Nachwelt überliefert haben. Die Überlieferung stellte dabei allerdings nur einen Nebeneffekt dar. Der Aufwand, den sie betrieben, um ihre Auseinandersetzungen zu dokumentieren, zielte auf einen Selbsterziehungseffekt. Daher wurden die Diskussionsprotokolle in der Absicht angefertigt, ihrerseits diskutiert zu werden. Selbst für Protokolle von Protokolldiskussionen nahmen sich die Verleger Zeit. Der Glaube an «wechselseitige Lernprozesse», der ihrer politischen Arbeit zugrunde lag, bewirkte – genau wie in anderen Gruppen – einen Exzess von Schriftlichkeit.[53] Die Protokolle allein, schrieb Lowien in einem Ton, der an die Härte der K-Gruppen erinnert, «spiegeln die Bewußtheit vom eigenen Tun, die Beziehungen der Einzelnen zueinander, den Ernst auf die Sache, das Maß an notwendiger Disziplin und die Fähigkeit an Entbehrungen».[54] Ein entkollektivierter Peter Gente bilanzierte 1978 ernüchtert: «Da wird man an der Dialektik irre.»[55]

Die Diskussionslust der westdeutschen Achtundsechziger war der späte Eifer von Konvertiten. Während sich Nachbarländer wie England über Jahrhunderte immer zivilere Umgangsformen angewöhnten, hörten die Deutschen nicht auf, mit dem Säbel zu rasseln. Aus Frust über ihren schleppenden Zivilisationsprozess tranken sie außerdem zu viel. «Kompromiss»: bis 1945 ein deutsches Schimpfwort, eigentlich immer schon «faul». Es brauchte die bedingungslose Kapitulation und die amerikanische Reeducation, um das Diskutieren als moderne Kulturtechnik auch in Deutschland heimisch werden zu lassen. Die Studentenbewegung, die die Amerikaner beim Wort nahm und das utopische «Ausdiskutieren» erfand, markiert zugleich dessen haltlose Überschätzung. Kein Wunder, dass es irgendwann in den siebziger Jahren zur großen Enttäuschung kommen musste. Der eigentümlich zwanglose Zwang besserer Argumente geriet in Misskredit. Dafür stand das Trinken wieder höher im Kurs.[56]

Bis 1977 diskutierte das Merve-Kollektiv aber unverdrossen. Der Anspruch, die «Widersprüche» zu «vermitteln», war so wenig hinterfragbar wie ein mathematisches Axiom.[57] «Die Trennungen in Privates und Öffentliches», schreibt Lowien, «in Arbeit und Freizeit, in Theorie- und Handarbeit, in Liebe und Denken haben zur Folge, daß den Menschen ‹Hören und Sehen vergeht› und sie stumm und starr werden, anstatt ‹im Laufe der Zeit› sich mehr und mehr kommunikativ zu sensibilisieren und mit Phantasie und selbstbestimmter Kraft als ganze sich zu produzieren.»[58] Als Prinzip, von dem ein solcher Emanzipationsprozess seinen Ausgang nehmen könne, sah sie die «weibliche Produktivkraft» an. Der Gegensatz von weiblich und männlich, der sich in der Praxis des Verlagskollektivs manifestierte, war in ihren Augen noch grundlegender als der Klassenkonflikt. Wie aus dem Titel ihres Buches hervorgeht, rekonstruierte sie ihre Erfahrungen nicht mehr in einem marxistischen, sondern schon in einem feministischen Horizont. In Anlehnung an *Häutungen*, Verena Stefans stilbildenden Frauenroman von 1975, beschrieb sie ihren Befreiungsakt aus dem Patriarchat der Verlagsgemeinschaft als Abwerfen einer

Haut.[59] Die westdeutsche Frauenbewegung fand in den siebziger Jahren ihren Angriffspunkt, indem sie das Weibliche als urwüchsige Kraft beschwor, die alternative Vergesellschaftungsformen bewirken könne. Die Vorstellung einer «überlegenen Produktionsweise von Frauen», der man auch in Alexander Kluges Filmen begegnet, erinnert ebenso an den linken Proletariermythos, wie sie die Idee eines ursprünglichen Matriarchats evoziert.[60] Wenn sie wenig später unter Essentialismusverdacht geriet, dann war die Publikationspolitik des Merve Verlags daran maßgeblich beteiligt. Ab 1977 übersetzte er die Texte der französischen Feministin Hélène Cixous, die die Polarität der Geschlechter in ein Spiel von Differenzen auflöste.[61]

Die Unordnung des Diskurses

Zwei Tage vor der sonntäglichen Selbstagitation versammelten sich die Genossen regelmäßig zur Theorielektüre. «Lesen lernen» gab Peter Gente als Devise für diese Treffen aus.[62] Genau wie der Umgang miteinander musste auch der Umgang mit den Texten «vermittelt» werden, damit die Erträge der Theoriearbeit in die Praxis zurückfließen konnten. Als einziger Veteran der Studentenbewegung stellte Gente den Jüngeren zu diesem Zweck ein Lektüreprogramm zusammen, das aus Marx, Feuerbach, Marcuse und dem tragisch verunglückten Hans-Jürgen Krahl bestand. Krahl, vielleicht der einzige ernstzunehmende Theoretiker, der aus den Reihen der westdeutschen Achtundsechziger hervorgegangen ist, war für das Selbstverständnis des Verlagskollektivs am Anfang besonders wichtig. Die «Theorie der Revolution», der er zu Lebzeiten nicht mehr als Prolegomena hatte vorausschicken können, führt mitten in dessen unkontrollierbare Gruppendynamik hinein. Sie zeigt, warum es bei der Theorielektüre so sehr auf das Wie ankam. Noch die abstraktesten Texte forderten ihre Leser zur Selbstbespiegelung auf.

Im Fall von Krahl betraf das die sogenannte «Organisationsfrage», die er «in aberwitzige Theoriehöhen» trieb.[63] In den Debatten nach '68 markierte sie einen neuralgischen Punkt. Paradox wie die meisten der zeitgenössischen Versuche, sich auf dialektischen Pfaden aus dem

Dilemma von Theorie und Praxis herauszuschleichen, hatte Krahl darauf gepocht, «die ersten Keimformen der künftigen Gesellschaft schon in der Organisation des politischen Kampfes selbst zu entfalten». Eine trickreiche Rekursionsfigur, die die «Organisation» wie eine Art Fraktal der klassenlosen Zukunft in Szene setzte. Bei Adorno, in dessen Seminaren Krahl seine Theorie-Begabung entdeckt hatte, war allenfalls der Kunst eine vergleichbare Rolle zugefallen. Ihre Antizipation von etwas, das sich nicht in Worte fassen ließ, ereignete sich aber auf hermetische Weise.[64] Krahls Organisation war dagegen als Diskussionszusammenhang angelegt. Nur die «ständige argumentative Auseinandersetzung» könne gewährleisten, dass in ihr immer beides zugleich verwirklicht sei: die militante Disziplin der Avantgarde und die freie Spontaneität der Individuen. *Lenin goes Rosa Luxemburg* oder: die Quadratur des revolutionären Kreises. Was im Schisma von Spontis und Kadern bald auseinanderfiel, Krahl spannte es durch die Anstrengung seiner Begriffe noch einmal zusammen.[65] Zwar betonte er mit Marx, das «künftige Jerusalem» könne in der Organisation nicht vorweggenommen werden. Doch taucht diese Beschwichtigungsformel ein wenig zu häufig auf. Die Organisationen der Studentenbewegung waren für Krahl nicht nur ein politisches Zuhause gewesen. Zumal er, anders als der bürgerliche Dutschke, weder Familie noch einen festen Wohnsitz hatte.[66]

Auch für Leser, die nicht all ihre dialektischen Finessen mitvollziehen wollten, war die Botschaft von Krahls Organisationsutopie klar. Der Anspruch des Merve-Kollektivs, «realisierte Antizipation emanzipatorischer Praxis» zu sein, bedeutete soviel wie die Revolution tagtäglich zwischen Wohngemeinschaft und Druckerpresse stattfinden zu lassen.[67] Nur der vorbildliche Charakter des eigenen Projekts vermochte die Hoffnung auf die klassenlose Gesellschaft zu verbürgen. Die K-Gruppen gingen den vergleichsweise einfachen Weg leninistischer Kadaverdisziplin. Alle anderen, sofern sie theoretische Ambitionen hegten, waren dazu aufgefordert, ihre Praxis permanent zu reflektieren. Im Merve-Kollektiv führte dieser Zwang zum Ausufern der Diskussionskultur: «Inzwischen hatte nämlich das Interesse an einer Beseitigung jeglicher Trennungen die Gruppe dahin geführt, von all ihren aktuellen und theoretischen, ‹privaten› und ‹verlagsspezifischen› Problemen gleichzeitig zu sprechen. So wurde z. B. über Papierpreise, über das Verhalten eines Kollektivmitglieds auf einem Verlagsfest, über die politische Situation in Italien, über den Klassenbegriff und über eine fällige gemeinsame Reinigung der Verlagsräume zugleich gesprochen.» Unter solchen Umständen ließ sich nichts mehr ausdiskutieren. «Die angesprochenen Probleme», fährt Lowien fort, «verbanden sich zu einer ‹unerträglichen Marmelade›».[68]

In dieser Situation entdeckten die Merves Michel Foucault. Gegen Ende ihres Berichts zitiert Lowien aus dessen Buch *Die Ordnung des Diskurses*, das 1974 auch auf Deutsch erschienen war. In seiner Antrittsvorlesung am Collège de France hatte Foucault die Mechanismen untersucht, die in den westlichen Gesellschaften die Produktion von sprachlichen Äußerungen regelten. Die Dialektik, die durch die «Vermittlung» der «Widersprüche» für unendlichen Gesprächsstoff sorgte, mutete aus dieser Perspektive plötzlich gespenstisch an. Multiplizierte sie, indem sie fortwährend eine Lösung in Aussicht stellte, nicht schlicht das «unendliche Gewimmel» des Gesprochenen und Geschriebenen?[69] War sie nicht eine besonders effektive Spielart jener «Systeme der Diskursvervielfachung», die Foucault seinen linguistischen Aufräumarbeiten unterzog?[70] Bei Friedrich Kittler, einem weiteren Foucault-Leser dieser Jahre, löste dessen Methode, Kommunikation auf ihre schiere Existenz zu reduzieren, einen geradezu Sartre'schen Ekel vor Sprache aus.[71] Bei den Berliner Büchermachern beschleunigte sie den Verlust des Glaubens an die Diskussion. «Sie machten nicht mehr viele Reden», schreibt Merve, «sondern beharrten jetzt darauf, Ereignisse auszuagieren. So kam es zu Tränen und zu Unterbrechungen der Arbeitstätigkeit, ohne Kommentar.» Für die Verlegerin, die diese Veränderungen ab 1974 registrierte, liefen sie auf eine «totale Aufkündigung des Diskurses» hinaus.[72] Gemessen daran, was sich das Kollektiv zum Ziel gesetzt hatte, waren sie das Eingeständnis eines Scheiterns.

4. Wolfsburg Empire

Gegenseite, das übertriebene Beharren bekannter Regisseure auf Extra-
wünschen und idées fixes. Eine Antwort läge in der Selbstorganisation
der Regisseure, Autoren oder Redakteure. Vorformen einer solchen Organisation haben in Form des Verbands der Schriftsteller (VS), des Verlags der
Autoren, des Syndikats der Filmemacher - Verband der Film- und Fernseh-
regisseure stattgefunden. Es käme darauf an, diese rudimentären Organisa-
tionsformen zu einer inhaltlichen, kooperativen Arbeit weiterzuentwickeln.

Industrialisierung dieses "Faktors Regisseur" kann Konfliktmöglichkeiten
Man darf in diesem Zusammenhang die manufakturelle Produktionsweise der
einzelnen Produktionsstäbe des Fernsehbetriebs nicht als bloßen Entwicklungs-
rückstand verstehen. Eine industrielle Stufe dieser Produktion wird nicht
einfach eine Steigerung oder Rationalisierung der heutigen Herstellungsver-
fahren von Filmen oder Fernsehspielen sein. Vielmehr setzt eine industrielle
Stufe dieser Bewußtseinstätigkeit Disziplin, Kooperation und Produktivität
des kreativen und intellektuellen Prozesses voraus, die es heute nirgends
gibt.

Solche Stufen lassen sich auch nicht unter Gestaltern allein entwickeln,
sondern bedürfen der Motivierung aus den entfalteteren Bedürfnissen des
Publikums. Man kann - von der gegenwärtigen Situation ausgehend - vielmehr umgekehrt sagen, daß die hinter die manufakturelle Produktionsstufe
noch zurückfallende handwerkliche Produktion von Einzelstücken in der gesam-

---

drucksformen zu entwickeln, wie sie kein anderes Medium besitzt. Neuerdings beginnen die Autoren, diese Mittel (z.B.in der Sendung "Baff"
und in einigen Showsendungen oder bei Zadek) zu benutzen, allerdings
unter Verkennung der vollen Entfaltungsmöglichkeit dieser Technik und
unter einseitiger Bevorzugung formaler Spielereien. Der Widerspruch
ergibt sich weniger aus mangelndem guten Willen, auch nicht allein aus
der organisatorischen Trennung der technischen und der gestalterischen
Hierarchie, sondern aus den verschiedenen Kooperations- und Vergesell-
schaftungsstufen der zurückgebliebenen gestalterischen und höchst fortgeschrittenen technischen Anteile der Fernsehproduktion. Hierdurch ent-

Es wäre indes falsch anzunehmen, das Kollektiv hätte die erste Hälfte der siebziger Jahre nur mit Diskutieren verbracht. Der Anspruch, politisch zu sein, trieb es nicht nur in die Schleifen der Selbstagitation hinein, sondern führte auch hinaus, in den Wald der Organisationen, der seit '68 immer dichter wurde. 1971 nahm Merve Kontakt zum Sozialistischen Büro Offenbach auf, einer Anlaufstelle für «undogmatische Linke», die sich ebenso von den Kaderparteien wie von der «Handwerkelei» der Betriebs- und Stadtteilgruppen distanzierten.[1] Am Institut für Architektur der Technischen Universität Berlin boten die Verleger ein Seminar zur Organisationsfrage an. Um die Proliferation der richtigen Bücher voranzutreiben, traten sie dem Verband des linken Buchhandels bei, dessen Satzung ihre Unterzeichner darauf verpflichtete, Profite aus dem Raubdruckgeschäft in den politischen Kampf zu investieren.

Proletarische Öffentlichkeit

Über die Verbindungen zwischen roter Verlagslandschaft und bewaffnetem Untergrund ist in den siebziger Jahren viel spekuliert worden. Durch ihre Bereitschaft zur Gewalt nötigten die Terroristen allen anderen linken Gruppen eine Entscheidung ab. In West-Berlin verkomplizierte sich das Verhältnis zur Stadtguerilla oft durch persönliche Kontakte. Auch Gente hatte, bevor ihre Wege auseinandergingen, Andreas Baader und Ulrike Meinhof gekannt.[2] Die geringen Umsätze dürften es ihm erspart haben, darüber nachzudenken, die RAF finanziell zu unterstützen. Stattdessen zeigte das Merve-Kollek-

Vorangehende Doppelseite: *Oskar Negt und Alexander Kluge, Öffentlichkeit und Erfahrung, Frankfurt a. M.: Suhrkamp 1972. Schon vor Erscheinen kursierte im Merve-Kollektiv eine erste Fassung*

tiv publizistisches Engagement. Als Ausdruck der Solidarität mit Genossen, «die gegenwärtig die ganze, repressive Gewalt des kapitalistischen Staatsapparats erfahren», gab es 1973 eine Broschüre mit Reden und Mitschriften aus dem Verfahren gegen den ehemaligen APO-Anwalt Horst Mahler heraus, das als erster der RAF-Prozesse vor dem Oberlandesgericht Berlin stattfand.[3]

Aus den Protokollen, die Merve abdruckte, geht die Atmosphäre im Gerichtssaal hervor. Das Publikum nutzte jede Gelegenheit, um seine Solidarität mit den Gefangenen zu bekunden. Als es Gudrun Ensslin während ihrer Zeugenaussage gelang, dem Staatsanwalt eine Ohrfeige zu geben, tobte der Saal; ein Zuschauer übersprang die Absperrung und rannte nach vorne; «Bullen mit Helmen und Knüppeln rücken an.» Horst Mahler, der Gründung einer kriminellen Vereinigung und der Mithilfe zur Befreiung von Andreas Baader angeklagt, führte mit der Zeugin Ulrike Meinhof Strategiedebatten. Sein Abschlussplädoyer nutzte er, um die Greuel des zionistischen Israel in den Palästinensergebieten zu schildern. Im Anschluss bilanzierte er die Fortschritte des «revolutionären Volkskriegs», den die RAF in die westlichen Metropolen getragen habe. Dieser Krieg, der «mit den Denkgewohnheiten der uns überlieferten Theorie» unmöglich «zu begreifen» sei, stelle die Speerspitze der ganzen Bewegung dar. Mit deutlichen Worten, den Zuschauerrängen zugewandt, skizzierte der Anwalt die beiden möglichen Alternativen: «Die Entfaltung des bewaffneten Kampfes stellt die Linke vor die Wahl, entweder diesen Kampf entschlossen zu unterstützen oder die proletarische Revolution an den Klassenfeind zu verraten; den Weg der RAF einzuschlagen oder den Rodewald-Negt-Röhls hinterherzukriechen – schnurstracks in den Arsch der Herrschenden.»

Genau wie Baader versank auch Mahler im Gefängnis in der Theorielektüre. Von seinem Anwalt Otto Schily ließ er sich die Gesammelten Werke von Hegel bringen.[4] Den Genossen, die darauf drangen, das Reflexionsniveau hochzuhalten, hatte er dennoch eine klare Absage erteilt. In ihrem Nachwort bezogen die Büchermacher daher ihrerseits Stellung und grenzten sich vom Terrorismus ab. Dessen «weder durch theoretische Analyse noch durch emanzipatorische Praxis eingelöstes Avantgarde-, bzw. Elite-Prinzip» laufe

Gefahr, zu einer «Verdinglichung» der Gewalt zu führen. Es ist typisch für den Ton der Auseinandersetzung, dass die Merves ihren Standpunkt mit weiterführender Literatur untermauerten: «Zu diskutieren wären, neben dem hier skizzierten Problem, u. a. die Seiten 162 ff und 400 ff aus ‹Öffentlichkeit und Erfahrung. Zur Organisationsanalyse von bürgerlicher und proletarischer Öffentlichkeit› (ed. Suhrkamp 639) von Oskar Negt und Alexander Kluge.»[5]

Die Verleger, die nicht auf Waffen, sondern auf Bücher setzten, zählten dieses Werk zu ihren wichtigsten Referenzen. Schon vor seiner Veröffentlichung im Jahr 1972 waren sie in den Besitz einer ersten Fassung gelangt. Negt und Kluge loteten die historischen Bedingungen aus, unter denen sich Erfahrungen aus dem Klassenkampf zu einem Kommunikationszusammenhang vernetzen könnten, der weder einer revolutionären Avantgarde noch dem Zwang zur Rationalität oder dem sogenannten «Medienverbund» unterstand. Ihr Ziel bestand darin, eine «proletarische» oder «Gegenöffentlichkeit» zu konstituieren, die, zumindest begrifflich, der amerikanischen «counterculture» nachempfunden war.[6] In einem Kapitel zur Bewusstseinsindustrie nahm Kluge bereits den Coup vorweg, der ihm später im Privatfernsehen gelingen sollte, nämlich das Fernsehen mit den Mitteln des Fernsehens zu kritisieren. In vielerlei Hinsicht stellte *Öffentlichkeit und Erfahrung* eine Revision von Habermas' *Strukturwandel der Öffentlichkeit* dar, dem Buch, das das Thema 1962 auf die Agenda der Linken befördert hatte. Im Gegensatz zu Habermas glaubten Negt und Kluge nicht mehr an die Überlegenheit bürgerlicher Publizität. Das vernünftige Gespräch unter Gleichen, dem Habermas bis ins London der Aufklärung nachgegangen war, hatte in ihren Augen immer schon zur Legitimierung kapitalistisch-partikularer Interessen gedient. Eine Öffentlichkeit, «die die Interessen und Erfahrungen der erdrückenden Mehrheit der Bevölkerung wiedergibt, so wie diese Erfahrungen und Interessen wirklich sind», müsse dagegen auch die Stimmen der Phantasie und der Sinnlichkeit zulassen. Wir haben es mit einer Utopie aus den siebziger Jahren zu tun.[7]

Im Land der Klassenkämpfe

Das Theoriegelände, in dem sich die Verleger bewegten, wurde mit jedem Autor weitläufiger: Von Althussers theoretischer Praxis waren sie über Krahls Organisationsanalyse zu Negts und Kluges proletarischer Öffentlichkeit gelangt. Die Bedenkenlosigkeit, mit der sich spätere Lesergenerationen aus der «Theorie-Apotheke» bedienten, sucht man in den siebziger Jahren vergebens.[8] Das Verhältnis der Theorien musste dialektisch durchdrungen werden, was das Abstraktionsniveau weiter in die Höhe trieb. Doch während die Bewegung zersplitterte und die theoretischen Optionen komplexer wurden, winkte von jenseits der Alpen neue Hoffnung. Wie Generationen von deutschen Geistesmenschen entdeckte die Linke Italien als Sehnsuchtsort. In ihrem Süden suchte sie jedoch weder die Strenge klassischer Formen noch die «Porosität», die Walter Benjamin für Neapel eingenommen hatte.[9] In den Siebzigern lockte Italien als Arkadien des Klassenkampfs. Es hatte die stärkste kommunistische Partei in Westeuropa, es hatte eine Arbeiterklasse, die noch nicht im Wohlstand verwahrlost war, und großbürgerliche Kreise in Rom und Mailand, die die Revolution als *radical chic* kultivierten. Schwer verletzt kam Rudi Dutschke im Frühjahr 1968 bei Giangiacomo Feltrinelli in Mailand unter. Fasziniert von dem Land, «wo die Klassenkämpfe und das pralle Leben tobten», reiste Dieter Kunzelmann im Jahr darauf in ein sizilianisches Anarchistencamp.[10] Auch die Kaufhausbrandstifter Gudrun Ensslin und Andreas Baader flüchteten 1969 nach Italien, wo ihnen Hans Werner Henze Asyl gewährte. Ohne Sprachkenntnisse und höhere Bildung fühlte sich Baader in der besseren römischen Gesellschaft fehl am Platz. Dafür stahl er einige Seidenhemden seines Gastgebers.[11]

Indes war Italien nicht nur ein Unterschlupf für Terroristen. Ein gutes Jahr nach dem Mai '68 wanderte der Stern der Revolte von Paris nach Turin. Die Augen der Linken waren 1969 auf die Streiks in den Fiat-Werken von Mirafiori gerichtet, in denen der Klassenkampf in ein neues Stadium einzutreten schien. Proletarier aus dem Mezzogiorno und Studenten der Turiner Universität hatten anstatt gegen Arbeitsbedingungen gegen die Arbeit selbst protestiert. Den Gewerkschaften war es nicht gelungen, den Konflikt einzugrenzen. Der

Schlachtruf der Kämpfenden «Wir wollen alles!» machte noch im selben Jahr in der westdeutschen Linken seine Runde. Im Vergleich zu dem, was in Turin passierte, muteten die wilden Streiks, die zur selben Zeit im Ruhrgebiet stattfanden, harmlos an.[12] In der Arbeiter- und Studentenversammlung hatten die Fiat-Arbeiter selber das Wort ergriffen: «Wir scheißen auf die Fabrik», lautete ihre Parole, die keine Forderungen stellte und sich daher auch nicht durch Arbeitszeitverkür- zungen oder Lohnerhöhungen befriedigen ließ. Anstatt die für das Proletariat vorgesehene Rolle zu spielen, trugen sie die Kulturrevolu- tion in die Fabriken.

Im Dezember 1969 explodierte in Mailand eine Bombe, die die Polizei zum Anlass nahm, den Turiner Aufstand gewaltsam zu been- den. Erst später stellte sich heraus, dass das Attentat in Wirklichkeit von faschistischen Gewalttätern verübt worden war. Es markiert den Beginn der *anni di piombo*, wie die siebziger Jahre in Italien bezeichnet werden. Bis Anfang der Achtziger kosteten roter und schwarzer Ter- ror Hunderte von Menschenleben. Die deutsche Linke hielt trotzdem an ihrer Hoffnung auf eine Revolution im Süden fest. Der Strom der Polittouristen riss während der siebziger Jahre niemals ab. Noch 1982 äußerte Heiner Müller die Überzeugung, in Italien seien die «Kon- flikte» weiter fortgeschritten. Deshalb stelle das Land die «Zukunft Westeuropas» dar.[13]

1971 unternahm auch das Merve-Kollektiv seine erste Italienreise. Sie führte allerdings nur auf die Transitautobahn. Nicht Rom oder Mailand, sondern die Autostadt Wolfsburg war das Ziel, in der sechs- tausend italienische Arbeiter Volkswagen montierten. Sie kamen, wie bei Fiat, aus dem Mezzogiorno, lebten von ihren Frauen und Fami- lien getrennt und hausten in der Gastarbeiter-Siedlung «Berliner Brücke» in Baracken hinter Stacheldraht. Sie waren das Subjekt, das auf den Funken der Revolte wartete. Mit Negt und Kluge zielte die Strategie der Büchermacher darauf ab, proletarische Öffentlichkeit herzustellen. Sie planten, ein italienisch-deutsches Kommunikations- zentrum «mit Kneipe und Diskussionsräumen» aufzubauen.[14] In Fäl- len wie diesem schien der Schritt von der Theorie zur Praxis denkbar einfach zu sein. Wie die Streiks in Turin gezeigt hatten, kam alles darauf an, die Proletarier selbst zum Sprechen zu bringen. Sollte es gelingen, die nötigen Kommunikationskanäle zu installieren, würden die Dinge in der größten italienischen Siedlung nördlich der Alpen schon ins Rollen kommen.[15]

Dass die Rechnung nicht aufging, lag einerseits an den baulichen Gegebenheiten Wolfsburgs. Die «Atomisierung der Stadt und die Parzellierung ihrer Häuser in kleinste Einheiten (es gibt nicht einmal Kneipenräume, die mehr als fünfzig Menschen fassen)» standen einer effektiven Vernetzung des Proletariats im Weg. Doch abgesehen von den Disziplinararchitekturen, die sie bald mit Foucault analysieren sollten, stießen die Büchermacher in Wolfsburg auch an die tückischen Grenzen ihrer Gemeinsamkeit. Abends im gemeinsamen Matratzenlager kam einer von ihnen auf die Idee, sich vor den anderen auszuziehen. Der Versuch, Kommune zu machen, scheiterte kläglich. In der Verwirrung, die die Genossen überkam, ließ sich ein anderer sogar zu dem Geständnis hinreißen, er träume insgeheim von Kindern und einem Häuschen im Grünen. Eine Unachtsamkeit, die ihrerseits langwierige Diskussionen nach sich zog. Beklommen legten sich die Merves schlafen. Am nächsten Tag fuhren sie nach West-Berlin zurück.[16]

Von der Leichtigkeit, Kommunist zu sein

Im Sommer 1972 wären sie beinah ein zweites Mal nach Wolfsburg gefahren – aber nur, weil Toni Negri auf ihre Unterstützung drang. Er war der Kopf von Potere Operaio, einer der operaistischen Gruppen, die im Zuge des Italienfiebers auch in der Bundesrepublik an Einfluss gewannen. Bevor er sich gegen Ende der siebziger Jahre als Adresse für französische Philosophie etablierte, wurde der Merve Verlag mit der Übersetzung operaistischer Texte bekannt. Nach dem Vorbild der Revolte von Mirafiori entwickelte Potere Operaio eine Theorie, die mit dem Ethos der Arbeit brach. Seit Marx war die Linke von einem Proletarier ausgegangen, der die Avantgarde der Menschheit darstellte, insofern er arbeitete. Sein Klassenbewusstsein und seine revolutionären Möglichkeiten leiteten sich aus seiner Produktivkraft ab. In den Augen der Operaisten war diese Sichtweise, die insbesondere die Gewerkschaften vertraten, systemerhaltend. Indem sie das Proletariat darauf festlege, sich im Namen der Arbeit gegen das Kapital aufzulehnen, perpetuiere sie seine passive Rolle im Klassenkampf. Stattdessen plädierten Potere Operaio und Lotta Continua dafür, gegen die Arbeit selbst zu kämpfen.[17] Nur eine Arbeiterklasse, die sich weigere, die ihr zugedachte Aufgabe anzunehmen, könne die verlorene Initiative zurückgewinnen. Daher hielten die Operaisten Arbeitsverweigerung, Boykott und Sabotage – nicht nur innerhalb der Fabriken – für die besten Strategien. In Massenaktionen wie der *autoreduzione* setzten die Bewohner einiger Turiner Arbeiterviertel ihre Mieten und Stromgebühren herab.[18] Besonders Negri, der den Proletarier zum «gesellschaftlichen Arbeiter» verallgemeinerte, trat dafür ein, den Operaismus auf alle Lebensbereiche auszudehnen. Doch trotz dieser Generalisierung blieb die Arbeit der entscheidende Bezugspunkt seiner Theorie. Im Unterschied zu den deutschen Terroristen, die im Alleingang operierten, suchten die revolutionären Avantgarden in Italien den Schulterschluss mit der Basis der werktätigen Massen.[19]

Das machte sie in Deutschland zu einer strategischen Alternative. Potere Operaio und Lotta Continua wurden zu Vorbildern für die deutsche Spontibewegung. «Die ganze Theorie von der Integration und Verbürgerlichung der Arbeiterklasse und die These, die Dritte Welt sei das einzige revolutionäre Subjekt, wurden weggefegt», erinnerte sich Daniel Cohn-Bendit an den Stimmungsumschwung zu Beginn der siebziger Jahre.[20] Durch die Vorgänge in Italien kehrte das Proletariat in die Gunst der deutschen Intellektuellen zurück. Die Kader der Kulturrevolution standen neuerdings im Morgengrauen auf, um bei Opel in Rüsselsheim oder bei Siemens in Spandau zu agitieren. Potere Operaio verfügte nicht nur über einen bewaffneten Arm, sondern auch über ein internationales Büro, das die Aktivitäten im Ausland koordinierte. Besonders die Bundesrepublik erschien den Genossen als wichtiges Operationsgebiet.[21] Im Sommer 1972 drängte Toni Negri seine West-Berliner Verleger daher dazu, sich ein weiteres Mal nach Wolfsburg zu begeben und als Aufklärungskommando die Situation vor Ort zu sondieren. «Wir haben nicht viel Zeit», schärfte er den Merves ein, «in Italien verschlechtert sich die Situation zuse-

hends (die neue Regierung hat angekündigt, uns für illegal zu erklären). Unsere Zeit als ‹offene› Organisation ist daher begrenzt, und
wir möchten etwas erreichen, solange wir überhaupt noch in der
Lage sind, uns zu bewegen. Ich umarme Euch alle. Venceremos.»[22]

Doch zu einem weiteren Wolfsburg-Abenteuer ist es nicht gekommen. Vermutlich hatte das Kollektiv erkannt, dass es als revolutionäre Zelle ungeeignet war. Wie den meisten ehemaligen Adorniten
blieb Peter Gente die Apotheose des Arbeiters fremd.[23] Während
Negri in Italien mit dem bewaffneten Aufstand liebäugelte, zog Gente
sich behutsam in sein Papieruniversum zurück. Bis 1977 tauchen
operaistische Titel im Verlagsprogramm auf. Die *Autonomia*-Bewe-
gung in Bologna löste in diesem Jahr noch einmal eine Welle der
Italienbegeisterung aus. Zwei Jahre später wurde Negri verhaftet.[24]
Die Hoffnung, die die Linke ein Jahrzehnt lang auf ihr Arkadien gesetzt hatte, verlor mit ihm ihre Galionsfigur. Von der «nicht zu unter-
drückenden Leichtigkeit» und dem «Glück, Kommunist zu sein», die
Negri den Lesern seines Theorie-Bestsellers *Empire* zwanzig Jahre
später in Erinnerung rief, war gegen Ende der Siebziger nichts mehr
zu spüren.[25]

Ein schicksalhafter Glücksfall

Während die Umsätze stiegen und der Erfolg italienischer Titel im
Geschäftsjahr 1972 zum ersten Mal die Möglichkeit bot, sich pro
Monat und Kopf fünfhundert D-Mark auszuzahlen, begann das
Merve-Kollektiv auseinanderzutreiben. Unter dem Deckmantel
«proletarischen Erfahrungsinteresses» flüchteten die Genossen ins
partikulare Private: Bluesmusik, Nietzsche-Lektüre, Malen. Peter
Gente entdeckte das Nachtleben. Seine Unlust am Diskutieren soll in
dem Maß gewachsen sein, wie er den Lockungen der Berliner Kneipenlandschaft erlag. Im Frühjahr 1974 kam Hans Magnus Enzensberger in den Verlag. Er hörte zu, riet zum Weitermachen und zollte
Gentes und Lowiens «gelungener» Verbindung von Ehe und Arbeits-
beziehung seinen Respekt.[26] Wie sich bald herausstellte, entsprach
dieser Eindruck schon nicht mehr der Wirklichkeit. Beim Biertrinken

in einer Schöneberger Kneipe lernte Gente im selben Jahr nämlich die Studentin Heidi Paris kennen. Eine Begegnung, die der nüchterne Verleger später als seinen «schicksalhaften Glücksfall» bezeichnet hat.[27]

Schon in Lowiens Bericht taucht der Topos vom Frauentausch auf.[28] Heidi Paris versetzte der kriselnden Verlegerehe und mit ihr der patriarchalen Stammesgemeinschaft den Todesstoß. Mitte der siebziger Jahre saß das Kollektiv auf Sand. Für die Ideen der neuen Geliebten war das ein fruchtbarer Boden. «1974 zerfiel der Arbeitszusammenhang im Verlag», hat sich Peter Gente erinnert. «Zeiten der Verwirrung. 1976: ‹No future›, und das leuchtete uns ad hoc ein.»[29] Die Symbiose von «Heidi und Peter», wie die beiden bald in Anlehnung an eine populäre japanische Zeichentrickserie aus dem Jahr 1974 genannt wurden, wuchs auf den Trümmern einer Utopie. Ihrer privaten Chemie war der sozialistische Lebensentwurf nicht gewachsen. Als Zwillingssubjekt komponierten sie wunderschön klingende Titel, machten Merve zu einer Marke und arbeiteten fast dreißig Jahre lang mit Erfolg zusammen. Ihre gegensätzlichen Temperamente müssen dabei eine ebenso große Rolle wie ihr Altersunterschied gespielt haben.

Als Gente das Verlagskollektiv gründete, war die vierzehn Jahre jüngere Paris gerade erst aus Braunschweig weggegangen, wo ihre Familie ein Möbelhaus besaß. Ihr Vater, angeblich ein ehemaliger Angehöriger der Waffen-SS, soll Schlachten des Zweiten Weltkriegs im Hobbykeller mit Zinnsoldaten nachgespielt haben. Genau wie Gente sprach Paris nur wenig über ihre Eltern – und wenn, dann meistens mit sarkastischem Unterton.[30] In Berlin hatte sie eigentlich beim Film arbeiten wollen. Stattdessen begann sie, in Seminaren an der Freien Universität Theorie zu lesen. Sie versprühte einen eigenwilligen Intellekt, der Männern, wie Gente sagte, Angst machte. Ihren künstlerischen Ambitionen ging sie später unter anderem als Ausstellungsmacherin nach. Autoren und Freunde, die versuchten, die Arbeitsweise des Verlegerpaares zu beschreiben, strichen seine Belesenheit und ihre Urteilskraft heraus.[31] Er spielte den enzyklopädischen Part, sammelte jeden Zeitungsausschnitt, der relevant sein konnte; sie reagierte auf diesen Fundus mit einer scharfen Intuition.

Seit einer Episode in den späten achtziger Jahren litt sie unter psychotischen Schüben, die sie zu wiederholten Klinikaufenthalten zwangen, durch die sie lange in der Lage war, ihre Krankheit unter Kontrolle zu halten. Der Generation der Achtundsiebziger angehörig, kam sie an die Universität, als der Marxismus schon verknöcherte.[32] In einer Übung, die Henning Ritter anbot, lernte sie im Wintersemester 1973/74 Foucault kennen.[33] Im folgenden Jahr brachte sie den neuen Autor als Mitgift ins zerfallende Merve-Kollektiv mit. Zumindest für Gente, der der Dialektik müde war, hatte das weitreichende Folgen.

Die mittleren siebziger Jahre sind eine Zeit unzähliger kleiner Peripetien. Von Diedrich Diederichsen – ein paar Jahre jünger als Heidi Paris – wissen wir, wie ihn die Freude am LSD verließ. Als auf Trip plötzlich Gräser, Bäume und Wolken ihren unergründlichen Reiz verloren und er stattdessen wissen wollte, wie der HSV gespielt hatte: Da machte die Droge ab sofort keinen Sinn mehr.[34] Im Merve Verlag hat es vergleichbare Erlebnisse gegeben. Zwar sind sie weniger genau datierbar, und natürlich ging es nicht um die Frage LSD oder HSV. In der Schöneberger Fabriketage, die die Büchermacher irgendwann in den späten siebziger Jahren bezogen, standen der Stil der Studentenbewegung, die Ideen von '68 und die Referenzgröße Politik überhaupt zur Disposition. Ein Brief, den das Verlagskollektiv 1976 an Jean-François Lyotard adressierte, zeigt schillernd in beide Richtungen. Noch spricht das Kollektiv zum Genossen, noch geht es darum, die Differenzen von Hand- und Kopfarbeit «wegzuarbeiten». Daneben zeigt sich in Spurenelementen aber schon ein anderer Ton: Statt von italienischem Operaismus ist von der «neueren französischen Diskussion» und von politischer Planlosigkeit die Rede. «Und dann lachen wir auch noch beim Büchermachen.»[35]

1977
Französisch im Deutschen Herbst

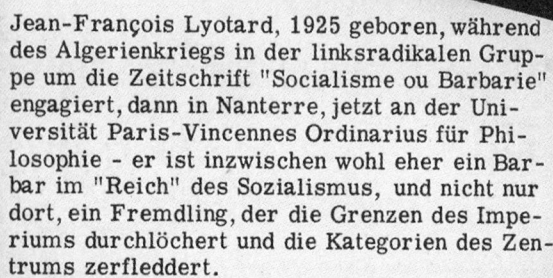

Jean-François Lyotard, 1925 geboren, während
des Algerienkriegs in der linksradikalen Gruppe um die Zeitschrift "Socialisme ou Barbarie"
engagiert, dann in Nanterre, jetzt an der Universität Paris-Vincennes Ordinarius für Philosophie - er ist inzwischen wohl eher ein Bar-
bar im "Reich" des Sozialismus, und nicht nur
dort, ein Fremdling, der die Grenzen des Impe-
riums durchlöchert und die Kategorien des Zentrums zerfleddert.
In den Texten, die hier zusammengestellt sind,
schreibt er über die Minderheiten, über das viel-
förmige und prekäre Patchwork, das sie bilden.
Er folgt ihren Listen und Finten, die die mono-
tonen und zentralisierten Räume verdrehen, ihren Bewegungen in der verzwickten Zeit des Begehrens und schleicht sich mit ihnen in ökonomische, politische Diskurse ein, um Paradoxa zu
installieren, die deren Ordnung und Logik
platzen lassen.
Diese Operationen sind durch und durch beja-
hend, und ihre Methode ist weniger die Kritik
als ein raffiniertes Spiel mit Fallen, Intensitäten und Perspektiven.

Jean-François Lyotard
Das
Patchwork der
Minderheiten

Merve Verlag Berlin

DM 8,-

Aus dem Ärger mit Althusser scheinen die Büchermacher gelernt zu haben. Auch wenn sich an ihrer Nonchalance gegenüber Urheberrechten wenig geändert hatte, verrät ihre Anfrage an Lyotard zumindest das Bemühen, sich im Vorfeld vom Autor grünes Licht geben zu lassen: «Wir möchten gerne einige Texte von Dir demnächst herausbringen. Da es sich meist um Zeitschriftenaufsätze handelt, nutzen wir die Unklarheit und kümmern uns nicht um das Copyright. Wir brauchen natürlich Deine Zustimmung. Zahlen können wir nichts.»[1] Wie es scheint, hatten sie diesmal den Richtigen getroffen. Anders als Althusser war Lyotard bereit, über die Urheberrechtsfrage hinwegzusehen: «Ich verstehe Euren Standpunkt vollkommen», schrieb er postwendend aus Baltimore zurück. Zwar behielt er sich vor, seinen Verleger Christian Bourgeois zu informieren, einen Genossen, der dummerweise selbst gerade in finanziellen Schwierigkeiten stecke. Doch stehe einer Gratislösung in seinen Augen nichts entgegen.[2]

Auf der Frankfurter Buchmesse 1977 stellte der Merve Verlag dem deutschen Publikum daher das kleine Buch eines unbekannten Autors vor: Lyotards *Patchwork der Minderheiten*, der Form nach eine Aufsatzsammlung, der Sache nach ein Manifest. Es ist den «kleinen Kämpfen» der Frauen, der Homosexuellen, der Arbeitslosen gewidmet… ja selbst der «minoritären Forscher» in ihren Labors. In all diesen Kämpfen, schreibt Lyotard, fänden Absetzbewegungen vom «ZENTRUM» statt, würden Forderungen nach Sinn und Wahrheit fallen gelassen, passierten Dinge, denen mit marxistischen Begriffen nicht länger Rechnung zu tragen sei. Der Professor, den ein deutscher Journalist ein paar Jahre später überrascht als freundlichen älteren Herrn beschrieb, erblickte ein «großes patchwork aus lauter minoritären Singularitäten» am nahen Horizont und kleine, unübersicht-

Vorangehende Doppelseite: *Jean-François Lyotard, Das Patchwork der Minderheiten, Berlin: Merve 1977* liche Konstellationen, in denen aus Schwächen Stärken würden.[3] Die Waffen der Arbeiterbewegung hielt er für abgestumpft. Seine politische Hoffnung ruhte stattdessen auf Schwarzarbeitern, Steuerhinterziehern und Nicht-Wählern, deren anarchische Verweigerungshaltung an die italienischen Proletarier erinnert, die auf die Strategie verfallen waren, die Arbeit selbst zu sabotieren.[4] Doch die Operaisten, die der Merve Verlag bis zuletzt übersetzt und herausgegeben hatte, agierten immer noch in einem marxistischen Horizont. Lyotard ließ das Vokabular des dialektischen Materialismus dagegen hinter sich. Eine der ersten und auffälligsten Konsequenzen dieses Paradigmenwechsels war die Reskalierung der Maßverhältnisse des Politischen: Das Kleine, aus klassisch linker Sicht notwendig zur Wirkungslosigkeit verurteilt, verwandelte sich in ein Versprechen. Das Wortfeld des Mikroskopischen, das um die Mitte der siebziger Jahre die Theorie eroberte – die Mikrophysik, die Mikropolitik, aber auch die Mikrogeschichte –, zeigt das Ende des Glaubens an die Macht der Massen an. Schon um konsistent zu bleiben, musste der Mikrotheoretiker Lyotard dem kleinen Merve Verlag in der Copyrightfrage entgegenkommen.

Die veränderten Größenverhältnisse bestimmten auch das neue Erscheinungsbild. Die Bände, die 1977 am Merve-Stand auslagen, waren vom Broschürenformat der Raubdruckbewegung auf das bis heute beibehaltene, postkartengroße DIN B6 geschrumpft: «Wir sind von DIN A5 auf das kleine Format übergegangen», erläuterten Paris und Gente, «damit ein Riß in unserer Verlags‹programmatik› nicht zu übersehen ist.»[5] Abgesehen von Lyotard befanden sich Bücher von Gilles Deleuze, Michel Foucault, Félix Guattari und Hélène Cixous unter ihren Neuerscheinungen. Zu den Toptiteln des Sachbuchherbstes 1977 gehörten Günter Wallraffs Undercover-Reportage bei der *Bild*-Zeitung *Der Aufmacher*, Erich von Dänikens *Beweise* über die Existenz von Außerirdischen und Klaus Theweleits *Männerphantasien* – Rudolf Augstein zufolge «vielleicht die aufregendste deutschsprachige Publikation» der Saison.[6] Die Frankophilie des kleinen Merve Verlags war keine *Spiegel*-Meldung wert. Dafür stieß sie innerhalb der Theorie-Branche auf umso größeres Interesse.[7] Es dauerte noch ein wenig, bis Paris und Gente ihre Wende auch im Reihentitel ratifizierten. Erst ab Anfang 1978 erschienen ihre Bücher nicht mehr in der *internationalen marxistischen diskussion*, sondern im *Internationalen Merve Diskurs*. Vom Marxismus und vom Diskutieren verabschiedete sich das Verlegerpaar im selben Atemzug.

Fluchten aller Art

In der geistigen Situation des Jahres 1977 wurden die neuen Merve-Titel von vielen als Antidot gelesen: Sie gaben die besten Argumente gegen den Marxismus an die Hand. In keinem anderen Land arbeiteten sich die Intellektuellen mit so viel Verve an ihren alten Überzeugungen wie in Frankreich ab. Sie nahmen Rache für eine enttäuschte Liebe. Nach 1945 waren sie die eloquentesten Fürsprecher des Kommunismus in Westeuropa gewesen. Die Tradition der Résistance, Stalins Prestige als Hitler-Besieger und der alteingesessene Mythos der Revolution hatten der Parti communiste français kräftigen Zulauf verschafft.[8] Nach dem Schock, den Chruschtschows Enthüllungen und der Aufstand in Ungarn auslösten, lebte das Bekenntnis zum Sozialismus in der Theoriearbeit der Neuen Linken fort. Auch ein Denker wie Lyotard hatte in ihren Reihen sein intellektuelles Profil gewonnen. In einem Text, den die Merves gerne in ihr Programm aufgenommen hätten, rekapitulierte er seine marxistische Vergangenheit. Bis in die späten sechziger Jahre war er zuerst Mitglied von Socialisme ou Barbarie und dann von Pouvoir Ouvrier gewesen. Erst im Strudel der Kulturrevolution hatte er sich von diesen Gruppen abgewandt. In den Jahren danach formulierte er Antithesen zum Denkstil des Marxismus.[9]

Dazu gehörte unter anderem, sich auf ein Personal zu stürzen, das Marx und Engels aus der revolutionären Bewegung ausgeschlossen hatten. Nach alter Terminologie handelte es sich bei den sogenannten Minderheiten nämlich um nichts anderes als um das «Lumpenproletariat». Wenn Bernard-Henry Lévy Lyotard 1976 im *Nouvel Observateur* als Anführer der «Lumpen-Intelligentsia» von Vincennes bezeichnete, zu der auch Michel Foucault, Gilles Deleuze und Félix Guattari gehörten, dann spielte er damit auf diese Zusammenhänge an.[10] Aus marxistischer Sicht stellte das Lumpenproletariat eine reaktionäre Klasse dar. Mangels homogener Zusammensetzung und geteilter objektiver Interessen bestand es sogar nur aus dem «Auswurf, Abhub, Abfall aller Klassen».[11] Für Lyotard und seine Gesinnungsgenossen bot das Anlass zu der Hoffnung, es könne in den kommenden kleinen Kämpfen die zentrale Rolle spielen. «Es gibt die Kommunen», erklärte Deleuze 1973 auf einem Antipsychiatrie-Kongress in Mailand, «es gibt die Randgruppen, die Kriminellen, es gibt die Drogenabhängigen, es gibt das Fliehen in Drogen, es gibt Fluchten aller Art, es gibt schizophrene Fluchten, es gibt Leute, die auf alle mögliche Weise flüchten.»[12]

Auf die Randgruppen der Gesellschaft hatte schon der Star der Berliner Studentenbewegung Herbert Marcuse besonderen Wert gelegt. Als nicht integrierte Außenseiter hielt er sie für fähig, die Erhebung der Arbeiterklasse zu initiieren.[13] Deleuzes Faible für Drogenabhängige stand dagegen unter einem anderen Stern. Die Junkies, von denen William Burroughs in seinen Romanen handelte, waren nicht geeignet, irgendeiner sozialen Bewegung als Katalysatoren zu dienen. Im Unterschied zur amerikanischen Bürgerrechtsbewegung, auf die sich Marcuse bezogen hatte, verfügten sie über keine Agenda – es sei denn, ihren nächsten Schuss zu organisieren.[14] Sie verletzten den gesellschaftlichen Konsens, ohne dafür ein höheres Prinzip in Anspruch zu nehmen. Weder repräsentierten sie etwas, noch wurden sie selbst von jemand anderem repräsentiert. Lyotard, der die Stärke der Schwachen im Interview mit Bernard-Henry Lévy erklärte, fügte im Namen des Lehrkörpers von Vincennes hinzu, «daß wir nicht länger an eine Repräsentation der Kleinen glauben».[15]

Nachgeborene Lesergenerationen sind der Kritik an der Repräsentation vor allem als einer semiologischen Angelegenheit begegnet, die sich aus der Radikalisierung der strukturalen Linguistik ergab: Zeichen, die nicht auf die Wirklichkeit, sondern wechselseitig aufeinander verwiesen – mittels solcher Zeichen wurde laut Ferdinand de Saussure in der Sprache Bedeutung erzeugt. Seine Nachfolger trieben diese Einsicht auf die Spitze, wenn sie die Welt zum Text erklärten oder von frei flottierenden Signifikanten sprachen. Sie kritisierten die Idee, mit Worten die Realität berühren zu können. Sie erkundeten die Bedingungen der Möglichkeit von Referenz. In den siebziger Jahren, als diese Themen in Deutschland ankamen, hatte die Kritik an der Repräsentation darüber hinaus aber auch eine unmittelbare politische Dimension. Sie betraf nicht nur Fragen der Zeichentheorie, sondern auch die Chancen einer Revolte, die der «theoretischen Repräsentation des Marxismus» und der «praktischen Repräsentation der Partei» unterstand. Genau wie Lyotard hielt Guattari, dessen 1977 bei Merve erschienener *Mikro-Politik des Wunsches* diese Formulierungen entnommen sind, eine solche Revolte für aussichtslos.[16]

Aus der Zurückweisung der Idee der Stellvertretung ergab sich eine weitere Konsequenz, die die Rolle der Renegaten von Vincennes betraf. In den sechziger Jahren hatte Adorno noch eine universelle Kompetenz beansprucht, die ihn dazu verpflichtete, zu den Problemen der Bundesbürger Stellung zu beziehen. Zu Beginn der Achtziger schrieb Lyotard einen weithin beachteten Artikel in *Le Monde*, in dem er die Figur des Intellektuellen zu Grabe trug. Repräsentanten, «die vom Standpunkt des Menschen, der Menschheit, der Nation, des Volks, des Proletariats, der Kreatur oder einer ähnlichen Entität aus denken und handeln», erklärte er nach dem Ende der Utopien für überflüssig.[17] Michel de Certeau, ein weiterer Merve-Autor, behauptete wenig später sogar, wer die «Masse» zu repräsentieren vorgebe, kämpfe in Wirklichkeit darum, sie «zu erziehen, zu disziplinieren und zu gruppieren».[18] Solche Töne waren Niklas Luhmann fremd. Doch auch er verabschiedete die Epoche der Intellektuellen. «Zu wissen, wo es lang geht», erklärte er 1987 im Deutschlandfunk, «und damit die Ansicht verbinden, man habe einen Zugang zur Realität und andere müssten dann folgen oder zuhören, das ist eine veraltete Mentalität.» Merve publizierte das Interview in seinem ersten Luhmann-Reader. Die Beobachtung, dass es in der funktional differenzierten Gesellschaft keinen privilegierten Beobachter mehr gab, passte vortrefflich ins Verlagsprogramm.[19]

Intensität ist kein Gefühl

Mit *Intensitäten,* ihrem zweiten Titel von Lyotard, liquidierten Paris und Gente den Karton-Ton der Raubdruckbewegung 1978 in Neon-pink. Im Lauf der siebziger Jahre hatten sie ihre Bücher nicht nur kleiner, sondern auch bunter werden lassen. «Die Farbe ist schön geworden», schrieben sie in einem Brief an Lyotard, «der Drucker ist bei seiner Arbeit ganz schön abgedriftet, vielleicht hat er vom Text zu viel mitgekriegt.»[20] Abdriften – das spielte auf den Wortschatz des Autors an, der seine Abkehr vom Marxismus als «dérive» beschrieb.[21]

Intensitäten enthielt einige Aufsätze aus den frühen siebziger Jahren, in denen er den Versuch unternommen hatte, dem Prinzip der Repräsentation das Prinzip der Intensität entgegenzustellen. Die Apparate der Repräsentation, zu denen auch die Institutionen der Linken gehörten, unterteilten die Welt in Gegensätze: von Kapital und Arbeit, von Partei und Klasse, von Zeichen und Bezeichnetem. Doch was, so lautete Lyotards gegenteilige Hypothese, wenn die Gesellschaft aus nichts als «Verschiebungen und Verwandlungen von Energie» bestand? Seine Drift aus den Gewässern des Marxismus führte ihn zu einer Art sozialer Thermodynamik zurück, wie sie im ausgehenden 19. Jahrhundert zeitweilig en vogue gewesen war. Die «Widersprüche», die die Neue Linke diagnostizierte, wurden darin zu bloßen Intensitätsunterschieden. Die Haltung des Kritikers verwandelte sich in Affirmation: Anstatt die herrschende Ordnung zu bekämpfen, plädierte Lyotard dafür, ihre eigenen Energien zu entfesseln. Der Kapitalismus, der nur durch das Äquivalenzprinzip des Warentauschs im Zaum gehalten werde, war in seinen Augen eine Maschine zur Zerstörung aller bestehenden Hierarchien.[22]

Mit *Intensitäten* landeten Paris und Gente einen kleinen Theorie-Bestseller. Schon wegen seines Titels kam das Buch gut an.[23] Er suggerierte ein Denken in Leidenschaften und signalisierte eine Befreiung von den Konventionen der dialektischen Vernunft. Der pinkfarbene Merve-Band enthielt unter anderem die Druckfassung eines Vortrags, den Lyotard 1972 auf der Konferenz «Nietzsche aujourd'hui» in Cerisy-la-Salle gehalten hatte. Auf der Bühne dieses für die französische Nietzsche-Rezeption wegweisenden Kolloquiums hatte er den «Menschen der Steigerung» seine Reverenz erwiesen, zu denen er

«Popkünstler», «Hippies und Yippies» und «Verrückte» rechnete. «Eine Stunde ihres Lebens», erklärte der Professor, nicht ohne sich dabei selbst zu bezichtigen, «enthält mehr an Intensität als tausend Worte eines Berufsphilosophen.»[24] Das hätte man so ähnlich auch bei Carlos Castaneda nachlesen können. In mancherlei Hinsicht schien Lyotards Lob der Intensität auf eine Hippie-Philosophie hinauszulaufen, die die Überlegenheit von Erfahrungen statuierte, die sich nicht in Worte fassen ließen. Doch rekurrierte seine Apotheose der Sprachlosigkeit weder auf Drogenerlebnisse noch auf sexuelle Ekstase, und er empfahl auch keine Urschreitherapie, denn solche Versuche, zu den Ursprüngen zurückzukehren, waren seiner Ansicht nach immer noch dem Prinzip der Repräsentation verpflichtet.[25] Der Weg, den er vorschlug, um aus dessen Logik auszubrechen, führte nicht in die warmen Sümpfe der Naturromantik, sondern in die kühlen Höhen der Neuen Musik.

Die Musik, an der Lyotard das Phänomen der Intensität exemplifizierte, kam aus Amerika. Sein Vortrag war unter anderem auch ein Plädoyer für die Kompositionen von John Cage, der noch radikaler als Schönberg mit den Traditionen der europäischen Musikgeschichte gebrochen hatte, indem er nicht nur das System der Tonalität, sondern auch dessen Element, die Note, aufgegeben hatte. An die Stelle wohltemperierter Töne hatte er eine Welt von Geräuschen gesetzt, die sowohl den Konventionen der Notation als auch der Kontrolle des Komponisten entzogen waren. Im Mangel an Intentionalität, den Cage orchestrierte, erblickte Lyotard die Auflösung der dichotomischen Ordnung: eine Zone der Intensität, die frei vom «Rousseauismus» der Gegenkultur war. Daher entsprach Cages Musik für Lyotard dem Denken Nietzsches.[26]

Auch Nietzsche hatte der Philosophie seiner Zeit die «dionysische Begeisterung» entgegengehalten – ohne dabei einem Kult des Gefühls zu huldigen. Statt auf Wagner und dessen romantische Erlösungssehnsucht hatte er auf «die schöne, strenge Form, die Sparsamkeit» und «den Klassizismus» gesetzt. Für Lyotards «Politik der Intensitäten», die dem «Terror» der Dialektik entkommen, aber keinem naiven Unmittelbarkeitsglauben anheimfallen wollte, gab Nietzsche daher eine geeignete Blaupause ab.[27] Karl Heinz Bohrer nahm Nietzsche 1984 gegen seine zeitgenössische Vulgarisierung in Schutz, die die guten Emotionen gegen die böse Vernunft ausspielte – in Bohrers Augen ein allzu deutsches Missverständnis. Sein Aufsatz, der auf der Linie der Pariser Nietzscheaner lag, trug den Titel «Intensität ist kein Gefühl».[28]

Lyotards Lesart von Nietzsche als intensivem Denker knüpfte an eine französische Deutungstradition seit Georges Bataille und Pierre Klossowski an, die in Nietzsche weniger einen Philosophen als einen Autor gesehen hatten, der den philosophischen Diskurs mit einer existentiellen Erfahrung konfrontierte, die dessen Ordnung zerstören musste.[29] Die Differenz zwischen Theorie und Philosophie, die für einen Leser wie Peter Gente seit den Aphorismen von Adorno konstitutiv gewesen war, wurde durch diesen Nietzsche aufs Neue bekräftigt und aktualisiert. «Theoriebildungen sind immer auch ‹Träume›», hat Bohrer notiert, «ja sie zeigen in ihrer Tendenz zur Analogiebildung und Identifikation mit Symbolen sogar Elemente der schizophrenen Obsession.» Das ist eine Einsicht, die in den späten siebziger Jahren von Nietzsche ausging.[30] Unter Anleitung ihrer französischen Autoren – und namentlich Deleuzes, dem die richtige Lesart ein besonderes Anliegen war – begannen Paris und Gente, Nietzsche zu lesen. 1979 gaben sie Deleuzes 1965 erschienene Einführung in Nietzsche unter dem Titel *Nietzsche. Ein Lesebuch* heraus. «Nach intensiver Nietzsche-Lektüre», schrieben sie Deleuze während der Übersetzung und Zusammenstellung des Bandes, «denken wir viel über Deine Theorie von Minder-Werden nach, die angesichts des verbreiteten Größenwahns schöne und ungeahnte Handlungsperspektiven eröffnet. Wir machen eine andere Art Verlag: klein, billig, unscheinbar, daneben.»[31]

Merves Lachen

Hier hört man den neuen Merve-Sound. In den Briefen und Nachworten aus dieser Zeit nahm er rasch Gestalt an – um sich während der achtziger Jahre kaum mehr zu verändern: «Wir sind keine Profis, sondern Leseratten.» «Wir sind etwas schüchtern, haben kein Geld und schwache Ellenbogen.» «Wir bekennen uns fröhlich dazu, schlechte und billige Bücher zu machen.»[32] Nach den jahrelangen Diskussionen um Hand- und Kopfarbeit muss diese Wurschtigkeit ungeheuer befreiend gewesen sein. Ihr Erkennungszeichen war das Lachen. Als Zerfallsprodukt der Ideologiekritik hat es der Sattelzeit der Postmoderne seinen Stempel aufgedrückt. Bevor in den achtziger Jahren eine gepflegte Ironie den Ton angab, brach sich im Theorie-diskurs eine eruptive Heiterkeit Bahn. Schon Merve Lowien hatte, Derrida zitierend, ans Ende ihres Erfahrungsberichts geschrieben, nur Lachen übersteige die Dialektik – «mit dem absoluten Verzicht auf den Sinn, mit dem absoluten Wagnis des Todes» allerdings.[33] Das Risiko gingen Paris und Gente ab 1977 voll ein. Seit einem halben Jahrzehnt waren sie Zeugen einer wachsenden Melancholie gewor-den. In den Kneipen der Linken galt gute Laune als Affront.[34] Als Ausdruck ihrer neuen theoretischen Perspektiven entdeckten die bei-den Verleger die nietzscheanische Spaßkultur. «Wer Nietzsche liest, ohne zu lachen, ohne viel zu lachen, ohne oft und manchmal wie ver-rückt zu lachen», schrieb Deleuze, «für den ist es, als ob er Nietzsche nicht läse.» Legte er deshalb Wert darauf, wie amüsant das gemein-same Schreiben mit Guattari sei?[35] Auch Lyotard betonte, dass es im heraufziehenden «Libidodispositiv» nicht mehr darum gehe, «recht zu haben, sondern lachen und tanzen zu können». Wie weiland die Situationisten plädierte er für «Theorieparodie».[36] Seine West-Berli-ner Verleger kultivierten ihre gute Laune derweil als Ausweis ihrer neuen Denkungsart: «Wir wollen ein kleiner Verlag, unscheinbar und daneben sein, und das macht uns irre Spaß.»[37]

Die deutlichsten Spuren hat dieser Spaß in der Sprache hinter-lassen. Wie eine allergische Reaktion auf die Prosa des Neomarxis-mus entwickelte sie einen Hang zu Wortspielen und Kalauern. In einem der ersten deutschen Sammelbände zu Deleuzes und Guattaris *Anti-Ödipus*, den der Psychoanalytiker Rudolf Heinz herausgab, leg-ten sich alle Beiträger das Pseudonym «Heinz» zu: Norbert Heinz, Jochen Heinz, Hubert Heinz…[38] Um ihre eigenen Bücher «auf die Schippe zu nehmen», entwarfen Paris und Gente ein Regal aus Schippenblechen.[39] Vielleicht ist die charakteristische Erscheinungs-form des Humors in dieser Übergangsepoche der Lachkrampf. Michael Rutschky, Autor eines berühmten Essays zur Melancholie der siebziger Jahre, hat ihm eine Reminiszenz gewidmet. Seinen ersten Lachkrampf erlebte er, als er den *Kentucky Fried Movie* im Kino sah. Kurze Zeit später wiederholte sich die Erfahrung bei *Das Leben des Brian*.[40] Beide Filme kamen pünktlich zum Abschluss der Dekade 1980 in die deutschen Kinos, wo sie überaus erfolgreich waren. Mit ihren verwahrlosten Pointen bezeugen sie das Ende der Dialektik.

Auch das Gelächter, das zum Emblem des neuen Theoriegefühls wurde, hatte ein konvulsivisches Moment. Es kam aus dem Mund von Michel Foucault. «Allen, die noch vom Menschen, von seiner Herrschaft oder von seiner Befreiung sprechen wollen», hatte er schon 1966 in der *Ordnung der Dinge* geschrieben, «all diesen Formen linker und linkischer Reflexion kann man nur ein philosophisches Lachen entgegensetzen.»[41] Nach seinem Tod stilisierten seine Nekrologen dieses Lachen zu seinem Markenzeichen. «Schon höre ich schallend in Lachen oder Gelächter ausbrechen das Echo seines *fou rire*», schrieben Paris und Gente in ihrem Nachruf für die *tageszeitung*.[42] Friedrich Kittler, der Foucault in Bayreuth begegnet war, aber nicht den Mut gehabt hatte, ihn anzusprechen, blieb «ein lautes Lachen im Kreis junger Männer» im Ohr.[43] Michel de Certeau, der mit Foucault befreundet gewesen war, widmete diesem Geräusch sogar eine theoriegesättigte Eloge. Im berühmtesten Gelächter der Epoche meinte er die Geschichte selbst zu vernehmen: Sie lachte die Linken aus, die gehofft hatten, ihr so etwas wie Sinn unterstellen zu können. Doch waren sie inzwischen eines Besseren belehrt; die Geschichte steuerte ebenso wenig auf ein Ziel zu wie die Witze von Monty Python auf eine Pointe. In seiner Tour d'Horizon gelang es de Certeau, auch Foucaults übrige Themen in dessen Lachen wiederzufinden: die Kritik der Vernunft, die Rückkehr des Körpers und die Liquidierung des Autor-Subjekts.[44]

Kein Wunder, dass Foucaults *fou rire* so viel Interesse erregte: Es lag mitten im Fahrwasser ideologischer Auseinandersetzungen. Seit Helmuth Plessners Untersuchung über *Lachen und Weinen*, die noch während des Krieges erschienen war, hatte die Theorie des Lachens in der Bundesrepublik keine nennenswerten Fortschritte mehr gemacht.[45] Warum das Thema in den siebziger Jahren auf die Agenda der Geisteswissenschaften zurückkehrte, wäre eine eigene wissenschaftsgeschichtliche Studie wert. Schließlich gilt die Dekade, die den Glauben an die Zukunft verlor, als sprichwörtlich melancholisch. Doch nicht nur in der Philosophie, sondern auch in der Pädagogik, der Psychologie und der Verhaltensforschung lag die Erforschung des Gelächters in der Luft.[46]

Im September 1974 tagten die Mandarine der deutschen Geisteswissenschaften in Bad Homburg. Die Forschungsgruppe Poetik und Hermeneutik versammelte sich zu ihrem siebten Kolloquium, um über «Das Komische» zu diskutieren. Man merkt den Beiträgen an, dass das Thema nicht nur als zeitloses ästhetisches Grenzphänomen auf der Tagesordnung gelandet war, sondern dass es für die Teilnehmer Aktualitätswert besaß. Selbst Hans Blumenberg, der seine ersten Überlegungen «Zur Komik der reinen Theorie» vorstellte, baute Bezüge zur Kulturrevolution in seinen Vortrag ein, die in der Buchversion *Das Lachen der Thrakerin* nicht mehr auftauchen. Im Gang durch die Jahrhunderte führte er vor, wie das seltsame Geschäft der Philosophen deren Zuschauer immer wieder belustigt hatte. Doch seitdem der Vorsokratiker Thales beim Betrachten der Sterne in einen Brunnen gefallen war, hatten immer nur die anderen ihren Spaß gehabt. «Wo und worüber wäre je im philosophischen Milieu gelacht worden?», lautete Blumenbergs rhetorische Frage, auf die er kaum erwartete, eine positive Antwort zu bekommen.[47]

Für Odo Marquard lag genau hier das Problem. In seinem Referat beklagte er das «Programm der totalen Traurigkeit», das als Vermächtnis der Kritischen Theorie auf den Köpfen der Gegenwart laste, und animierte die anwesenden Professoren dazu, bei einer Lockerungsübung mitzumachen, für die er an anderer Stelle den Titel «Transzendentalbelletristik» erfand. «Die Rettung der Theorie ist das Lachen», erklärte er und insistierte auf «einer innigen Verwandtschaft zwischen dem Komischen und der Theorie». Mit seinem Bekenntnis zur Heiterkeit wurde Marquard – neben Peter Sloterdijk – zum philosophischen Erfolgsautor der achtziger Jahre. Ihre Schriften domestizierten den philosophischen Humor. Das nietzscheanische Lachen, das das Ende der Ideologiekritik begleitet hatte, bereitete den Boden für die Kyniker und Skeptiker.[48]

«Das Komische», das die Forscher in Bad Homburg verhandelten, hatte politische Bezüge. Daher reichten sich Apologeten und Apokalyptiker das Wort. Dieter Wellershoff, den die Veranstalter als Gast eingeladen hatten, schlug in seiner «Theorie des Blödelns» kulturkritische Töne an. Im Gegensatz zu Marquard hielt er das Erbe der Frankfurter Schule nicht mehr für tonangebend. Die Subkulturen der Bundesrepublik hätten sich von der Pflicht zur Betroffenheit längst befreit. Unter «Hippies», «Provos», «Zen-Anhängern» und «Rauschgiftsüchtigen» sah Wellershoff stattdessen eine «exzessive Heiterkeit» um sich greifen, die ihm nicht nur befremdlich, sondern sogar gefährlich erschien. Mit ihrem Verzicht auf Pointen unterbiete sie die Standards der Komik; durch ihren Privatismus schließe sie Nicht-Eingeweihte aus. In den Ritualen des «Blödelns» meinte Wellershoff, die Regression in ein «Paradies der Unreife» zu erkennen, deren Spiritus Rector 1974 – noch – Herbert Marcuse hieß.[49]

Ein paar Jahre später hatte das Blödeln das Ghetto der Rauschgiftsüchtigen verlassen und galt unter Anhängern der französischen Theorie als akzeptable Umgangsform. Nach dem Überschreiten der intellektuellen Wasserscheide, die die späten Siebziger darstellen, erfreute sich das Lachen gerade in seinen «niedrigen» Formen einer gewachsenen Reputation. Man könnte das im Einzelnen anhand der verschiedenen Referate des Symposiums «Lachen – Gelächter – Lächeln» nachverfolgen, das der Soziologe und Merve-Autor Dietmar Kamper 1983, ein knappes Jahrzehnt nach dem Kolloquium in Bad Homburg, an der Freien Universität veranstaltete. An dieser Stelle mag der Hinweis auf den «Versuch über Albernheit» genügen, den Gert Mattenklott in Berlin vorstellte. Er skizzierte eine Theorie ganz ähnlicher Formen von Belustigung, wie sie Dieter Wellershoff beschrieben hatte. Dabei kam er aber zu entgegengesetzten Schlüssen. «In den Krämpfen der Albernheit», lautete sein Resümee, das in ähnlicher Weise auch auf die Musik von John Cage gepasst hätte, «wird das Bedeutende aus dem Körper geschüttelt; eine Vernichtung alles bürgerlich Repräsentativen nicht nur, sondern – weit radikaler – der Ordnung von Repräsentation. Es gibt nur noch Zeichen, kein Bezeichnetes, nur Worte oder Gesten, keinen Sinn.»[50]

Wäre der Smiley um 1980 schon populär gewesen, vielleicht hätten

Paris und Gente überall Smileys verteilt. Stattdessen hinterließen sie Aufkleber mit dem Slogan «Macht Rhizome! Der rosarote Panther», was den *Spiegel* veranlasste, dem Begriff fünf Seiten lang nachzurecherchieren. Von Alexander Kluge und Klaus Theweleit führte die Spur über das West-Berliner Buchladencafé Rhizom bis zum «winzigen» Merve Verlag und dessen Büchlein *Rhizom* von Gilles Deleuze und Félix Guattari. Fazit der *Spiegel*-Redakteurin: «Leute mit D&G-Kick erkennen sich schnell; es werden mehr.»[51]

Vage Denker

Man kann sich des Eindrucks nicht erwehren, dass das Verlegerpaar in den späten siebziger Jahren in einen Goldrausch geriet: «Wir haben mehr feed-back als früher, haben viele Leute und dufte Leute kennengelernt und sind ganz schön erschöpft.»[52] Es ging nicht um Profit. Es ging um die Entdeckung und Ausbeutung eines Theorie-Eldorados, das in Deutschland erst wenig bekannt war. Selbst die Frauenbewegung argumentierte hierzulande noch moralisch universal. Im postkolonialen Frankreich blühte dagegen ein neues Denken.[53] Zwar übersetzte Suhrkamp die neuen Franzosen seit Anfang der siebziger Jahre: Foucaults *Wahnsinn und Gesellschaft* war 1969, Derridas *Die Schrift und die Differenz* 1972 und der *Anti-Ödipus* 1974 erschienen. Aber diese Bücher wurden nur akademisch rezipiert. Und selbst an den Universitäten waren sie weitgehend Geheimtipps geblieben. Die abtrünnigen Erben der Studentenbewegung, die «Theorie-Freak-Scene», die der Merve Verlag inzwischen als seine ureigene Klientel begriff, hatten sie nicht erreicht.[54]

Der Import der Franzosen nach Deutschland litt unter der schwelenden Feindseligkeit der Kritischen Theorie. Für die Frankfurter und ihre Gefolgsleute repräsentierte alles, was im Dunstkreis des Poststrukturalismus entstand, ein gefährliches Denken. Und das war in ihrem Fall nicht als Kompliment gemeint. Vor allem das Verhältnis der französischen Autoren zu Heidegger stand einer auch nur vorsichtigen Annäherung im Weg. In der Bundesrepublik war er immer noch Persona non grata, in Frankreich längst Vordenker der Gegenwart. Über die Bedeutung von Nietzsche konnte man sich im Notfall verständigen. Doch schon in den frühen sechziger Jahren hatte sich Adorno über die «Heideggerei» in Paris empört.[55] In den achtziger Jahren übernahmen Jürgen Habermas und Manfred Frank diesen Part. Aber auch eine moralische Autorität wie Jean Améry, der Folter und Internierung in Auschwitz überlebt hatte, schrieb in der *Zeit* gegen die dunklen Franzosen an. Besonders Foucault war für Améry ein gefährlicher Gegenaufklärer, in sein schillerndes Gedankengebäude verstiegen «wie ein Kletterer im Gebirge».[56]

Mit dem neuen Programm betrat der Merve Verlag daher heißen Boden. Ein Buch wie *Rhizom* machte rasch seine Runde durch die West-Berliner «Scene der Freaks, Wohngemeinschaften, Kiffer und Drop-outs», wie Peter Gente an einen seiner Autoren schrieb.[57] Im Gegensatz zum schwierigen *Anti-Ödipus* ließ sich *Rhizom* atmosphärisch lesen und intuitiv verstehen. «Liebt euch wie Katze und Pavian!» oder «Laßt keinen General in euch aufkommen!» waren Parolen, die 1977 auch jenen einleuchten konnten, die die im Hintergrund dräuenden Theorieberge nie erstiegen hatten. Nur bei den Kiffern sorgte die Losung «Pflanzt nichts an!» vielleicht für Irritationen. Aber dass man nicht alles verstehen musste, sagte das Buch ja selbst. Merves erfolgreiche Proliferationspolitik sorgte dafür, dass Deleuze und die anderen als vage Denker gelesen wurden. Theorie verkaufte sich plötzlich wie Schallplatten.[58] Dem Suhrkamp Verlag, der die Hauptwerke vertrieb, konnte das nur recht sein.

Man Ray — Dancer/Danger (L'impossibilité.)

I.

Die Wunschmaschinen

Es funktioniert überall, bald rastlos, dann wieder mit Unterbrechungen. Es atmet, wärmt, ißt. Es scheißt, es fickt. Das Es ... Überall sind es Maschinen im wahrsten Sinne des Wortes: Maschinen von Maschinen, mit ihren Kupplungen und Schaltungen. Angeschlossen eine Organmaschine an eine Quellemaschine: der Strom, von dieser hervorgebracht, wird von jener unterbrochen. Die Brust ist eine Maschine zur Herstellung von Milch, und mit ihr verkoppelt die Mundmaschine. Der Mund des Appetitlosen hält die Schwebe zwischen einer Eßmaschine, einer Analmaschine, einer Sprechmaschine, einer Atmungsmaschine (Asthma-Anfall). In diesem Sinne ist jeder Bastler; einem jeden seine kleinen Maschinen. Eine Organmaschine für eine Energiemaschine, fortwährend Ströme und Einschnitte. Präsident Schreber hat die Himmelsstrahlen im Arsch. *Himmelsarsch.* Und seid ohne Sorge, es funktioniert; Präsident Schreber spürt etwas, produziert etwas, und vermag darüber hinaus dessen Theorie zu entwickeln. Was eintritt sind Maschineneffekte, nicht Wirkungen von Metaphern.

Das Umherschweifen des Schizophrenen gibt gewiß ein besseres Vorbild ab als der auf der Couch hingestreckte Neurotiker. Ein wenig freie Luft, Bezug zur Außenwelt. Beispielsweise die Wanderung von Büchners Lenz. Wie anders dagegen jene Augenblicke beim guten Pastor, in denen dieser ihn nötigt, sich erneut gesellschaftlich: in Beziehung zum Gott der Religion, zum Vater, zur Mutter, anzupassen. Dort aber ist er im Gebirge, im Schnee, mit anderen Göttern oder ganz ohne Gott, ohne Vater noch Mutter, ist er mit der Natur. »Was will mein Vater? Kann er mehr geben? Unmöglich! Laßt mich in Ruhe!« Alles ist Maschine. Maschinen des Himmels, die Sterne oder der Regenbogen, Maschinen des Gebirges, die sich mit den Maschinen seines Körpers vereinigen. Ununterbrochener Maschinenlärm. »... aber er meine, es müsse ein unendliches Wonnegefühl sein, so

7

Die neuen Franzosen verwandelten die siebziger Jahre in ein großes Gemetzel: Sie ließen den Menschen im Sand verschwinden, sie liquidierten den Autor, sie errichteten das Grabmal des Intellektuellen und dekretierten das Ende des Proletariats. Kein Wunder, dass das auf Gegenwehr stieß. Im Sommer 1978 schickten Heidi Paris und Peter Gente einen Lagebericht nach Paris, der die Verhärtung der Fronten schilderte. «Wut und Schweigen» erblickten sie rings um sich herum. «Bei Rowohlt ist die erste Schrift gegen den ‹neuen Irrationalismus› erschienen. Alle linken Zeitschriften bereiten etwas vor, die Marxisten rufen zum letzten Gefecht.»[1] Das kriegerische Vokabular lässt auf klare Feindbilder schließen. In dieser Hinsicht standen sich beide Seiten in nichts nach. Im *Rowohlt Literaturmagazin*, das die Verleger erwähnten, wurden ihre neuen Autoren einmal mehr als Konterrevolutionäre entlarvt.[2] Die verbale Eskalation vermochte dem Verlust der Lufthoheit jedoch wenig entgegenzusetzen. Für eine Generation, die '68 nur vom Hörensagen kannte und die den Gestus der Kritischen Theorie für intellektuelle Folklore hielt, wuchs der Reiz der Pariser Renegaten in dem Maß, wie ihre Gefährlichkeit amtlich verbrieft wurde. Seit den späten siebziger Jahren wartete eine wachsende Leserschaft auf den neuesten französischen Diskurs, den der kleine Merve und der große Suhrkamp Verlag in die Bundesrepublik importierten.

Vorangehende Doppelseite: *Gilles Deleuze und Félix Guattari, Anti-Ödipus, Winterthur: Suhrbier 1974. Fünf Jahre lang kämpften sich Peter Gente und Heidi Paris durch diese Raubdruckversion*

Der Tod des Autors

1978 bemühte sich Merve ganz legal um die Rechte an einem Text, der das Gemetzel in den späten sechziger Jahren eröffnet hatte: Roland Barthes' «La mort de l'auteur», zehn Jahre nach Erscheinen noch immer nicht ins Deutsche übersetzt. «Wer sind wir, und was hat das mit den Texten von Roland Barthes zu tun?», fragten Paris und Gente in ihrem Brief an den Barthes-Übersetzer Jürgen Hoch. Sie malten «das diffuse Netz von Wohngemeinschaften, Kneipen, Gruppen, Scene» aus, in dem ihre Bücher zirkulierten. Sie legten Wert darauf, «Amateure» und überdies «marginal» zu sein, und outeten sich als «begeisterte Leser und unfähige Schreiber».[3] Mit diesem letzten Bekenntnis scheint das Verlegerpaar auf die Schlusspointe von Barthes' Todeserklärung anzuspielen, die heute weitgehend in Vergessenheit geraten ist: Der «Tod des Autors» sei der Preis für die «Geburt des Lesers».[4] Über dem viel suggestiveren Bild einer vielstimmigen *écriture*, die die Autorinstanz in der Anonymität von tausend Codes aufgehen ließ, ist diese neugeborene Leserfigur blass geblieben. Das mag auch Michel Foucaults prominenter Reaktion aus dem Folgejahr 1969 – «Was ist ein Autor?» – geschuldet sein, die sich zum Ziel setzte, «den durch das Verschwinden des Autors leer gelassenen Raum» auszumessen, und zwar genauer, als Barthes das getan hatte.[5] Vom Leser bei Foucault keine Spur. Dabei hatte Barthes seinen Nachruf ausdrücklich im Hinblick auf eine «Theorie der Lektüre» verfasst, zu der er bis zu seinem eigenen Tod im Jahr 1980 immer neue Anläufe machen sollte.[6]

Aus der Konkursmasse des Autors sind verschiedene Figuren hervorgegangen: die Schrift und ihre «ganze übersteigerte Theoretisierung», wie Foucault schon 1977 feststellte.[7] Von der «Grammatologie» bis zu den «Aufschreibesystemen» behauptet sie bis heute ihren unangefochtenen Platz in der Mitte des postmodernen Theorieapparats. In ihrem Schatten ist, viel diskreter, die Karriere des Lesers verlaufen: von Louis Althussers *Das Kapital lesen*, das sich als Protokoll einer Marx-Lektüre verstand, die der Autor zusammen «mit drei oder vier Genossen und befreundeten Philosophieprofessoren» unternommen hatte, bis zu Roland Barthes' *Lust am Text*, von Deleuzes und Guattaris Schule des Lesens *Rhizom* bis zu Michel de Certeaus *Kunst des Handelns*, die den Leser 1980 als fröhlichen Wilderer im Dickicht der Texte feierte.[8] In Konstanz buchstabierten Hans Robert Jauß und Wolfgang Iser die Rezeptionsästhetik aus. In Ost-Berlin entwarf das «Naumann-Kollektiv» um die Romanisten Manfred Naumann und Karlheinz Barck eine Theorie der Lektüre im real existierenden Sozialismus.[9] Und selbst Foucault, den das Lesen theoretisch wenig interessiert hat, soll während einer Vortragsreise durch Brasilien auf die Frage nach seiner Schreiber-Identität geantwortet haben: «Wer ich bin? Ein Leser.»[10]

Schon Jorge Luis Borges meinte, Lesen sei «entsagender, höflicher, intellektueller» als Schreiben, weil es diesem «den Vortritt lässt».[11] Doch was kümmerte die siebziger Jahre die Höflichkeit? Man könnte das theoretische Interesse am Lesen mit dem neuen Buchmarkt in Verbindung bringen, mit den Theoriereihen, den Linksverlagen und dem blühenden Raubdruckgeschäft, dem Piraten wie Merve ihre prekäre Existenz verdankten. Der Umsatz an schwierigen Texten vervielfachte sich in den siebziger Jahren jedenfalls rasant. In mancherlei Hinsicht erinnert die Zeit an die Situation um 1800, als eine expandierende Verlagslandschaft das Lektüremonopol der Bibel aufsprengte und ein Lesepublikum schuf, das hungrig nach den alljährlichen Neuerscheinungen war. Genau wie die siebziger Jahre hat auch die Goethezeit eine Theorie der Lektüre hervorgebracht, die Hermeneutik, zu der Leser von Barthes und Foucault freilich eine innige Feindschaft pflegten. Gestützt auf Foucault'sche Denkmittel entlarvte Friedrich Kittler die Maximen der Textinterpretation 1979 als strategischen Schachzug im Kampf um die knappe Ressource Aufmerksamkeit. Um sicherzustellen, dass seine *Phänomenologie des Geistes* nicht auf dem neuen Buchmarkt untergehe, habe Hegel den hermeneutischen Zirkel erfunden: Man müsse sein Werk mindestens zweimal lesen, um es zu verstehen.[12] Doch verfolgte Roland Barthes nicht vergleichbare Absichten wie Hegel, wenn er in der *Lust am Text* von einem «aristokratischen Leser» träumte, der die «Muße früherer Lesegewohnheiten» wiederfinde: «nichts verschlingen, nichts verschlucken, sondern weiden, sorgsam abgrasen»?[13] Sein eigener schmaler Band bleibt auf diese Weise jedenfalls am besten in Erinnerung.

Die Lust am Text

Foucaults lakonische Selbstauskunft, er sei «ein Leser», hätte seinen West-Berliner Verlegern sicher gefallen. In ihren verstreuten Wortmeldungen aus dieser Zeit lässt sich beobachten, wie aus der Not, kein Talent zum Schreiben zu haben, allmählich eine Tugend wird. «Erst als ich nicht mehr unter eigenem Schreibdruck stand, konnte ich die Bücher anderer herausgeben», hat Gente im Interview mit dem *FAZ-Magazin* über seine Anfänge als Verleger erzählt.[14] Als «Enzyklopädist des Aufruhrs» hatte er den Genossen von der *Alternative* im Editionsstreit um Walter Benjamin brisante Materialien zugespielt. Nur mangels eigener Textproduktion war er nicht dauerhaft zur Redaktion gestoßen. Vielleicht trug die Begegnung mit Jacob Taubes dazu bei, dass es ihm gelang, sich dem Zwang zur Autorschaft zu entziehen. In Gestalt von Taubes stieß Gente auf einen begnadeten Leser, der selbst nicht schrieb. Henning Ritter zufolge konnte Taubes keine Bücher schreiben, weil sie seinen Ansprüchen als Leser nicht gerecht geworden wären.[15] Es hat den Anschein, als habe er dieses Dilemma an seine Schüler weitergereicht. Ritter selbst, der zu Taubes' Leidwesen die Dissertation verweigerte, gibt dafür ein ebenso gutes Beispiel wie Gente ab.[16] Von der Idee, vielleicht doch ein verkappter Autor zu sein, scheint sich Gente dennoch nur langsam verabschiedet zu haben. Erst im Lauf der siebziger Jahre gab er sie endgültig auf. «Wir, als Verlagskollektiv, schreiben nicht selber», heißt es, mit aufkeimendem Selbstbewusstsein, in einem Merve-Editorial von 1975. Heidi Paris, genau wie Gente eine passionierte Leserin, war gerade an Bord gekommen.[17] Unter ihrer Ägide wurde Gentes rezeptive Begabung zum neuen Merve-Mantra: «Wir sind keine Profis, sondern Leseratten.» «Wir sind besessene Leser und monomanische Sammler.» «Warum wir dieses oder jenes Buch herausbringen? Weil wir selbst nicht schreiben können.»[18]

Wenn es eine Keimzelle dieser neuen Lust am Text gegeben hat, dann muss das die Lesegruppe gewesen sein, mit der sich Paris und Gente ab 1976 fünf Jahre lang durch eine Raubdruckversion des *Anti-Ödipus* kämpften, Deleuzes und Guattaris Einführung in das nichtfaschistische Leben.[19] Wie umstürzend dieses Lektüreerlebnis gewesen sein muss, geht aus den Erinnerungen der Beteiligten hervor:

«Die Erfahrung des gemeinsamen Lesens ist ungeheuerlich.»[20]
Manfred Frank, der die Gefahr, die vom *Anti-Ödipus* ausging, ein
paar Jahre später in seinen Vorlesungen zu bannen suchte, lokali-
sierte dessen Wirkungsgeschichte «im Geraune von Fan-Clubs und
sektenähnlichen Gruppierungen am Rand der universitären Szene».[21]
Besser hätte man es nicht sagen können. Die abtrünnigen Akade-
miker, die sich allwöchentlich um das Verlegerpaar zur Deleuze-
Lektüre versammelten, waren Fans. «Wir haben uns einmal in der
Woche in der Wohnung eines der Beteiligten getroffen und den ‹Anti-
Ödipus› von Anfang bis Ende durchgelesen», hat Peter Gente im
Rückblick erzählt. «Wir waren nicht vorbereitet, es gab kein Proto-
koll, sondern wir lasen Satz für Satz fortlaufend in einem Buch.»[22]
    Keine Protokolle, keine Vorbereitung, keine Selbstagitation: Die
Disziplin, die das sozialistische Verlagskollektiv an den Tag gelegt
hatte, wich ab Mitte der siebziger Jahre einer betonten Lässigkeit.
Doch enthält Gentes Rückschau auch unüberhörbar andere Töne.

Peter Gente (Mitte links) liest Mille Plateaux von Gilles Deleuze und Félix Guattari, Polen, 1994

Die *Anti-Ödipus*-Gruppe hielt sich dicht am Text, verfuhr streng linear «von Anfang bis Ende» und las sich «Satz für Satz» reihum vor. Das hört sich weniger anti-ödipal als alteuropäisch an. Gemeinsames, lautes Vorlesen, der bedächtige Gang durch den Text – das sind Leseweisen, wie man sie aus der protestantischen Bibellektüre kennt. «Wir vertrauen auf die Musikalität der Sprache als gesprochener», hat Gente an anderer Stelle erklärt. «Dieser Zusammenhang war im Mittelalter noch selbstverständlich. Er ist im Laufe der Schriftkultur verlorengegangen.»[23] Genau wie Barthes, der von der «Muße früherer Lesegewohnheiten» träumte, bemühten sich die Verleger, eine vormoderne Buchkultur wiederzubeleben.[24] Das hing sicher auch mit ihrer Faszination für Nietzsche zusammen, dessen Büchern sie die Forderung entnehmen konnten, laut und wiederkäuend zu lesen, um dem Intensitätskern der Sprache auf den Grund zu gehen.[25] Wenn Paris und Gente im editorischen Nachwort zu Wolfgang Müllers *Genialen Dilletanten* dazu ermunterten, das Buch mit erhobener Stimme zu lesen, dann taten sie das in ihrer Eigenschaft als Nietzscheaner.[26] Die ersten Erfahrungen mit dieser Technik hatten sie bei der *Anti-Ödipus*-Lektüre gesammelt, die mit der Askese hermeneutischer Lesarten brach. Wenn einen Abend lang Satz für Satz erklungen war, ging es anschließend im Nachtleben weiter, wo noch mehr geredet «und vor allem gelacht wurde».[27] Als Vorhut einer hedonistischen Linken verlegte die Gruppe ihre Lektüre über Weihnachten 1977 ins alte Sehnsuchtsland Italien.

Gruppenexperimente mit Büchern waren in den späten siebziger Jahren keine Seltenheit. Auch im Umgang mit literarischen Texten ließ sich die theoretische Praxis revidieren. Der Erfahrungsbericht über die kollektive Lektüre von Brecht-Gedichten, den Helmut Lethen und Hans-Thies Lehmann 1978 veröffentlichten, stellt eine Fundgrube für die damalige Leseatmosphäre dar. Er dokumentiert die Bemühungen zweier linker Literaturwissenschaftler, sich von ihren eigenen Ansprüchen zu befreien. Nicht der «politische Gebrauchswert» der Gedichte, sondern die «Lust am Text» sollte im Zentrum der Veranstaltung stehen. Nach seiner Tätigkeit als *Alternative*-Redakteur war Lethen zu Beginn der siebziger Jahre im Milieu der K-Gruppen abgetaucht. Das Brecht-Seminar, das er mit Lehmann an der Freien Universität anbot, gehörte zu den Etappen, in denen sich sein Ausstieg vollzog. Die Dozenten ermunterten die Teilnehmer, ihre materialistische Perspektive aufzugeben und stattdessen ihren Assoziationen freien Lauf zu lassen. Ausgehend von Brecht diskutierte die Gruppe über «Verlassenheitsgefühle, antiautoritäre Destruktionslust, Gefühlsambivalenzen». Sie ließ sich in den warmen Gewässern der Wunschrevolte treiben. Mit der Lockerung des theoretischen Zugriffs ging ein Gefühl des Strömens einher.[28]

Für Kinder geeignet

Die Devise, der die Merve-Verleger bei ihrer Lektüre folgten, lautete «Intensität». In der nietzscheanischen Energielehre, die Deleuze und Lyotard in Umlauf brachten, schien diese Devise freilich zunächst nicht auf den Umgang mit Büchern gemünzt. Als Anwalt der Lumpenproletarier hatte Lyotard während des Nietzsche-Kolloquiums in Cerisy-la-Salle die Rolle des Intellektuellenfeinds gespielt: Die «Menschen der Steigerung», von denen· er kündete, seien «Nietzsche viel näher als seine *Leser*». Doch folgte die Wende auf dem Fuß: Wie könnte, so hatte sich der Büchermensch gefragt und dabei innegehalten, eine «intensive Nietzsche-*Lektüre*» aussehen?[29] Seine Antwort gleicht jener, die Deleuze und Guattari ein paar Jahre später in *Rhizom* ausbuchstabierten, einem Schlüsseltext der Merve-Kultur, der über weite Strecken eine Schule der intensiven Lektüre ist: «Man fragt nie, was ein Buch bedeuten will», stand darin zu lesen; «man fragt, womit ein Buch funktioniert, in welchen Verbindungen es Intensitäten strömen lässt.»[30] Der Wunsch, sich im Zeichen der Intensität von der Ethik des Verstehens zu entbinden, ging so weit, dass Deleuze und Guattari ihren *Anti-Ödipus* rückwirkend als Kinderbuch deklarierten. Seiner unleugbaren Hermetik zum Trotz, die Paris und Gente fünf Jahre Lesezeit kostete, bestanden sie darauf, dass ihr Libido-Manifest weder irgendwelche Vorkenntnisse noch einen hermeneutischen Horizont erfordere: «Felix sagt, daß unser Buch sich an Leute richtet, die jetzt zwischen 7 und 15 Jahre alt sind.»[31] Wann wären Kinder je wieder so ernst genommen worden wie in den siebziger Jahren?

Für Manfred Frank ging das Konzept indes nicht auf. Die «Pipi-Kaka-Sprache», auf die er im *Anti-Ödipus* stieß, schien ihm bestenfalls künstlich infantilisiert zu sein.[32] Auch Deleuze und Guattari hegten Zweifel an ihrem Werk, doch hatte ihre Selbstkritik naturgemäß andere Gründe. Vielleicht, mussten sie einräumen, war es seiner Rabelais'schen Drastik zum Trotz noch immer «ein viel zu ernsthaftes, zu einschüchterndes Buch».[33] Vielleicht hatten seine Leser es aber auch einfach falsch verstanden. *Rhizom* ist daher der konsequente Versuch, Handreichungen zur richtigen Lektüre nachzuliefern: «Findet die Stellen in einem Buch, mit denen ihr etwas anfangen könnt. Wir lesen und schreiben nicht mehr in der herkömmlichen Weise. Es gibt keinen Tod des Buches, sondern eine neue Art des Lesens. In einem Buch gibt's nichts zu verstehen, aber viel, womit man etwas anfangen kann. Nehmt, was ihr wollt!»[34] Die Idee, den Gebrauchswert des Buches zu revolutionieren, ist zumindest so alt wie das Paperback. Deleuze und Guattari überboten diese Idee durch ihren Intensitätsdiskurs. Mit ihrer Schule des Lesens zielten sie darauf ab, die Ordnung der Repräsentation zu zerstören, indem sie den Dualismus von Buch und Welt kassierten. Doch anstatt die Welt zum Buch zu erklären, wählten sie den umgekehrten Weg und holten die Bücher so tief wie möglich in die Welt hinein. Damit versetzten sie ihre Leser in die Lage, allein durch Lesen radikal zu sein.[35]

Für einen habituellen Leser wie Peter Gente war das neue Pariser Denken ein Befreiungsakt: «Ich stand nicht mehr unter diesen Zwängen, nicht mehr unter dieser Schuld von diesen ewigen Selbstlegitimationen.»[36] Das Dilemma der sechziger Jahre hatte darin bestanden, die Theorie der Hörsäle mit der Praxis der Straße zu vermitteln. Im neuen Denkstil fanden beide zwanglos zueinander. Eine Generation von Theoriehungrigen, die ihrer Lesesucht nur um den Preis ihres schlechten Gewissens hatte nachgeben können, stieß plötzlich auf emphatische Theorien des Lesens. Schon Louis Althusser war in seinen verschlungenen Überlegungen zu dem Schluss gekommen, der Marxismus sei im Grunde nichts anderes als eine Theorie der Lektüre. Im Mai '68 flog ihm dieses Theorem als «Theoretizismus» um die Ohren. Doch in den siebziger Jahren bekamen Elogen des Lesens die Oberhand. Roland Barthes, der den Autor erledigt hatte, stilisierte den Leser 1973 zum *homo novus* der Gegenwart: «Man denke sich einen Menschen», schrieb er in *Die Lust am Text*, «der alle Klassenbarrieren, alle Ausschließlichkeiten bei sich niederreißt; einen Menschen, der alle Sprachen miteinander vermengt; der sich nicht beirren lässt von der sokratischen Ironie und vom Gesetzesterror (wie viele strafrechtliche Beweise fußen auf einer Psychologie der Einheit!). Ein solcher Mensch wäre der Abschaum unserer Gesellschaft: Gericht, Schule, Irrenhaus und Konversation würden ihn zum Außenseiter machen: wer erträgt schon ohne Scham, sich zu widersprechen? Nun, dieser Antiheld existiert: es ist der Leser.»[37] Man kann sich ausmalen, mit welchen Gefühlen der Antiheld Gente diese Zeilen las. Nach den Intensitätskünstlern betrat hier ein Typus die Bühne der Theorie, der ihm allzu vertraut sein musste. Dem Liebhaber schwieriger Texte, dem der Revolutions- wie der Literaturbetrieb eine Rolle am Ende ihrer Nahrungsketten zugedacht hatten – als Schüchterner, als Feigling, als Rezipient –, ihm spielten im neuen Jahrzehnt unversehens die Zeitläufe in die Karten. «Changer la vie!» Vielleicht war die Parole des Mai '68 doch nur eine Frage der Lektüre.[38]

Eine andere Produktionsweise

«Wir, als Verlagskollektiv, schreiben nicht selber», hatten die Merve-Genossen Mitte der Siebziger erklärt. «Was wir in der täglichen Arbeit lernen und erfahren, was wir wollen, zeigt sich in unseren Texten – die wir nicht selber schreiben. Rezeption meint dann nicht Ansammlung quantitativen Wissens, sondern den Prozeß, in dem bisher unausgesprochene Erfahrungen öffentlich werden. Solche Rezeption konstituiert eine andere Produktionsweise.»[39] Zu einem Zeitpunkt geschrieben, als die Büchermacher im Begriff standen, sich vom dialektischen Materialismus zu lösen, verrät ihre Insistenz, dass sie Arbeit an einem Mythos leisteten: Laut Marx war nur produktive Arbeit in der Lage, Mehrwert zu erzeugen. Von diesem prometheischen Vermögen hing die Zukunft der Menschheit ab.[40] Doch die Neue Linke, die im Zuge ihrer philologischen Grabungsarbeiten auch das Marx'sche Produktionsparadigma wiederentdeckte, befand sich in Unklarheit über dessen Protagonisten. Der Schwierigkeiten, in der postindustriellen Gesellschaft ein revolutionäres Subjekt auszumachen, suchte sie durch den Erfindungsreichtum ihrer Begriffe Herr zu werden. Von den «Literaturproduzenten» über die «Erkenntnisproduzenten» bis zu den «Produzenten» linker Öffentlichkeit, die bei Negt und Kluge vorkommen, setzte sie ein Heer von neuen Produzentenfiguren in die Welt. Selbst die «Wunschproduktion», die Deleuze und Guattari als «Deterritorialisierung sämtlicher Produktionsformen» verstanden, gehört einer Epoche an, deren politische Leitdifferenz im Gegensatz von produktiv und unproduktiv bestand. Vielleicht ist das ein Grund dafür, dass sie so schlecht gealtert ist.[41]

Das Lob des Lesens, das Roland Barthes intonierte, stellte den Proletariermythos auf den Kopf. Im Lauf der siebziger Jahre stetig anschwellend, erreichte es seine volle Artikulation in einem weiteren Merve-Schlüsseltext, der bis heute zu den erfolgreichsten Titeln der

Backlist gehört: Michel de Certeaus *Kunst des Handelns*, 1980 auf Französisch, 1988 nach langwieriger Übersetzungsarbeit auf Deutsch erschienen. In der Tradition Henri Lefebvres und der Situationisten hatte sich de Certeau dem «gemeinen Mann» an die Fersen geheftet und auf fast vierhundert Seiten eine Eloge auf seine verkannte Kreativität geschrieben. Gegen Foucault, der moderne Individuen von den Techniken der Disziplinarmacht geknechtet sah, interessierte sich de Certeau für ihre Mittel und Wege, dem Gehäuse der Dispositive doch klammheimlich zu entgehen. Der verführerische Stoff seines Buches sind daher die «Erfolge des Schwachen gegenüber dem ‹Stärkeren›, gelungene Streiche, schöne Kunstgriffe, Jagdlisten, vielfältige Simulationen, Funde, glückliche Einfälle sowohl poetischer wie kriegerischer Natur» und dergleichen mehr. Das hört sich verdächtig nach dem Patchwork der Minderheiten an. Doch hatte sich die Lage in der Zwischenzeit geändert. Anders als die Nietzscheaner der frühen siebziger Jahre war de Certeau nicht länger an Hippies, Junkies oder Verrückten, kurz: an «Gruppierungen» interessiert, «die das Banner der ‹Gegen-Kultur› hochhalten». Sein Pathos der Subversion galt einer Randgruppe, die längst in der Mitte der Gesellschaft angekommen war – den Konsumenten. «Die gegenwärtige Form von Marginalität ist nicht mehr die von kleinen Gruppen, sondern eine massive, massenhafte Marginalität. Sie ist zur schweigenden Mehrheit geworden.»[42] Es ist bezeichnend, dass de Certeau sein Buch im Auftrag des französischen Kultusministeriums zur Erforschung von Verbraucherverhalten schrieb.[43]

Heidi Paris, heißt es, habe sich lange gegen die *Kunst des Handelns* gesträubt. Dass ein Abend vor dem Fernseher oder ein Gang durch den Supermarkt Anlässe zu individueller Selbstbehauptung bieten könnten – das mag ihr zweifelhaft erschienen sein. Kam die Apotheose des Alltags nicht der Nobilitierung des Spießers gleich? In der Bundesrepublik der frühen achtziger Jahre war dem Trend schwerlich zu entkommen. An den Universitäten etablierte sich die Alltagsgeschichte. Walter Kempowski sammelte Material für das *Echolot*. Michael Rutschky gab seine Zeitschrift *Der Alltag* heraus. Nur für Hans-Ulrich Wehler, den Doyen der Bielefelder Sozialgeschichte, schmeckte die Hefe der Geschichte, auf die die Mikrohistoriker zu stoßen meinten, wie «biederer Hirsebrei».[44] Peter Gente sah das anders. Gegen den Widerstand seiner Mitstreiterin hielt er an der *Kunst des Handelns* fest, bis der Titel 1988 als bis dato seitenstärkster Merve-Band schließlich erschien. De Certeau, der in der Zwischenzeit gestorben war, hätte das gefallen. Er schätzte «den flinken, beweglichen, unakademischen Stil» der Berliner Bändchen, «der wie ein Tanz oder eine Unterhaltung skandiert ist».[45] Die Korrespondenz zwischen Verleger und Autor kündet von zwanglosem Einvernehmen. Dem Jesuiten de Certeau imponierte die Taktik des kleinen Unternehmens. Dass Gente seinerseits nicht locker ließ und das Buch instinktsicher als Merve-Claim reklamierte, hat vielleicht mit einem unheimlichen Wiedererkennungseffekt zu tun: Obwohl de Certeau nämlich Wert darauf legte, «Akteure mit Eigennamen» zu vermeiden, um dem «anonymen Helden» des Alltags zu seinem Recht zu verhelfen, handelt sein Buch von niemand anderem als von Gente selbst.[46]

Freilich hätte sich der alte Spontaneist wohl kaum mit der Rolle des Mieters, des Fernsehzuschauers oder der Hausfrau identifizieren können, Protagonisten jener alltäglichen Lebenskunst, deren unterschätzte Möglichkeiten de Certeau ans Tageslicht hob. Mit Haut und Haar musste sich Gente dagegen in der Figur des Lesers wiederfinden. «Der Leser ist ein schwärmerischer Autor», las er in der *Kunst des Handelns*. «Er hat keinen festen Boden unter den Füßen und schwankt an einem Nicht-Ort zwischen dem, was er erfindet, und dem, was ihn verändert. Mal hat er wie ein Jäger im Wald das Geschriebene vor Augen, kommt vom Weg ab, lacht und landet einen ‹Coup›, oder er macht als guter Spieler mal einen schlechten Zug. Mal verliert er die fiktiven Sicherheiten der Realität: seine Seitensprünge schließen ihn von den Sicherheiten aus, die das Ich im gesellschaftlichen Rahmen festhalten.» Unter allen Helden des Alltags war dieser Leser nicht nur de Certeaus Lieblingsheld. In einer Gesellschaft, «die vollständig zu Text geworden ist», repräsentierte er die Tugenden des Konsumenten. Als «verkannte Tätigkeit», schreibt de Certeau, habe das Lesen im Schatten des Schreibens, als «passiver» Rezipient der Leser stets im Schatten des Autors gestanden. Nicht länger bereit, diesem Mythos eines Systems Folge zu leisten, «das Autoren, Pädagogen, Revolutionäre, also mit einem Wort ‹Produzenten› gegenüber denjenigen privilegiert und auszeichnet, die nichts produzieren», verkehrte de Certeau die herkömmliche Rollenverteilung in ihr Gegenteil: Er beschränkte sich nicht etwa darauf, den Autor zugunsten des Lesers zu verabschieden, sondern ließ den Leser hinterrücks in die Rolle des Autors schlüpfen, der das Buch, das er liest, «produziert». Eines Autors freilich, der seine Identität als Subjekt verloren hatte. Denn der Leser «nimmt weder den Platz des Autors, noch einen Autorenplatz ein. Er erfindet in den Texten etwas anderes als das, was ihre ‹Intention› war. Er löst sie von ihrem (verlorenen oder zufälligen) Ursprung. Er kombiniert ihre Fragmente und schafft in dem Raum, der durch ihr Vermögen, eine unendliche Vielzahl von Bedeutungen zu ermöglichen, gebildet wird, Un-Gewußtes.»[47]

Auf dem Wasser liegen

Barthes' Neuer Mensch der Siebziger, der seiner Lust am Text frönte: In de Certeaus ministerieller Auftragsarbeit kehrte er als Prototyp des listenreichen Konsumenten wieder. Im Verlauf von zwei Jahrzehnten hatte sich das Verhältnis von Leser und Verbraucher damit um 180 Grad gedreht. Zum ersten Mal waren sie sich in den späten fünfziger Jahren begegnet, als der Siegeszug des Taschenbuchs die Zukunft der Bildung zu bedrohen schien. Dass selbst der Leser im «literarischen Supermarket» Gefahr lief, zum Konsumenten degradiert zu werden, hatte Hans Magnus Enzensberger mit Sorge festgestellt.[48] Die Achtundsechziger nahmen ihn beim Wort, indem sie seine schlimmsten Befürchtungen als Formeln der Subversion auf ihre Fahnen schrieben. Noch dominierten die Kritik der Warenästhetik und die Apotheose des asketischen Produzenten.[49] Doch wird die Theorielandschaft schon in den späten sechziger Jahren von desertierenden Konsumenten durchkreuzt. Im selben Jahr, in dem Barthes den Tod des Autors und die Geburt des Lesers verkündete, veröffentlichte Jean Baudrillard seine Dissertation *Le Système des objets*. Die Arbeit, bei Henri Lefebvre entstanden, schlägt einerseits ideologiekritische Töne an, die marxistisch versierten Lesern vertraut sein mussten: Es werden die

Entfremdung der modernen Konsumgesellschaft, die Herrschaft des Tauschwerts und die Erosion des Gebrauchswerts diagnostiziert.[50] Im Schlusskapitel überrascht der Autor jedoch mit einer neuen Pointe: «Der Verbrauch ist, im Gegensatz zur aktiven Tätigkeit der Produktion, keine passive Aufnahme und Aneignung», sondern «der Vollzug einer systematischen Manipulation von Zeichen».[51]

Das folgende Jahrzehnt sollte den zugehörigen Protagonisten zu unverhoffter Prominenz verhelfen. Es ist nicht nur die Ära der Ursprungs- und Aussteigerphantasien, sondern auch der Schauplatz einer Umverteilung von *agency* und eines theoretischen Abseilakts vom Höhenkamm der Revolution. Während der Mythos der produktiven Klasse im Schmelzwasser des Marxismus zerrann, eroberten Bastler und Borderliner, Dilettanten und Konsumenten ihre post-utopische Handlungsmacht.[52] 1978, als de Certeau die Ergebnisse seiner Verbraucherbefragung zu Papier brachte, vertiefte sich Foucault in den Neoliberalismus der Chicago School, der ihm ebenso beunruhigend wie faszinierend erschien. In den Schriften des späteren Nobelpreisträgers Gary Becker stieß er auf «eine sehr interessante Theorie des Konsums», wie er seinen Hörern am Collège de France mitteilte, auf einen aktiven, unternehmerischen Verbraucher, der sein Humankapital investiert, um seine Befriedigungen zu produzieren.[53] Es ist davon auszugehen, dass dieser Unternehmer seiner selbst Foucaults Spätwerk zur Subjektivität der Lebenskünstler inspirierte. Und es ist nicht zu leugnen, dass er den Wilderern im Zeichenwald, die der Merve Verlag als *role models* für die neue Unübersichtlichkeit importierte, bisweilen erstaunlich ähnlich sah. Als Ökonom der Reagan-Ära zog Becker freilich andere politische Schlüsse. Umso mehr überrascht die Koinzidenz, dass auch er seine Ideen zum ersten Mal im Frühjahr 1968 niederschrieb.[54]

Als Leser der *Minima Moralia* hätte Peter Gente schon in den fünfziger Jahren über Adornos Skepsis an der Produktionsgläubigkeit der Linken stolpern können. In Gestalt des «vollbärtigen Naturalisten», des «ungehemmten, kraftstrotzenden, schöpferischen Menschen» wurde hier ein «sozialdemokratisches Persönlichkeitsideal» vorgeführt, das durch und durch «am Modell der Produktion» gebildet sei. Adornos ebenso berühmte wie rätselhafte Gegenutopie – «auf dem Wasser liegen und friedlich in den Himmel schauen» – erinnert von ferne bereits an das Chill-out der Minoritäten in den Siebzigern. Doch stand einer Wertschätzung des Konsumenten Adornos Verdikt gegen die Kulturindustrie im Weg.[55]

In seinen *Verhaltenslehren der Kälte* hat Helmut Lethen – Jahre nach seinem Bruch mit dem Maoismus – eine Figur exhumiert, die der amerikanische Soziologe David Riesman ursprünglich in den fünfziger Jahren beschrieben hatte: den «außengeleiteten Charakter», von Lethen frei nach Riesman auf den Namen «Radar-Typ» getauft. Wir haben es mit einem Verbraucher zu tun, der bei seiner Drift durch die Warenwelt in den Nischen des Konformismus auf ungeahnte Autonomiemöglichkeiten stößt. «Man erkennt ihn an seinem Lässigkeitskult und seiner Medien-Obsession», schreibt Lethen, «an rastloser Informationssammlung und ‹Fun-Morality›.» Politischen Illusionen gegenüber verhalte er sich skeptisch. Trotz Hang zur Autonomie neige sein Temperament nicht zum Heldentum.[56] Es fällt nicht schwer, anhand dieses Steckbriefs den Leser Gente zu identifizieren, so wie er – von Zeitschriftenstapeln umgeben – auf einem umfunktionierten Einkaufswagen in der Schöneberger Fabriketage sitzt. Aus der Stereoanlage kommen die Altmetallklänge der Einstürzenden Neubauten. Für die Ermächtigung des Verbrauchers taugt diese Szene als Emblem.

Die Inselstadt inspirierte ihre Bewohner dazu, mit den Beständen zu arbeiten. Während der Wirtschaftsstandort verödete, wurde West-Berlin zur Traumlandschaft der *bricolage*. In den achtziger Jahren begann Heidi Paris, sich mit Gestaltung zu beschäftigen. Ihr besonderes Interesse galt der Berliner Schule des Ready-Made-Design. Sie organisierte Ausstellungen in den Verlagsräumen in der Crellestraße, in denen zweckentfremdete Alltagsobjekte wie der punkige *Consumer's Rest Lounge Chair* zu sehen waren, den Stiletto, ein Absolvent der Hochschule der Künste, mit minimalen Eingriffen aus einem Einkaufswagen baute. «Es ist eben nicht mehr so wie in den 6oer Jahren, wo mit der Massenproduktion die große Wegwerfbewegung einsetzte», erläuterte Paris in einer ihrer Eröffnungsreden. «In der heutigen Zeit, da ein Jahrhundert allmählich zur Neige geht, begegnen wir den Dingen wieder etwas demütiger, wir versuchen sie uns wieder anzuverwandeln.»[57] Die Demut der Appropriation stand am Ende eines langen politischen Abwicklungsprozesses. Auch ihre Leser forderten die Verleger in den achtziger Jahren zur Zweckentfremdung auf. Sie empfahlen, ihre «schlecht gemachten Bücher» auf dem Klo, in der U-Bahn und «zu allen möglichen Dingen» zu verwenden – nur nicht im klassischen Sinne als Bildungsgut.[58]

Der Alptraum der Kritiker der Taschenbuchrevolution: Hier kehrte er als publizistisches Programm zurück. Selbst Enzensberger, der billig geleimte Paperbacks seinerzeit für unlesbar befunden hatte, pochte 1976 auf das Recht des Rezipienten, «hin- und herzublättern, ganze Passagen zu überspringen, Sätze gegen den Strich zu lesen, Schlüsse aus dem Text zu ziehen, von denen der Text nichts weiß, und das Buch, worin er steht, zu einem beliebigen Zeitpunkt in die Ecke zu werfen».[59] Die Kunst des Lesens erforderte Respektlosigkeit. Das Orakel vom Bodensee hatte diese Entwicklung längst vorausgesehen. Eine Marktstudie, die das Institut Allensbach für den Börsenverein des Deutschen Buchhandels durchführte, war schon 1968 zu dem Ergebnis gekommen, dass der moderne Leser seiner Leidenschaft nicht mehr in den Interieurs bürgerlicher Muße nachgehe, sondern immer dann zum Taschenbuch greife, wenn sich in der Bahn, vor dem Einschlafen oder im Wartezimmer ein flüchtiges «Kontrollvakuum» öffne: «Dieses Untertauchen und der Habitus ständiger Bereitschaft: Der erfolgreiche Bücherleser erinnert an Partisanenexistenz.»[60]

7. Foucault und die Terroristen

In dem Film Deutschland im Herbst muss man Rainer Werner Fassbinder dabei zuschauen, wie er durch seine braun tapezierte Wohnung irrt, zumeist nackt, dabei Kette rauchend und ständig am Telefon, um auf dem Laufenden zu bleiben und eine Haltung zu den Ereignissen zu gewinnen, die als «Deutscher Herbst» in die Geschichte eingegangen sind. Die Tage im September und Oktober 1977, in denen erst der Arbeitgeberpräsident Hanns Martin Schleyer von der RAF und dann die Lufthansa-Maschine «Landshut» von einem palästinensischen Terrorkommando entführt wurden, bevor das Drama in Mogadischu und Stammheim zu seinem Höhepunkt fand, stellen nicht nur im politischen und intellektuellen Haushalt der Bundesrepublik einen Einschnitt dar. Auch in der Geschichte des Merve Verlags haben sie ihre Spuren hinterlassen. Nach 1977 war «Theorie» nicht mehr dasselbe wie davor.

Heidi Paris und Peter Gente erlebten den Deutschen Herbst auf der Frankfurter Buchmesse. Das Schaulaufen der Verleger, Autoren und Journalisten fand in diesem Jahr jedoch ohne rechte Überzeugung statt. Dem Schriftsteller Reinhard Lettau, der für die *Zeit* berichtete, kam es so vor, als wickle die Branche ihre Geschäfte nur deshalb wie üblich ab, um einen Schein von Relevanz zu wahren.[1] Die maßgeblichen Ereignisse spielten sich woanders ab. Drei Tage nach der Entführung der «Landshut» bestellte Helmut Schmidt die Autoren Max Frisch, Heinrich Böll und Siegfried Lenz zusammen mit Siegfried Unseld direkt aus Frankfurt nach Bonn ins Kanzleramt ein, um mit ihnen über die Motive der Terroristen zu diskutieren.[2] Paris und Gente, die Copyrightpiraten, gehörten nicht zur Delegation. Mit ihren französischen Titeln stachen sie zum ersten Mal aus dem Rudel der linken Literaturproduzenten hervor. Doch angesichts

Vorangehende Seite: *Michel Foucault in West-Berlin, Güntzelstraße, Pension Fink, 1978* der Umstände wollte sich die Freude über den verlegerischen Erfolg nicht einstellen.

Schweppes in Paris

«Es war schrecklich», berichtete Gente Michel Foucault einige Tage später. Im Anschluss an die Messe waren die Merves mit ihrem alten Mercedes direkt nach Paris weitergefahren, um ihren neuen Autoren einen Besuch abzustatten. Zu den Höhepunkten der Geschäftsreise gehörte ein Nachmittag in einer mit Büchern überladenen Wohnung in der Rue de Vaugirard. Die Atmosphäre war rauchgeschwängert. Pausenlos klingelte das Telefon. Foucault, der sich als herzlicher Gastgeber entpuppte, bot Tee und Schweppes, den Softdrink der Progressiven, an und hatte nichts dagegen, dass seine deutschen Gäste ein Tonband mitlaufen ließen. Das war er aus seinen Vorlesungen am Collège de France gewöhnt.[3] Die Verleger, denen sich der italienische Politologe Pasquale Pasquino sowie die Übersetzer Walter Seitter und Hans-Joachim Metzger hinzugesellten, wollten publizistische Perspektiven erörtern; vor allem lag ihnen daran, Foucault für das Projekt einer internationalen Theoriezeitschrift zu gewinnen. Doch schweifte das Gespräch immer wieder vom Thema ab. Bald drehte es sich zwangsläufig um die RAF.

Durch Foucaults Anwesenheit keineswegs eingeschüchtert, extemporierte Gente in gebrochenem Französisch über den Deutschen Herbst. Er führte aus, wie sich die Bundesrepublik in einen Polizeistaat verwandelt habe. Das entsprach der Strategie der Terroristen. Doch auch die «linken Sozialdemokraten», die wie Böll und Grass ihr Bekenntnis zum Gewaltverzicht auf der Buchmesse bekräftigt hatten, seien zwanghaft auf den Staat fixiert. «Der Staat, der Staat, das ist das eigentliche Problem», fasste Gente ihre Position zusammen, um anschließend die Alternative zu skizzieren. Die Zukunft der Revolte liege anderswo. Sie sei in der «Szene» der Spontis, Freaks und Landkommunen auszumachen, die Gente noch amerikanisch als *scene* aussprach. In der Szene werde kein Terror, sondern ein «Illegalismus» des Alltags praktiziert. In der Szene sei der Staat längst kein Thema mehr. Foucaults Schriften, die der Merve Verlag im vergangenen Jahr in der Szene bekannt gemacht habe, würden hier mit Begeisterung gelesen. Noch vor «Terrorismus» und «Sympathisant» kürte die Gesellschaft für deutsche Sprache den Neologismus «Szene» zum Wort des Jahres 1977.

Foucault hörte aufmerksam zu, doch vermochte ihn das Plädoyer für das West-Berliner Lumpenproletariat nicht zu fesseln. Heiner Müller, der ihn im selben Jahr in Paris besuchte, machte die gleiche Erfahrung. Foucault habe nur für die Dissidenten der DDR und für die Terroristen der Bundesrepublik Interesse gezeigt. Bei allen anderen Themen, die mit Deutschland zu tun gehabt hätten, sei er dagegen abgeschweift. «Faszinierend war», erzählte Müller, «wie Foucault das Aktuelle, die vor unseren Augen gerinnende Gegenwart, in einen Wirbel von Differenzen auflöste, die ständig andere Verbindungen eingingen. Er lag dabei auf einem weißen Teppich.»[4] Auch Gente erinnerte sich daran, wie Foucault auf dem Boden Platz nahm und die Arme hinter dem Kopf verschränkte, um die losen Fäden aufzunehmen, die sein deutscher Leser vergleichsweise ungelenk ausgelegt hatte, und sie aus dem Stegreif in seinen großen Diskurs zu flechten, in dem auch die RAF nicht mehr als eine Episode der Biomacht war.[5]

«Bis ins 17. Jahrhundert», hört man Foucault auf dem Tonband mit seiner markanten Stimme sagen, «war der Schrecken ein vollkommen akzeptables Regierungsinstrument.» Zurück zum Sonnenkönig, um Baader-Meinhof zu erklären: Genau das machte die Faszination von Foucaults historischen Analysen aus. Schon an ihrer Chronologie wurde deutlich, dass sie die Ebene der politischen Auseinandersetzungen tiefer legten. Im 19. Jahrhundert, wo Marx überhaupt erst angefangen hatte, konkret zu werden, hörten Foucaults Bücher in der Regel schon wieder auf.[6] In den neunziger Jahren mag dieser archäologische Zug zu seiner Akademisierung beigetragen haben. Im Oktober 1977 tat er seiner Aktualität jedoch keinerlei Abbruch. Für seine deutschen Besucher verstärkte Foucaults Historismus den Eindruck seiner Zeitgenossenschaft. Er referierte, wie der alteuropäische Obrigkeitsstaat einem modernen Regime Platz gemacht habe, dessen Macht nicht länger auf physischer Gewalt beruhe. Stattdessen sorge es für die «Sicherheit» seiner Bevölkerung. «Die Macht ist eine Macht», sagte Foucault, «die euch schützt, die euch das Leben sichert, die euch die Gesundheit sichert, die euch gegen Diebstahl sichert, die euch gegen Mörder sichert.» Wie man seinen Andeutungen entnehmen kann, war er damit beschäftigt, das Konzept der «Biomacht» weiter auszuarbeiten, das er 1976 in seinem Buch *La Volonté de savoir* eingeführt hatte. Die neue Macht, fuhr er fort, liege einem modernen Gemeinwesen zugrunde, dem es gelungen sei, seine Feinde seit zweihundert Jahren in die Irre zu führen. In der Annahme, hinter der Fassade des Wohlfahrtsstaats verstecke sich nach wie vor der Hobbes'sche Leviathan, hätten sie den Weg des Terrors gewählt, um dessen wahre Natur ans Licht zu bringen.

Noch in der Gegenwart des Jahres 1977 sei das die Strategie der RAF. In Foucaults Augen fehlte ihr jedes avantgardistische Moment. Stattdessen lasse sich ihre Logik bis in die Episteme des 18. Jahrhunderts zurückverfolgen, als die Mediziner noch geglaubt hatten, Krankheiten durch Fieberkrisen kurieren zu können. Andreas Baader in einem Atemzug mit Xavier Bichat, dem Kliniker der Revolutionszeit, zu nennen – das war eine von Foucaults überraschenden Querverbindungen. Der Denkfehler der Terroristen, setzte er, auf dem Teppich liegend, auseinander, bestehe darin, die Frage der Macht – «naturalistisch» – auf die Frage der Gewalt zu reduzieren. Sie seien im Kampf gegen ein imaginäres Ancien Régime befangen. Den modernen Staat, der die Herrschaft des Schreckens durch viel effektivere Kontrollmechanismen ersetzt habe, müssten ihre Angriffe daher notwendig verfehlen. Genau wie Lyotard, wenn auch von anderen Überlegungen ausgehend, plädierte Foucault dafür, das Feld des Politischen neu zu skalieren. Das hatten Paris und Gente schon 1976 zielsicher erkannt, als sie ihr erstes Foucault-Bändchen *Mikrophysik der Macht* nannten.

Über seiner späteren Akademisierung hat man beinah vergessen, wie attraktiv der Pariser Gelehrte für deutsche Spontis war. Foucault hat nicht nur Legionen von jungen Historikern in die Archive geschickt, um die Annalen der Biopolitik zu schreiben. Gegen Ende der siebziger Jahre rüstete er nomadisierende Stadtindianer mit Pfeil und Bogen aus. Eine Theorie, die den großen Staatsmaschinen das Machtprivileg entzog, die Macht pulverisierte, um sie überall zu verstreuen, verlieh noch der kleinsten Stadtteilgruppe ihre Berechtigung. Wenn die flüchtige Macht sich vom Bundeskriminalamt unmöglich bunkern ließ, dann lag sie überall auf der Straße.[7]

Für die anderen französischen Theoretiker stellte die RAF eine Avantgarde dar, deren sinnlose Gewalt dazu beitrug, das Regime der Repräsentation zu zertrümmern.[8] Bei Foucault sah sie dagegen wie ein Relikt aus dem 19. Jahrhundert aus. Die Information, dass sich Baader im Gefängnis den Decknamen «Captain Ahab» zulegte, hätte ihn in seiner Einschätzung aufs Schönste bestätigen können. Mit Deleuze soll er sich über der Frage des deutschen Terrorismus so zerstritten haben, dass die beiden jahrelang nicht miteinander sprachen.[9] Der Vorwurf des Atavismus entsprach Foucaults strukturalistischem Temperament. Zur Empörung seines Lehrers Althusser hatte er seinerzeit auch den Marxismus als eine Doktrin abgetan, die «im Denken des neunzehnten Jahrhunderts wie ein Fisch im Wasser» schwimme. Am Strand der Gegenwart höre sie dagegen zu atmen auf.[10] Es ist nicht verwunderlich, dass man Foucault einen bösen Blick nachgesagt hat: Er schaute die Glaubensartikel aus dem Repertoire der Linken auf eine Weise an, die sie zu Fossilien erstarren ließ.[11]

Auf Peter Gente übte das eine elektrisierende Wirkung aus. «Er wurde zu einer Figur, mit der man sich permanent in Gedanken beschäftigt, ja vor der man mitunter das eigene Handeln zu rechtfertigen sucht», hat er über sein Verhältnis zu Foucault notiert, dem es erstmals seit Adorno gelang, zu einer inneren Instanz zu werden. «Es entsteht ein Sog, eine Fixierung, Symptome einer Liebe.» Dabei war sein Autor, wie Gente hinzusetzte, alles andere als ein einfacher Typ. Vom Habitus der Berliner Spontis trennten ihn Welten. Von seiner äußeren Erscheinung bis zu seiner Handschrift, die die einzelnen Buchstaben voneinander absetzte, bot er einen strengen Gesamteindruck. Er litt unter Stimmungsschwankungen, hatte wenig Geduld und besaß einen Hang zum Dozieren, der ihn überheblich wirken lassen konnte, auch wenn er dabei auf dem Boden lag. Doch lernte Gente in den späten siebziger Jahren einen Denker kennen, der selbst seine Unzulänglichkeiten in Reflexion auflöste. So konnte es passieren, dass Foucault sich selbst unterbrach, um über das Phänomen der schlechten Laune zu extemporieren.[12] Was immer in den Radius seiner Aufmerksamkeit geriet, tauchte der Arztsohn in die «überintensive Helle» seiner Diagnosen.[13]

«Foucault lesen ist eine Droge, ein flash im Kopf. Er schreibt wie der Teufel», bemerkte Heidi Paris über ihr intellektuelles Abenteuer 1979 in der neu gegründeten *taz*.[14] Hier dachte einer mit derselben historischen Wucht wie Marx, aber in einem völlig neuartigen Koordinatensystem. Ulrich Raulff, der Foucault 1976 am Collège de France erlebte, war der Meinung, er habe dem Zusammentreffen von Walter Benjamin und Carl Schmitt beigewohnt. Foucaults Diskurs, der «dunkel kritisch und intensiv mythisch» klang, machte ihn auf der Stelle zum Adepten.[15] Nach dem Schwelbrand der Dialektik, der die Theorie der Siebziger zum Einheitsbrei linker Ideologiekritik verkocht hatte, muss Foucault eine unwiderstehliche Mischung aus Wahrnehmungsschärfe und Unterscheidungskraft geboten haben. Seine Begriffe schienen der Geschichte viel enger auf den Leib geschneidert als die marxistischen Allerweltsmarken der «Verdinglichung» oder der «Produktionsverhältnisse», von den «Widersprüchen» und ihrer «Vermittlung» ganz zu schweigen. Vielleicht ähneln die siebziger Jahre darin wirklich der Ära der von Raulff assoziierten Dezisionisten aus den zwanziger Jahren: auch sie eine Zeit zertrümmerter Gewissheiten und zerfallender Denkgewohnheiten, deren Erfahrungshunger nicht nur brütende Melancholie, sondern in seinen besten Momenten auch einen geschärften Sinn für das Wirkliche freisetzte. Jedenfalls beanspruchte Foucault das für seine eigenen Analysen.[16]

Polittouristen

Nach gut zwei Stunden – und nicht ohne ihrem Gastgeber die Zustimmung zu einem weiteren Merve-Band nebst dem Versprechen abgenommen zu haben, ihnen bald einen Gegenbesuch in Berlin abzustatten – verabschiedeten sich die Verleger aus der Rue de Vaugirard. Die Gelegenheit zum Wiedersehen ließ nicht lange auf sich warten. Foucault wollte sich vor Ort über die Lage in Deutschland informieren, daher kam er bereits im Dezember 1977 in Beglei-

Michel Foucault und Heidi Paris auf dem Tunix-Kongress, 1978

tung seines Lebensgefährten Daniel Defert für ein langes Wochen-
ende nach West-Berlin.[17] Es fällt schwer, sich die Stadt damals in
Farbe vorzustellen. Daran ist der graue Berliner Winter ebenso wie
die Erinnerung an die schwarz-weißen Fahndungsplakate schuld.
Nach dem Drama des Deutschen Herbstes befand sich die Linke im
Stimmungstief. Selbst wenn die Strategie der Terroristen epistemologisch auf dem Stand des 18. Jahrhunderts war, hatte sie bittere Früchte
getragen: Die Bundesrepublik trat im Harnisch des Polizeistaats
auf.[18] Der Brief des unbekannten Göttinger Mescalero, der im Frühjahr 1977 nach dem Attentat auf Siegfried Buback «klammheimliche
Freude» eingestanden hatte, trug seinen Teil dazu bei, die linke Szene
unter den Generalverdacht des Sympathisantentums zu stellen.[19] Mit
viel Glück waren die Schleyer-Entführer durch die Maschen von

Michel Foucault und Peter Gente auf dem Tunix-Kongress, 1978

Horst Herolds Rasterfahndung geschlüpft. Das Milieu, das vermeint-
lich ihre Operationen deckte, bekam die Nervosität der Sicherheits-
organe dafür umso stärker zu spüren. Polizeieinsätze, um hier eine
verdächtige Wohngemeinschaft zu durchsuchen oder dort der Anzeige eines Autofahrers nachzugehen, der meinte, er habe einen der
Gesuchten beim Tanken wiedererkannt, waren im Winter 1977 an der
Tagesordnung. Was den Terroristen wiederum weiteren Zulauf ver-
schaffte. «Das geht dann sehr schnell über einen Moralismus und gegenüber einer Repressionserfahrung in so Baader-Meinhof-Rich-
tung», hatte Gente Foucault in Paris erklärt. «Die kriegen mal Prügel, und dann sind sie auf der Rolle, fast paranoisch.»

Die Büchermacher bemühten sich, der Katerstimmung mit nietzscheanischer Fröhlichkeit zu begegnen. Sie führten ihre Gäste tags-

über im geteilten Berlin und abends im Schöneberger Nachtleben herum. Als kulturellen Höhepunkt gab es einen Filmabend im Programmkino Arsenal, bei dem *Moi, Pierre Rivière* gezeigt wurde, René Allios auf Foucaults Recherchen basierender Film über einen französischen Bauernjungen, der seine Familie 1835 mit dem Küchenmesser ermordet hatte und danach ins Netz der kriminologischen Diskurse geraten war.[20] Ulrich Raulff, der im Anschluss an sein Initiationserlebnis am Collège de France eine Doktorarbeit über Foucaults *Überwachen und Strafen* geschrieben hatte und als Übersetzer für Merve und Suhrkamp tätig geworden war, machte im Arsenal eine Serie von Fotos, auf denen der Gast während der Diskussion mit dem Publikum zu sehen ist. Von Foucault wird mehr als eine Frisur in Erinnerung bleiben, darüber gibt es nach dreißig Jahren postumer Rezeptionsgeschichte keinerlei Zweifel. Doch was wäre er umgekehrt ohne seine Glatze und seinen Rollkragenpullover, die unsere Vorstellung von seinem Denken prägen? Raulffs Fotos gehören zu den Bildern, die Foucault als Ikone zeigen: Mit energischem Kinn und ausladenden Handbewegungen verkörpert er reine intellektuelle Intensität. In Foucaults charismatischer Redeweise meinte Raulff, eine jahrhunderte-alte Schultradition wieder aufleben zu sehen.[21]

Allios Foucault-Adaption, die die Kritik als Ethnografie des französischen Landlebens in der Julimonarchie lobte, war in Peter Gentes Augen insofern aktuell, als sie einen Beitrag zur Terrorismus- und Gewaltdebatte leiste. Der Film könne aber allein schon deshalb zu vielen Fragen anregen, «weil er eine Geschichte erzählt, die passiert ist».[22] Laut Michael Rutschky waren die siebziger Jahre von einem Hunger nach Wirklichkeit geprägt, den besonders das Kino bediente. Die bewegten Bilder hätten dazu beigetragen, den Ableitungsmarxismus zu zerschleißen, indem sie Gesprächsformen etablierten, die sich an der Oberfläche des Gesehenen hielten, anstatt zu dessen tieferen Bedeutungen hinabzusteigen.[23] Doch abgesehen vom Film und dessen Fähigkeit, Präsenz zu erzeugen, artikulierte Gente mit seinem emphatischen Realismus ein Phänomen, das speziell Foucault betraf: Eine obskure Episode aus dem Staub der Archive gewann in seinen Händen politische Brisanz. Man könnte das geradezu als Foucault-Effekt bezeichnen. Als Diskursbegründer, das hat Peter Sloterdijk einmal notiert, bekleidet Foucault insofern einen besonderen Rang. Es gelang ihm nämlich – wie vor ihm nur Leopold von Ranke –, das Archiv, den Ort der Akten, zur Quelle einer neuen Poesie zu machen.[24]

Eine schmutzige Spezies

In Erinnerung bleibt Foucaults Berlinbesuch nicht zuletzt, weil er es mit den Sicherheitskräften zu tun bekam, und zwar in ihrer west- wie ostdeutschen Variante. Zum Programm der Polittouristen gehörte auch ein Ausflug nach Ost-Berlin. Bei ihrer Ausreise aus der DDR am Bahnhof Friedrichstraße wurden Foucault und Defert von Volkspolizisten angehalten und durchsucht. Besonderes Interesse zeigten die Beamten für einen Mann namens Rudolf Virchow, dessen Name auf einem Zettel stand, den sie in Foucaults Manteltasche gefunden hatten. Wer war dieser Rudolf Virchow? Eine Kontaktperson des eloquenten Franzosen? Ein Hinweis auf ein Treffen im Virchow-Krankenhaus? Man muss die Vopos in Schutz nehmen: Wie hätten sie wissen sollen, dass sie einen berühmten Epistemologen vor sich hatten, der mit den Klassikern der Wissenschaftsgeschichte vertrauten Umgang pflegte? «Es ging da um ein Buch von Rudolf Virchow, das 1871 erschienen ist», berichtete Foucault nicht ohne bittere Ironie nach seiner Rückkehr dem Pariser *Spiegel*-Korrespondenten. «Vielleicht gibt es irgendwo in der DDR einen gewissen Rudolf Virchow, der sich heute fragt, warum man ihn verdächtigt, mit zwei Franzosen Beziehungen zu unterhalten, von denen er noch nie gehört hat.»

Mehr Bedeutung maß der Philosoph jedoch einem Vorfall bei, der sich zwei Tage später im Westen ereignete. Beim Frühstück im Hotel Vier Jahreszeiten sahen sich Foucault, Defert und die beiden Merve-Verleger aus heiterem Himmel von schwerbewaffneten Polizisten umstellt. Ein Gast am Nachbartisch hatte Alarm geschlagen, weil er meinte, Heidi Paris sehe aus wie die Terroristin Inge Viett. Solche Verwechslungen müssen damals vor allem Frauen zugestoßen sein, denn die RAF war die einzige linksradikale Gruppierung mit mehr weiblichen als männlichen Mitgliedern.[25] Die Verdächtigen, die aussahen wie Intellektuelle, wurden festgenommen, verhört und verbrachten Stunden in den Händen der Polizei, obwohl sich schnell herausstellte, dass sie nicht die Gesuchten waren. Foucault, der das Erlebnis im *Spiegel* schilderte, sah ein «Ritual der Anzeige» am Werk, das ihm «viel besorgniserregender» als die Methoden der DDR erschien. Die Volkspolizei verbreitete spätstalinistischen Schrecken. Die Behörden der Bundesrepublik, die im Namen der Sicherheit ihrer Bürger auf deren Zuruf agierten, sorgten dagegen für ein Klima der Denunziation, in dem Foucault die Signatur der Biopolitik erkannte. «Das große Auge des Staates ruhte auf uns, weil jemand in einer Hotelhalle der Meinung war, daß wir eigenartig aussahen. Wir haben uns wie eine schmutzige Spezies gefühlt.»[26]

Am Strand von Tunix

Die Tage mit Foucault inspirierten seine Verleger zu «fröhlicher Aktivität», wie sie wenig später nach Paris berichteten: «Uns verschlägt es nicht mehr die Sprache vor Eurer Kampfes- und Spiellust auf theoretischem Feld; wir haben zu unserer Sprache gefunden, und es macht uns Spaß zu denken, zu reden und zu machen.»[27] An Gelegenheit dazu herrschte kein Mangel, denn nach der Depression, die auf den Deutschen Herbst gefolgt war, summte West-Berlins Szene wie ein aufgescheuchter Bienenstock. Die Terroristen waren ebenso gescheitert wie ihr Gegner, der Staat, denn den Verdacht, dass die politischen Gefangenen in Stammheim einem Mord zum Opfer gefallen waren, konnte er nicht mehr abschütteln. Im Januar 1978 ergoss sich das «linksradikale Fahrwasser», in dem Peter Gente den Merve Verlag «abdriften» sah, in den großen Tunix-Kongress.[28] An die 20 000 kampfesmüde Revolutionäre pilgerten aus der gesamten Bundesrepublik an die Technische Universität, um gemeinsam aus Helmut Schmidts «Modell Deutschland» an den «Strand von Tunix» auszuwandern, wie es in der Einladung der Veranstalter hieß. Einmal mehr lockte der imaginäre Süden als Alternative. Untermalt von den Trommeln der Stadtindianer, mit deren Federn sich nach dem Vorbild der italienischen *indiani metropolitani* inzwischen auch deutsche Spontis schmückten, begrub Tunix mit dem Ethos des Aktivismus zugleich auch die Idee der Revolution.[29] «Wir wollen einfach genießen irgendwie, das ist für mich genauso Politik, einfach leben wollen irgendwie», sprach ein namenloser Teilnehmer in ein Radiomikrofon. Drei Wintertage lang beherbergten die Betonburgen der TU am Ernst-Reuter-Platz einen Marktplatz bunter Aussteigerfantasien – von der Landkommune über die Pilz-Trip-Therapie bis zum selbst gefangenen Fisch an den Stränden der Algarve. Die «alternative» Bewegung konstituierte sich offiziell als Subkultur.[30]

Der Berliner Wissenschaftssenator Peter Glotz trat auf und beklagte den Eskapismus der Aussteiger. Die Redaktion von *konkret* kommentierte, «daß eigentlich nur traurig machen kann, was da so lustig einherflötet». Doch gerade von der Melancholie, die die Linke kultivierte, hatten die Organisatoren genug. «Uns stinkt schon lange der Mief aus den Amtsstuben, den Reaktoren und Fabriken», lautete ihr Vorschlag für einen Richtungswechsel. «Sie haben uns genug kommandiert, die Gedanken kontrolliert, die Ideen, die Wohnung, die Pässe, die Fresse poliert. Wir lassen uns nicht mehr einmachen und kleinmachen und gleichmachen. Wir hauen alle ab!»[31] Was sich theoretisch bis zur Arbeiterautonomie der italienischen Operaisten zurückverfolgen lässt, die Idee, die Arena der Politik als «denen ihr Spiel» dem Gegner zu überlassen, gipfelte 1978 im Bruch mit der Mehrheitskultur.[32] Zur postmarxistischen Unübersichtlichkeit gehörten aber auch schon Arbeitsgruppen zur Schwulenbewegung, das Konzept einer bundesweiten Öko-Partei und die Gründungssitzung der linken *tageszeitung*. Der kleine Merve Verlag fand sich dabei aus Versehen für einen Augenblick im Mittelpunkt des Geschehens: Er präsentierte den Stargast Michel Foucault.

«Es wäre schlimm», hatten Paris und Gente an Daniel Defert geschrieben, «wenn über das Treffen in Berlin ein RAF-Romantizismus reimportiert würde, wo es gilt, die durch die RAF produzierte Apathie zu überwinden.»[33] Daher taten sie alles, um ihre neuen Pariser Freunde an die TU zu holen. «Ich denke, Du hast 1977 genug Text produziert und kannst Dir ein spontanes Weak-End in Berlin schon mal gönnen», schrieben sie frech an einen hartnäckig Arbeit vorschützenden Lyotard, der eingestand, ihm fehle derzeit die «Moral», um derlei «Vergnügungen» zu unterstützen.[34] Auch den scheuen Deleuze luden die Verleger vergeblich ein. Als Repräsentanten des französischen Denkens kamen schließlich Félix Guattari, André Glucksmann und Michel Foucault nach Berlin. Zu den Bildern, die Foucault als Ikone zeigen, gehören auch die Fotos vom Tunix-Kongress: Foucault mit Spontis, Foucault in den steilen Sitzreihen eines Hörsaals, wo seine asketische Gestalt unter lauter Langhaarigen merkwürdig fremd wirkt. Was fehlt, ist Foucault in Rednerpose. Dabei eilte ihm 1978 auch in der Bundesrepublik schon ein Ruf voraus. Doch anders als Marcuse hielt er sich in Berlin vom Katheder fern. Er diskutierte mit Klaus Hülbrock, dem Göttinger Mescalero, dessen Identität in Szene-Kreisen kein Geheimnis war.[35] Im offiziellen Programm tauchte Foucaults Name nur als Teilnehmer eines Workshops zur Antipsychiatrie auf. Einen Vortrag des Autors von *Der Wille zum Wissen* hatten offenbar auch die Veranstalter nicht vorgesehen.[36] In ihrer und in seiner Abstinenz wird der historische Abstand deutlich, der die Generation der Achtundsiebziger von ihren älteren Geschwistern trennt: Sie misstrauten der Führungsrolle ihrer Intellektuellen. Wenn Foucault, wie es heißt, zu ihrem Meisterdenker werden konnte, dann nur, weil er für dieses Misstrauen intellektuelle Äquivalente fand.

1984

Das Ende der Geschichte

8. Kritik der Bleiwüste

L'enfant-bulle

Jean Baudrillard

La forme la plus originale de l'épidémie aujourd'hui n'est plus la forme primitive, c'est la forme seconde, réactive, de son antidote, de sa contrepartie, de sa dissuasion. Ce n'est plus la maladie qui prolifère, c'est l'hygiène. Ce n'est plus le péril qui prolifère, c'est la sécurité. Ce ne sont plus les bactéries qui prolifèrent, ce sont les antibiotiques. Ce n'est plus la mentalité criminelle qui prolifère, c'est la mentalité policière, et toutes les puissances, de détection, de prévention, de dissuasion, qui étendent leur réseau d'anticipation répressive sur les états et les esprits.

Si donc nous nous éloignons d'une fatalité originelle des sources de mort, c'est pour mieux nous rapprocher d'une obsession collective de vie, de santé, d'hygiène, de diététique et de thérapeutique biologique et mentale, de purification irréligieuse, mais tout aussi ritualisée, des corps et de l'environnement, qui présente exactement les mêmes caractéristiques que les vieilles épidémies de mort. Dans la rage d'anéantir les sources du mal, c'est la contagion inverse, la prolifération des éléments bénéfiques, de la fécondité, de la vitalité, de la sécurité, de la visibilité et de la transparence qui risquent de devenir meurtrière pour l'espèce.

Paul Klee, « Alphabet 1 », 1938

☐

Les grandes épidémies meurtrières ont disparu. Elles ont toutes cédé la place à une seule: la prolifération des êtres humains eux-mêmes. La surpopulation constitue une sorte d'épidémie lente et irrésistible, inverse de la peste et du choléra. On peut toujours espérer qu'elle s'arrêtera d'elle-même, une fois repue de vivants, comme le faisait jadis la peste, une fois repue de cadavres. Mais le même réflexe de régulation jouera-t-il envers l'excès de vie que celui qui a joué envers l'excès de mort? Car l'excès de vie est plus mortel encore.

☐

De l'enfant sauvage à l'enfant-bulle. Celui-ci, protégé de toutes les contagions par l'espace artificiel immunitaire, et que sa mère caresse à travers les parois de verre avec ses manchons de plastique, et qui rit et grandit dans son atmosphère extra-terrestre sous

«**Lieber Michel**», **beginnt der Brief**, den Heidi Paris und Peter Gente erst zwei Monate nach dem Ende des Tunix-Kongresses an Foucault schickten, «wir haben uns lange nicht gemeldet. Tunix hinterließ bei uns lange Zeit eine große Leere, Lähmung und Arbeitsschwierigkeiten. Jetzt erst tauchen wir wieder auf. Was uns irritiert hat, war, daß wir in Tunix theoretisch in den Mittelpunkt gerutscht sind, wo wir doch lieber daneben, am Rande agiert hätten. Wir haben den Fehler gemacht, uns vom internationalen Bewegungsfetischismus faszinieren zu lassen und dabei selbst den Bewegungsmythos wieder aufgewärmt.»[1] Mit ihrem Autor ins Rampenlicht der versammelten Sponti-Öffentlichkeit zu geraten, davon konnten die Verleger eigentlich nur träumen. Doch statt die Gelegenheit beim Schopf zu ergreifen und neue Leser zu akquirieren, waren sie irritiert. Man hört das Idiom des neuen französischen Denkens, wenn sie auf einer Rolle am Rand bestehen. «Daneben» – das ist in der politischen Topografie dieser Jahre eine Position weder in der Mitte noch an der Spitze der Ereignisse, von wo aus die revolutionären Avantgarden in die Zukunft geblickt hatten. Im Unwillen, mit ihren Texten eine neue Bewegung in Gang zu setzen, verweigerten Paris und Gente ihre Rolle als Linksverleger. Rührte die Ratlosigkeit, von der im Brief an Foucault die Rede ist, daher, dass sie damit in einen performativen Widerspruch gerieten? Die Pariser Autoren, mit deren Übersetzung ihr kleiner Verlag seit 1977 wachsende Beachtung fand, hielten den hierarchischen Strukturen der Repräsentation das Pathos der Intensität entgegen. Doch wenn dessen Wirkung nur um den Preis einer neuerlichen Bewegung – und deren Repräsentationsbedürfnisse – gesteigert werden konnte, dann war es in einer paradoxen Wendung zur Wirkungslosigkeit verurteilt.

Wie Jürgen Habermas in seinen *Stichworten zur ‹Geistigen Situation der Zeit›* feststellte, die 1979 als Band 1000 der *edition suhrkamp* erschienen,

Vorangehende Doppelseite: *Traverses. Revue trimestrielle, Nr. 32 (1984)*

wimmelte die Zeit nach der Zäsur des Deutschen Herbstes von «unklaren Phänomenen».[2] Die politischen Lager diversifizierten sich, die Frontverläufe waren schwierig auszumachen. Von dieser Erkenntnis blieben auch die Merve-Verleger nicht verschont. Zwischen denen, die die Theorie aus ihrer marxistischen Umklammerung lösen, und denen, die sie kurzerhand zu Grabe tragen wollten, lagen manchmal nur Nuancen.

Die Meisterdenker

Auf dem Tunix-Kongress hatten sie auch André Glucksmann kennengelernt, einen Pariser Renegaten, dem mit seinem Buch *Die Meisterdenker* im Vorjahr ein philosophischer Bestseller gelungen war. In einem Brief an Jacques Rancière äußern Paris und Gente die Hoffnung, den jungen Erfolgsautor für ihren Verlag zu gewinnen.[3] Doch hat es einen Glucksmann bei Merve nie gegeben. *Die Meisterdenker* gehören in den Kontext der intellektuellen Kettenreaktion, die die Veröffentlichung von Alexander Solschenizyns *Archipel Gulag* in Frankreich ausgelöst hatte. Das Buch machte dem Marxismus einen Schauprozess.[4] Aber nicht nur das. Die *Nouveaux Philosophes*, zu denen Glucksmann gehörte, erklärten die Theorie selbst zum Feind. Sie waren die Geister, die ihre poststrukturalistischen Lehrer gerufen hatten. Die Strategie eines Lyotard, Deleuze oder Guattari, den «Terror» linker Theorie durch Formexperimente zu unterlaufen, hatte den Gestus des schwierigen Denkens nur in eine andere Tonlage transponiert. Glucksmann und Co. schütteten das Kind dagegen mit dem Bade aus. Ihre Fluchtlinie aus der marxistischen Orthodoxie führte nicht in die experimentellen Räume der Ästhetik, sondern auf den harten Boden einer philosophischen Realpolitik. Sie erklärten dem «geistigen Apparat» die Feindschaft, «der für die Propagierung der großen Endlösungen des 20. Jahrhunderts unabdingbar ist». Mit ihrem journalistischen Schreibstil, der wesentlich zu ihrem großen Publikumserfolg beitrug, ließen sie keinen Zweifel aufkommen, dass die Suspension des Common Sense nicht ihre Sache war. Für deutsche Leser hielt Glucksmann eine besondere Pointe bereit. Theorie –

von Hegel über Marx bis zum neuerdings allseits geschätzten Nietzsche – war eine Krankheit, die aus dem Land der Nazis kam: «Das ‹Deutschland›, Geburtsstätte der faschistischen Bewegungen, ist kein Territorium, keine Bevölkerung, sondern ein Text und ein Verhältnis zu Texten.»[5]

Kein Wunder, dass der Autor dieser Zeilen nie bei Merve gelandet ist. Auch in die Suhrkamp-Kultur hat er keinen Eingang gefunden. Wer derart gegen den Geist des Buchstabens zu Felde zog, bedrohte das Geschäftsmodell des Theorieverlags als solches. Für eine ältere Generation, die das Erbe der Kritischen Theorie repräsentierte, lieferten *Die Meisterdenker* die letzte Bestätigung dafür, dass das Denken aus Frankreich auf «Theoriefeindschaft» hinauslief.[6] Von Glucksmann bis Foucault schlug sie die Protagonisten dieses Denkens über denselben Leisten. Kurios, dass es einmal möglich war, das Foucault'sche Œuvre als «Politisierung des Urschreis» zu verwerfen.[7] Allerdings versteht man besser, was Kritiker wie Oskar Negt oder Jean Améry umtrieb, wenn man sich die Stimmung auf dem Tunix-Festival vergegenwärtigt. Die Alternativen, die ihren Ausstieg aus der Klassengesellschaft feierten, verabschiedeten sich im gleichen Atemzug von den Zumutungen der theoretischen Abstraktion. «Ausgewogenheit, stringente Argumentation, Dialektik und Widerspruch – das ist mir alles piepegal», hatte der Göttinger Mescalero geschrieben. Die Kommentatoren waren sich einig, dass sich in seinem Überdruss eine kollektive Gefühlslage spiegelte.[8] Glucksmanns Schwarzbuch der Meisterdenker – selbst «eher eine theatralische Aktion denn eine Systematik der Gedanken» – verlieh dieser Gefühlslage die Wucht eines dreihundertseitigen Pamphlets.[9]

Die Stadtindianer, die 1978 noch gegen Bullenterror und Berufsverbote trommelten, hatten ihr neues Thema schon gefunden: Für viele läutete der Tunix-Kongress die Wende zum grünen Denken ein. Mit dem Siegeszug der Ökologie neigte sich die Ära der großen theoretischen Entwürfe ihrem Ende zu, und es begann die Herrschaft der kruden Empirie von Becquerel, Schilddrüsenwerten und Bodenproben.[10] Das Ausmaß der Theoriemüdigkeit, die nach dem Deutschen Herbst unter den Erben der Studentenbewegung grassierte, lässt sich an den Reaktionen der Verlagsbranche ablesen. Die linke Gutenberggalaxis – seit über einem Jahrzehnt in Expansion begriffen – schien zum ersten Mal von Schrumpfung bedroht. «Das politische Protestpotential hat sich andernorts gesammelt und bezieht seine Stärke gerade aus der Nicht-Programmatik des Handelns», bilanzierte die Redaktion der *Alternative* und stellte das Erscheinen ihrer Zeitschrift mangels interessierter Leser 1982 ein.[11]

Nicht alle Theorieverlage wählten diesen Weg. Es wäre falsch anzunehmen, der Gestus des schwierigen Denkens hätte sich in den achtziger Jahren im sauren Regen aufgelöst. Stattdessen veränderte er seinen Ort, seine Begriffe und seine Gegenstände. Vor allem aber veränderte er seinen Stil. Aus der Krise der Linken ist die Theorie mit einem neuen Sound und einer neuen Ästhetik hervorgegangen, denen sie ihr Überleben bis auf den heutigen Tag verdankt. Die ersten Konturen dieser intellektuellen Stilrevolte zeichneten sich im publizistischen Untergrund ab. Paris und Gente waren weder zur Insolvenz gezwungen, noch zogen sie den ökologischen Paradigmenwechsel in Betracht. Zwar finden sich im Merve-Programm auch ein paar grüne Nummern: eine Darstellung der westdeutschen Landkommunenbewegung und ein längst vergessenes Buch von Claus Leggewie über die Umweltbewegung in Frankreich. Doch schon *Für die Vögel*, der Titel eines 1984 erschienenen Merve-Bändchens, weckt falsche Assoziationen. Es handelt sich nämlich um Interviews mit John Cage, der als Pilzsammler in den fünfziger Jahren zwar zurückgezogen auf dem Land gelebt hatte, als ökologischer Autor jedoch wenig brauchbar ist. Nach allem, was die West-Berliner Büchermacher seit den sechziger Jahren an Theoriestrecke bewältigt hatten, war ihnen der Weg zurück zur Natur verstellt. Für Ursprungs- und Ausstiegsfantasien bot ihre Gedankenwelt keinen Platz mehr.[12]

Nur für Erwachsene

Um die Kluft zu ermessen, die sich zwischen Ökologie und Theorie auftat, ist niemand geeigneter als Jean Baudrillard, dessen Schriften während der achtziger Jahre zum guten Ton des *Internationalen Merve Diskurses* gehörten. Mit *Kool Killer oder Der Aufstand der Zeichen* brachte der Verlag im Herbst 1978 das erste seiner lukrativen Baudrillard-Medleys heraus. Neben einem längst legendären Text über die New Yorker Graffiti-Szene – «Es genügen tausend mit Markers und Farbsprühdosen bewaffnete Jugendliche, um die Ordnung der Zeichen zu stören»[13] – enthält der Band ein Streitgespräch zwischen Baudrillard und französischen Umweltschützern. Baudrillard lässt kein gutes Haar an den Grünen, wirft ihnen vor, das System «in einer wohltemperierten Weise» überleben lassen zu wollen, und erklärt, ihr Krisen-Alarmismus trage nicht dazu bei, den Eintritt der Katastrophe zu verhindern, sondern weite in Wirklichkeit den politischen Kontrollschirm aus. Mit so viel Kaltschnäuzigkeit hatten die Aktivisten nicht gerechnet. «Die Atombombe ist überall. Das ist doch kaputt. Was können wir tun?», lautet ihre theoretisch dürftige Replik. Genau wie bei Niklas Luhmann, der ein paar Jahre später versuchen wird, den neuen sozialen Bewegungen in der Bundesrepublik systemtheoretisch auf die Sprünge zu helfen, hat man den Eindruck, dass zwei Sprachspiele längst auseinandergedriftet sind. Doch während Luhmann nicht akzeptieren wollte, «daß ein starkes Engagement sich durch Dürftigkeit des Denkens ausweisen muss», weigerte sich Baudrillard, Engagement überhaupt als Option in Betracht zu ziehen.[14] Seine Kontrahenten treibt das auf die Palme: «Ich möchte Dir mal eine Frage stellen. Wie kann es Deiner Meinung nach überhaupt zu einer gesellschaftlichen Veränderung kommen …?» Worauf der ehemalige Deutschlehrer, der sich im Selbststudium zum Soziologen ausgebildet hatte, antwortet, es bedürfe keiner gesellschaftlichen Veränderung, da die Gesellschaft als ganze im Begriff zu verschwinden sei.[15]

Baudrillards Provokation war sein offen zur Schau getragener Fatalismus. «Ich denke im übrigen, daß es zu Ende gehen wird», lautete sein bei jeder Gelegenheit wiederholtes *ceterum censeo*, das er auch den Ökologen entgegenhielt, die versuchten, das grüne Prinzip Hoffnung zu verteidigen. Seine Texte wimmelten von Katastrophen: von Verkehrsunfällen, Erdbeben, Terror und Krebs. Paul Virilio, der Baudrillards Eschatologie auf dem Feld der Technikgeschichte verifizierte, war der Meinung, das Geschäft der Theorie habe sich in Zukunft darauf zu beschränken, «Bericht zu geben von den Exzessen,

Katastrophen und Kataklysmen, Zustößen des Zeitalters, das wir zu leben haben». Um dieser makabren Chronistik ein Organ zu verschaffen, sah er die Herausgabe einer «Katastrophen-Zeitschrift» vor.[16]

Anders als bei älteren Theoretikern des Posthistoire wie Alexandre Kojève oder Arnold Gehlen brach das Ende der Geschichte bei Baudrillard und Virilio mit Pauken und Trompeten an. Aller Gegensätzlichkeit zum Trotz verband sie dieser Plutonismus mit ihren grünen Lieblingsgegnern. Außerdem eröffnete er allerletzte Handlungsspielräume. Es ist bezeichnend, dass der Tübinger Baudrillard-Übersetzer Gerd Bergfleth seinen Autor darum bitten musste, den Eintritt der Apokalypse zu datieren: «Ist dieser Zustand schon erreicht, oder kommt er noch auf uns zu?»[17] Doch ließ sich Baudrillard ungern festnageln. Bisweilen schien die Katastrophe schon stattgefunden zu haben. Bisweilen wünschte er sie todessehnsüchtig herbei. So eifrig er Belege für den Alptraum einer Gegenwart sammelte, die den Kontakt mit der Wirklichkeit längst verloren hatte, so radikal war sein Appell zur strategischen Verschärfung der Lage: «Man muß die Dinge bis zum Äußersten treiben, bis zu jenem Punkt, an dem sie sich von selbst ins Gegenteil verkehren und in sich zusammenstürzen», heißt es in seinem Hauptwerk *Der symbolische Tausch und der Tod*, aus dem der Merve Verlag 1979 einen ersten Auszug ins Deutsche übersetzte. Angesichts der lückenlosen «Herrschaft des Codes» empfahl Baudrillard die sinnlose Gewalttat als letztmöglichen subversiven Akt. Daher galt seine Faszination den Terroristen von Stammheim ebenso wie den New Yorker Graffiti-Sprayern, deren «symbolische Ausschreitung» das System mit einer Botschaft konfrontiere, «auf die es nicht antworten kann».[18] Gerd Bergfleth machte in Baudrillards Büchern einen «Extremismus» aus, «dem weder Foucault noch Deleuze noch Lyotard etwas an die Seite stellen können».[19]

Das ging auch anderen Lesern so. Peter Gente hielt Baudrillards Methode für ebenso paranoid wie seinen Mutwillen als Theoretiker für beeindruckend.[20] In seinem Drang, den Status quo für obsolet zu erklären, schreckte Baudrillard nicht einmal vor den Ikonen der Subversion zurück. Kein anderer als Foucault, schrieb er in seiner Polemik *Oublier Foucault*, habe dazu beigetragen, «eine Macht zu errichten, die zur selben Ordnung gehört und in derselben Weise funktioniert wie der Wunsch. Ebenso wird sich zeigen, daß Deleuze einen Wunsch konzipiert hat, der nur zu gut in die Ordnung der künftigen Mächte paßt.»[21] Es steht außer Frage, dass Baudrillard mit seinen steilen Thesen noch oft genug falsch liegen sollte. In seinem Abgesang auf die molekularen Denker muss man ihm jedoch prophetisches Gespür konzedieren: Heute gehört es zu den Gemeinplätzen neulinker Gesellschaftskritik, die Wunschrevolte der siebziger Jahre habe den flexiblen Kapitalismus mit Blaupausen munitioniert.[22]

An die Stelle des Wunsches, den die Links-Nietzscheaner der siebziger Jahre als revolutionäres Prinzip beschworen hatten, setzte Baudrillard die Figur des Todes. Das war dunkler und härter gedacht und entsprach der Verdüsterung des Zeitgeists. Theorie, die der Vereinnahmung durch den Code widerstehen wollte, musste angesichts allseits flottierender Zeichen symbolischer Terror sein. «Es bleibt uns nichts als die theoretische Gewalt», erläuterte Baudrillard und plädierte für die «Radikalisierung aller Hypothesen», um den Modus der sinnvollen Auseinandersetzung zu verlassen.[23] Im Fortgang seines Werks blieb er diesem Grundsatz in Form von Selbstüberbietung treu: Die anthropologisch fundierte Kritik an der Gesellschaft der Simulation gab er ebenso wie sein ohnehin nur schwach ausgebildetes akademisches Selbstverständnis auf, weshalb seine Bücher während der achtziger Jahre immer quecksilbriger werden. «Les lecteurs, ont-ils tellement besoin de se référer?», lautet seine Antwort an den Merve-Übersetzer, der um fehlende Literaturnachweise bat.[24] Für Manfred Frank war das gleichbedeutend mit «theoretischer Verwahrlosung».[25]

Mit seinem Defätismus, der dem sterbenden Referenten auch im eigenen Werk keine Chance einräumte, erweist sich Baudrillard aber als konsequenter Denker. Immerhin lässt sich seinen Schriften die Pointe entnehmen, der theoretische Diskurs selbst sei an einer Inflation der Zeichen erkrankt. Man muss in den Fußnoten seines Opus magnum graben, um auf den Hinweis zu stoßen, die Theorien der Gegenwart – «Deleuze, Lyotard usw.» – hätten ihren Gebrauchswert eingebüßt. Der Sinn, der ihnen nach diesem Bankrott verbleibe, bestehe darin, «sich gegenseitig zuzuwinken». Dagegen sei es vergeblich, «sie nach ihrem Zusammenhang mit irgendeiner x-beliebigen ‹Realität› zu befragen».[26]

Von Roman Jakobson stammt die an Nietzsches Historismuskritik anknüpfende Beobachtung, das späte 19. Jahrhundert sei die Zeit einer schwindelerregenden Vermehrung der Zeichen gewesen. Als sich irgendwann herausstellte, dass die Worte nicht länger von der Wirklichkeit gedeckt wurden, hätten sie einen massiven Wertverfall erlebt. Doch alle Versuche, so Jakobson in seinem Befund aus den dreißiger Jahren, das Vertrauen in die papierne Sprache zurückzugewinnen, seien gescheitert.[27] Liegt man falsch, wenn man Baudrillards frühe Texte als Aktualisierung dieser Diagnose versteht? Auch Foucault hatte seine Antrittsvorlesung am Collège de France den «Systemen der Diskursvervielfachung» gewidmet.[28] Baudrillard meldete den Realitäts- und Wertverlust eines publizistischen Genres an, das seit den Tagen der Studentenrevolte kontinuierlich gewachsen war. Drohte das Erfolgsprodukt des linken Buchhandels in den eigenen Textfluten zu versinken?

Gilles Deleuze und Félix Guattari hatten dem Freudo-Marxismus nicht nur den Ödipuskomplex, sondern auch die elitäre Pose austreiben wollen. Deshalb beanspruchten sie, Theorie für Kinder, ja sogar für Analphabeten zu produzieren. Baudrillard schrieb dagegen nur für Erwachsene. Sein Denkstil leitete einen Temperatursturz ein. «Le stress est total. Keep cool!», riet er seinen West-Berliner Verlegern aus dem kalifornischen Santa Barbara.[29] Die Empfehlung muss als philosophische Maxime betrachtet werden. Als Physiognom der Frankfurter Schule hat Peter Sloterdijk den Gestus der Betroffenheit, den die Umwelt- und Friedensbewegungen perpetuierten, 1983 auf den hypersensiblen Körper von Adorno zurückgeführt: «Kaum etwas, das in der ‹praktischen› Welt vorging, tat nicht weh und blieb vom Brutalitätsverdacht verschont.»[30] Baudrillard, dessen Tagebücher *Cool Memories* von Frauengeschichten und Langstreckenflügen wimmeln, rauschte dagegen als fröhlicher Berserker durch die Welt. Zwischen Tokyo, Los Angeles und São Paulo flottierend, verkörperte er hektische Zeitgenossenschaft und fand nur in Momenten der Besinnung die Muße, daran zu zweifeln, ob es auf Dauer gesund sein könne, «ständig» zu «implodieren».[31] Es ist bemerkenswert, dass diesen robusten Vielflieger mit dem zarten Adorno eine theoretische Wahlverwandtschaft verband. In der Herrschaft des Scheins und im

Verschwinden des Inkommensurablen hatte auch Adorno die Signaturen eines Leerlaufs am Ende der Geschichte erkannt, der jede Veränderung der Verhältnisse illusorisch machte. Doch widersprach es seinem intellektuellen Temperament, diesen Zustand mit Coolness zu akzeptieren. In seinen lichten Momenten hatte Adorno es sich sogar gestattet, die Welt im Zustand der Erlösung zu imaginieren. Baudrillard, der Fatalist, beobachtete sie dagegen seelenruhig nach ihrem Untergang.[32]

Allein die Schrift

In den apokalyptischen achtziger Jahren gedieh seine Theorie wie im Treibhausklima. Sie malte das Ende der Geschichte als Realitätsverlust aus.[33] «Der ist stark im Kommen», schrieb Lorenz Lorenz, der die neuesten Merve-Bändchen 1983 für das Münchner Theorie-Fanzine *Elaste* besprach. «Ein Buch von ihm sollte man irgendwo in der Wohnung rumliegen haben, wenn Besuch kommt.»[34] Das hätte er zehn Jahre früher auch für die Bücher von Adorno empfehlen können. In Bezug auf Baudrillard scheint der Ratschlag aber triftiger: Wenn dessen Schriften zu den «Coffee Table Books der frühen achtziger Jahre» wurden, wie Thomas Meinecke einmal geschrieben hat, dann lag das nicht nur an ihrer aktuellen Themenstellung.[35] Es lag auch daran, dass man so schön in ihnen blättern konnte. Sie gehörten zu den Wegbereitern einer neuen Theorie-Ästhetik, die deren Gebrauchsweisen bis heute verändert hat. Dass weder Baudrillard noch Virilio ins Pantheon der Suhrkamp-Kultur eingegangen sind, hat – anders als bei Glucksmann – nicht nur inhaltliche Gründe. Ihre Bücher blieben einem Kanon fremd, der auf der Apotheose des gedruckten Wortes beruhte.

George Steiner, dem wir das Wort von der *Suhrkamp culture* verdanken, hatte 1973 nicht nur eine Eloge auf die Bedeutung des Frankfurter Verlagshauses verfasst. Seine Rezension im *Times Literary Supplement* äußerte am Rande auch die Befürchtung, die soeben in der *stw*-Reihe gestartete Adorno-Werkausgabe möge ihren Autor in den Himmel der ungelesenen Klassiker befördern: «Zwanzig Bände

Adorno sind eine ganze Menge.»[36] In der Tat ließ die Suhrkamp-Kultur einen Zug ins Monumentale erkennen. Das Standbein der neuen Reihe bildeten große Werkausgaben; zwei Jahre vor Adorno waren gerade erst zwanzig Bände Hegel erschienen. Ozeanische Textfluten. Und zwischen tausend Zeilen kaum ein Bild. Aus dem Rückblick unserer ikonophilen Gegenwart fällt besonders die Text-lastigkeit des Verlagsprogramms ins Auge. Der Kanon, den Siegfried Unseld für die alte Bundesrepublik verbindlich machte, war eine Blei-wüste. «Allein die Schrift!», lautet das Credo seiner Witwe und Nach-folgerin bis heute.[37] Der Imperialismus der Schrift wird dort umso augenfälliger, wo sich Suhrkamp dazu herabließ, Bilder abzudru-cken. Die Reproduktion von Velázquez' *Las Meninas* in Foucaults *Ordnung der Dinge* zum Beispiel ist so miserabel, dass man Mutwillen unterstellen muss. Ein Gutteil von dem, was die fünfzehn eng be-druckten Seiten der Einleitung erörtern, lässt sich bestenfalls erah-nen. Einen Höfling der spanischen Infantin haben die Grauschleier komplett verschluckt. Suhrkamps Ikonoklasmus war dem Glauben an die Macht der Theorie geschuldet; das Ergebnis wirkt aus heutiger Sicht so nüchtern wie eine protestantische Kirche. Was bleibt, ist der Eindruck intellektueller Strenge, die ans Frugale grenzt. In der grauen Literatur aus der Blütezeit des Neomarxismus erreichte diese Haltung ihren Höhepunkt. Im Schrifttum von '68 firmierten Bilder als Medien des schönen Scheins.

Irgendwo auf der Strecke zwischen damals und heute muss sich ein Paradigmenwechsel ereignet haben. Die achtziger Jahre waren das Jahrzehnt einer katholischen Gegenaufklärung.[38] Im Vergleich zu früher wirken die Produktionen der Kulturwissenschaften unserer Tage so üppig wie Ausstellungskataloge. Das gilt erst recht für die Auslage flankierender Kulturzeitschriften. Genau wie der Siegeszug der Bildwissenschaften signalisiert ihr aufwendiges Layout, dass wir uns nicht mehr in der Suhrkamp-Kultur befinden. Und zwar nicht erst seit den neunziger Jahren, als die Rede vom *pictorial turn* aufkam. Schon damals ratifizierte der Begriff eine intellektuelle Entwicklung, die längst im Mainstream angekommen war. Um des Fluchtimpulses aus der Bleiwüste der Gesellschaftskritik habhaft zu werden, muss man weiter, bis zu den Tagen der Theoriemüdigkeit am Ende der siebziger Jahre, zurück, als die Zukunft des Genres weniger von einer Veränderung der Denkweise als von einem neuen Denkstil abzuhängen schien.

Ästhetik der Gegenaufklärung

Im Hochgefühl, theoretisches Neuland zu betreten, hatten die Merves von Anfang an Ausschau nach Gleichgesinnten gehalten. Auf der Suche nach Texten, die die «Theorien einiger französischer Autoren, die in letzter Zeit auch von uns verstärkt publiziert wurden, fortschreiben», hatten sie sich 1977 an eine Gruppe westdeutscher Intellektueller und Hochschullehrer gewandt, die sie zu den Pionieren des neuen Denkstils rechneten.[39] Ihr Rundbrief, der zur Herausgabe eines gemeinsamen Bandes animieren sollte, ging an so unterschiedliche Adressaten wie den ehemaligen Situationisten Frank Böckelmann, die Foucault-Übersetzer Walter Seitter und Ulrich Raulff, den Schauspieler Hanns Zischler, der zu den Mitbegründern des Merve-Kollektivs gehörte, und den Marburger Erziehungswissenschaftler Dietmar Kamper.

Als erstes Resultat der Initiative aus West-Berlin erschien 1978 das *Schillern der Revolte*, eine hellrot gebundene Aufsatzsammlung, die angesichts «immer labyrinthischer» werdender Machtverhältnisse neue Strategien der Subversion zu erkunden versprach: «querdenken, Spielregeln umkehren, sich unkenntlich machen, Gelächter anstimmen, mit der linken Hand planen, Knoten zum Platzen bringen statt sie weiterzuknüpfen, Widersprüche auszunutzen, bahnbrechen, auf Zukunftsmusik hören, den Igel zu Tode hetzen (statt des Hasen) usf…»[40] Unüberhörbar waren die Autoren vom Sprachspiel der Wunschrevolte infiziert. Als ihr Band erschien, hatten sich ihre Ambitionen längst ausgeweitet. Inzwischen erörterte man das Projekt einer gemeinsamen «Wunschzeitschrift», die das *Kursbuch* und andere Flaggschiffe der Neuen Linken beerben sollte.[41] Über die intellektuelle Ausrichtung bestanden keinerlei Zweifel: Es ging darum, das Pariser Denken im deutschen Sprachraum zu kultivieren, nicht nur in Übersetzung, sondern auch in autochthoner Anverwandlung. Die

Lagebeurteilungen, Memos und Konzeptpapiere, die zwischen Marburg, West-Berlin und München hin- und hergeschickt wurden, sind daher weniger von inhaltlichen Überlegungen als von der Suche nach einem neuen Theoriedesign geprägt.

Der innovatorische Drang betraf zum einen die Sprache, die nach Meinung der Sezessionisten in den Jahren des Klassenkampfes ausgelaugt worden war. Es gehe um die «Erprobung neuer Schreib- und Darstellungstechniken», schrieb Dietmar Kamper, «die eher in der Kunst und in der Literatur, im Theater und im Film entwickelt wurden».[42] Der Wunsch, den Jargon des Ableitungsmarxismus abzuschütteln, hat in den achtziger Jahren nicht nur zu einer Annäherung an literarische Formen geführt, sondern gerade im deutschsprachigen Raum auch barocke Stilblüten getrieben. In den Augen derer, die den Duktus der Kritik vermissten, wurde Theorie ununterscheidbar von Theorieparodie.[43] «Schreiben wir endlich einmal rücksichtslos», lautete das Credo der Zeitschriftenmacher, die sich freimütig dazu bekannten, «eine Gruppe von Menschen» zu sein, «die nicht erwachsen werden wollen».[44] Insbesondere Dietmar Kampers Schreibweise wirkte auf akademische Linke wie ein rotes Tuch. Die Suada *ad personam*, die 1985 im *Merkur* erschien, gehört zu den polemischen Höhepunkten. Am liebsten wäre der Germanist Klaus Laermann seinem Kollegen wohl an die Gurgel gegangen. «Aber wie duelliert man sich mit einem Brei?»[45] Der Übermut diskursiver Enthemmung, den Laermann gefährlich fand, schlug auch bei der Titelsuche für die geplante Zeitschrift durch. Von «Myzel» über «Fraglos» bis zu «Abfälle der Macht» wurden zahlreiche Varianten erörtert und wieder verworfen, bevor sich die Beteiligten schließlich auf «Tumult» einigen konnten. Das Pilotheft von *Tumult*, der *Zeitschrift für Verkehrswissenschaft*, erschien nach zweijähriger Inkubationszeit 1979 schließlich im Merve Verlag. Frank Böckelmann zufolge besaß sein Titel den Vorzug, «im Unterschied zu ‹Aufruhr›, ‹Revolte›, ‹Rebellion› ein unabsichtliches, unwillkürliches Zusammen- und Auseinanderströmen» auszudrücken.[46]

Doch nur die Sprache gegen den linken Strich zu bürsten, erschien in der geistigen Situation der Zeit nicht ausreichend. Die Ambitionen der Verkehrswissenschaftler gingen vielmehr dahin, ganz aus der

Ordnung des Diskurses auszubrechen – als hätte der Wertverfall nach dem theoretischen Boom eine grundlegende Währungsreform erforderlich gemacht. So träumte Walter Seitter von Schriften, «die nicht allgemeingültig voraussetzen, daß man überhaupt noch lesen kann/muß/will – nach der Art des Lesens und Schreibens, das uns eingebläut worden ist und uns sprachlos gemacht hat. Darum versuchen wir die Entwicklung von Zusatzobjektiven aus Wörtern und Zeilen, aus Bildern und Seiten.»[47] Die Fahrt nach Paris, die er im Oktober 1977 mit den beiden Merve-Verlegern unternahm, verfolgte nicht zuletzt den Zweck, Michel Foucault für ein solches Medium zu gewinnen. In den Tagen von Stammheim und Mogadischu setzte Seitter dem Philosophen die Idee einer Zeitschrift auseinander, die die «Sprache des Denkens» mit der «Sprache des Sichtbaren» kreuze, um einen «Cocktail» aus Texten und Bildern zu servieren.[48]

Doch Foucault fand es interessanter, über die RAF zu diskutieren. Angesichts der jüngsten Ereignisse dürfte das seine Besucher kaum verwundert haben. Allerdings zeigt sich in der Episode auch noch etwas anderes: Als Bibliotheksbewohner, dessen Werk – bei allem Interesse an Bildern – im Raum der Schrift verblieb, besaß Foucault kein gesteigertes Interesse an formalen Experimenten.[49] Solche Experimente fanden generell nicht im Umkreis der Pariser Hochschulen statt. Die publizistische Innovation, die die Verkehrswissenschaftler inspirierte, ereignete sich im Centre Pompidou, das 1977 wie ein Raumschiff – oder besser: wie eine Ölraffinerie – im Beaubourg-Viertel gelandet war. Dabei hatte es sich eine Reihe älterer Institutionen einverleibt, unter anderem das Centre de Création Industrielle, das die Zeitschrift *Traverses* herausgab. Viermal im Jahr bot *Traverses* eine von Heft zu Heft bunter werdende Mischung aus Theorie, Design und archivalischen Trouvaillen, die mit dem Purismus linker Theorieblätter nichts gemein hatte. Das wurde besonders deutlich, nachdem Jean Baudrillard, Paul Virilio und Michel de Certeau als Redakteure verpflichtet worden waren. Seit Mitte der Siebziger erschienen hier auch viele ihrer eigenen Arbeiten.[50] Für seine deutschen Leser repräsentierte das Blatt den *state of the art*. In der Startnummer von *Tumult* widmete Ulrich Raulff dem Pariser Vorbild eine eingehende Besprechung.

Beim Blättern in *Traverses* muss der junge Foucault-Übersetzer das Gefühl gehabt haben, ins Jenseits der Suhrkamp-Kultur zu blicken. Der Kreis der Mitarbeiter setzte sich zu gleichen Teilen aus Theoretikern, Künstlern und Gestaltern zusammen. Mit Bernard Lagneau tauchte zum ersten Mal ein Art Director im Impressum auf, der in seinem Hauptberuf als bildender Künstler Maschinen aus Pappmaché baute. Auch *Traverses* schien sich in die dritte Dimension erheben zu wollen, so opulent und haptisch lagen die Hefte in der Hand. Die Bestrebung, «das medium ‹zeitschrift› in seiner körperlichkeit, als ein eigenes ästhetisches objekt» sichtbar zu machen, wie es in einem der deutschen Memos heißt, schien in Paris bereits substantiell verwirklicht.[51]

Mit Gérard Genette, der in dieser Zeit begann, über das Beiwerk des Buches nachzudenken, könnte man von einer Wucherung der Paratexte sprechen.[52] Der Katholik Virilio verriet im Interview, er habe nur deswegen zugestimmt, bei *Traverses* mitzumachen, «weil man da mit Bildern arbeitet».[53] Genau wie Baudrillard ließ er seine Bücher ins Grafische wachsen, streute Fotos und *objets trouvés* ein, die den Text weniger zu illustrieren als zu fragmentieren scheinen. Offenbar traute er diesen Materialien ein ebenbürtiges Erkenntnispotential zu. «Wenn Bilder also nach denselben Regeln und mit derselben Disziplin wie Texte gelesen werden können, so sollten wir uns dies für eine Bildarbeit zunutze machen, die nicht illustrativ ist», lautet der entsprechende Vorsatz der *Tumult*-Redaktion.[54] Vom gestalterischen in ein heuristisches Credo gewendet, entspricht er bis heute dem Programm der Bildwissenschaften. Im Hintergrund ihres Siegeszugs seit den neunziger Jahren steht der ebenso epistemologisch wie theologisch motivierte Protest gegen das «schmutzige Kalkül der Illustration».[55]

In den «Materialverbindungen» aus «Bildern, Begriffen und Objekten», die Raulff in *Traverses* entdeckte, erblickte er die Entstehung einer neuen Theoriesprache. Es gehe darum, erläutert er in seinem kleinen, als Eloge auf das Pariser Vorbild getarnten Manifest, «Bereiche, die höchst *sophisticated* sind, kurzzuschließen mit anderen, die unseriös, banal, alltäglich sind». Der «Choc», den ein solcher Eklektizismus auszulösen vermöge, könne «die Dinge aus ihrem gewohnten

Gefüge» rücken.[56] Hier hört man Walter Benjamin und das Echo der historischen Avantgarden; die Idee, die Grenzen von *high* und *low* zu durchbrechen, verweist aber ebenso auf die Ästhetik der Popkultur aus den sechziger Jahren.[57] Abgesehen davon beruhte sie natürlich auf den technischen Möglichkeiten des Fotokopierers, von dem Ulrich Giersch, ein weiteres Mitglied des *Tumult*-Kreises, später schrieb, er habe die Grenzen zwischen den verschiedenen Zeichen aufgelöst.[58] Es leuchtet ein, dass die Verkehrswissenschaftler, bevor sie mit Merve handelseinig wurden, den Verleger Jörg Schröder für ihre Zeitschrift zu gewinnen suchten. Mit dem quittengelben Programm des März Verlags hatte er das Layout der amerikanischen Underground-Presse seinerzeit in der Bundesrepublik heimisch gemacht. Vom asketischen Raubdruckgeschäft der Neuen Linken war seine hedonistische Publizistik allerdings meilenweit entfernt gewesen. Vor den Achtzigern konnte die Stiltrennung nicht aufgehoben werden. Erst in der Krise der Kritik der Warenästhetik unterwanderte der Gestus des Bastelns die hohe Theorie.[59]

Man könnte das an unzähligen Publikationen belegen, die seit den ausgehenden siebziger Jahren unter Einsatz von Schere und Klebstoff entstanden sind: Klaus Theweleits *Männerphantasien*, Oskar Negts und Alexander Kluges *Geschichte und Eigensinn* oder Peter Sloterdijks *Kritik der zynischen Vernunft*, um nur die bekanntesten zu nennen. Auch in Frankfurt wurden jetzt Bücher mit Bildern gemacht, die nur lose in den Textfluss eingebunden waren. Doch widersprach der neue Publikationsstil dem Suhrkamp-Geschäftsmodell. Peter Sloterdijk erinnert sich, dass er die Abbildungen für seinen Bestseller von 1983 selbst besorgen musste, was ihre teilweise miserable Qualität erklärt. Am Centre Pompidou konnte man das besser. In der Redaktion von *Traverses* arbeiteten Theoretiker und Grafiker zusammen, um ein Kunstobjekt aus Hochglanzpapier zu fabrizieren. Wie teuer und aufwändig das war, musste der kleine Merve Verlag erfahren, als er sich schon im zweiten Jahr mit der Produktion von *Tumult* überhob.[60] Die Utopie des billigen, universal zugänglichen Buchs, die die Taschenbuchrevolution der sechziger Jahre in die Welt gesetzt hatte, geriet mit den neuen Coffee-Table-Books in Vergessenheit.

Ein kleiner Materialismus

Dem deutschen Rezensenten ging die Abkehr vom Schriftprinzip trotz allem nicht weit genug. Angesichts ihres «ein wenig langweiligen Nebeneinanders von Texten und Bildern», schreibt Raulff, handele es sich bei *Traverses* «allen Intentionen zuwider» letztendlich immer noch um eine «Textzeitschrift». Doch wie weit ließ sich dem Medium des Textes entkommen – auf Papier? Theorie, der Inflation der Zeichen und dem Wertverfall des gedruckten Wortes ausgesetzt, machte um 1980 Anstalten, ihrer Existenz als Flachware zu entkommen. Wo Texte waren, sollten Dinge werden. Auch in dieser Hinsicht war das Vorbild Paris. Die Ausstellungen über Alltag, Design und Reklame, die das Centre de Création Industrielle seit den mittleren siebziger Jahren veranstaltete, erschienen Ulrich Raulff zwar von «unbekümmerter Technikbejahung» geprägt. Doch war es dasselbe, später ins Beaubourg eingegliederte Centre, das zusammen mit dem Theoretiker-Kurator das Format der Theorie-Ausstellung erfand.[61] 1975 ging Paul Virilio mit seiner Fotoschau zur *Bunker Archéologie* an der französischen Atlantikküste voraus – und wurde im Anschluss als Redakteur für *Traverses* verpflichtet.[62] 1985 folgte Jean-François Lyotard mit der teuersten bis dato vom Centre Pompidou realisierten Ausstellung *Les Immatériaux*. Der Reiz, die Rolle des Autors gegen die des Kurators einzutauschen, bestehe für ihn darin, «einmal das traditionelle Medium des Buches aufzugeben». Im kommenden Jahrhundert, erklärte er Derrida im Interview, würden Bücher sowieso keine Rolle mehr spielen.[63] Dass sich ausgerechnet Derrida von der Antiquiertheit des Buches überzeugen ließ, ist eher unwahrscheinlich. Doch fünf Jahre später kuratierte er die Ausstellung *Mémoires d'aveugle* für den Louvre. Der Literatur- und Medizinhistoriker Jean Starobinski richtete 1994 am gleichen Ort mit *Largesse* eine Schau über den Gabentausch ein. In der jüngeren Vergangenheit hat diese Tradition vor allem Bruno Latour fortgesetzt. *Iconoclash*, die große Revue, die er 2002 in Karlsruhe kuratierte, war der Bilderfeindschaft der neuzeitlichen Wissenschaft gewidmet. Augenscheinlich hatten sich die Frontlinien in der Zwischenzeit kaum verschoben. Mehr als zwei Jahrzehnte nach der Kritik am Ikonoklasmus des Neomarxismus gab Latour der Hoffnung Ausdruck, eines Tages ins Jenseits des Bilderkriegs zu gelangen.[64]

Das Bedürfnis, «die Dinge als Dinge zur Kenntnis zu nehmen», das Ulrich Raulff artikulierte, war per definitionem ein materialistisches. Es handelt sich um einen Materialismus der kleinen Form, der als *material turn* in den Genpool der Kulturwissenschaften eingewandert ist. Die Spürbarkeit der Zeichen, die Präferenz für Dinge, die Lektüre von Bildern und die Nähe zur Kunst haben sich zu einem Denkstil verbunden, der bis heute Forschungsprogramme zu generieren vermag. Gegen Ende der siebziger Jahre debütierte er als Abgesang. Der Materialismus der kleinen Form ist auf den Trümmern seines älteren Namensvetters gewachsen.[65] Er begann als Tanz auf den erloschenen Kratern des Marxismus. Um den Dingen endlich Recht widerfahren zu lassen, schreibt Raulff, müsse man damit aufhören, sie als Verdinglichungen zu behandeln – für den dialektischen Materialismus spätestens seit Lukács bekanntlich ein Synonym «für das Böse».[66] Es scheint, als hätten sich die Begriffshülsen der großen Erzählungen in den achtziger Jahren gegen sie gekehrt. Als hätten wir es, wenn wir von «Materialitäten» oder von «Praktiken» reden, mit abgesunkenem linken Kulturgut zu tun.

Bis in die siebziger Jahre leistete die Erzählung vom Klassenkampf eine erstaunliche Temporalisierung von Komplexität. Typografisch entsprachen ihr die Bleiwüsten des linearen Schriftbildes. Im Zuge ihrer Erosion setzte diese Ordnung des Diskurses eine Fülle von ungebundenen Materialien frei, die sich zu jenen *mille tableaux* anordneten, die Raulff und Seitter auf den Seiten von *Traverses* bewunderten. Für ihre eigene Zeitschrift favorisierten sie «dokumentarische Montagen, Interviews, Kopplung von Bild- und Textfragmenten, Ausgrabungen und Fälschungen».[67] Ihr Katalog, der sich mühelos fortsetzen ließe, bildet das unordentliche Layout der Postmoderne. Von 1982 stammt ein Essay von Wolf Lepenies, der dem statischen Geschichtsgefühl von Gottfried Benn gewidmet ist. Es muss mehr als eine Stilentscheidung gewesen sein, den Text in dramatischem Präsens abzufassen. Die geistige Atmosphäre, die Lepenies aus Benns Schriften extrapoliert, entpuppt sich nämlich als Physiognomie seiner eigenen Gegenwart: «Nun gilt es mit den Beständen zu rechnen und die intellektuellen Ressourcen umzugruppieren. Bastler sind gefragt, und ein kaleidoskopisches Denken steht auf der Höhe einer Zeit ohne Entwicklungsperspektive.»[68]

«Quer» ist der räumliche Vektor, mit dem sich dieses Denken am liebsten selbst qualifizierte. Bevor das «Querdenken» im Verlauf der achtziger Jahre in der Managementliteratur anlangte, symbolisierte es den subversiven Bruch mit dem Marxismus. Sich «quer durch die Kultur» zu schlagen – so der Leitspruch von *Traverses* –, das bedeutete um 1980 eine kaum missverständliche Absage an die großen Längsschnitte der Geschichtsphilosophie. «Die Avantgarde, die Abstraktion durch Vernunft, die ‹Ideen› überhaupt werden zurückgenommen ins widerspenstige anthropologische, psychologische und ethnologische Material», notierte Karl Heinz Bohrer 1979 in seiner Analyse der Theoriemüdigkeit in Habermas' *Stichworten zur ‹Geistigen Situation der Zeit›*, die zur selben Zeit wie das Pilotheft von *Tumult* erschienen. «Die Dinge wurden mächtiger als die Worte. Nicht als ob diese Alternative theoretisch entschieden worden wäre zugunsten der Dinge. Aber die kulturelle Saison schmeckt danach.»[69]

HOTEL DIPLOMATICO
TERRAZA Y PISCINA
SANTA CRUZ DE TENERIFE

1.H.P. L.P.G.

Architekturskulptur,
gewollte + vorwesse-
hocommene Missverständ-
nisse, die nur Liebe
seien wollen, werden
photografiert art
Mutter Erden + möchten
Buch werden !?

Gruss Martin K.

Heidi Paris Peter Gente
c/o Merve Verlag
Crelle str. 19

1000 Berlin 62

ALEMANIA
West

9. Into the White Cube

Tom Lamberty, der den Merve Verlag seit dem Ausscheiden von Heidi Paris und Peter Gente führt, vertrat 2014 in einem Interview mit der *taz* die Ansicht, Theorie müsse endlich wieder «aus der Kunstecke» heraus.[1] Es ist nicht nötig, derselben Meinung zu sein, um Lambertys Diagnose zuzustimmen: Das schwierige Denken ist heute vor allem in der Kunstwelt heimisch.[2] Schon lange trifft man die umfangreichsten Merve-Sortimente nicht mehr in roten Buchläden, sondern in Museumsshops und Kunstbuchhandlungen an. Und während sich der Kunstbetrieb mit einer Wolke aus Theorie umgibt, wird die Theorie der Kunst immer ähnlicher. Zu seinem vierzigsten Jubiläum – Peter Gente flog aus Thailand ein – wurde der *Internationale Merve Diskurs* in der Sammlung Falckenberg als Gesamtkunstwerk ausgestellt. An den weißen Wänden der ehemaligen Phoenix-Werke in Hamburg-Harburg war ein Fries aus allen 336 bis dato erschienenen Titeln aufgereiht.[3] Auch *e-flux*, die Mailingliste, die die internationale Kunstwelt über ihre Veranstaltungen auf dem Laufenden hält, beansprucht nicht weniger, als ein Kunstwerk zu sein. Im Idiom des «International Art English», das die Soziologen Alix Rule und David Levine analysiert haben, schleppt sie Versatzstücke des Theoriediskurses mit sich fort.[4] Theorie und Kunst, das zeigen solche Fälle, sind eine Symbiose eingegangen, die sie wechselseitig aufeinander angewiesen macht.[5]

Dabei waren sie lange Zeit erbitterte Rivalen. Unter Berufung auf Hegel und andere Meisterdenker haben sie im 20. Jahrhundert einen Sport daraus gemacht, sich wechselseitig für tot zu erklären. In seinen ästhetischen Vorlesungen hatte Hegel das Ende der Kunst verkündet, die die Fackel der Erkenntnis an eben jene Philosophie weiterreichen müsse, die er vor seinen Zuhörern entwickelte. Die Avantgarden des

Vorangehende Doppelseite: *Architekturmissverständnisse möchten Buch werden. Martin Kippenberger grüßt aus Teneriffa, 1987*

20. Jahrhunderts zahlten mit gleicher Münze heim, wenn sie die Philosophie auf den Schrottplatz der Geschichte warfen. Joseph Kosuth, ein Pionier der *Concept Art*, erklärte, die Kunst habe die Theorie als Reflexionsinstrument beerbt.[6] 1969, als sein Manifest mit dem programmatischen Titel «Art After Philosophy» erschien, flochten die deutschen Achtundsechziger der Kunst ihren Totenkranz.[7] Arthur C. Danto, der sich das hegelianische Geschichtsmotiv vielleicht am konsequentesten zu eigen machte, nahm zehn Jahre später die Geburt des Neo-Expressionismus zum Anlass, einmal mehr das Ende der Kunst zu erklären. Nach dem Abschluss ihrer Mission, das Wesen der Kunst durch Kunst zu ergründen, bleibe ihr nichts anderes übrig, als bis ans Ende ihrer Tage zufrieden vor sich hinzuwerkeln.[8] Das tat sie, und vielleicht tut sie das immer noch, und die Theorie geht ihr dabei zur Hand. Im Posthistoire, das Danto prognostizierte, haben die beiden ihren Frieden gemacht. Die Annalen des Merve Verlags sind eine gute Quelle, um zu verstehen, wie es zu dieser Allianz gekommen ist. Sie bahnte sich in einer Reihe folgenreicher Begegnungen im Jahr 1979 an.

Der Berg der Wahrheit

«Es geht uns irre gut, und wir sind voller Unternehmungslust», schrieben Paris und Gente im Mai 1979 an Foucault. Ein Jahr nach dem Tunix-Kongress war die gute Laune zurückgekehrt. «Es fing eigentlich an mit der Monte-Verità-Ausstellung von Harald Szeemann.»[9] Als die Linke die Leinen loswarf, um Kurs auf alternative Inseln zu nehmen, hielt ihr der Schweizer Kurator einen Spiegel vors Gesicht. Seine Ausstellung, die im Frühjahr 1979 in der Akademie der Künste gastierte, war den Esoterikern, Künstlern und Anarchisten gewidmet, die den Monte Verità am Lago Maggiore nach der Jahrhundertwende in eine der ersten Aussteigerkolonien der Welt verwandelt hatten. Ein Potpourri, wie Szeemann im Katalog formulierte, aus «600 Paradiesvorstellungen».[10] Der real existierende Strand von Tunix. Im West-Berlin des Jahres 1979 war es ausgeschlossen, keinen Gegenwartsbezug herzustellen. «Wir haben in dem, was da in Ascona geschah an Gesamtkunstwerk, Weltanschauung, Leitmotiv, alles auch schön alternativ, in ein schallendes Gelächter über uns selbst ausbrechen müssen», meldeten die Verleger nach Paris. Voilà! Sie konnten wieder lachen. Weil es ins Tessin keine gute Verbindung gab, buchten sie einen Flug in ein anderes altes Aussteigernest, nach Capri, und nutzten den Urlaub, um eine zweiseitige begeisterte Ausstellungskritik für die *taz* zu verfassen, die in dem Aufruf an «Spontis, Freaks, Schwule, Emanzen» und die «Drogenszene» gipfelte, aus Gründen der Selbsterkenntnis in die Akademie der Künste zu gehen. Zwar fanden sie den Parcours insgesamt noch zu akademisch. «Ein wenig Palmen, Schatten, Wagnerklänge und Liegewiese mit Vogelzwitschern zum Ausruhen hätten der Ausstellung nicht geschadet.»[11] Der Chance, einen lohnenden Reflexionsgewinn zu machen, stand dieses Manko in ihren Augen aber nicht im Weg.

Die *taz* äußerte in Form einer redaktionellen Anmerkung das Bedenken, ob Szeemanns «Historisierung und Museumsverpackung» nicht dazu beitrügen, die politischen Energien der Alternativbewegung zu neutralisieren. Die Kritik ist symptomatisch für das Fremdeln der Berliner Linken mit dem Kunstbetrieb. Am Selbstverständnis des Kurators, der mit seinem wallenden Bart auf dem Monte Verità eine gute Figur gemacht hätte, ging sie vorbei. Zwar fand er, der Traum von der alternativen Idealgesellschaft sei zum Scheitern verurteilt. Dafür verhalf er ihm zu seiner Realisierung im Experimentalraum der Künste. «In der Ausstellung konnte ich zeigen», hat er später erklärt, «dass hier die ideale Gesellschaft existierte, auch wenn sie realiter nicht existierte.»[12] Seit einer Dekade war es ihm immer wieder gelungen, den revolutionären Zeitgeist ins Museum zu holen. Seine Ausstellungen verwandelten '68 in Kunstereignisse. Sie verhalfen den amerikanischen Neo-Avantgarden, die das europäische Publikum mit «Konzepten» und «Aktionen» irritierten, zu ihren besten Auftritten. In Bern, wo Szeemann den kalifornischen *earth artist* Michael Heizer den Asphalt vor der Kunsthalle aufreißen ließ, kippten ihm Schweizer Bauern ihr Geschmacksurteil in Form einer Wagenladung Jauche auf die Baustelle. In Köln, wo eine Kuh in seiner Schau über *Happening & Fluxus* kalben sollte, schritt das Veterinäramt ein. Szeemann gebührt das Verdienst, die Figur des Künstler-Kurators erfun-

den zu haben, der seine Ausstellungen als Gesamtkunstwerke insze-
niert. In ihrer Bedeutung für die Wiederbelebung der Institution
Museum ist diese Figur kaum zu überschätzen.[13]

Auch mit dem «Berg der Wahrheit» wollte Szeemann den Geist der
Utopie einfangen und wieder aufleben lassen, indem er die Grenzen
des Museums sprengte.[14] Daher hatte er seine Schau ursprünglich
auf dem sakralen Boden des Monte Verità selbst konzipiert, dessen
magnetische Anomalien er sich vom Ufficio geologico cantonale in
Bellinzona bestätigen ließ. Doch auch die Wanderausstellung in der
Akademie der Künste brach mit den Regeln herkömmlichen Kura-
tierens. Klassiker der Moderne wie Hugo Ball oder Oskar Schlem-
mer trafen auf Spinner aus der Schmuddelecke der Esoterik. Ge-
mälde und Gartenwerkzeuge, Bücher und Gewänder, Ideen und
Möbel bildeten einen Stoff. Das «Museum der Obsessionen», das
Szeemann zu seinem Lebensprojekt erklärte, hob die Trennung zwi-
schen Kunst und Nicht-Kunst auf. Egal ob Hochkultur, Gerümpel
oder Warenform: Solange es häretische Intensität besaß, konnte alles
Eingang finden. Nach der zunehmenden Vergeistigung, die die
Kunst seit dem Zweiten Weltkrieg bestimmt hatte, kehrten genau wie
im Centre Pompidou auch in Szeemanns Ausstellungen die Dinge –
und mit ihnen das Museum – zurück.[15] Die Futuristen hatten es als
Bastion der Autonomieästhetik zu ihrer Zeit in Brand stecken wollen.
Als Stätte bürgerlicher Auratisierung war es den meisten Avantgar-
den des 20. Jahrhunderts suspekt. Sieht man von Ausnahmen wie
André Malraux' «Imaginärem Museum» ab, wurde es erst in den
siebziger Jahren wieder zum Gegenstand von visionären Entwürfen.
In dem Maß, wie der Glaube an den Fortschritt schwand, wuchs der
Bedarf an neuen Wunderkammern.[16]

Peter Gente war durch Zufall auf Szeemanns Revue aufmerksam
geworden. Janos Frecot, ein ehemaliger Mitbewohner, der am Katalog mitgeschrieben hatte, weckte seine Neugier durch die Bemerkung,
dass in der italienischen Schweiz «ein gesamter Berg» ausgestellt
werde. Kurz darauf kam das Spektakel nach Berlin. Die Begeisterung
des Verlegerpaares lässt sich nachvollziehen: Hier arrangierte jemand Bilder und Dinge zu einer Materialcollage, die der geistigen
Lage viel angemessener als das abgewirtschaftete Medium des Textes

schien. Hier reklamierte jemand das Museum als Spielfeld der gleichen «Intensität», die ihre französischen Autoren propagierten.[17] Mit den Mitteln der Ausstellung orchestrierte Szeemann überdies einen Verfremdungseffekt, der dabei half, sich mit kühler Ironie gegen den alternativen Wärmestrom zu wappnen.

Von ihrer Kritik in der *taz* angetan, schickte er den Merves postwendend eine Auswahl aus seinen programmatischen Texten, «damit der Kontakt zwischen den listenreichen Minoritäten nicht abreißt». Spätestens jetzt war klar, dass man eine gemeinsame Sprache sprach. Im Sommer 1980 reiste Gente kurz entschlossen nach Ascona, wohin Szeemann noch während der Ausstellungsrecherchen seinen Wohnsitz verlegt hatte, weil er selbst auf die magnetischen Anomalien ansprach. Ohne Umstände ließ er sich für ein Buch mit gesammelten Gelegenheitsschriften gewinnen, versorgte seinen Besucher mit «Türmen von Manuskripten» und übergab ihm die Schlüssel für sein Haus, da er selbst verreisen musste. Die Auswahl, die Gente im Verlauf einer Woche traf, kam als Jubiläumsband 100 des *Internationalen Merve Diskurses* mit dem Titel *Museum der Obsessionen* heraus. Das Buch mit goldener Raute auf dem Cover markiert einen weiteren Wendepunkt in der Geschichte des Verlages. Nach dem Jahr der Theoriemüdigkeit eröffneten sich in der Kunstwelt neue Optionen. «Mag sein, daß es für viele nicht verständlich ist», schrieben Paris und Gente im editorischen Nachwort, in dem sie ihren Lesern ihren neuen Autor plausibel zu machen suchten.[18] Sich nach zehn Jahren Theoriearbeit freiwillig ins «Museum» zu begeben – gemessen an den einstigen Zielen von Merve kam das einer Bankrotterklärung gleich.

Schlau sein – dabei sein

Im Anschluss an das Monte-Verità-Erlebnis hatte Gente Foucault noch zwei Jahre zuvor gestanden, er sei «15 Jahre lang» in «keiner Kunstausstellung» gewesen.[19] Sein Bekenntnis ist symptomatisch für einen deutschen Achtundsechziger. Abgesehen von den Pudding-Attentaten und Mao-Bibel-Aktionen der Kommune 1, die sich über Dieter Kunzelmann bis zum Situationismus zurückverfolgen lassen, spielte

Kunst für die West-Berliner Studentenbewegung keine entscheidende Rolle. Und auch die Kommunarden waren dem SDS ab 1967 ein Dorn im Auge. Aus Sicht der Aktivisten stand selbst noch die Happening-Avantgarde, deren erklärtes Ziel es war, Kunst durch Gesellschaftskritik zu überwinden, in den Reihen der bürgerlichen Reaktion. Als der Aktionskünstler Wolf Vostell, mit dem später auch Szeemann zusammenarbeitete, im Herbst 1967 vor der Freien Universität eine Tapete mit Benno-Ohnesorg-Motiv entrollte, hätte er beinah Prügel bezogen. «Empört betrachteten wir Vostell», hat sich Helmut Lethen erinnert, der wenig später in die Rote Zelle Germanistik eintrat. «Er schien ein Wiedergänger der Bohème zu sein, die wir untergegangen glaubten.»[20] Peter Gentes Vorbehalte gegen «die Bohème» waren sicher weniger stark ausgeprägt als die des Kaders Lethen. Von der Kunstwelt hielt er sich aber genauso fern.

Nur dort, wo eine starke Figur oder eine lokale Konstellation den Zeitgeist kanalisierten, war das anders.[21] Man denke an Düsseldorf, die Wirkungsstätte Joseph Beuys', oder an Bern, wo Harald Szeemann die Bauern provozierte. Und auch in Wien, der Stadt der Wiener Aktionisten, gipfelte die Kulturrevolution in einem Kunstskandal.[22] In West-Berlin lag sie dagegen in den Händen von Bilderstürmern. Günter Brus, einer der Wiener Aktionisten, der 1969 auf der Flucht vor der österreichischen Justiz in der Mauerstadt Unterschlupf suchte, stellte fest, dass er hier als Künstler nicht reüssieren konnte; es fehlten Galerien, eine ordentliche Messe und ein Publikum. «Irgendwie fühlte ich mich einsam unter diesen provinziellen Gruppen, unter diesen Kreuzberger Kneipen-Gruppierungen, Halb-Hippie-Gespenstern. Am meisten nervten mich die quasi abstrakten Diskussionen, da die Sprache sich selbst verschlang, ein Gegenstück zum manischen Wiener Schmäh.»[23] Das ist ein Gegenbild zu den Diagnosen der diskursiven Wucherung, die Foucault und Baudrillard einige Jahre später formulieren sollten. Ans barocke Wienerisch gewöhnt, erlebte Brus den Sound der Theorie als Austrocknung der Sprache. Unter den «provinziellen Gruppen», denen er in Berlin begegnete, hätte auch das Merve-Kollektiv sein können. Doch zu Beginn der siebziger Jahre vermischten sich die Sphären nicht.

Eine Kunstszene, wie sie in Köln oder Düsseldorf existierte, entwickelte sich in West-Berlin erst gegen Ende der siebziger Jahre. Zum Zweck der Selbsthilfe eröffnete eine Gruppe von Akademiestudenten 1977 «im härtesten Gebiet der Stadt» eine Galerie am Kreuzberger Moritzplatz.[24] Ihre Bilder, farbig, expressiv, mit Körper- und Groß- stadtmotiven, verließen den Weg der konzeptuellen Avantgarden, weshalb sie nicht nur kritischen, sondern bald auch kommerziellen Erfolg erzielten, denn im Gegensatz zu Happenings waren Ölbilder verkäuflich. Helmut Middendorf, einer der Mitbegründer, verstand seine großen Formate als «gemalte Intensität». Der Kritiker der *Zeit* bemerkte, bei den «Neuen Wilden» herrsche «eine Ekstase wie in Diskotheken». Der Vergleich ist insofern passend gewählt, als die Gruppe ihre nächtlichen Ausschweifungen als Distinktionsmerkmal kultivierte. Nicht nur in ihren Bildern, sondern auch in ihrer Lebens- und Arbeitsweise setzte sich die kommende Generation von den aske- tischen Neo-Avantgarden ab. Aus der Tatsache, dass Beuys noch niemals betrunken in einer Kneipe gesichtet worden war, wurde plötzlich ein Einwand gegen seine Kunst. Wie die meisten Expressio- nisten feierten die Neuen Wilden ihre Exzesse als Katalysator ihrer Ausdruckskraft. Sie machten das Nachtleben zu einer Institution des Kunstbetriebs. Eine ihrer ersten Ausstellungen am Moritzplatz trug den programmatischen Titel *Alkohol, Nikotin fff …*.[25]

Das war ein Titel, wie er auch von Martin Kippenberger hätte kommen können, der seinen Wohnsitz zusammen mit einigen ande- ren Hamburger Künstlern 1977 von Hamburg nach West-Berlin verlegte. Das Pathos der Kreuzberger Neo-Expressionisten lag ihm fern.[26] Was sie verband, war die Abneigung gegen die intellektuelle Askese, die Kunst darauf verpflichtet hatte, über Kunst zu reflektie- ren. In Berlin machte sich Kippenberger vor allem als Gastronom und als Kunst-Impresario einen Namen: 1979 übernahm er die Ge- schäftsführung des Kreuzberger Punk-Clubs SO 36, nachdem das lokale Publikum den Laden wegen überteuerter Bierpreise verwüstet hatte. Im selben Jahr eröffnete er Kippenbergers Büro, eine Agentur, deren Dienstleistungspalette von «Vermittlung» über «Beratung» bis zu «Bildern» reichte. Man fühlt sich an die kurzlebige Bismarc Me- dia GmbH erinnert, die der März-Verleger Jörg Schröder 1970 eigens zu dem Zweck gegründet hatte, nichts Greifbares zu produzieren.

Auch Kippenberger versuchte sich im Genre der Business Art.[27] Frieder Butzmann, einem jungen Musiker, der auf einer seiner Agenturpartys landete, wurde damals klar, «daß es auch Kunst sein kann, wenn man einen Laden, eine Galerie, einen Tonträgervertrieb oder eine Pension eröffnet».[28] Vielleicht reichte es schon aus, in West-Berlin zu sein. Auch Heidi Paris und Peter Gente begannen in den frühen achtziger Jahren, einen erweiterten Kunstbegriff für ihre Arbeit in Anspruch zu nehmen. In dem Maß, wie sie in der expandierenden Kunstszene heimisch wurden, entdeckten sie die «Kunst des Büchermachens».[29]

Im selben Jahr wie Szeemann hatten sie 1979 Kippenberger kennengelernt und dafür gewinnen können, ein Magazin zum zehnjährigen Merve-Jubiläum zu gestalten. Künstlerbücher spielten in seiner eigenen Arbeit damals eine große Rolle.[30] Thomas Kapielski, der als Autor mitmachte, hat die «kultische» Verehrung geschildert, die Merve innerhalb der Berliner Boheme genoss: «Man deutete in hehren Zirkeln wie besessen an den kryptischen Rhomben dieses schlauen Verlages herum.» In Kapielskis Erinnerungen spielen die wüsten Nachtschichten eine Rolle, die Kippenberger seiner Redaktion auferlegte, um die Festschrift zusammenzustellen.[31] *Schlau sein – dabei sein* enthielt ebenso viel französische Theorie wie Schnipsel experimenteller Literatur und Künstlerbeiträge, eine Collage aus Texten und Bildern, die zwischen allen Genres saß. Sie entsprach dem Credo, das sich die Verleger in dieser Zeit zu eigen machten: «Dinge» zu produzieren, «von denen wir nicht wissen, was sie sind».[32] Adorno hatte mit dieser Formel eine Definition des modernen Kunstwerks im Sinn gehabt. Bei *Schlau sein – dabei sein* handelt es sich heute tatsächlich um ein Kunstobjekt. Es hat seinen Weg in die große Kippenberger-Retrospektive gefunden, die 2013 im Hamburger Bahnhof in Berlin stattfand. Das schmale Buch stand dort zwischen all den anderen Büchern, die aus dem Kippenberger'schen Œuvre nicht wegzudenken sind. Das gilt auch für *Frauen*, den zweiten Kippenberger-Titel, der kurze Zeit später bei Merve erschien. Das Fotobuch, das keinerlei Text enthält, zeigt, wie weit sich der Theorieverlag innerhalb weniger Jahre von seinem Kerngeschäft entfernt hatte. Sicherlich war es provokativ, den Band an die Frauenbuchläden zu schicken, die alten

Merve-Verteiler aus spontaneistischer Zeit. Was sollte die Galerie der realen und erträumten Eroberungen eines Machos hier anderes auslösen als Empörung? Der Moment, in dem die verärgerten Frauenbuchhändlerinnen *Frauen* zurückschickten, ist in jedem Fall bedeutungsschwer: Er markiert den Bruch mit der Politik – selbst in Form jener kleinen Kämpfe, die Lyotard und die anderen Franzosen anvisiert hatten – und das Bekenntnis zur Kunst, in deren Institutionen der Verlag seine neue Zirkulationssphäre finden sollte. «In der Theater-, Literatur- und Kunstszene werden wir als wohlgehüteter Geheimtip gehandelt», schrieben die Büchermacher 1981 an einen Bekannten in New York.[33]

Übrigens hätte es beinahe einen weiteren Kippenberger bei Merve gegeben. 1987 schlug der Künstler ein Buch über «Architekturskulptur» vor: «gewollte + vorweggenommene Missverständnisse, die nur Liebe seien wollen».[34] Aus irgendeinem Grund kam der Band aber nicht zustande. Kippenbergers *Psychobuildings* erschien 1988 bei Walther König – mit einer umgedrehten Raute auf dem Cover. Spätestens jetzt durfte sich Merve klassisch nennen.

Für die ästhetischen Grenzüberschreitungen des Verlags war Heidi Paris verantwortlich. Der Ikonoklasmus der Achtundsechziger, der die Sichtweise ihres Lebensgefährten prägte, lag ihr fern. In den achtziger Jahren betätigte sie sich selber als Kuratorin und organisierte Ausstellungen zum Berliner Ready-Made-Design. Daneben fuhr sie fort, mit der Buchform zu experimentieren. Keines der Theorie-Magazine, die dabei entstanden und die Titel wie *Solo*, *Dry* oder *Stop Art* trugen, ist indes über die erste Nummer hinausgekommen. Wenn man dahinter kein publizistisches Scheitern, sondern eine ästhetische Strategie vermuten darf, dann probierte die Verlegerin das Prinzip der (abgebrochenen) Serie aus. In der Geschichte der Avantgarden behauptet es seinen festen Platz, denn es war ebenso geeignet, den Nimbus des Unikats wie die Auswirkungen der Massenproduktion zu problematisieren.[35] In den Vorträgen und Eröffnungsreden, die sie während der achtziger Jahre hielt, kam Heidi Paris immer wieder auf ihr Interesse an seriellen Formen zu sprechen. Beinah zärtlich favorisierte sie die kleinen Stückzahlen, denen es gelang, sich in der Schwebe zwischen Aura und Reproduzierbarkeit zu halten. «Jede

Serie – eine Kleinfamilie»: Die Formel verrät, wo ihre ästhetischen Sympathien lagen, von denen sie sich auch in ihrer «Kunst des Büchermachens» leiten ließ. Spätestens seit Harald Szeemanns Ausstellung *Der Hang zum Gesamtkunstwerk*, die 1984 im Schloss Charlottenburg gastierte, kam sie mit Peter Gente überein, den *Internationalen Merve Diskurs* als serielles «Gesamtkunstwerk» anzusehen.

Wie die Übersetzerin Marianne Karbe unterstreicht, spielten dabei auch die Multiples der Fluxus-Künstler eine wichtige Rolle.[36] Von der Utopie des Theorie-Taschenbuchs, selbst für schwierige Texte größtmögliche Auflagen zu erzielen, hatte sich Paris' publizistisches Selbstverständnis seit den siebziger Jahren weit entfernt. Im Bewusstsein, nur von einem Kreis von Eingeweihten rezipiert zu werden, betrachtete sie sich eher als eine Produzentin von limitierten Auflagenobjekten zwischen Theorie und Kunst.[37] «In der Art und Weise der Zusammenstellung», erläuterte die Verlegerin, seien ihre Bücher «schwerlich noch als Bücher zu bezeichnen».[38] Als 1981 das einzige Heft ihrer Zeitschrift *Solo* erschien, begrüßte die *tageszeitung* «Texte von R. Barthes, W. Seitter, Laurie Anderson, S. Lotringer, P. Virilio und anderen Ablegern des mythischen Kult-Ur-Stammes des noch wild wuchernden Denkens, die in soli-performance die Inszenierung der Theorien fortpflanzen. Auf glänzendem Papier mit schwarzweißen Photoserien, angenehm für's Auge und ein Genuß der Lektüre, ist ‹Solo› eine gelungene Einzelnummer.»[39]

German Issues

Die «Inszenierung der Theorien», von der hier in einer glücklichen Wendung die Rede ist, war das Gebot der Stunde – auch in der Hauptstadt der Neo-Avantgarden New York. Nach den Begegnungen mit Szeemann und Kippenberger fiel den Merves 1979 zu guter Letzt ein Exemplar der Theoriezeitschrift *Sémiotext(e)* in die Hände, die der Literaturwissenschaftler Sylvère Lotringer seit einigen Jahren an der Columbia University herausgab. Es muss ihnen auf Anhieb klar geworden sein, dass sich in den USA eine intellektuelle Parallelaktion abspielte, die sie unmöglich ignorieren konnten. Peter Gente trat sofort mit Lotringer in Kontakt, um ihn auf den Merve Verlag hinzuweisen, der genau wie *Sémiotext(e)* die Verwandlung von Theorie in Kunst betrieb. Im Fall von Lotringer handelte es sich dabei um die im Nachhinein beinah zwingend anmutende Konsequenz aus einer transatlantischen Universitätskarriere, die mit einer Dissertation an der École Pratique des Hautes Etudes bei Roland Barthes begonnen hatte, bevor sie nach verschiedenen Zwischenstationen in den frühen Siebzigern mit einem Ruf an die Columbia University ihre charakteristische Wendung nahm. In Manhattan kam Lotringer mit der Kunstwelt in Berührung. «Nach meiner Ankunft in New York war ich sehr beeindruckt, als ich bei Gesprächen mit Leuten wie John Cage oder Merce Cunningham merkte, wie sehr ihr Denken dem der französischen Philosophen Deleuze, Foucault, Guattari ähnelte.» Doch anstatt dieser Ähnlichkeit – wie etwa Lyotard – in Form von ästhetischer Theoriebildung nachzuspüren, beschloss Lotringer, sich den amerikanischen Künstlern «zur Verfügung zu stellen», weil er deren Arbeiten relevanter als die Texte der Pariser Links-Nietzscheaner fand.[40] 1975 holte er Foucault und Lyotard zusammen mit Deleuze und Guattari nach New York und ließ sie im Rahmen eines Symposions namens «Schizo-Culture» mit John Cage und William Burroughs über Wahnsinn und Gefängnisse diskutieren. Die Begegnung, an der zahlreiche weitere New Yorker Künstler und Akademiker, darunter auch der Kunsttheoretiker Arthur C. Danto, teilnahmen, war ein großer Erfolg – oder eine Riesenkatastrophe, wie die Gäste aus Frankreich zeitweilig anzunehmen schienen. Denn die Aktivisten, Patienten und ehemaligen Gefangenen, die zu Hunderten an die Columbia University strömten, verwandelten die meisten der Vorträge in einen nicht abreißenden Tumult. Guattari weigerte sich, sein Panel zu leiten, weil er den Saal voller «Mikrofaschismen» sah, und verschwand mit einem Teil der Zuhörer im Foyer. Foucault, dem das Publikum mit dem Vorwurf begegnete, für die CIA zu arbeiten, kam zu dem ambivalenten Schluss, die Konferenz stelle das Ende der *Sixties* dar.[41]

Mit *Sémiotext(e)*, 1974 als Zeitschrift für Semiotik gegründet, schuf sich Lotringer ein Organ, um den Austausch zwischen New Yorker Kunst und Pariser Theorie auf Dauer zu stellen. Im Lauf der Siebziger verwandelte sich das Blatt in ein großformatiges, unter Mitarbeit von Lotringers Künstlerfreunden gestaltetes Magazin, in dem Martine Barrat oder Kathy Acker Seite an Seite mit Deleuze oder Baudrillard publizierten. Als Format, um die Künstler zum Reden zu bringen, erfand der Herausgeber das Künstlerinterview. «Jede Ausgabe war eine Art ‹Theorie zu machen›, genau wie Künstler ‹Kunst machen›, indem gefundenes Material, verstreute Dokumente, Originalessays, Interviews, Fotografien, Zitate und so weiter zu dem kombiniert wurden, was Cage eine ‹non-relationship› und Deleuze und Guattari eine «disjunktive Synthese› nannten», hat Lotringer über *Sémiotext(e)* gesagt.[42] Auf diese Weise entstand eine andere Variante von *French Theory*, die nie in den Departments amerikanischer Universitäten gelandet ist. Den «Text-Fetischismus» eines Derrida oder Paul de Man, die die Theorie der Poesie annäherten, wies Lotringer als Akademismus von sich.[43] Sein Bezugssystem war nicht die Literatur, sondern die New Yorker Kunstszene, in der die Grenzen zwischen künstlerischer und theoretischer Produktion in den achtziger Jahren fließend wurden.

Mit künstlerischen Mitteln über die Natur der Kunst zu reflektieren – darin hatte das Selbstverständnis der Avantgarden bestanden.[44] Arthur C. Danto, der auf der «Schizo-Culture»-Konferenz zusammen mit Lyotard auf dem Podium saß, schrieb, «daß die Gegenstände bis zum Nullpunkt reduziert werden, während die Theorie bis ins Unendliche wächst, so daß es am Ende praktisch nur noch Theorie gibt und die Kunst sich zu dem blendenden Glanz der reinen Gedanken über sich selbst verflüchtigt hat».[45] Dieser Nullpunkt war spätestens mit der Konzeptkunst der sechziger Jahre erreicht, die sich weigerte, überhaupt noch Kunstwerke in die Welt zu setzen. «Jetzt ein Künstler zu sein, bedeutet, nach dem Wesen der Kunst zu fragen», schrieb Joseph Kosuth in seinem bereits zitierten Manifest aus dem Jahr 1969.[46] Nach einem halben Jahrhundert avantgardistischer Experimente hatte die Kunst endlich die Immaterialität von Theorie erreicht.

Die Theorie, die an der Wende zu den achtziger Jahren an die Stelle des Neomarxismus trat, sehnte sich dagegen nach der Materialität von Kunstwerken – als habe sie die Aura zurückerlangen wollen, die sie der Kunst unter Bezug auf Benjamin eigenhändig ausgetrieben hatte. Mit der Rückkehr zur Ästhetik, die den philosophischen Diskurs der achtziger Jahre prägt, ist dieses Crossover nicht zu verwechseln. Was sich auf den üppig bebilderten Seiten von *Traverses*, von *Tumult* und, vielleicht am deutlichsten, von *Sémiotext(e)* vollzog – oder vollziehen sollte –, war die Transsubstantiation von Theorie in Kunst.[47]

Auf den Brief, den Gente Lotringer geschrieben hatte, kam zunächst keinerlei Reaktion, ein paar Monate später dafür aber ein begeistertes Antwortschreiben, das auf den Austausch von Texten und auf zukünftige Zusammenarbeit drang. In der *Sémiotext(e)*-Redaktion liefen die Vorbereitungen für die nächste Ausgabe, die Deutschland nach der Zäsur des Deutschen Herbstes gewidmet war. Für die «Zukunft der Politik im Spätkapitalismus» schien Lotringer die deutsche Situation, zumal in ihrer Berliner Variante, von allgemeinem und insbesondere auch amerikanischem Interesse zu sein.[48] In seinem Brief an Gente schilderte er, worum es dabei im Einzelnen gehen sollte: «Beschreibung der alternativen Netzwerke, die Stellung der Frankfurter Schule innerhalb des deutschen politischen Klimas, die verschiedenen Kämpfe, die stattfinden, (Wohnungen, Atomwaffen) und ihre Eigenart im Vergleich zu den sechziger Jahren sowohl in Deutschland als auch in den USA, das Baader-Meinhof-Erbe und die Haltung der ‹Alternativen› zu dieser Art von Aktion, das Verhältnis zu Italien (Autonomia) und zu den französischen Theorien (Foucault, Deleuze/Guattari), die besondere Situation in Berlin, Politik und Kino etc.»[49] Um Material zu diesen Themen zusammenzutragen, benötigte Lotringer Partner vor Ort, zumal ihm die deutschen Verhältnisse nicht geläufig waren.[50] Die Merve-Verleger übernahmen diese Rolle. «Wir sind jetzt dabei, Kontakte zu möglichen Autoren für ‹Sémiotext(e)› aufzunehmen und wichtigere neuere Texte zu sammeln», schreiben sie bereits in ihrem nächsten Brief.[51] Lotringer hat sich später an den «Korb von Artikeln» erinnert, aus dem Gente wie ein Zauberer die passenden Beiträge gezogen habe: «Er wusste instinktiv, was gut sein würde, und die Auswahl an Autoren, die wir gemeinsam machten, ist vielleicht eine der besten, die man damals treffen konnte.»[52]

Beim Blättern im *German Issue* von *Sémiotext(e)* fühlt man sich tatsächlich ins Schöneberg des Jahres 1982 zurückversetzt, und das nicht nur, weil eine schwarz-weiße Fotostrecke das Heft in der Seitenmitte wie die Berliner Mauer durchzieht. Alle wichtigen Themen kommen vor: die Musik, die RAF, das Nazi-Erbe, die alternative Szene, das türkische Kreuzberg, das Berliner Nachtleben … Das Spektrum der Autoren reicht von Annette Humpe bis Hans Magnus Enzensberger, von Alexander Kluge bis Romy Haag und von Ulrike Meinhof bis Hans-Jürgen Syberberg. Die lokalen O-Töne, die sich in den Chor der Intellektuellen mischen, verleihen dem Band so etwas wie *street credibility*. Er wird durch Beiträge französischer Theoretiker sowie eine Reihe von Künstlerinterviews komplettiert, die für Lotringer auch diesmal eine zentrale Rolle spielten: Christo spricht von seinem Lebensprojekt, den Berliner Reichstag zu verhüllen. William Burroughs erklärt die Faszination des Terrorismus. Heiner Müller erzählt von seinen Zeitreisen in der S-Bahn zwischen Karlshorst und Charlottenburg.

Die Insel des Posthistoire

Zu den Überraschungen, die Peter Gente aus seinem Fundus zog und die ihren Weg in Lotringers Deutschlandheft fanden, gehört auch der zu Beginn dieses Buches zitierte Essay «Der Name Berlin» von Maurice Blanchot. Blanchot hatte ihn unter dem Eindruck des Mauerbaus verfasst und zum ersten Mal 1964 in der italienischen Literaturzeitschrift *il ménabo* veröffentlicht. Zwanzig Jahre später lasen Paris und Gente den nur wenige Seiten umfassenden Text als Zertifikat eines intellektuellen Standortvorteils. Daher fertigten sie zusätzlich zur englischen Fassung, die in *Sémiotext(e)* erschien, eine deutsche Übersetzung an und ließen sie als Sonderedition *hors commerce* unter ihren Lesern zirkulieren. Für Blanchot bedeutete Berlin ein Problem, das sich «jedem denkenden Wesen» stelle. In der Frontstadt des Kalten Krieges hatte er den Skandal einer existentiellen Differenzerfahrung erblickt. Er umschrieb sie wechselweise als leere Mitte und abwesendes Zentrum, als unmögliche Verständigung und aufgeschobenen Sinn. Berlin verwandelte sich in seinen Worten in die Metropole des Poststrukturalismus – eine philosophische Haltung, in Stein gebaut.[53]

Kein Wunder, dass Paris und Gente den Text für wichtig hielten. «Wir sind fast nie in Paris und leben gern in Berlin», schrieben sie, nicht ganz ohne Koketterie, in einem ihrer Briefe an Lotringer.[54] In ihrem Bekenntnis schwingt die Überzeugung mit, zur richtigen Zeit am richtigen Ort zu sein. Von Anfang an hatte ihnen die Mauerstadt mit ihren niedrigen Mieten und ihrer geneigten Leserschaft ein Auskommen als Linksverleger garantiert. Doch erst in den achtziger Jahren wurde sie zur Chiffre der Gegenwart. Das sprach sich nicht nur in New York, sondern auch in Paris herum. Deshalb bekamen die Verleger jetzt öfter Besuch von ihren Pariser Autoren. Insbesondere die Theoretiker der Postmoderne – Baudrillard, Lyotard, Virilio – scheint es nach Berlin gezogen zu haben. Das lag an den Einladungen ihrer ersten deutschen Leser.[55] Es lag aber auch daran, dass von der Stadt eine besondere Faszination ausging. Lyotard, der im Januar 1983 seine gerade auf Deutsch erschienene Gegenwartsdiagnose *La Condition postmoderne* im Seminar von Dietmar Kamper vorstellte, zeigte sich in jeder Hinsicht begeistert. Nach seiner Abreise ließ er Paris und Gente wissen, er habe in Berlin «die echte Avantgarde» erblickt.[56] Auf der Suche nach einer Antwort auf die Frage, was es war, das Lyotard in der Stadt so zeitgemäß fand, führt ein Hinweis von Heiner Müller weiter. Im Interview, das Sylvère Lotringer mit ihm für das *German Issue* führte, sprach er ausführlich über die geistige Atmosphäre von Berlin. Dabei war ein Motiv für Müller besonders wichtig: «Von hier aus kann man das Ende der Geschichte deutlicher sehen.»[57]

In seinem Buch *City of Quartz* ist Mike Davis der Frage nachgegangen, woher die Vorliebe der Intellektuellen von Los Angeles für dystopische Zukunftsentwürfe kam. Von der Boheme der zwanziger Jahre über die Exilanten der Kritischen Theorie bis zu den Autoren des *L.A. Noir* haben sie immer neue Versionen des urbanen Alptraums durchgespielt.[58] Offenbar gibt es Städte, die einen Denkstil prägen. Zu diesen Städten gehörte auch West-Berlin. Doch während Los Angeles seine Bewohner dazu inspirierte, sich ein düsteres Morgen auszumalen, provozierte Berlin ein ganz anderes Geschichtsgefühl. Es fiele schwer, einen Ort im sogenannten Nachkrieg auszumachen, der sich besser dazu geeignet hätte, den Glauben an die Zukunft zu verlieren.[59] Schon Gottfried Benn, der 1945 aus der brandenburgischen Provinz in die Ruine der Reichshauptstadt zurückgekehrt war, hatte den Eindruck nicht loswerden können, im Jenseits der Geschichte angekommen zu sein. Mit «Staubstürmen im Sommer» und «mannshohen Brennesseln auf den Trottoirs» erinnert sein Posthistoire an die ostelbische Variante eines überwachsenen Maya-Tempels. «Man wird hier noch eine Weile ideologische Draperien um politisch-historische Symbole ziehen», lautete Benns Prognose, «aber es ist eigentlich zu Ende. Etwas ist nicht mehr in Ordnung.»[60]

Mit den Draperien sollte er recht behalten. Im Kalten Krieg dekorierten die atlantischen Alliierten ihre Hälfte der Stadt zum «Schaufenster des Westens» um. Witold Gombrowicz landete 1963 auf einer Insel des Komforts, «deren Lebensstandard wohl höher liegt als in den Staaten». Doch zwischen den Neubauten ragten die zerschossenen Weltkriegsmonumente wie steinerne Zeugen in die Stadtlandschaft. Statt der kühlen Modernität, die die Planer intendierten, erlebte der Dichter ein heilloses «Durcheinander der Zeiten».[61] Die Tabula rasa, die Wolf Jobst Siedler zur selben Zeit in seinem Essay *Die gemordete Stadt* beklagte, schien gerade in Berlin nicht vollständig realisierbar zu sein.[62] Der Stadt, die sich finanziell von der Bundesrepublik aushalten lassen musste, fehlte Geld, um ihren Wiederaufbau voranzutreiben. Angesichts der Schatten der Vergangenheit stieß der Neuanfang in Berlin außerdem auch auf eine administrative Scheu.[63] Michael Rutschky schrieb, die Achtundsechziger seien nicht nur auf der Flucht vor der Wehrpflicht, sondern auch aus «quasi geschichtsphilosophischen Gründen» in die «Ruine der deutschen Geschichte» geströmt, weil deren zugige Leere und zerschossene Fassaden ein Mahnmal gegen die Geschichtsvergessenheit der Eltern bildeten.[64] Dass sie darüber hinaus auch ein Versprechen unverbauter Möglichkeiten enthielten, bezeugt die Vielfalt von alternativen Lebensentwürfen in der Mauerstadt. Doch lag das ebenso an den günstigen Lebensumständen. Die Achtundsechziger arbeiteten die Vergangenheit auf und glaubten an die Zukunft, und die hatte kein

Das Ende der Geschichte: Anhalter Bahnhof, 1980er Jahre

ausgeprägtes Lokalkolorit.[65] Erst in dem Maß, wie die utopischen Reserven zur Neige gingen, konnte West-Berlin wieder zur Allegorie des Zeitgeists werden. Das Ende der Geschichte ließ sich von hier aus besser sehen.

Wenn Gottfried Benn der Poet von Berlins Posthistoire war, dann wurde David Bowie zum Propheten seiner Postmoderne. 1976 übersiedelte er im Anschluss an eine Europatournee nach Schöneberg und spielte dort innerhalb von zwei Jahren drei Platten ein. In Los Angeles, seinem letzten Wohnsitz, hatte er sich bevorzugt in der Zukunft aufgehalten und als «Thin White Duke» von Milch und Kokain gelebt. In West-Berlin durchstöberte er dagegen die Requisiten des 20. Jahrhunderts. Er war vom Expressionismus, von den Nazis und von der Mauer fasziniert, die nicht nur zwei Territorien, sondern auch zwei Zeitkapseln voneinander trennte. Auf der Brache über dem ehemaligen Führerbunker soll er dabei beobachtet worden sein, wie er den Hitlergruß ausprobierte. Dabei handelte es sich aber weniger um eine politische Geste als um den Ausdruck eines veränderten Zeitgefühls. Zukunftsmüde, wie er nach Europa gekommen war, probierte Bowie in Berlin nur verschiedene Kostüme aus. Er betätigte sich als Trendsetter einer breiten Gegenwart, die das gesamte Jahrhundert umfasste. Die Ikonografie des Dritten Reiches diente ihm dabei nur als ein besonders drastisches Geschichtszeichen.[66]

In den Städten Westdeutschlands waren die letzten Kriegsschäden im Verlauf des vergangenen Jahrzehnts hinter Betonfassaden verschwunden. Berlins Baulücken, Brachen und Brandmauern traten im Kontrast umso deutlicher hervor.[67] In den achtziger Jahren wurden sie zum Gegenstand einer bald nostalgisch, bald apokalyptisch gestimmten Gegenwartsdiagnostik, die den Verlust der Zukunft und die Rückkehr der Vergangenheit an der Spur der Steine ablas. «Wie immer auf Berliner Diners wird ausschließlich und leidenschaftlich über Berlin gesprochen», notierte der Kultursoziologe Nicolaus Sombart, der als Fellow des Wissenschaftskollegs das akademische Jahr 1982/83 im Grunewald verbrachte. «Tote, kaputte, kranke Stadt oder interessanteste, zukunftsreichste Stadt Deutschlands, ja West-Europas, Experimentierfeld, Laboratorium, ‹Utopia›.» In seinem Tagebuch lässt sich im Detail verfolgen, wie der lokale Denkstil von ihm Besitz ergriff: «Erst jetzt geht mir der Diskurs von der ‹Postmoderne› auf», trug er nach sieben Monaten ein.[68]

Immer Ärger mit Duchamp

Sombarts Konversion vollzog sich als Gesellschaftsspiel, zwischen Ausstellungseröffnungen, langen Nächten und erotischen Eskapaden. Doch besaß sie auch eine akademische Adresse in Gestalt der Lehrveranstaltungen von Dietmar Kamper. Seit 1979, dem Jahr, in dem das Pilotheft von *Tumult* erschien, bekleidete Kamper einen Lehrstuhl für Soziologie an der Freien Universität. Im Sommersemester

1982 und im darauffolgenden Wintersemester bot er zusammen mit Jacob Taubes ein Seminar zur «Ästhetik des Post-Histoire» an. Die Veranstaltung hätte – in Deutschland – damals nirgendwo anders stattfinden können. Während in Frankfurt die Vorbereitungen für eine große Adorno-Konferenz liefen, brach in Berlin die Postmoderne an.[69] Von Baudrillard bis Benn, von Lyotard bis Gehlen, von Spengler bis Kojève wurden sämtliche Stichwortgeber begutachtet, die in Frage kamen. Lyotard und Derrida erschienen für Gastvorträge sogar persönlich in Berlin. Als «Ortsbestimmung der Gegenwart», wie Jacob Taubes formulierte, war das Seminar ein Theorie-Ereignis, das nicht nur Studenten anzog.[70] Genau wie Sombart pilgerten auch Paris und Gente nach Dahlem, um über das Ende der Geschichte zu diskutieren. Schließlich erschienen viele der behandelten Autoren – inklusive des Veranstalters – in ihrem Verlagsprogramm.

Den Horizont steckte eingangs Taubes ab, der sich darauf beschränkte, eine Fußnote von Alexandre Kojève zu kommentieren, die in der Suhrkamp-Ausgabe nicht enthalten war. Schon vor dem Krieg hatte Kojève den Anbruch des Posthistoire in seinen berühmten Vorlesungen über Hegels *Phänomenologie des Geistes* aus dessen Schriften deduziert. Doch erst in den fünfziger Jahren war er diesem Zustand auf einer Dienstreise nach Japan tatsächlich begegnet. Nicht in der Sowjetunion Stalins und auch nicht im Überfluss der amerikanischen Konsumgesellschaft, wie er zunächst angenommen hatte, sondern im Ästhetizismus der japanischen Oberschicht war die Geschichte in seinen Augen an ihr Ende gelangt. In der Existenz einer Klasse, die sich aller inhaltlichen Überzeugungen entledigt hatte, um in einer Sphäre vollendeter Verfeinerung zu existieren, erblickte Kojève die Möglichkeit des Snobismus für jedermann. Die «Japanisierung der Okzidentalen» erschien ihm daher unausweichlich. Walter Benjamin hatte die Ästhetisierung der Politik im Faschismus diagnostiziert. Jacob Taubes, der die Konsequenzen von Kojèves lakonischer Japan-Fußnote ausformulierte, diagnostizierte die «Ästhetisierung der Wahrheit» im Posthistoire. Nach dem Ende der sachlichen Auseinandersetzungen könne sich Geschichte nur noch im Modus des «als ob» vollziehen. In dieser Situation werde das ästhetische Urteil für alle Arten des Urteilens zum Modell. Taubes verfolgte diese Tendenz bis zu Kant zurück. Die Verwandlung von Theorie in Kunst, die sich im Berlin der Gegenwart abzeichnete, hätte er seiner Tour d'Horizon als letztes Kapitel anhängen können.[71]

Sie war auch im Seminar deutlich zu bemerken. Eine Theorie des Posthistoire zu erarbeiten, musste zugleich bedeuten, mit der Form der Theorie zu experimentieren. Zumindest traf das für den Kamper-Flügel zu, der das «wilde Denken» praktizierte.[72] Im Grunde stießen in Gestalt der beiden Dozenten die alten und die neuen deutschen Geisteswissenschaften aufeinander. Während Taubes seine geschichtsphilosophischen Bögen spannte, bemühte sich Kamper, die großen Erzählungen zu liquidieren. Für die Ästhetisierung der Wahrheit gab er insofern das beste Beispiel ab.[73] Im Verlauf der Veranstaltung kam die Frage auf, «ob das Colloquium zur Ästhetik des Posthistoire selbst als Kunstproduktion in progress zu betrachten sein werde».[74] Unter den Teilnehmern herrschte darüber keine Einigkeit. Die Spannungen, die zwischen den unterschiedlichen Sprachspielen entstanden, entluden sich gegen Ende des Semesters in einer Sitzung, die Marcel Duchamp gewidmet war.

Auf Empfehlung von Peter Gente hatte Kamper Bruno Hoffmann eingeladen, einen Duchamp-Spezialisten aus Hannover, der wenig bekannte Texte des Künstlers aus den zehner Jahren ins Deutsche übersetzte.[75] Zu einer Diaprojektion des *Großen Glases*, an dem Duchamp zur selben Zeit gearbeitet hatte, trug er diese Schriften den Seminarteilnehmern vor. Doch obwohl es sich um absurd verrätselte Künstlertexte handelte, hatte Hoffmann weder einen Kommentar noch eine anschließende Diskussion vorgesehen. Offenbar betrachtete er seinen Vortrag selbst als künstlerische Performance. Als nach einer Stunde immer noch kein Ende absehbar war, entspann sich folgende Diskussion, die man im Wortlaut wiedergeben muss, weil sie die Verwirrung, die zwischen Theorie und Kunst eingetreten war, aufs Schönste vor Augen führt:

«Faber: Darf man fragen, wie lang das dauert? (Hoffmann fährt fort)
            Man weiß doch nun, wo der Hase langläuft … (Hoff-

mann fährt fort, Zwischenrufe ertönen; nach kurzer Pause setzt Faber neu an)

Kann man doch in Berlin jeden Abend hundertfach sehen.

(Hoffmann lässt sich nicht stören und fährt fort)

[...]

Bolz: Zuerst einmal: Vielen Dank an Faber. Ich hatte eine Stunde lang Alpdruck, von dem mich Faber befreit hat. Soweit ist es also gekommen, daß die Avantgarde – und es war einmal Avantgarde – zum Alptraum wurde.

Faber: Der Surrealismus ist tot.

Lewitscharoff: Würde ein dicker Sachse diesen Vortrag in sächsischer Mundart vortragen, wäre es gut. Es liegt am Vortragskünstler.

Lipowatz: Das Liebesbenzin ist ausgegangen.

Kamper: Nein, lustig war es nicht …

Wulf: Der Alpdruck war doch offenbar Bestandteil der Aufführung. Die Bedeutung soll noch festgestellt werden; man sollte den Vortrag bis zum Ende ertragen können.

X: Man muß Faschismus auch nicht bis zum Ende ertragen …

Bolz: Der Surrealismus hat inzwischen Narkosefunktion. Wir sind nicht im Museum. Adorno – (Gelächter, der Satz bleibt unverständlich) Surrealismus – das zeigt mir dieser Vortrag glasklar – ist endgültig überholt. Nur ausgeflippte Theorielose können sich daran noch aufgeilen.

Hoffmann: Was hat mein Vortrag mit Surrealismus zu tun?

Kamper: Also ich hörte es als einen alchimistischen Diskurs.

Hoffmann: (macht das Licht wieder aus, hebt zur Rede an, das Licht wird wieder eingeschaltet, kurzes an/aus-Spiel, er fährt mit dem Vortrag fort)

Thiessen: Licht an oder aus! (Wieder Gerangel um das Licht, einige Teilnehmer verlassen den Raum)

Hoffmann: (schaltet das Licht aus; nach weiterem Gerangel gelingt es ihm, das Licht einige Zeit ausgeschaltet zu lassen und fortzufahren. In der hinteren Ecke des Raumes wird das

Licht wieder eingeschaltet, ein kräftiger, bärtiger Student steht auf und bedroht denjenigen, der das Licht einschaltete. Es entsteht ein Augenkampf, den der Bärtige schließlich verliert und sich mürrisch trollt. In der Umgebung wird erregt diskutiert.)

Diskussionsfetzen: Du Opa!

Du kannst doch in den Osten gehen ...

Du bist ja kindisch ...

Hoffmann (es gelingt ihm erneut, das Licht kurz auszumachen. Er fährt fort, Unruhe und Gemurmel im Saal)

[...]

Der bärtige Student: Wir haben schlechte Laune – außerdem ist die Zeit sowieso bald vorüber ...

Hoffmann: (hält mutig durch)

Bolz: (steht auf, geht zum Diaprojektor) Ich bin der Veranstalter! (zieht den Netzstecker hinaus)

Ein Zuhörer: Das ist Terror!

Althaus: Ja, nur was ist denn nun Terror? Ich meine, darüber sollten alle reden.

Hoffmann: (steckt den Netzstecker wieder ein)

Lewitscharoff: Ein Dozent sollte entweder schön, klug oder witzig sein. Dieser war nichts davon.

A. Dill: Wir haben in diesem Colloquium schon weit langweiligere Vorträge erlebt, und niemand zog den Stecker hinaus. Warum gerade hier?

Kamper: Ich glaube, daß das, was hier geschieht, mit den Inhalten zu tun hat. Wieso soll das Surrealismus sein? Es ist eine neue Art, über Alltägliches zu reden. Sicher, eine ungewohnte Art – aber ich verstehe nicht, warum das Herrn Bolz gleich soviel Angst macht?

Bolz: 1913 war so ein Vortrag ein Skandal; Jetzt ist er es nicht mehr ...

Zuhörerin: Mein Magen reagiert darauf.

Zuhörerin: Die Theorie hat Angst vor ihrer Entmachtung, und kann deshalb nicht einmal 2 ½ Stunden zuhören ...

Lipowatz: Was hier passiert, ist der lückenlose Terror der Sinnfindung in der Universität. Man kann es nicht ertragen, daß der universitäre Diskurs unterbrochen wird. Gerade daß dieser Vortrag keinen erkennbaren Zusammenhang zeigt, ist eine angenehme Pause für den Diskurs.

Hoffmann: Glauben sie mir, es ist sehr ungesund, meinen Vortrag nicht bis zu Ende zu sehen …

Zuhörerin: Hoffmann hat sich uns entzogen – in einer autistischen Art und Weise. (weitere Kurzbeiträge werfen ihm Verweigerung, Ignoranz und Egoismus vor)

Hoffmann: Ich habe diese Texte ins Deutsche übersetzt; sie sind die Einzigen, die es auf der Welt gibt. Sie sind das Produkt einer 80 Jahre lang verschollenen Arbeit. Ich bin 4 Jahre durch diese Texte hindurchgegangen.

Zuhörerin: Und nun ist es ihre Bibel …

Kamper: Es fiel der Begriff ‹Verweigerung›; worin besteht bei diesem Vortrag die Verweigerung?

Zuhörerin (blond): Es hätte Gelegenheit zu Fragen geben sollen.

Kamper: Aber er spricht doch. Er spricht nur nicht über das Sprechen; das sollte erlaubt sein. Darin besteht doch keine Verweigerung.

Lewitscharoff: … aber eine Talentfrage.

Althaus: Es war nur zu lang … Es ist absurd, den Teilnehmern Angst um ihre Theorie vorzuwerfen.

Zuhörer: Die Sprache von Hoffmann war überhaupt nicht langweilig, sondern poetisch. Sie wurde eben nicht aufbereitet. Hier steht Individualität gegen kollektiven Terror.

Alioko: Ich bewundere, wie aggressiv und mit wieviel Ernst diese Veranstaltung aufgenommen wurde.

Bolz: Aus Spontanität darf kein Programm werden – das wäre wirklich nur noch lächerlich.

Kamper: Es ist ja durchaus auch gelacht worden …

Zuhörerin: Man muß auch bei langweiligen Vorträgen das Recht zur Unterbrechung haben.

Zuhörer: Sicher, die Spontanität ist nicht mehr einzuholen, aber so ein Vortrag ist immer noch besser, als ein theoretisches Referat. Es war doch eine praktische Rekonstruktion eines Ereignisses. (Hoffmann bietet ausgewählten Personen Salz an) Der Text war herrlich.

[…]

Bolz: Ab damit ins Museum.»[76]

10. Preußentum und Spontaneismus

Für Peter

".... Wir nähern uns dem
Geheimnis ...."

Paris '83 im September

In den achtziger Jahren wanderte die Theorie in den White Cube der Galerien ab, wo sie sich bis heute am wohlsten fühlt. Die «Ästhetisierung der Wahrheit», die Jacob Taubes als Signatur des Posthistoire diagnostizierte, ging aber mit einem weiteren Trend einher, der ihr nicht mehr unbedingt verwandt erscheint. Die Relevanz der Kunst wuchs im gleichen Maß wie das Interesse an rechten Denkern – als hätten beide damals automatisch zusammengehört. Das Zurücktreten ideologiekritischer Verbindlichkeiten reicht nicht aus, um diese Koinzidenz zu erklären. «Die Linken fangen jetzt an, die Rechten zu lesen», hatte Peter Gente Foucault schon im Oktober 1977 über die Lage in der Bundesrepublik aufgeklärt. «Es gibt einige Linke, die merken, dass man das gebrauchen kann.»[1] Die Vorliebe für Autoren, die noch vor kurzem als Reaktionäre auf dem Index gestanden hatten, artikulierte sich in den gleichen Foren wie der neue Bilderhunger. Im Schatten der Frankophilie brach sich auch in den Diskussionen der *Tumult*-Gruppe eine Sehnsucht nach heimischen Tönen Bahn. «So sehr uns die französische Philosophie beeindruckt», heißt es in einem der Konzeptpapiere: «Wir wollen den abgekappten Leitungen unserer Verklemmungen nachgehen.»[2] Diese Leitungen führten aus den Städten in die westdeutschen Mittelgebirge, in denen die Intellektuellen Zuflucht gefunden hatten, die in den Bann des Nationalsozialismus geraten waren. Zu ihnen gehörte Ernst Jünger, der am Südrand der Schwäbischen Alb im Forsthaus der Stauffenbergs in Wilflingen saß.

Von Paul Virilio zu Jünger war es nur ein kleiner Schritt. Typisch für die späten Siebziger, kehrten in Virilios Texten Positionen des heroischen Nihilismus zurück. In seiner Faszination für den «ursprünglichen Unfall» hallte der Geschwindigkeitsrausch der Futuristen nach. Die Geschichte der Katastrophen, die er zum Programm

Vorangehende Doppelseite: *Ernst Jünger, Auf den Marmorklippen, Hamburg: Hanseatische Verlagsanstalt 1939* erhob, erinnert an den Prometheus-Mythos der Zwischenkriegszeit, so wie ihn Jünger in seiner Schrift *Der Arbeiter* entworfen und später in seinem *Waldgang* den veränderten Gegebenheiten angepasst hatte, in dem er für die moderne Zivilisation das Bild der *Titanic* fand: «Hier stoßen Licht und Schatten grell zusammen: die Hybris des Fortschritts mit der Panik, der höchste Komfort mit der Zerstörung, der Automatismus mit der Katastrophe, die als Verkehrsunfall erscheint.»[3] Auch in Virilios Konzeption war nicht die Arbeit – wie die Marxisten meinten –, sondern die Technik der Motor der Moderne; nicht die Produktion, sondern die Zerstörung trieb in seinen Augen den Weltlauf voran. «Die Modernität taucht nicht auf als Filiation, wie Foucault sagen würde, als Genealogie. Sie taucht nur auf als Überraschung, Zufall, Unfall. Daher die Absage an die Bibliotheken, es sei denn, man fischt sich aus ihnen wie aus Abfalleimern Stücke von Frauen, Stücke von Lastwagen, Vaubans und Fliegenden Festungen.»[4] Ganz nebenbei enthält diese Passage auch eine Kritik am Habitus der Gelehrsamkeit, die ebenfalls bei Jünger stehen könnte. «Nichts ist lehrreicher», hatte der 1932 im *Arbeiter* geschrieben, «als eine Viertelstunde an einer Straßenkreuzung zu stehen.»[5]

In der *Zeitschrift für Verkehrswissenschaft* ist Jünger als Oberton vernehmbar. Man meint, seine Sprache aus den Titeln geplanter und erschienener Nummern herauszuhören: «Schulen der Eliten», «Wälder», «Die Metastasen staatlicher Libido», «Der Planet» …[6] Auf der poststrukturalistischen Welle reitend, kultivierten *Tumult*-Autoren nichtsdestotrotz einen raunenden Sound. «Die enge Zusammenarbeit mit Ausländern soll uns nicht davon abhalten, auch mit deutschen Traditionen und Experimenten zu arbeiten», schrieb Walter Seitter.[7] Für das Heft über «Wälder» plante die Redaktion, gemeinsam mit Jünger einen Waldgang zu unternehmen.[8]

1978 hatte Karl Heinz Bohrer seine Studie über Jüngers *Ästhetik des Schreckens* veröffentlicht. 1982 erhielt Jünger den Frankfurter Goethepreis. Nach Jahren des politischen Verdikts erlebte der «fürchterliche Apothekersohn aus dem Hannoverschen», wie Helmut Lethen schrieb, seine literarische Rehabilitierung.[9] Heidi Paris schenkte ihrem Lebensgefährten damals eine Ausgabe von Jüngers Schlüsselroman *Auf den Marmorklippen*. Selbst Joschka Fischer, der 1982 den Grünen beitrat, schlug sich in dem Streit, der um die Verleihung des Goethe-preises entbrannte, im linken *Pflasterstrand* auf Jüngers Seite. In seiner Apologie erinnerte er an dessen Lesarten als Geheimtipp der Kultur-revolution: «Je militanter sich die Revolte gestaltete, je mehr der ‹Kämpfer›, der ‹Fighter› in den Vordergrund trat, desto sinnfälliger wurden die Parallelen. Später, als längst die ‹Subjektivität›, die ‹Poli-tik der ersten Person› angesagt war, da las man wiederum Ernst Jünger, diesmal den Drogen-Jünger. Und noch später, als der Klas-senkampf endgültig Don Juan oder fernöstlicher Erleuchtung gewi-chen war, da starrte das neulinke Dritte Auge auf den kosmischen Jünger, von Jüngers Affinität zur vorindustriellen Welt und seiner Zivilisationskritik ganz zu schweigen.»[10]

Krieg im totalen Frieden

An Jüngers Zivilisationskritik hatten die Verkehrswissenschaftler in-dessen kein Interesse. Genauso wenig ließen sie sich von seinen Bü-chern faszinieren, weil sie noch bereit gewesen wären, in den politi-schen Kampf zu ziehen. Sie lasen ihn als aristokratischen Anarchen und Diagnostiker des Posthistoire. Der Krieg, von dem er einmal behauptet hatte, er sei die Achse, um die alles schwinge, interessierte sie eher als ästhetisches Phänomen.[11] Heiner Müller, der Jünger in den achtziger Jahren in Wilflingen besuchte, zählte ihn – genau wie sich selbst – zu den «Katastrophenliebhabern» und erachtete das als Grund für ihr gutes Einvernehmen. Bevor Jünger die Chance gehabt habe, Frauen kennenzulernen, sei der Krieg an die Stelle des Sexus getreten. In dieser biografischen Prägung erblickte Müller – ähnlich wie Klaus Theweleit – ein «Jahrhundertproblem».[12] Für Jüngers neue Leser könnte man die Konstellation versuchsweise umkehren: Nach der sexuellen Befreiung, deren Rhetorik für die Generation der Acht-undsiebziger zu Folklore, wenn nicht zu Nötigung heruntergekom-men war, erwachte das «Phantasma des Militärischen» zu neuer Kraft. Im «totalen Frieden», den Virilio als Wesen der nuklearen Abschreckung ausmachte, vermochte es als verdrängte Wahrheit zu faszinieren.[13] Die Versuche, Kultur vom Krieg her zu analysieren, denen man in den achtziger Jahren so zahlreich begegnet, sind daher ebenso als Reaktion auf das Abebben des Freudo-Marxismus wie auf das Erstarken der Friedensbewegung zu verstehen.

Ihre theoretischen Bezüge reichen weit in die deutsch-französische Geistesgeschichte zurück. Ulrich Raulff, der der soldatischen Tugend des «Schneids» in *Tumult* einen zeitdiagnostischen Exkurs widmete, hatte 1976 als DAAD-Stipendiat am Collège de France miterlebt, wie Foucault in seiner Vorlesung den preußischen Militärtheoretiker Clausewitz auf den Kopf stellte, wenn er behauptete, Politik sei die Fortführung des Krieges mit anderen Mitteln: «Der Krieg ist der Motor der Institutionen und der Ordnung. Man muß unter dem Frieden den Krieg herauslesen.»[14] Mit anderen Worten stand in Virilios Büchern genau dasselbe. Die Art von Kulturanalyse, die seine Leser in der friedlichen Bundesrepublik propagierten, sollte dem «Militärischen an uns» endlich Rechnung tragen – aber nicht mehr in der abstrakten Variante des Klassenkampfs.[15] Als Linkshegelianer waren die Marxisten nicht vom Krieg, sondern von der Arbeit ausgegangen; daher räumten sie der Sphäre der Wirtschaft den Vorrang ein. In der Historie, die Foucault und Virilio rekonstruierten, spielte die Gewalt dagegen eine grundlegendere Rolle als das Produzieren.

In seiner Vorlesung verfolgte Foucault die Ursprünge seiner kriegerischen Geschichtsauffassung bis ins 17. Jahrhundert zurück. Ihre maßgeblichen Anstöße sind aber in der jüngeren Vergangenheit zu suchen. Zu ihnen gehört Alexandre Kojève, der Theoretiker des Posthistoire, der die Pariser Intellektuellen in den dreißiger Jahren mit Hegel bekannt gemacht hatte.[16] Mit dem idealistischen Philosophen, der den Geist dabei verfolgte, wie er im Lauf der Jahrtausende zu sich selber kam, hatte Kojèves Hegel allerdings wenig zu tun. Eher ähnelte er einem Anthropologen der Gewalt *avant la lettre*, der unter dem Frieden den Krieg herauslas. Aus der Geschichte, wie sie Hegel in der *Phänomenologie des Geistes* entwickelt hatte, machte Kojève den Kampf der Menschen um Anerkennung. In diesem Kampf waren immer erst Unterwerfungen nötig, bevor die stabilen Verhältnisse des Ökonomischen einkehren konnten. Im Zentrum seiner Hegel-Interpretation stand daher das Kapitel über die Dialektik von Herr und Knecht.

Bei seinen Hörern – zu denen Georges Bataille, Jacques Lacan und Pierre Klossowski gehörten – löste Kojève mit seiner Vorlesung Begeisterung aus. Er stellte Hegel nicht philologisch kalt, sondern bezog ihn auf die aktuelle Weltlage. Seine anthropologische Perspektive sprach die Vertreter der Durkheim-Schule an.[17] Und nicht zuletzt ließ sich sein Hegel gut mit Nietzsche verbinden, dessen Rezeption in Frankreich zur selben Zeit einen ersten Höhepunkt erlebte. Auch bei Nietzsche standen sich Herren und Sklaven gegenüber. Auch Nietzsches *Genealogie der Moral* erzählte eine Geschichte von fortwährender Gewalt.[18] Ihr Echo ließ sich 1976 bei Foucault vernehmen.[19] Seit Kojève und seit Nietzsche zieht sich die Reflexion über den Krieg als Wahrheit der Geschichte wie ein Basso continuo durch den Diskurs der französischen Intellektuellen. Die «Kriegsmaschinen», die Deleuze den «Staatsapparaten» entgegensetzte, oder die «kriegswissenschaftliche Analyse der Kultur», die Michel de Certeau in seiner *Kunst des Handelns* propagierte, geben dafür ebenso gute Beispiele ab.[20]

In den dreißiger Jahren war diese «brutale Auffassung von Geschichte» aus Deutschland nach Frankreich gewandert.[21] In den achtziger Jahren kehrte sie aus Paris nach Berlin zurück. In einem Beitrag für *Tumult* interpretierte Ulrich Raulff die Disco als Kampfgetümmel.[22] Im *Archiv für Begriffsgeschichte* deckte der Merve-Autor Hannes Böhringer die militärische Herkunft der Avantgarde-Metapher auf.[23] Die größte Ausstrahlung vermochte dem heraklitischen Paradigma hierzulande allerdings Friedrich Kittler zu verschaffen. Eine Generation von Schülern hat seit den achtziger Jahren aus seinen Büchern gelernt, dass alle Technik im Krieg geboren und dass insbesondere die Unterhaltungsindustrie als «Mißbrauch von Heeresgerät» anzusehen ist.[24]

Machiavelli im Sauerland

Die *Tumult*-Redaktion, die die «abgekappten Leitungen» in die deutsche Geistesgeschichte zurückverfolgen wollte, landete nicht nur in Wilflingen, sondern auch in Plettenberg im Sauerland bei dem

Staatsrechtler Carl Schmitt. Für linke Suchbewegungen nach dem Abflauen der marxistischen Konjunktur war er noch ergiebiger als Jünger. Anders als der Dichter, der den «Kampf als inneres Erlebnis» geschildert und sich später in der kosmischen Gelassenheit seines Spätwerks eingerichtet hatte, war Schmitt kein Literat, sondern Theoretiker. Er teilte den «maßlosen Glauben an die Idee», der den Erben der Studentenbewegung so geläufig war.[25] Intellektuelle, «die im Geklapper liberaler, linker und spontaneistischer Gebetsmühlen verstummt sind und den Kontakt zueinander verloren haben», wie Frank Böckelmann den Kreis der Verkehrswissenschaftler charakterisierte, führten seinen Namen wie eine geheime Losung im Mund.[26] Nicolaus Sombart, der selber an einem Schmitt-Buch arbeitete, stolperte 1982 in West-Berlin auf Schritt und Tritt über Schmitt-Interessierte mit Publikationsplänen. «Ich muß mich also ranhalten», notierte er, «und erst meinen Carl Schmitt beenden, sonst geht es mir wie Scott bei der Entdeckung des Südpols.»[27] Mit Schmitts Politikbegriff ließ sich die Hegemonie der Sozialwissenschaften zurückdrängen.[28] Im Licht seiner katholischen Geschichtsphilosophie entpuppte sich die Zukunft als gestundet. Eine Theorie, die vom Feind und vom Krieg aus dachte, stieß bei Lesern Foucaults und Virilios auf offene Ohren. Und nach den Schlangenlinien der Dialektik verhieß ihr Dezisionismus neue intellektuelle Energie. Daher findet man sie auch in den Analysen der Verkehrswissenschaftler wieder. Schmitts Begriffe prägen die Seiten von *Tumult* wie geheime Wasserzeichen. Der Katechon, der das Ende der Welt verzögert? Für Walter Seitter nichts anderes als ein Synonym des Begriffs Struktur.[29] Die Absenz des Soldatischen in der nuklearen Todeszone? Für Ulrich Raulff ein Symptom für den Siegeszug des irregulären Krieges.[30]

Peter Gente stellte sich damals die Frage, «warum ich einen Autor wie C. S. so gern lese» – und zwar nicht erst seit den achtziger Jahren.[31] Im Zuge seiner ausgedehnten Lektüren war er schon früh auf den Staatsrechtler aufmerksam geworden. Seine Initiation dürfte die *Theorie des Partisanen* gewesen sein, mit der sich Schmitt 1963 aus seinem innerdeutschen Exil in der politischen Aktualität zurückgemeldet hatte. Über das Weltgeschehen bestens informiert, hatte er die historischen Linien zurückverfolgt, die von Mao über Lenin bis zum

Partisanenkampf gegen Napoleon reichten, den die Spanier praktiziert und die Preußen theoretisch durchdrungen hatten. Aus der Tiefe des geschichtlichen Raumes kommend, stellte er den Vietnamkrieg in seinen universalhistorischen Bedeutungshorizont.[32] Dass ausgerechnet ein Reaktionär den Guerillero zur «Figur des Weltgeistes» stilisierte, brachte die Frontlinien durcheinander.[33] Eigentlich hätte Schmitts Theorie von links kommen müssen. Nicht lange nachdem er mit ihr an die Öffentlichkeit getreten war, begannen die Achtundsechziger, «Ho, Ho, Ho Chi Minh» skandierend durch die Innenstädte zu ziehen; bald darauf diskutierten sie das Konzept der Stadtguerilla. Der stille Experte, der nicht von Che Guevara, sondern von Gneisenau und Clausewitz sprach und die Überzeugung äußerte, sein Buch hätte «von keinem anderen Punkt aus als von Preußen» geschrieben werden können, wird vielen von ihnen zunächst entgangen sein.[34] Doch spätestens, seitdem er 1970 in einer bei Hanser erschienenen Anthologie mit dem Titel *Guerilleros, Partisanen. Theorie und Praxis* als kundiger Gesprächspartner des Maoisten Joachim Schickel aufgetreten war, kann er kein Geheimtipp mehr gewesen sein.[35] Während der siebziger Jahre tauchen seine Schriften im erweiterten Lektürepensum der K-Gruppen auf.[36] Für manchen Kader, der darauf brannte, sich in den ideologischen Weltbürgerkrieg zu werfen, bedeuteten sie eine gedankliche Etappe auf dem Weg in die Militanz. Ebenso «schneidend-rational» wie «apokalyptisch-fiebrig» beschworen sie ein «Klima der Dezision» herauf, das den bundesrepublikanischen Alltag mit Bildern eines Ausnahmezustands überblendete, der jederzeit eintreten zu können schien.[37] Wer seine intellektuelle Existenz auf das Axiom des Klassenkampfes gründete, konnte bei Schmitt überdies erfahren, dass der Akt der Feinderklärung eine politisch essentielle Handlung, ja eine anthropologische Konstante war.[38]

Auch wenn seine Texte in manchen Teilen des linken Spektrums schon vorher kursierten, setzte Schmitts eigentliche Wiederentdeckung jedoch erst in den achtziger Jahren ein. Sämtliche Versuche aus dieser Zeit, den Reiz seines Theorieangebots zu ergründen, betonen die Überdeterminierung seiner Sprache, von der eine Aura der Gefahr ausging. Nicolaus Sombart, der Schmitt noch vor dem Krieg in seinem Elternhaus im Grunewald kennengelernt hatte, bemühte sich, das «Oszillieren zwischen begrifflichem Diskurs und Bilderzauber» in seine Elemente zu zerlegen.[39] Armin Mohler behalf sich mit dem in der Kunstgeschichte vorgefundenen Terminus der «Kern-Exaktheit», der zugleich die Unschärfen an den Begriffsperipherien implizierte.[40] Günter Maschke, ein Renegat der Studentenbewegung, der sich im Lauf der siebziger Jahre in einen überzeugten Schmittianer verwandelt hatte, meinte, seine Augen vor der bereits oben zitierten «überintensiven Helle» schützen zu müssen, «in deren Licht die untersuchten Gegenstände vieldeutig zu flimmern beginnen».[41]

Auch für Peter Gente war Schmitts Sprache ausschlaggebend: «Er kann wahnsinnig gut schreiben, besser als Heidegger und Jünger zusammen.»[42] Darüber hinaus faszinierte ihn Schmitt als *penseur maudit*, den er sich nicht scheute in eine Reihe mit Giordano Bruno, Spinoza und de Sade zu stellen: «Solche Denker liebe ich. Und es gibt gegenwärtig nur ganz wenige davon.»[43] Gentes Liebeserklärung folgt hier der Selbststilisierung eines Mannes, der seinen biografischen Bruch nach 1945 durch die Identifizierung mit berühmten Opferfiguren verarbeitete. Sein Haus im Sauerland nannte er «San Casciano» – in Anspielung auf Machiavellis Verbannungssitz. Zu Beginn der Achtziger, als seine Renaissance einsetzte, lebte Schmitt noch als anwesender Abwesender in dieser Versenkung. Gerüchte von geglückten Kontaktaufnahmen, von beantworteten Briefen und geheimen Gesprächen kursierten unter Eingeweihten.[44] Auch Walter Seitter schickte seine Habilitationsschrift, in der er die Transformationen des Politischen seit dem Mittelalter untersuchte, nach Plettenberg. Die Antwort weiß er bis heute zu zitieren. Von Jacques Lacan, der neben Foucault eine wichtige Referenz darstellte, hatte Schmitt noch nie gehört.[45]

Nicolaus Sombart war von der Prominenz frappiert, die Schmitt in Berliner Intellektuellenkreisen im Jahr 1982 genoss. Während seiner Zeit am Wissenschaftskolleg schrieb er seine Erinnerungen an ihre Begegnung in den dreißiger Jahren nieder. Auf langen Spaziergängen durch den Grunewald hatte der väterliche Freund ihn damals in sein Denken initiiert. «Er fühlte sich als Geheimnisträger», notiert Sombart, «als ‹Eingeweihter› im gnostischen Sinne.» In seinen Memoiren malte er das Charisma eines intellektuellen Verführers aus, der, aus dem Fundus seiner immensen Belesenheit schöpfend, nach der Matrix der Weltgeschichte suchte. In jedem Buch, das er seinem Schüler in die Hand legte, ging es darum, den versteckten Schlüsselsatz zu finden. «*Arcanum*», schreibt Sombart, «war eines seiner Lieblingsworte.»[46]

Die Wilde Akademie

Es war das Schlagwort einer geistigen Existenz, die keine Öffentlichkeit suchte. Für die Intellektuellen im Umkreis des Merve Verlags stellte es eine verlockende Alternative dar. Seit Mitte der Siebziger hatten sie versucht, die Hierarchien der Repräsentation abzuschaffen, indem sie eine Theorie propagierten, die nicht im Namen von anderen sprach. Der *Anti-Ödipus*, der ihre Bemühungen fünf Jahre lang als Vademekum begleitete, war an Kinder, ja selbst an Analphabeten adressiert. Doch nachdem irgendwer auf die Idee gekommen war, eines der Treffen mit einer Videokamera aufzuzeichnen, fiel die Lesegruppe 1981 beinah über Nacht auseinander. Beim Betrachten des Materials stellte sich Befremden ein. Die Praxis des intensiven Lesens wirkte plötzlich nicht mehr zeitgemäß.[47] Die Anmaßung der Avantgarden abzulehnen, musste jedoch nicht zwangsläufig heißen, den Diskurs über seine Ufer treten zu lassen; es konnte auch bedeuten, mit Absicht obskur zu sein.[48] «Die Initiativgruppe versteht sich nicht als Avantgarde, die auf irgendwelche Zielgruppen einwirkt», hatten die Verkehrswissenschaftler in ihrer Gründungsphase formuliert. «Wir sehen uns keiner ÖFFENTLICHKEIT gegenüber, die sich aus dem gemeinsamen Räsonnement intellektueller Repräsentanten komponiert.»[49] Daher redigierten sie ihre Zeitschrift mit dem Rücken zum Publikum.[50] Auch Peter Gente kam im Lauf der achtziger Jahre zu der Einsicht, seine Bücher im Grunde für sich selbst zu machen. «Wir nähern uns dem Geheimnis», hatte ihm seine Lebensgefährtin 1983 auf das Vorsatzblatt von Ernst Jüngers *Marmorklippen* notiert.[51]

In ihrer Widmung spielte Heidi Paris auf eine Stelle bei Jünger an, an der der Erzähler von seiner Initiation in die Arkana der Naturgeschichte berichtet.[52] Auf der Suche nach einem neuen Rollenmodell stießen die Verleger auf die Figur des Eingeweihten. Schon immer hatte sich ihr Theoriediskurs dadurch ausgezeichnet, dass er Distanz zum Common Sense bewahrte. Denken, das den Status quo überschreiten wollte, musste – spätestens seit Adorno – schwierig sein. Zur Utopie der Achtundsechziger gehörte es allerdings auch, dass sich dieses schwierige Denken eines Tages von selbst verstehen würde. Was sollten die Intellektuellen anderes als Vordenker einer besseren Zukunft sein? Doch mit dem Glauben an die Revolution geriet auch das Selbstverständnis ihrer Wegbereiter in die Krise. Nach dem Deutschen Herbst zogen sich die Erben der Studentenbewegung aus dem sogenannten Diskussionszusammenhang zurück. Aus den Trümmern der Begriffe bastelten sie Bilderbögen. Asyl, um weiter Theorie zu treiben, gewährte der Kunstbetrieb. Ging diese Entwicklung zwangsläufig mit einer sektiererischen Attitüde einher, die es darauf anlegte, möglichst geheimnisvoll zu sein? In West-Berlin, der Hauptstadt des Posthistoire, wurde Theorie in den achtziger Jahren als Verrätselung gepflegt.

1983 rief Dietmar Kamper die Wilde Akademie ins Leben. Die meisten Mitglieder kamen aus dem Umkreis von *Tumult*. «Die ‹wilde Akademie› hat kein Programm», heißt es in der Gründungsakte. «Ihr Name erscheint nur dann paradox, wenn man unter ‹Akademie› eine Agentur noch jenseits der Universität versteht, die an der Spitze der fortgeschrittenen Zivilisation für die Austreibung der Wildnis Sorge trägt.» Schon die Wahl der Tagungsorte machte deutlich, dass es um ein anderes Verständnis ging. Man versammelte sich in verschiedenen West-Berliner Galerien, in einem Charlottenburger Loft, im Hotel Kempinski. Um «Texte, Fotos, Filme, Musik, Getränke» zu sich zu nehmen, fanden Matineen und mitternächtliche Séancen statt. Doch obwohl die Symposien die Opulenz von Gastmählern haben sollten, legte Kamper auf den Unterschied zu den «dionysischen Akademien» des antiken Griechenland Wert: «Während jene vor Hitze kochten, dampft die ‹wilde Akademie› vor Kälte.» Es steht außer Frage, dass sie eine Institution des coolen Zeitgeists war. Die «Intensität», auf die sie ihr Spiritus Rector verpflichtete, musste daher eine «unterkühlte» sein.[53]

Die Wilde Akademie am Buffet, Kassel, 1984

Nicolaus Sombart, der an einem «topologischen Symposium» mit dem Thema «Lage und Bau der Hölle» im Kempinski teilnahm, wunderte sich über die jungen Szene-Gestalten, die «ohne zu murren DM 50,– für so eine Veranstaltung hinblättern» – und das an einem Sonntagmorgen. Er notierte den Kontrast, den ihre «verschnittenen» Punk-Frisuren zu den livrierten Kellnern bildeten, und hielt die Qualität des Buffets einer besonderen Erwähnung wert. «Hauptreferat Bazon Brock, der einen Lichtbildvortrag hielt. Wie immer bei ihm eine Mischung aus genialen Aperçus und *n'importe quoi*, bis hin zu derbem Unsinn, der aber mit Aplomb vorgetragen wird und offenbar auch ankommt.»[54] Das Kempinski war ein guter Ort, um den Geist des Seminarmarxismus auszutreiben. Den Einzug des Hedonismus in den Theoriebetrieb beobachtete Kampers Intimfeind Klaus Laermann mit Argusaugen. «Die Esoterik des Unfugs mag komisch finden, wer will. Ich meine, daß es angesichts von mehr als zwei Millionen Arbeitslosen und bei gesicherten Beamtenbezügen nicht komisch, sondern peinlich und zynisch ist, eine angeblich ‹wilde› Akademie zu gründen, deren Hauptaufgabe in der Verbreitung höheren Blödsinns besteht.» Abgesehen von den Berliner Veranstaltungen wurde er auch auf Konferenzen in Venedig, Toulouse und Palermo aufmerksam. In einer Zeit, «in der die meisten Doktoranden nicht wissen, wie sie ihre Kohlen bezahlen sollen», hielt er solche «Schicky-Micky-Tagungen» für ein Skandalon. Daher ließ er seine Tirade im *Merkur* mit dem Aufruf an Kampers Arbeitgeber, die Freie Universität, ausklingen, dessen Aktivitäten nicht länger mit Steuermitteln zu finanzieren.[55]

Um die Frage zu beantworten, an welchen Vorbildern sich die Wilde Akademie orientierte, hilft ein Blick in ihr inoffizielles Publikationsorgan. Die vierte Ausgabe von *Tumult* war den «Schulen der Eliten» gewidmet. Das Heft enthält unter anderem Beiträge zum Zisterzienserorden, zum okkulten Judentum und zum Collège de Sociologie, in dem Georges Bataille, Roger Caillois und andere in den dreißiger Jahren versucht hatten, eine Politik des Heiligen zu inaugurieren. Es spricht für das zeitdiagnostische Gespür der Redaktion, dass sie das Thema auf die Tagesordnung setzte.[56] «Elite oder Avantgarde?» lautet der Titel eines langen Interviews mit Jacob Taubes, das im Zentrum des Heftes steht. Mit üblicher geschichtsphilosophischer Verve entwickelte er den Antagonismus zweier europäischer Wissenskulturen, einer heidnisch-elitären, die die Wahrheit als Privileg für Eingeweihte reserviert, und einer christlich-avantgardistischen, die sie zur Belohnung der Willigen und Fleißigen ausgelobt habe: «Mit Hegel beginnt ein *neuer* Begriff der Philosophie: Der Weg zur Wahrheit ist schwer – ‹Arbeit des Begriffs› ist Arbeit! – aber am Ende können *alle* daran teilnehmen.» Taubes verfolgte, wie der Kampf zwischen exoterischem und esoterischem Wissen der deutschen Geistes- und Universitätsgeschichte seinen Stempel aufgedrückt hatte. Gegen Hegel und das Christentum habe Nietzsche den paganen Elitismus wiederbelebt. In der Nachbarschaft von Max-Weber- und George-Kreis sei es im Heidelberg der zwanziger Jahre zur Konfrontation gekommen. Die Demokratisierung der Hochschule in den sechziger Jahren? Ein Triumph des Weber-Flügels. Die Gründung des Wissenschaftskollegs im Grunewald? Eine «Revanche» der George-Schule, die Taubes, den der Berliner Wissenschaftssenator Peter Glotz als Berater hinzugezogen hatte, mit Sorge erfüllte. Die Rhetorik der Exzellenz interpretierte er als Rückkehr eines heroischen Wissenschaftsmythos, der die Errungenschaften der Studentenbewegung zunichte machte. Dagegen bezog er entschieden Stellung.[57]

Taubes' Diagnose, die Elite und Avantgarde als Idealtypen unterschied, betraf nicht nur das Politikum des Wissenschaftskollegs. Sie lässt sich auch als Kommentar zum intellektuellen Klima von West-Berlin verstehen. Die Propheten des Posthistoire verabschiedeten den aufklärerischen Avantgarde-Gestus. Stattdessen stilisierten sie sich gerne als Geheimnisträger – wenn zumeist auch im ironischen Modus des Als-ob.

Auf der Suche nach dem *punctum*

Mit dem Nimbus hermetischen Wissens umgab sich allerdings auch Taubes selber gern. Irritierend für einen Professor, der mit der Kulturrevolution sympathisierte, führte er seine Studenten in die Arkana der Geistesgeschichte ein. Sein Verständnis der Überlieferung zeichnete sich dadurch aus, zwischen einer exoterischen und einer esoterischen Lesart zu unterscheiden, die unter der Trivialbedeutung verborgen lag.[58] «Die Werke der philosophischen Tradition bargen jedes Mal ein Geheimnis, das es aufzuschließen galt und das allein ihre raison d'être ausmachte», hat sich Henning Ritter erinnert. «Junge Studenten, die ihn interessierten, fragte Taubes nach der für sie wichtigsten Leseerfahrung statt nach dem Erscheinungsjahr der zweiten Auflage der Kritik der reinen Vernunft, teilte ihnen seine eigenen Vorlieben mit und hielt sie dazu an, in jedem bedeutenden Werk nach dem Satz zu suchen, um dessentwillen es geschrieben sei.»[59] Auf diese Art gelang es Taubes, die Klassiker mit einer existentiellen Wucht aufzuladen, die gerade vor dem Hintergrund der zeitgenössischen Universitätsreform merkwürdig altmodisch wirkte. Die Bemerkung Kojèves, «daß die

Zukunft der Welt und damit der Sinn der Gegenwart und die Bedeutung der Vergangenheit letztlich von der heutigen Interpretation der Hegelschen Schriften abhängen», hätte auch von ihm kommen können.[60] Die Suche nach dem entscheidenden Wort oder Satz – mit Roland Barthes könnte man vom *punctum* sprechen – verwandelte diese Dringlichkeit in eine philologische Methode.[61]

Nur auf den ersten Blick war sie dem Verfahren der Ideologiekritik ähnlich, hinter dem Schein der Verdinglichung auf die Entlarvung von Klasseninteressen auszugehen. Und auch mit der Ermächtigung des Rezipienten, die den Tod des Autors ratifizierte, hatte sie wenig zu tun. Taubes' Kunst der Auslegung verstand sich nicht als fröhliches Wildern, sondern legte dem Spiel der Bedeutungen straffe Zügel an. Wer in den Kreis seiner Schüler aufgenommen wurde, gelangte in den Genuss von augenöffnenden Lektüren.[62] Dabei geriet er zwangsläufig mit einer Reihe von Autoren in Kontakt, die in West-Berlin damals niemand außer Taubes las. In seinen Seminaren kam er immer wieder auf Leo Strauss zu sprechen, der ihm in New York in den vierziger Jahren Privatunterricht erteilt hatte. Der Theoretiker des Politischen, der später als Vordenker der amerikanischen Neokonservativen zu Einfluss gelangte, hatte über den Unterschied von offensichtlicher und geheimer Lesart ein ganzes Buch geschrieben.[63] Noch intensiver als mit Strauss setzte sich Taubes aber mit Carl Schmitt auseinander, einem Denker, der ebenfalls nach versteckten Schlüsselsätzen suchte.[64] Dass Schmitts Werk «alles Intellectuellengeschreibsel um Haupteslänge» überrage, machte Taubes zwar erst in den achtziger Jahren publik.[65] Doch unter seinen Studenten ließ er an seiner Wertschätzung auch schon vorher keinen Zweifel. Sie ist der Grund dafür, dass Schmitt in West-Berliner Intellektuellenkreisen eine besondere Wirkungsgeschichte entfalten konnte. In Gestalt Taubes', der sich als «Erzjude» zu bezeichnen pflegte, besaß der Kronjurist des Dritten Reiches seinen wertvollsten Fürsprecher. Beim Auspacken von Taubes' Bibliothek, die in Kisten aus New York eintraf, hatte der Hilfsassistent Peter Gente schon Mitte der sechziger Jahre die überraschende Entdeckung gemacht, dass Schmitts Bücher mit persönlichen Widmungen des Autors versehen waren.[66]

Jacob Taubes' liebster Feind

Noch mehr als diese schwer zu verstehende geistige Verbindungslinie irritierte bald darauf die Tatsache, dass Taubes einen Brief von Walter Benjamin an Carl Schmitt in der Abteilung für Hermeneutik kursieren ließ. Im Dezember 1930, also mitten in der Krise der Weimarer Republik, hatte der Lieblingsautor der Berliner Linken dem rechten Denker sein Trauerspielbuch mit der Bitte um Kenntnisnahme geschickt – zusammen mit dem Hinweis, wie viel er, Benjamin, Schmitts Arbeiten verdanke. Für eine Generation, die darauf brannte, an die abgerissenen Traditionen linksradikalen Denkens anzuschließen, enthielt der Brief intellektuellen Sprengstoff: Der revolutionäre hatte dem reaktionären Theoretiker des Ausnahmezustands die Hand gereicht. In der 1966 bei Suhrkamp erschienenen Ausgabe der Benjamin-Korrespondenz fehlte davon jede Spur. Doch warum ließ Taubes, der linke Professor, die Mine unter seinen Studenten explodieren? Wollte er ihre politischen Gewissheiten erschüttern? Wollte er ihnen Schmitt als bedenkenswerten Denker empfehlen? Auf welchen Wegen war er überhaupt zu dessen Widmungen und in den Besitz von Benjamins Brief gelangt? In seiner Stellung als Mitarbeiter wäre Gente in der Lage gewesen, um Aufklärung zu bitten. «Und doch wagte ich es damals nicht, Taubes nach seinen persönlichen Beziehungen zu Schmitt zu fragen.»[67]

Die Lösung des Rätsels ergab sich erst zwanzig Jahre später, als Taubes aus Anlass von Schmitts Tod eine Art persönlichen Nachruf in der *tageszeitung* veröffentlichte. Peter Gente, der seinem alten Mentor nach wie vor nahestand, witterte die Chance, einen intellektuellen Schlüsselroman zu publizieren. «Wir trafen Taubes par occasion im Kreuzberger Restaurant ‹Exil›, er war spontan einverstanden.» Derart ermutigt hefteten sich die Verleger auf die Spuren einer geheimen Ideengeschichte, korrespondierten mit Armin Mohler, begleiteten Taubes zu einer Diskussion über Schmitts Vermächtnis nach Paris, «hatten viele Gespräche und feierten Feste».[68] So will es die editorische Notiz in dem Merve-Band *Gegenstrebige Fügung*, in dem der jüdische Eschatologe über sein «fragiles Verhältnis» zu dem Antisemiten im Sauerland spricht. Zum ersten Mal wurde die Nähe zwischen zwei politischen Todfeinden ausgeleuchtet, die ihre theologische Endzeiterwartung verband. «Mich sprach Carl Schmitt als ein Apokalyptiker der Gegenrevolution an», erklärte Taubes seinen erstaunten Lesern. «Als Apokalyptiker wußte ich und weiß ich mich ihm verwandt. Uns beiden gemeinsam ist jene Erfahrung von Zeit und Geschichte als Frist, als Galgenfrist.»[69]

In Taubes' Œuvre spielt der dünne Band eine gewichtige Rolle. Seit der 1947 erschienenen Doktorarbeit über *Abendländische Eschatologie* handelte es sich – nach vier Jahrzehnten – um die erste Veröffentlichung in Buchlänge. Was sich in der Zwischenzeit an akademischen Gelegenheitsarbeiten angesammelt hatte, hielt Taubes' eigenen Ansprüchen nicht stand.[70] Doch war es ihm nicht vergönnt, den Bericht seines intellektuellen Abenteuers selbst in Händen zu halten, denn im Frühjahr 1987 starb er kurz vor Drucklegung. Er habe sich akademisch isoliert, schrieb Armin Mohler in seinem Nachruf, «nur ein enger Kreis ‹unbedingter› Schüler hält zu ihm. Der postmoderne Merve Verlag wird von Personen aus diesem Kreis getragen.»[71] Am Widerstand seines Mitherausgebers Habermas war Taubes seinerzeit mit dem Versuch gescheitert, Carl Schmitt in die Suhrkamp-Theoriereihe aufzunehmen.[72] Doch einer seiner Studenten, den er beinah selbst in Frankfurt untergebracht hätte, gründete später seinen eigenen Verlag. Mit seiner Publikationspolitik trug er dazu bei, Schmitt rückwirkend doch noch in einen Theorie-Autor zu verwandeln. So gesehen wirkt der *Internationale Merve Diskurs* wie Jacob Taubes' späte Rache.

der neuen Kybernetik: um den englischen Architekten und Kyber-
netikphilosophen Ranulph Glanville. Glanville brilliert in Ka-
binettstückchen erkenntnistheoretischer Reflexionen, kombiniert wie kaum jemand zuvor literarisch einfallsreiches Philosophieren mit ahnungsvollen mathematischen Modellen der Inter-
aktion von Objekten mit Objekten, Subjekten mit Subjekten. Ähnlich wie nach Wittgensteinlektüre ist auch nach einer Glanville-
lektüre nichts mehr wie zuvor.

Von Luhmann ebenso wie von Glanville habe ich ein Einverständ-
nis mit diesen Projekten. Sie brauchen also, wenn Sie Interesse
haben, nur zuzugreifen.

Über eine positive Antwort würde ich mich freuen und verbleibe
einstweilen mit freundlichen Grüßen

11. Dispositive der Nacht

Dr. Dirk Baecker
Schäferstraße 15
4800 Bielefeld 1
Tel. o521/87o931

den 5. August 1987

Merve Verlag GmbH
Crelle Str. 22
1ooo Berlin 62

Sehr geehrte Verlagsleiter,

vor einigen Jahren, es war wohl 1981 nach meiner Rückkehr
von einem Studienjahr in Paris, habe ich Ihnen schon einmal
geschrieben, wie erfreulich ich Ihren innovatorischen Wage-
mut auf dem deutschen Buchmarkt finde. Ich dachte damals vor
allem an die Einführung von Übersetzungen einiger Arbeiten
von Virilio und Baudrillard, die ja inzwischen in aller Munde
sind.

Heute würde ich Ihnen gerne meinerseits zwei Buchprojekte
vorstellen, die sehr gut in Ihre Tradition innovativen Tra-
ditionsverzichts passen würden.

Im ersten Projekt handelt es sich um einen kleinen Band mit
den gesammelten Interviews von Niklas Luhmann. Sie haben
sicherlich mitverfolgt, zum Beispiel in der FR und in der taz,
daß Luhmann einen sehr kühlen und ironischen, manchmal bissi-
gen und in der Selbstkommentierung an "Monsieur Teste" erin-
nernden Interviewstil entwickelt hat, der diesem Genre wieder
etwas literarischen Schwung verleiht. Allesamt immer etwas
launige, auf Tagesgeschehen und -eindrücke bezogene Kommentare,
können sie doch auch als Einführungen in den spezifisch luhmannschen Theoriestil dienen. Es liegen einige in Italien (Unità,
Rinascità) und einige bei uns erschienene Interviews vor, die
zusammen einen schönen kleinen Band ergeben könnten.

Beim zweiten Projekt handelt es sich die verlegerische Groß-
tat der Übersetzung und erstmaligen Zusammenstellung von Artikeln von einem der pfiffigsten und spielerischsten Vertreter

-2-

Es war die tageszeitung, die Jacob Taubes' intellektuelle Persona nach seinem Tod am besten traf: «Talmud in der Paris-Bar» lautet der Titel ihres Nachrufs, den der Ägyptologe und Monotheismusforscher Jan Assmann schrieb. Er zeichnete den Denkstil eines stupenden Gelehrten und Lesers nach, der seiner Leidenschaft jedoch nicht als einsamer Übung nachgegangen war: Genau wie zu den großen Texten habe es Taubes an die Orte der gehobenen Geselligkeit gezogen, weshalb er im Foyer des Hotel Kempinski eine ebenso vertraute Gestalt wie in der Paris Bar gewesen sei, die ihn bis zum Ende seines Lebens zu ihren Stammgästen zählte. «Professorale Tugenden wie Ehrgeiz und Zielstrebigkeit, Askese und Beharrlichkeit, waren es nicht, die sein Temperament bestimmten. Er hielt wenig von ‹Wissenschaft als Lebensform›.»[1] In der Gründungsphase des Wissenschaftskollegs überraschte Taubes Senator Glotz mit dem Vorschlag, den Fellows nicht nur die Villa im Grunewald, sondern auch eine Dependance am Checkpoint Charlie zur Verfügung zu stellen.[2] Das Votum gegen die Abgeschiedenheit des Elfenbeinturms offenbart seine Vorliebe für urbane Avantgarden. Unter den Wissenschaftspolitikern war er damit nicht mehrheitsfähig.

Mit den Gastronomen hatte Taubes weniger Probleme. Vor der Abreise nach Paris, wo ihn ein Forschungssemester an der Maison des Sciences de l'Homme erwartete, versammelte er seine Freunde und Weggefährten im Sommer 1986 in der Paris Bar. «Ich bin viel gereist», heißt es im Einladungsschreiben, «aber immer gerne nach Berlin zurückgekehrt und möchte jetzt von Ihnen mich verabschieden. Darum lade ich Sie ‹zu Tisch› in die Paris-Bar am Sonnabend, dem 5.7.1986. Die Regeln dieses Tisches sind bekannt. Jeder bestellt nach eigenem Gusto. Diesmal hat mir die Paris-Bar gestattet, den Ecktisch bis hin zur Theke, also die halbe Paris-Bar zu ‹besetzen›. Ich

Vorangehende Doppelseite: *Dirk Baecker schlägt Luhmann bei Merve vor, 1987* würde mich freuen, wenn es Ihre Zeit erlaubt, zu diesen Stunden in der Paris-Bar vorbeizukommen.» Auch Heidi Paris und Peter Gente gehörten zu Taubes' Gästen. «Auf Sie rechne ich», hatte er ihrer Einladung handschriftlich hinzugefügt.[3] Eine freundliche Nötigung, die ebenso als Ausdruck langjähriger Verbundenheit wie der Gewissheit zu verstehen ist, dass es nicht schwer war, die Büchermacher zum Feiern zu überreden. Es wäre interessant zu wissen, wer damals sonst noch eingeladen war. Aus der Gästeliste ließe sich ein intellektueller Mikrokosmos rekonstruieren. Er kam zum letzten Mal unter Taubes' Auspizien zusammen, der im Winter 1986 von seiner tödlichen Erkrankung erfuhr, an der er im Frühjahr darauf verstarb.[4] Es war ihm nicht vergönnt, seine Talmud-Studien in seinem Lieblingslokal fortzusetzen, dessen Betreiber die Kundschaft des Geistesmenschen ihrerseits zu schätzen wussten. Im Jubiläumsband der Paris Bar aus dem Jahr 2000 ist Taubes' letztes Einladungsschreibung als Trophäe abgedruckt.[5]

In *Sexbeat*, seinem Buch über die kulturellen Voraussetzungen der achtziger Jahre, hat Diedrich Diederichsen auch eine kleine Theorie des Nachtlebens eingestreut. Im Trend, immer länger aufzubleiben, der sich zu Beginn des Jahrzehnts abzeichnete, erblickte er das letzte Residuum des linken Glaubens an eine bessere Zukunft: «Wir wissen jetzt, daß das Längeraufbleiben der geometrische Strahl, oder meinetwegen Vektor, der einzige unendlich in eine Richtung zeigende Pfeil ist, der uns geblieben ist.»[6] Wenn das stimmt, dann war die Ausgehfreude eine Kompensation für das Gefühl, am Ende der Geschichte angelangt zu sein. Man hat schon öfter gehört, dass die Trümmer verlorener Gewissheiten zum Feiern besonders geeignet sind. In West-Berlin, der Insel des Posthistoire, begann damals die große Zeit des Nachtlebens.[7]

Das trifft auch für die Merves zu. Ab 1979 pflegten sie in der Paris Bar ihre Kontakte. «Ich gehe eher so in Discos und Kneipen, wo Musiker und Maler, so Kunstmacher sind», hat Peter Gente später über seine verlegerische Praxis erzählt.[8] Aus Abenden mit Taubes, mit Kippenberger und Heiner Müller sind Ideen für Bücher hervorgegangen. Die Grenze zwischen Ausgehen und Arbeiten verwischte sich. «Die sogenannten Redaktions-Konferenzen finden in Bars statt», erklärte Heidi Paris über das neue Geschäftsgebaren.[9] In ihrem Bekenntnis zur Gastronomie schwingt mehr als die Vorliebe lange aufzubleiben mit. Das Übermüdungstraining, dem sich die Verleger in den achtziger Jahren unterzogen, gehört untrennbar zur damaligen Theorie-Kultur.

Tyrannei der Intimität

Doch haben intellektuelle Projektemacher ihre Pläne nicht immer schon in der Kneipe geschmiedet? Jürgen Habermas zufolge ging die Aufklärung in den Kaffeehäusern Londons los. Laut E. P. Thompson entstand die revolutionäre Arbeiterklasse in einem Pub am Themseufer.[10] Das Motiv lässt sich quer durch die Moderne verfolgen und taucht meistens dort auf, wo sich politische oder ästhetische Bewegungen formieren. Im Paris der Avantgarden bestand noch der kleinste Zirkel auf seinem eigenen Lokal: Die Existentialisten tranken ihren Milchkaffee im Deux Magots, die Situationisten soffen um die Ecke im Chez Moineau. Ihr Anführer Guy Debord wurde nicht müde, sein Talent als Trinker zu rühmen. Genau wie Sartre wohnte er im Hotel, um dem Abgrund der Bürgerlichkeit zu entgehen.[11]

Auch Berlin hatte in der Nachkriegszeit seine Künstlerkneipen, so wie den Jazzkeller Eierschale, in dem die Nonkonformisten zu Dixieland tanzten, oder das Kabarett Badewanne, den Versammlungsort einer kleinen surrealistischen Intelligenz.[12] Als Traum von einem mondäneren, amerikanischen Nachtleben eröffnete Rolf Eden 1959 seinen ersten Eden-Saloon: «Ich hatte sechs verschiedene Räume, und jeder war anders. Einer mit Jazz, einer mit Dias vom Playboy, einer mit Sitzbadewannen mit Kissen.»[13] Merve Lowien arbeitete hier in den frühen sechziger Jahren hinter der Bar.

Ein paar Jahre später wäre das für sie vermutlich undenkbar gewesen. Aus tausenderlei Gründen waren die Eden-Clubs für junge Linke nicht mehr opportun. Doch über solche politischen Erwägungen für dieses oder gegen jenes Lokal hinaus entwickelten die Achtundsechziger generell ein gespaltenes Verhältnis zum Gastgewerbe. «Diskussionen und redaktionelle Arbeiten finden in Wohnungen statt», notierte

Lowien über die Praxis des linken Verlagskollektivs, dem sie seit 1970 angehörte.[14] Der programmatische Unterton ist nicht zu überhören. Im Gegensatz zu ihrer Nachfolgerin, die bald fürs Ausgehen plädieren sollte, verfocht die sozialistische Verlegerin eine Philosophie der Häuslichkeit. Die Geschichte des Cocooning – sollte sie je geschrieben werden – verdient ein langes Kapitel zu den Achtundsechzigern. Deren Utopie, das Private im Politischen aufgehen zu lassen, dehnte die politische Sphäre aus. Doch entzog sie dem öffentlichen Raum zugleich Relevanz. Die Generation, die sich in den sechziger Jahren politisierte, agierte das Misstrauen der Avantgarden gegenüber dem bürgerlichen Rückzugsort gewissermaßen in entgegengesetzter Richtung aus: Für sie bedeutete es weniger, ihren Interieurs den Rücken zu kehren, als sie mit gesteigerten Erwartungen zu möblieren. Selten ist der Wohnung eine größere Bedeutung beigemessen worden. Sie wurde zum Labor der Kollektive, Kommunen und Wohngemeinschaften, die sich als Antizipationen der befreiten Gesellschaft verstanden. Das Handbuch zur *Subkultur Berlin*, das 1969 im März Verlag erschien, beginnt bezeichnenderweise mit einer Liste privater Telefonnummern von prominenten Linken, «die gern bereit sind, Euch zu helfen, wenn ihr nach Berlin kommt, und vielleicht auch hier sogar bleiben wollt».[15] Daneben tauchen lediglich die Nummern von ein paar Linksverlagen auf, die wahrscheinlich ebenfalls von Wohngemeinschaften aus geführt wurden. Einen Hinweis auf Szenekneipen sucht man dagegen vergeblich. Der Trend zum Rückzug reichte in absurder Verkehrung bis in die konspirativen Wohnungen der Terroristen hinein. «Wohnst du noch, oder lebst du schon?» Im IKEA-Slogan unserer Tage erklingt sein fernes Echo. «Daß nicht häufiger Kneipen und Kinos aufgesucht werden, liegt an der Gemütlichkeit und Wärme vieler Küchen», erläuterte das *Kursbuch* in einer seiner ethnografischen Miniaturen aus den siebziger Jahren.[16]

In West-Berlin gab es dafür noch einen weiteren Grund: den billigen Wohnraum. Die Szenen, die für '68 ikonisch geworden sind, spielen daher nicht nur im Hörsaal oder vor der Deutschen Oper, sondern auch in der verblichenen Pracht mit Kohle beheizter Altbauwohnungen: Diskussionen in geräumigen Küchen, Matratzen unter hohem Stuck.[17] Für die Lebensstilexperimente einer Generation von

Kulturrevolutionären boten die Mietskasernen der Inselstadt reich-
lich Platz. Die «Tyrannei der Intimität», die Richard Sennett 1974 der
amerikanischen Gegenkultur attestierte, blühte nicht nur in Chicago
oder New York, sondern auch in Charlottenburg.[18] In West-Berlin
erfuhr sie ihre theoretische Rechtfertigung im Idiom des Neomarxismus: Auch «Kommune machen», liest man in *Subkultur Berlin*, sei eine
legitime Produktionsform.[19]

In den frühen sechziger Jahren hatte die Studentenbewegung ihre
intellektuelle Statur gewonnen, indem sie sich von der existentialis-
tischen Harmlosigkeit ihrer älteren Geschwister abgrenzte. Symptomatisch die bereits zitierte Adresse der SDS-Delegierten Elisabeth
Lenk an ihre Altersgenossen, es reiche nicht aus, «in Jazzkellern» zu
sitzen und die Haare «à la Enzensberger» zu tragen, um revolutionär zu sein.[20] Stattdessen verlangte sie ihnen «Theoriearbeit» ab –
eine Tätigkeit, die die Disziplin von Achtstundentagen erforderte.
Wer danach noch in die Kneipe ging, tat das entweder mit schlech-
tem Gewissen oder gehörte zu den «Reigentänzern der Bewegung»,
von den politischen Avantgardisten mit Verachtung gestraft.[21] Auch
hierzulande gab es Hippies, die nicht im Traum darauf gekommen
wären, sich an schwierigen Texten zu berauschen, und Hippie-Un-
ternehmer, die erkannten, dass Bedarf an einer neuen Vergnügungs-
industrie entstand. Bernd Cailloux kam mit Stroboskopen und psy-
chedelischen Lightshows zu Geld und reinvestierte es in eine üppige
Drogenkarriere. Doch selbst als Hamburger «Underground-Royal»,
der Dealer und Frauen um sich scharte, feierte er am liebsten zwischen den eigenen vier Wänden seines psychedelisch ausgebauten
Dachgeschosses: «Elektronik, Projektoren … das hatte nicht jeder, so
ein Heim im Schnittpunkt von genuiner Subkultur und Pop-Hedo-
nik, fast hätt ich mir für meine neue Wohnung noch einen Affen
gekauft.»[22] Auch wenn sie nicht die kommende Gesellschaft vor-
wegnehmen sollte: Ihr gefüllter Kühlschrank bedeutete Autarkie.
Cailloux betätigte sich so lange als spendabler Gastgeber, bis seine
Firma ins Fadenkreuz der Steuerfahndung geriet und er sich nach
West-Berlin absetzen musste.

Die Kargheit der deutschen Städte, Alexander Kluge hat sie 1965
in seinem Film *Abschied von gestern* gezeigt, muss der Häuslichkeit ihrer

Hipster entgegengekommen sein. Es ist erstaunlich, in Reminiszenzen an die sechziger Jahre zu lesen, dass es der Neuen Linken schlichtweg an Lokalen gebrach. Dem Berliner SDSler und späteren Kamper-Feind Klaus Laermann zufolge «gab es 1968 nur den heute fast legendären ‹Schotten›, in dem man sich nach den großen Demonstrationen und Teach-ins traf».[23] Eine Eckkneipe mit Bockwurst und Herrengedeck vermutlich, man kennt ihre Münchner Version aus frühen Fassbinder-Filmen. Der Bohemien Andreas Baader ging damals in ein Charlottenburger Lokal, das den Namen S-Bahn-Quelle trug und vermutlich auch genauso aussah. «In den Gaststätten der sechziger Jahre hatten ja noch Pferdehalfter an der Wand gehangen und Spiegelbälle an der Decke», erinnert sich Bernd Cailloux.[24] Die sogenannte Kneipenszene, mit der sich heute jede Kleinstadt rühmt, war damals noch nicht geboren. Bis '68 befand sich der deutsche Tresen – von den sprichwörtlichen Ausnahmen abgesehen – in den Händen der Halbwelt und der Proletarier.[25]

Kneipengerede

Ein paar Jahre später zeichnete Klaus Laermann im *Kursbuch* nach, wie in West-Berlin eine Kneipenlandschaft entstanden war, die selbst «Kenner der Szene» kaum mehr zu überblicken vermochten. «Keine der großen europäischen Städte, weder Amsterdam noch Rom oder London, und auch keine westdeutsche Universitätsstadt, weder München, noch Heidelberg oder Düsseldorf, kennt etwas Vergleichbares.» Doch selbst als Kneipengründer bestätigten die Achtundsechziger noch einmal ihr Faible für ihre Wohnungen: In ihren Diskotheken breiteten sich Matratzenlager aus; in ihren Kneipen türmten sich Polstermöbel. «Das ironische Zitat des Omaplüschs», notierte Laermann, «dient dazu, den Raum der Kneipe der Gegenwart zu entziehen, ihn nostalgisch gegen das zu immunisieren, was draußen geschieht.»[26] Das Allerheiligste von Wohn- und Schlafzimmer erwies sich als zählebig. Nachdem es in den Wohngemeinschaften längst überwunden schien, kehrte es wie eine verdrängte Wahrheit im Nachtleben zurück.

Merve Lowien war auf die «berliner Kneipenszene» nicht gut zu sprechen.[27] In einem Schöneberger Lokal hatte Gente ihre Rivalin Heidi Paris kennengelernt, deren Eintritt ins Kollektiv das Ende ihrer Ehe besiegelte und die Gruppendynamik der Büchermacher aus dem Ruder laufen ließ. Doch speiste sich Lowiens Kritik am Ausgehen nicht nur aus persönlichen Motiven. Die «Flucht aus der Wohnung in die Kneipe» kam den Erben der Frankfurter Schule wie ein Ausverkauf der Ideen von '68 vor. Sie sahen dabei zu, wie sich die Utopien der Linken im Bierdunst auflösten. Die teilnehmende Beobachtung, die Laermann im *Kursbuch* veröffentlichte, malte ein dumpfes Ambiente aus, dessen Nachleben bis in die Gegenwart reicht: das Mobiliar vom Trödel, das schummrige Licht und die Rockmusik, zu der, wie der Ethnograf mit Kopfschütteln vermerkt, in den Kneipen aber nicht getanzt werde. Die Gäste der neuen «Dauerparty» zögen es vor herumzustehen. Die Auflösung der Sitzordnung des bürgerlichen Lokals sorge dafür, dass sie leicht miteinander ins Gespräch kämen. «Es herrscht ein so hohes Maß an Mobilität, daß man den Eindruck gewinnt, der ganze Raum der Kneipe sei zur Theke geworden.»[28] Nur atmosphärisch schien sich der Zuwachs an Beweglichkeit nicht auszuwirken. «Das war 'ne Szene, die depressiv war, die haben getrunken, in der Gegend rumgestanden», erinnerte sich Peter Gente.[29] In der Kneipe, so lautete Laermanns Deutung, suchte eine Linke Zuflucht, die sich ihrer Theoriearbeit nicht mehr gewachsen fühlte. Was half, war die schlechte Angewohnheit des Biertrinkens.

Doch spielte das Trinken in seinem Niedergangsszenario nur eine Nebenrolle. «Wäre Alkoholgenuß das primäre Ziel der Kneipenbesucher, könnten sie ebenso gut zuhause trinken.» Nicht die Bierseligkeit ernüchterter Revolutionäre, sondern das «Kneipengerede», das den Diskurs der Intellektuellen von Jahr zu Jahr lauter übertönte, war das eigentliche Problem. Mit Widerwillen protokollierte der promovierte Germanist das Sponti-Deutsch: «Frau: Du, ich hab das nicht drauf, du, ich bring das einfach nicht, ich bring das echt nicht mehr, diese ganze Beziehungsscheiße. Mann: Ja, so'n einfaches Zusammensein wäre dufte, ohne diese ganzen blöden Ansprüche …» Rein theoretisch könnte so auch die erste Begegnung von Heidi und Peter verlaufen sein. Die Dominanz der «Wegwerfsprache», der Verzicht auf

Argumente, die Promiskuität des Augenblicks: All das degradierte Kneipenkommunikation in Laermanns Augen zu unverbindlichen Geräuschen. «Man ist meist eher befremdet, jemanden, den man in der Kneipe gesprochen hat, anderen Tags wiederzutreffen. Selten wird er einen grüßen, noch seltener wird er einen einladen, ihn zuhause zu besuchen. Denn die Wohnung bleibt von der Kneipe kategorisch getrennt.»[30] Was in der politischen Topografie des Achtundsechzigers natürlich für die Wohnung und gegen die Kneipe sprach. Es ist schwer zu entscheiden, was unangenehmer ist: das treffend beschriebene Soziotop oder die herablassende Geste seines Kritikers.

Gut zehn Jahre später verfasste Laermann, inzwischen Professor an der Freien Universität, eine weitere *Kursbuch*-Polemik, die bis heute wegen ihres Titels erinnert wird. In «Lacancan und Derridada» nahm er diesmal die Mode französischer Theoretiker aufs Korn, die er für den Unsinn in den deutschen Geisteswissenschaften verantwortlich machte. Die Diagnose der Verwahrlosung eines Denk- und Schreibstils setzt seine Kritik des Schöneberger Nachtlebens fort. Aus der Monotonie seiner allergischen Reaktion lässt sich ein Argument gewinnen: Das «Gefasel der Gegenaufklärung», das er seinem Intimfeind Dietmar Kamper nachsagte, wäre demnach eine Konsequenz aus dem «Kneipengerede» der siebziger Jahre ...[31]

Wer derartig vehement für die Sprache der Vernunft optierte, musste Habermasianer sein. In der Tat bildete Habermas' Theorie des kommunikativen Handelns, so wie er sie zum ersten Mal 1971 in der Auseinandersetzung mit seinem Antipoden Niklas Luhmann skizziert hatte, Laermanns theoretische Hauptreferenz. Peter Sloterdijk hat einmal die Idee für ein «Weltaugen-Buch» notiert: «Ein und derselbe Weltzustand sieht völlig anders aus, je nachdem ob man ihn vom Chaos aufwärts ansieht oder vom Ideal abwärts. Aus der ersten Perspektive ist jeder Ansatz zu einer Ordnung ein Wunder, aus der zweiten erscheint noch die bestmögliche Wirklichkeit als ein Skandal.»[32] Der rote Suhrkamp-Band, in dem Habermas und Luhmann ihre Theorien entwickelten, ist genau ein solches Buch.[33] Während Luhmann Kommunikation von unten betrachtete, um die Mechanismen zu analysieren, die sie – gegen alle Wahrscheinlichkeit – überhaupt möglich machten, setzte Habermas sie ins Verhältnis zu einer linguistischen Utopie. Die Idee der idealen Sprechsituation, die er entwickelte, war viel zu geeignet, mit allen möglichen realen Sprechsituationen verglichen zu werden, als dass sich kein Schüler wie Klaus Laermann gefunden hätte, der auch die Rituale des Ausgehens an ihrem Standard maß.[34] In gewisser Weise gab das Nachtleben sogar einen Präzedenzfall ab. Als Erfahrungsraum, in dem der Erwartungshorizont der Achtundsechziger auf den Abend zusammenschrumpfte, stellt es ein massives Kommunikationsereignis der siebziger Jahre dar.[35] Wie Bernd Cailloux erzählt, erlebten viele seiner Altersgenossen in den Kneipen die «kommunikativste Ära ihres Lebens».[36] Die Ermächtigung zum Sprechen, eine der Errungenschaften der Studentenbewegung, fand für sie erst an der Theke statt.[37] Eine Theorie, die nicht mehr Arbeit, sondern Kommunikation als Materie der Gesellschaft erachtete, musste diesen Vorgang ernst nehmen.

In Habermas' Frühwerk waren die Kaffeehäuser der *Glorious Revolution* noch als Keimzelle bürgerlicher Aufklärung vorgekommen. Sie dienten als Austragungsorte einer «permanenten Diskussion unter Privatleuten». Doch trotz dieses Ehrenranges sucht man ihre Nachfolger in Habermas' späteren Büchern vergebens. Um die Rolle der Gastronomie einzuschätzen, beschränkte er sich darauf, «die literarische Überlieferung» auszuwerten, wie Luhmann kritisch kommentierte.[38] Unter Bedingungen kapitalistischer Verwertungslogik misstraute Habermas dem emanzipatorischen Potential von abendlichem «Freizeitverhalten» – ein Verfallsszenario, das in seinen Augen vermutlich auch die Ablösung des «gesellschaftsbildenden Kaffees» durch Alkohol mit einschloss.[39] Als abgesunkenes Kulturgut war der Smalltalk in den Kneipen der siebziger Jahre nicht der Rede wert. Bestenfalls besaß er, wie Klaus Laermann einräumte, den «minimalen Wiedererkennungswert einer verblassten Utopie».[40] Die Beispiele, derer sich Habermas selbst bediente, um seine Theorie gegen Luhmann zu verteidigen, sind aus dem Leben des Professors gegriffen: Auf die «Seminardiskussion» folgt das «informative Lehrgespräch», bevor der Tag beim «Gespräch über den Gartenzaun» zu Ende geht.[41] Die Szene spielt in Oberbayern. Im Jahr, als er seine Überlegungen zum ersten Mal vorstellte, hatte sich Habermas als Direktor des Max-Planck-Instituts zur Erforschung der Lebensbedingungen der wissenschaftlich-technischen Welt aus der Spontistadt Frankfurt an den Starnberger See zurückgezogen. Im bukolischen Theoriedesign spielte Kneipengerede keine Rolle.

Kunst des Biertrinkens

In den späten Siebzigern geriet die West-Berliner Szene-Gastronomie erneut in Bewegung. «Dann kam Punk, neue Maler und all das, und das Leben verlagerte sich in die Kneipe», hat Diedrich Diederichsen notiert.[42] Nach der Auflösung des Merve-Kollektivs machten auch Paris und Gente die Bars von Schöneberg zu ihrem Verlagsbüro. Die Kunst des Biertrinkens überschritt damals die Schwelle zur Gegenwart. An die Plüschkneipen, in denen der Geist von '68 zu Melancholie zerfiel, kann sich heute niemand mehr erinnern. Erst die Lokale der zweiten Gründungswelle sind ins kollektive Gedächtnis eingegangen.[43] Zu ihnen ist – als früher Vorläufer – das österreichische Restaurant Exil zu rechnen, das 1972 wie ein Ufo am Ufer des Landwehrkanals gelandet war. Mit weißen Tischdecken, gutem Essen und einer Atmosphäre exzessiver Heiterkeit wirbelte es die Codes der Subkultur durcheinander. Für Kreuzberger Linke mag die gutbürgerliche Dekadenz in ihrem Kiez gleichbedeutend mit Faschismus gewesen sein.[44] Für West-Berlins Boheme wurde das Lokal dagegen zu einer Schule des Hedonismus. Zu den Gästen, die das Schnitzel und die nächtlichen Trinkgelage zu schätzen wussten, gehörten die Merve-Verleger und ihr wachsender Freundeskreis, aber ebenso Prominente wie Max Frisch, Rainer Werner Fassbinder oder David Bowie.[45] Auch der Konsul der Republik Österreich ging ins Exil und ließ sich mit dem gleichen Bier übergießen, das er anschließend mit seinen Staatsfeinden trank.[46] Die Betreiber befanden sich nämlich auf der Flucht vor den österreichischen Justizbehörden.[47]

Es ist kurios, dass das intellektuelle Savoir-vivre ausgerechnet durch die Wiener Aktionisten nach West-Berlin gelangte. In Österreich waren sie durch die Aktion «Kunst und Revolution» notorisch geworden, die auch als «Uni-Ferkelei» in die Annalen von '68 eingegangen ist. Im Hörsaal 1 der Wiener Universität hatten Otto Muehl,

Günter Brus, Oswald Wiener und Peter Weibel vor großem Publikum ihre Körperflüssigkeiten vergossen. Dass dabei eine österreichische Flagge beschmutzt und die Bundeshymne abgesungen wurde, machte die Sache nicht besser. In seiner Wiener Variante gipfelte das Jahr der Revolte in einem Kunstskandal. Die Vorwürfe, die die Staatsanwaltschaft erhob, reichten von «Herabwürdigung der österreichischen Staatssymbole» bis «Gotteslästerung»; genug für die Angeklagten, um sich in alle Himmelsrichtungen zu zerstreuen. Während Muehl ein neues Betätigungsfeld als Kommunarde fand, suchten Günter Brus und Oswald Wiener Unterschlupf außerhalb der Landesgrenzen und kamen mit ihren Familien nach West-Berlin, wo die Wieners ein Restaurant eröffneten, um ihr Auskommen zu finden. In der Mauerstadt war das damals unkompliziert: «Keine Sperrstunde, kein Gewerbeschein und keine Vorschriften.»[48]

Die Blasphemiker der Republik Österreich servieren Tafelspitz: Sein Ruf als Ort einer neuen, ästhetischen Radikalität war dem Exil von Anfang an sicher. Im Stil der historischen Avantgarden wurden Lesungen und dadaistische Séancen abgehalten. Wegen der Künstler, die das Restaurant als Wohnzimmer benutzten, hingen die Wände bald voller Kunst. Günter Brus, bisher auf Selbstverstümmelungen spezialisiert, gestaltete ein Deckenfresko, Dieter Roth eine Tapete mit Biermotiv.[49] Als Embleme des Epochenwechsels tauchten damals überall Bilder auf: an den Wänden der Szenelokale ebenso wie auf den Seiten der Theoriezeitschriften.

In den achtziger Jahren wanderte die Kunstsammlung des Exil nach Charlottenburg ab. Oswald Wiener hatte sich zu diesem Zeitpunkt aus der Gastronomie zurückgezogen, um Informatik an der Technischen Universität zu studieren. Im *Kursbuch* veröffentlichte er 1984 einen Beitrag zum Übergang «Vom dialektischen zum binären Denken».[50] Auf Hinweis des RAF-Anwalts Otto Schily hatte Wieners Kompagnon derweil ein heruntergewirtschaftetes Lokal in der Kantstraße übernommen.[51] Ein paar Jahre später war die Paris Bar die beste Adresse in der Mauerstadt. Mit ihrer Mischung aus Boheme, Prominenz und besserer Gesellschaft spiegelte sie den boomenden Kunstbetrieb, der die Askese der Avantgarden abgeschüttelt hatte. «Wer hier eintritt, lasse alle Hoffnung fahren, dass er herauskommt,

eh es Morgen wird», dichtete der Stammgast Heiner Müller.[52] Jacob
Taubes widmete sich in der Paris Bar seinen Talmud-Studien. Nicolaus Sombart stellte 1982 fest, dass man in Berlin offenbar «nirgendwo
anders» hingehen konnte.[53]

Im Dschungel

In Wirklichkeit gab es jede Menge Alternativen: das Risiko, anfangs
ein Lesben-Kollektiv, das sich seinen Namen als Umschlagplatz har-
ter Drogen verdiente. Das SO36, das Kippenberger führte, der hier
1978 die ersten Punk-Konzerte veranstaltete. Im Anderen Ufer, dem
ersten bekennenden Schwulenlokal in Deutschland, wickelte sich der
Maler Salomé im selben Jahr nackt in Stacheldraht. Im Café Mi-
tropa, der «informellen Gründerakademie fürs laufende Pop-Busi-
ness», wie Bernd Cailloux schreibt, beschlossen Thierry Noir und
Kiddy Citny Anfang der Achtziger, die Berliner Mauer zu bemalen.
Für Hedonisten, die nicht mehr diskutieren, sondern feiern wollten,
war aber vor allem der Dschungel wichtig. Als Freunde des Nachtlebens gingen die Merves hier bis zu viermal die Woche hin.[54]

Die Metamorphose der Studentenkneipe hatte im Jahr 1976 angefangen. Das abgewetzte Mobiliar war auf den Sperrmüll geflogen, die
Wände wurden lachsrosa lackiert und der Raum mit Plastikpalmen
aufgeforstet, in denen tropische Kuscheltiere turnten. Mehr Plüsch war
fortan nicht mehr erlaubt. Zum neuen Stil gehörten Altmetall, Ka-
cheln und Neonröhren, in deren Licht das Outfit der Gäste zur Gel-
tung kam. Zum langhaarigen Stammpublikum gesellten sich Punks
und Transsexuelle vom Strich am Nollendorfplatz. Die Barkeeper legten Sex Pistols, Kraftwerk und David Bowie auf. Dass man bald DJs
brauchen würde, um der Tanzwut gerecht zu werden, ließ sich vor der
Disco-Welle, die im Herbst 1978 über den Atlantik rollte, noch nicht
absehen. In dieser Übergangsphase war der Dschungel ein Lokal zwischen den Jahrzehnten, in dem die Codes der linken Subkultur in den
Strudel eines kühlen Karnevals gerieten. An einem Abend im Januar
1978 liefen sich hier David Bowie und Michel Foucault über den Weg.
Foucault war als Gast des Tunix-Kongresses in Berlin und ließ sich

Im alten Dschungel, 1976

von Heidi Paris das Schöneberger Nachtleben zeigen. David Bowie, der um die Ecke wohnte, ging damals häufig in der Gegend aus. Er hatte gerade *Heroes* herausgebracht, und bei Suhrkamp war der erste Band von Foucaults *Sexualität und Wahrheit* erschienen. Der deutsche *Playboy*, der sowohl Bowie als auch Foucault eine Strecke widmete, stilisierte sie zu Antipoden, indem er dem Sexsymbol den «Pariser Links-Philosophen» gegenüberstellte, dessen Theorie über die Verschränkung von Macht und Sex nicht anders als lustfeindlich einzustufen sei. Als epischer Spielverderber drohe er sogar damit, «seine Tortur-Theorie sechsbändig aufzublasen». Was der Redakteur mit einem Seufzer quittierte: «Bonjour Tristesse.» Dabei verstand es auch Foucault, sich im Berliner Nachtleben zu amüsieren. Das Narrativ der Biomacht hätte locker eine böse kleine Theorie der Disco abgeworfen. Doch hat er eine solche Theorie nie geschrieben. Vielleicht schlugen ihn die pfauenhaften Selbstdarsteller in ihren Bann. Vielleicht fand er die Atmosphäre so faszinierend, dass sein theoretischer Zugriff schwammig wurde, während die ersten Gedanken zu einer Philosophie der Lebenskunst aufblitzten, der er sich später in den Darkrooms von San Francisco unterwarf. Die Frage, wie man sein Leben meistert, indem man ihm die schönen Formen eines Kunstwerks verleiht, beschäftigte Foucault während seiner letzten Lebensjahre. Gut möglich, dass sie ins dionysische Schöneberg von 1978 zurückdatiert.[55]

Kurz danach bezog der Dschungel eine neue Location in einem ehemaligen China-Restaurant. Der Transformationsprozess, der zwei Jahre früher begonnen hatte, war damit an sein Ende gelangt. Aus der Raupe der Spontikneipe war der Schmetterling eines schicken New-Wave-Clubs geworden. Was Foucault nicht geliefert hatte, holte sein Übersetzer Ulrich Raulff in der *Zeitschrift für Verkehrswissenschaft* nach. Seine Abhandlung über «Disco» ist der Berliner Version des Studio 54 auf den Leib geschrieben: «ein strahlender Tanzplatz, ringsum Dunkel, Blitze, Donner und Stimmen, die aus dem Dunkel kommen, Palmendschungel, Nebelschwaden, theatralisch wirkende Treppen, leicht überdrehtes Personal ...»[56] Statt Bier gab es Cocktails und Jahrgangschampagner zu trinken. Statt Jeans und Lederjacken wogte ein bunter Kostümball durch die Nacht. Das Einzige, was den Umzug überdauert hatte, waren die Palmen, in deren neonhellem Schatten sich das Publikum fortan betont cool verhielt. «Cool, das war Verklärtheit, Unfreundlichkeit, Arroganz, Zugeschnürtheit, ein bisschen Wagnis», erinnert sich einer der Stammgäste aus dieser Zeit.[57] Kein Wunder, dass Baudrillard als Theoretiker der Stunde galt. Wer in den Dschungel hineinkam, durfte sich zur Elite des West-Berliner Nachtlebens zählen. Raulff entzifferte das Spiel von «Exklusion und Inklusion» als konstitutiven Faktor des Disco-Dispositivs.[58] Während die Hausfreunde als Erkennungszeichen bunte Plastikmarken bekamen, mussten alle anderen genau wie in New York darauf hoffen, dass entweder ihr Aussehen oder ihr Bekanntenkreis für sie sprach.

Paris und Gente gehörten zu den Stammgästen. Sie gingen ebenso in den Dschungel, um die *Anti-Ödipus*-Diskussionen ausklingen zu lassen, wie um ihre Pariser Autoren auszuführen. Aber auch aus theorieimmanenten Gründen hatte die Disco Relevanz. Die Texte, die sie seit 1977 ins Deutsche übertrugen, waren von französischen Professoren zum Teil schon in den frühen Siebzigern geschrieben worden. Im Schöneberger Nachtleben stießen diese Texte unverhofft auf ihr Personal. Die bunte Gesellschaft, die sich allabendlich im Dschungel versammelte: das «Patchwork der Minderheiten». Das Karussell der Moden, das sich von Jahr zu Jahr schneller drehte: als ironische Wiederholung der Zersplitterung linker Subkultur ein «Spiel ohne Referenz».[59] Norbert Bolz, der Assistent von Taubes, kündigte 1981 die Geburt der «Pop-Philosophie» an – ein in Deutschland damals noch weitgehend unbekanntes Genre. Obwohl er seinen Essay mit Zitaten von Jimi Hendrix und den Rolling Stones garnierte, plädierte er nicht dafür, der Theorie einen neuen Gegenstandsbereich zu erschließen. «Es geht um Stil», stellte Bolz stattdessen klar, um «ein bedeutungsfernes Denken der Ströme», das er sich «sexuell und dezisionistisch» ausmalte. Deleuze und Guattari, die Vorboten dieses Denkens, hatten in den siebziger Jahren selbst mit der Idee einer Pop-Philosophie gespielt. «RHIZOMATIK = POP'ANALYSE» lautet eine der in Versalien gesetzten Gleichungen aus *Rhizom*. In seinen Gesprächen mit Claire Parnet hatte Deleuze erklärt, er würde seine Vorlesungen gerne genauso wie Bob Dylan seine Songs komponieren: «Sehr lange Vorbereitung, doch ohne Methode, ohne Regeln und Rezepte.» Bolz' Empfehlung, den *Anti-Ödipus* so zu lesen, «wie man ins Kino geht oder eine Platte hört», lag von daher auf der Linie der Autoren.[60]

«Wußtest Du», schrieb Peter Gente 1988 an den Ost-Berliner Romanisten Karlheinz Barck, «daß Roland Barthes ein passionierter Disco-Besucher war?»[61] Solche Zusammenhänge gewannen für die übernächtigten Verleger an Bedeutung. Nach den Franzosen entdeckten sie in den achtziger Jahren die Pop-Musik. Keinen Geringeren als Barthes suchten sie kurz vor dessen Tod für einen Band über – Reggae! – zu interessieren. Sie planten, Texte von Patti Smith herauszubringen und «mit Brian Eno etwas zusammen zu machen», der in West-Berlin lebte.[62] Ein Band des Pop-Konzeptualisten hätte gut ins Verlagsprogramm gepasst, doch weder von Eno noch von Patti Smith sind jemals Merve-Titel erschienen. Stattdessen kamen Texte von Blixa Bargeld, die *Genialen Dilletanten* und Shuhei Hosokawas deleuzianisch inspirierter *Walkman-Effekt* heraus. Hatte die totale Beschallung der Städte dem Disco-Theoretiker Ulrich Raulff noch apokalyptisches Unbehagen eingeflößt, so repräsentierte der «Junge auf roller-skates, der einen Hamburger ißt, eine Cola trinkt und Michael Jackson über Walkman hört», für den japanischen Musikwissenschaftler den Prototypen einer neuen Kultur.[63] Er bat das Verlegerpaar, sein Buch Paul Virilio, «Brixa» Bargeld und Umberto Eco zur Kenntnis zu bringen.[64] Auf dem Internationalen Kongress für Semiotik in Urbino, auf dem sich Hosokawa und Gente 1981 begegnet waren, hatte auch Eco zu lauter Disco-Musik getanzt.[65]

Anders als Klaus Laermann meinte, kam der Theoriediskurs im Nachtleben nicht zum Erliegen. Der Überdruss an zuviel «Kopfgedanken» war gewissen Theorien sogar durchaus förderlich.[66] «Immer dabei», schreibt Bernd Cailloux, der sich in denselben Kreisen wie das Verlegerpaar bewegte, «eine in den handlungsarmen Ecken der Disko diskutierende Hegel- oder Heideggerrunde.»[67] Noch wurden die «schweren Zeichen» der Geschichtsphilosophie ausgetauscht, doch die neuen Verkehrsformen wirkten an der Abwicklung der Dialektik mit.[68] Im Zeitalter des «Diskurs-Pogo», wie die achtziger Jahre bezeichnet worden sind, trug die apodiktische Volte den Sieg über die wasserdichte Ableitung davon, und Namen triumphierten über Argumente.[69] Für dialektisch geschulte Bedenkenträger war dieser Denkstil mit «Linksdezisionismus» gleichbedeutend. Seine «simple Eindeutigkeit», schrieb Wilhelm Gottschalch im *Rowohlt Literaturmagazin*, leugne die «Ambivalenz aller sozialen Erscheinungen».[70] Die Diskussion durch schroffe Gegensätze abzukürzen – das gehörte in der Tat zum Reiz des neuen Denkens. Wie die Chronisten der Gegenwart übereinstimmend berichteten, erzeugte der Alkohol die dazu notwendige Helligkeit. «Nicht-Trinken macht traurig, gefräßig, dick und dumm», stellte Rainald Goetz 1984 fest, nachdem er fünf Jahre lang konstant getrunken hatte. «Schon-Trinken hingegen macht im Gegenteil, also gut und kaputt.»[71] Auch Gilles Deleuze sprach in seinen Unterhaltungen mit Claire Parnet über die philosophische Bedeutung des Alkohols.[72] Für Michael Rutschky, der 1983 darüber nachdachte, wovon es abhing, miteinander reden zu können, stellte sich die Lage ganz undialektisch eindeutig dar: «Die allmähli-

che, unmerkliche, am Ende vollkommene Entgrenzung durch das
Weißweintrinken ist die immer wiederholte Probe darauf, daß Kommunikation mit der Außenwelt *im allgemeinen* möglich ist.»[73]

Über den Wolken

Von Niklas Luhmann sind derlei Ausschweifungen nicht bekannt.
«Um 23.00 Uhr liege ich meistens im Bett und lese noch ein paar
Dinge, die ich zu dieser Zeit noch verdauen kann», gab er 1985 der
Frankfurter Rundschau zu Protokoll.[74] Umso überraschender ist es, wel-
che Bedeutung seine Theorie der Kommunikation, die er 1971 zum
ersten Mal als Gegenentwurf zu Habermas präsentierte, dem Nacht-
leben einräumt. Unter den Beispielen, die er ins Feld führte, um die
Idee der idealen Sprechsituation zu konterkarieren, stößt man auf
Warteschlangen, auf «größere Parties» und «Diskussionen in Bars».[75]
Dabei handelte es sich für Luhmann nicht um Varianten von Gerede,
sondern um aufschlussreiche, weil paradigmatische Fälle von Kommunikation. Berliner Intellektuelle, die in den Kolloquien von Jacob
Taubes lernten, die versteckten Botschaften der Philosophen zu dechif-
frieren, bevor sie abends trinken gingen, können über die arkane
Bedeutung der Habermas-Luhmann-Kontroverse nicht im Unklaren
gewesen sein: In Wirklichkeit handelte es sich um eine verklausulierte
Auseinandersetzung über den Status von Kneipengesprächen.[76]

Man muss in den Keller von Luhmanns Fußnoten hinabsteigen,
um die Spur aufzunehmen, die die Gastronomie in seinem Werk hinterlassen hat. Sie führt direkt nach Kalifornien. Zu den apokryphen
Referenzen, für die Luhmann so berüchtigt ist, dass es Leser gibt, die
meinen, er habe die wichtigsten davon selbst erfunden, gehört auch
die Dissertation einer Erving-Goffman-Schülerin namens Sherri
Cavan, die er mit einer Ausdauer zitiert, die vermuten lässt, dass er
ihr grundlegende Einsichten verdankte.[77] Die Anthropologin war
Mitte der sechziger Jahre durch die Bars von San Francisco gezogen,
um deren Gäste beim Trinken zu beobachten. Dem Lakoniker Luhmann muss die Lakonie ihrer ethnografischen Miniaturen gefallen
haben, die in ihren besten Momenten an Raymond Carver erinnern.

Entscheidend war jedoch etwas anderes: In Cavans Arbeit erkannte Luhmann eine «Fallstudie von Situationen, in denen das Aufnehmen und Beenden von Kontakten erleichtert ist».[78] Wer in San Francisco eine Bar betrat, akzeptierte nämlich stillschweigend die Regel des kalifornischen Nachtlebens, alle anderen ansprechen und von allen anderen angesprochen werden zu dürfen.[79] Bei diesem Gesellschaftsspiel ging es nicht darum, Wahrheitsansprüche zu diskutieren, und schon gar nicht, auf einen Konsens abzuzielen, denn spätestens danach wäre das Gespräch vermutlich im Sand verlaufen. Es ging darum, überhaupt miteinander in Kontakt und in Glücksfällen miteinander ins Bett zu kommen. Dass das meistens schiefging und dass sich die Gäste trotzdem nicht entmutigen ließen, es immer wieder zu versuchen – darin erblickte Luhmann das «ganz normale Wunder» des Miteinander-Redens.[80] Seine Theorie buchstabierte die Einsicht aus, dass Kommunikation unwahrscheinlich war und dass Gesellschaft aus der Summe der Vorkehrungen bestand, um sie wahrscheinlicher zu machen. Das ließ sich in der Kneipe wie in einer Laborsituation beobachten. Rainald Goetz, der bei Luhmann die Bestätigung seiner eigenen Erfahrungen beim Ausgehen fand, paraphrasierte dessen Theorie 1983, als er schrieb, «daß Verständlichmachen unmöglich ist, daß es das nicht gibt, und daß es deshalb auf eine hochkontrollierte, hochkalkulierte, hochpassionierte Weise immer wieder in Angriff genommen werden muß».[81] Er tat das allabendlich in den Kneipen von München.

Am «Franzosengemurmel», das der «doofe Merve Verlag» verbreitete, ließ der junge *Spex*-Autor kein gutes Haar.[82] Zwischen der Systemtheorie und dem Sound, den Paris und Gente aus Paris einführten, lagen tatsächlich Welten. Doch erlag auch das Verlegerpaar im Lauf der achtziger Jahre dem Charme der neuen Sachlichkeit. Luhmanns verzögerte Rezeptionsgeschichte wäre eine eigene Untersuchung wert. Er selbst vertrat die Meinung, er finde die besten Leser, wo der Neomarxismus den Boden für abstraktes Denken bereitet habe.[83] Doch ging der Konversion zur Systemtheorie in den meisten Fällen der Bruch mit der Dialektik voraus. Durch die Kontroverse mit Habermas hatte sich Luhmann einen Namen als Herausforderer der Frankfurter Schule gemacht. Einer *FAZ*-Rezension von Bazon

Brock zufolge lag Bielefeld seit 1971 sogar mit 8:7 vorn.[84] Die Tabellenführung konnte es aber erst im Klima der achtziger Jahre übernehmen, als Theorie und Engagement auseinanderliefen und schwieriges Denken den Habitus der *impassibilité* annahm. Ein später bei Merve publiziertes Streitgespräch, das Luhmann 1984 mit dem Umwelt- und Friedensforscher Robert Jungk führte, offenbart schon im Tonfall die Abgründe, die den Bielefelder «Jet-Set-Christdemokraten» von den Neuen Sozialen Bewegungen trennten. Jungk: «Die Systeme, die Sie errichten, Herr Luhmann, sind doch in Wirklichkeit alles Systeme der Angst.» Luhmann: «Mir ist diese Sicht zu einfach.»[85]

Für Intellektuelle, die posthistorische Gelassenheit pflegten, war seine Coolness unwiderstehlich. Nach allen theoretischen Erregungen versprach sie einen letzten möglichen Rausch. Im Jahr, als Foucault starb, stellte Luhmann seine Theorie erstmals in der Totalen dar. Im Bild vom Flug über dichter Wolkendecke, unter der die «erloschenen Krater des Marxismus» lagen, artikulierte sich ihr Selbstverständnis.[86] In den Augen vieler Leser war ihre Anlage am ehesten mit Kunst zu vergleichen. Ein Fachkollege schrieb, sie sei «Joseph Beuys verwandter als den nüchternen Bemühungen einer mathematisierenden Analyse sozialer Netzwerke».[87] Für die Ästhetisierung der Wahrheit, die Jacob Taubes als Signatur des Zeitalters diagnostizierte, gab demnach auch Luhmann ein gutes Beispiel ab.[88] Bei aller Wissenschaftlichkeit bestach seine Theorie durch ihre Eleganz. Und noch in einer anderen Hinsicht dockte sie an die geistige Lage an: Mit seiner Botschaft, aufgrund der Komplexität der Welt vor die Notwendigkeit zur Unterscheidung gestellt zu sein, trat Luhmann das Erbe der radikalen Denker der Zwischenkriegszeit an – und verlieh ihm seine politisch ausgeglühte Form. Das Pathos der Dezision, das die Renegaten der Dialektik zuerst bei Walter Benjamin und später bei Carl Schmitt gesucht und gefunden hatten, begegnete ihnen bei Luhmann wieder – wenn auch in den dürren Formeln eines Mathematikers namens George Spencer Brown.[89]

Im Sommer 1987 schlug der Luhmann-Schüler Dirk Baecker den Merves einen Band mit gesammelten Luhmann-Interviews vor: «Allesamt immer etwas launige, auf Tagesgeschehen und -eindrücke bezogene Kommentare, können sie doch auch als Einführungen in den spezifisch luhmannschen Theoriestil dienen.»[90] Den Verlegern gefiel die Idee. Um jedoch «nicht der Verlag zu sein, der immer diese kleinen Bändchen mit den Interviews der großen Theoretiker macht, sondern einer, der dieses Genre auf seine Möglichkeiten hin abklopft», baten sie Baecker, in Form einer Einleitung Überlegungen zur Epistemologie des Interviews beizusteuern.[91] *Archimedes und wir* ging pünktlich zu Luhmanns sechzigstem Geburtstag in den Druck. Die Stücke des Bandes summieren sich zu einer kleinen intellektuellen Physiognomie. Als Verfechter des Autorenkontakts fuhren Paris und Gente im Dezember 1987 nach Bielefeld, um ihr Buch am Buffet des Internationalen Begegnungszentrums der Universität persönlich zu überreichen. Es schloss sich eine Party an, die «sicher nicht für Berliner, aber doch für Bielefelder Verhältnisse» diesen Namen verdiente, wie Dirk Baeckers Co-Herausgeber Georg Stanitzek die Verleger eine Woche später wissen ließ. Entgegen seiner Gewohnheit hatten sie Luhmann im Nachtleben erleben dürfen. Nach Lage der Dinge kam auch der Jubilar auf seine Kosten. «Im Nachhinein», schrieb Stanitzek, «hat nun auch Luhmann, der wohl gerade geschenkten Gäulen erstmal ins Maul zu schauen pflegt, sein Wohlgefallen geäußert – wenn man seine habituelle Zurückhaltung kennt, immerhin bemerkenswert.»[92]

Epilog
After Theory?

Knapp zwei Jahre später fiel die Mauer. Für die Merves tat sie das wie nebenbei. In ihrer intellektuellen Geografie besaß die Wende keine Bedeutung, die irgendwie wegweisend gewesen wäre. Wenn überhaupt, dann bedrohte sie ihren Lebensraum und brachte ihr Geschäftsmodell ins Wanken. Mit dem «subventionierten Irrenhaus der westlichen Welt», wie Thomas Kapielski West-Berlin genannt hat, verschwand ein Schutzgebiet für prekäre Wirtschaftsformen.[1] Als hätten die Büchermacher das geahnt, gaben sie pünktlich zur Wiedervereinigung den Band *Aisthesis. Wahrnehmung heute oder Perspektiven einer anderen Ästhetik* bei Reclam Leipzig heraus. Auch wenn im editorischen Nachwort das Gegenteil behauptet wird – es gehe um ein neues Denken und nicht um die Rückschau auf ein Verlagsprojekt –, liest sich der Band wie eine Bestandsaufnahme am Ende einer Ära.[2] Deleuze, Foucault, Virilio, Baudrillard – für die ostdeutschen Leser kompilierten die Verleger ein *best of Merve*. In den frühen neunziger Jahren erlebten sie die Gründerzeit des Techno in Berlin-Mitte. Doch mittelfristig lockerten sie die Bindung an ihr Territorium. Heidi Paris nahm eine Gastprofessur für Design an der Kunsthochschule Kassel wahr. Peter Gente begann, sich für Asien zu interessieren. Durch die Kooptation eines österreichischen Mäzens gelang es ihnen, ihren Haushalt auf sichere Füße zu stellen. Und während sich der Verlag ab 1991 die Produktion von Hardcovern leisten konnte, kam die Theorie, die er seit den siebziger Jahren in die Bundesrepublik importierte, in den deutschen Universitäten an.[3]

Die neunziger Jahre waren die Dekade der *Cultural Studies*, der «neuen Kulturgeschichte» und des Durchbruchs der Pop-Theorie.[4] Die Frontlinie theoretischer Auseinandersetzungen verlief jetzt mitten durch die akademische Welt. In den USA sorgten die sogenannten *Science Wars* für einen Streit der Fakultäten.[5] Auch im wiedervereinigten Deutschland spielten sich Kämpfe innerhalb der Disziplinen ab. Als ich 1997 aus Bologna nach Berlin zurückkehrte, konnte man mit Foucault an der Humboldt-Universität noch provozieren. Wegen zu deutlicher Foucault-Referenzen weigerte sich ein renommierter Sozialhistoriker, meine Hausarbeit zu bewerten – was wiederum Stoff für Partygespräche abgab. Derrida oder Habermas? Lyotard oder Luhmann? Das waren Entscheidungen von existentiellem Gewicht. Doch stand das französische Denken im Begriff, in die letzten Bastionen der Geisteswissenschaften einzudringen. Wenig später gehörte es auch hierzulande zum akademischen Normalbetrieb. Dafür verlor es seine gefährliche Aura.[6] Mit *Empire* landeten Michael Hardt und Toni Negri im Jahr 2000 noch einmal einen großen Theorie-Bestseller. Doch bald darauf brach in den Universitäten die Herrschaft der gut abgesicherten Fallstudien an. Die Zeitdiagnostiker sprachen von der Rückkehr der Wirklichkeit.[7] 2001 brachten zwei Flugzeuge das World Trade Center zum Einsturz. Zwei Jahre später veröffentlichte Terry Eagleton, der der Theorie einst den Weg in die britischen Literaturwissenschaften geebnet hatte, ein Buch mit dem Titel *After Theory*.[8]

Inzwischen ist die Theorie zurückgekehrt. Eine zweite Katastrophe in New York, der Bankrott der Lehman Brothers, trug ihren Teil dazu bei, das Interregnum zu beenden. Seither sind sie alle wieder da: die französischen Poststrukturalisten, die italienischen Postoperaisten und jene, die dem Marxismus über alle Jahre hinweg die Treue gehalten hatten.[9] Eine Situation, in der sowohl der Markt als auch der Staat massiv an Vertrauen verloren haben, müsste ideal für neue, wegweisende Gedanken sein. Doch wird man den Eindruck nicht los, dass sich der Theoriediskurs der Gegenwart im Modus des Als-ob bewegt. Ist das schwierige Denken als Retro-Phänomen zurückgekehrt? Das deutsche Feuilleton ist seit einigen Jahren für die Beobachtung sensibilisiert, dass Foucault seine Anzüge in den sechziger Jahren auf die Farbe seines beigefarbenen Jaguars abzustimmen pflegte.[10] Die Theorieverlage der Bundesrepublik haben ihre Materialien den Archiven übergeben, und ihre ehemaligen Leser haben ihre Memoiren vorgelegt. Aus den USA, wo die Franzosen in den achtziger Jahren eine Generation von College-Studenten prägten, erreicht uns das Genre des Theorieromans. Ist nach der Theoretisierung der Erzählung die Erzählung der Theorie zum neuen Trend geworden? Kann es sein, dass Theorie als Gegenstand von Literatur gegenwärtig interessanter ist als als ihr Analyseinstrument?[11] Eine Konferenz mit dem Titel

«Theorietheorie», die 2009 am Ort längst legendärer Theorie-Symposien in Dubrovnik tagte, gelangte unter anderem zu dem Ergebnis, dass «sowohl Konjunktur als auch Abgesang, aber auch Theorieindifferenz und selbst noch der Widerstand gegen die Theorie theoretische Positionen» seien. Das klingt verdächtig nach Rückzugsgefecht.[12]

Im Spätsommer 2002 nahm sich Heidi Paris das Leben. Eine schwierige persönliche Situation und die «Düsternis der Nullerjahre» hatten ihre fragile psychische Balance aus dem Gleichgewicht gebracht.[13] Es gab Autoren, die Peter Gente dazu rieten, mit Merve aufzuhören.[14] Doch war er dazu nicht bereit. Fünf Jahre später zog er sich nach Asien zurück. Als ich meine Recherchen für dieses Buch weitgehend abgeschlossen hatte, erreichte mich die Nachricht von seinem Tod. Er starb mit 78 Jahren im Norden Thailands in Chiang Mai. Vier Wochen später, nachdem seine Urne nach Deutschland überführt worden war, fand in Berlin die Beerdigung statt. Es war ein kalter, sonniger Tag im März 2014. Die Trauergäste, die sich auf dem Friedhof in Schöneberg versammelten, trugen noch Schals und Wintermäntel. Sie besetzten die Kapelle bis auf den letzten Platz. Hinten stehend versuchte ich zu überblicken, wer alles gekommen war: Professoren, Übersetzer, Arrivierte, gealterte Bohemiens … Mit einigen hatte ich in den vergangenen Jahren Gespräche geführt; einigen war meine Anfrage nicht geheuer gewesen. Im normalen Leben hatten viele dieser Leute wahrscheinlich kaum noch miteinander zu tun. Doch für mich gehörten sie alle zusammen: Die alte West-Berliner Intelligenz gab sich ein Stelldichein. «Der Name Berlin» von Maurice Blanchot wurde vorgelesen. Aus den Lautsprechern kam James Tenneys irritierende elektronische Musik. Die Reden riefen eine vergangene Epoche in Erinnerung zurück. Nach der Beisetzung ging es in den Verlagsräumen weiter, wo Bier getrunken, geredet und geraucht wurde. Wegen der bevorstehenden Leipziger Buchmesse stapelte sich auf den Tischen das Frühjahrsprogramm. Zum Glück gibt es Nachfolger, die das operative Geschäft fortführen, und neue, zeitlos moderne Merve-Bändchen aus billigem Papier, die Titel wie *Kunst an sich* oder *Akzeleration* tragen. Die Zukunft des Verlags scheint bis auf weiteres gesichert. Die Zukunft der Theorie ist ungewiss.

Nachwort zur Taschenbuchausgabe

Vor zehn Jahren, als dieses Buch zum ersten Mal erschien, sah die Welt noch anders aus. 2015 war das Jahr vor Trump und vor dem Brexit; die AfD war eine Euro-kritische Partei, die ihre Nische unterhalb der Fünf-Prozent-Hürde gefunden hatte; und Putins Annexion der Krim schien weit entfernt zu sein. Inzwischen ist das nicht mehr so. Besiegelt die «Zeitenwende», die heute in aller Munde ist, auch das definitive Ende jener Nachkriegsepoche, in der, um den rätselhaften Gelehrten Alexandre Kojève zu zitieren, «die Zukunft der Welt und damit der Sinn der Gegenwart und die Bedeutung der Vergangenheit letztlich von der Interpretation der Hegelschen [oder Adornoschen oder Foucaultschen oder Luhmannschen, P. F.] Schriften» abzuhängen schienen?[1] In einem seiner raren versöhnlichen Momente bezeichnete Adorno die friedliche Bundesrepublik als historische «Atempause», in der sich ein Freiraum für kritische Theorie eröffnet habe.[2] Von einer Atempause kann heute keine Rede mehr sein. Die geopolitischen Umwälzungen gehen mit einem epochalen Medienumbruch einher, der unsere alten Lesegewohnheiten, die Formen unserer Politisierung, unseres Wissens und unserer Bildung pulverisiert. So skeptisch sie dem akademischen Betrieb auch immer begegnet sein mögen, so haben sich Generationen von Theorielesern und -leserinnen dennoch aus den Geisteswissenschaften rekrutiert. In den letzten zehn Jahren ist die Anzahl der in den geisteswissenschaftlichen Fächern eingeschriebenen Studierenden in Deutschland aber um vierzig Prozent zurückgegangen. Auch in dieser Hinsicht findet vor unseren Augen ein Umbruch statt.

Was beim Recherchieren und Schreiben dieses Buchs gerade erst Gestalt annahm, der Eindruck, dass die Theorie, ihre lieb gewonnenen Gesten und Rituale, historisch geworden waren, hat sich seither verfestigt. Die «Theoriegeschichte» stellt heute – besonders hierzulande – ein eigenes Forschungsfeld dar, dessen Fragestellungen und Begriffe

Drittmittelanträge und Sammelbände füllen. Sich für die Gestaltung einer marxistischen Studentenzeitschrift, die Rezeption der Suhrkamp-Kultur in der Tschechoslowakei oder das Diskussionsverhalten der Mitglieder der Forschungsgruppe Poetik und Hermeneutik zu interessieren – dazu bedarf es keiner ausgefallenen Rechtfertigungen mehr.

Abgesehen von geringfügigen Korrekturen im Text und in den Anmerkungen, die schon in die erste Taschenbuchausgabe Eingang fanden, wurden keine Änderungen vorgenommen – sonst hätte ich ein neues Buch schreiben müssen. An dieser Stelle nur ein paar Hinweise auf dieses inexistente Buch: Erstens hätte ich den historischen Kontext ausgeweitet, um die Theoriebegeisterung der West-Berliner Boheme in die *longue durée* des philosophischen Diskurses einzuordnen. Es gibt eine Institutionengeschichte des antiakademischen Philosophierens, die bis in die Sattelzeit der Moderne im frühen 19. Jahrhundert zurückgeht, als die Universität eine Allianz mit dem modernen Staat einging. Sie reicht von Friedrich Schlegels zwischen Literatur und Literaturtheorie changierender «Universal-Poesie» über Schopenhauers Polemik «Über die Universitäts-Philosophie» und die radikale Publizistik der Junghegelianer bis zu Heideggers charismatischen Auftritten im Skianzug, in denen er dem Ideal stoischer Gelassenheit, nach dem die Philosophieprofessoren (zu denen er natürlich selbst gehörte) strebten, mit dem Gestus dezisionistischer Entschlossenheit entgegentrat. Eine vergleichbare Geschichte lässt sich für Frankreich erzählen. In den Schreibweisen, Rollenmodellen und Formen intellektueller Selbstermächtigung, die in diesen Zusammenhängen entwickelt und erprobt worden sind, lassen sich unschwer Elemente erkennen, die nach der Zäsur des Zweiten Weltkriegs in den Denkstil der Theorie eingegangen sind.[3]

Zweitens hätte ich in einem neuen Buch zumindest einige der Fundstücke verarbeiten wollen, die mir in den letzten Jahren in die Hände gefallen sind: Kurios, dass ausgerechnet der Langstreckenläufer Jürgen Habermas, der in diesem Buch als entfernte graue Eminenz vorkommt, dem Theorie-Taschenbuch und dessen Aura schon Ende der 1980er Jahre ein sentimentales Denkmal setzte. Es gebe Bücher, schrieb er in seiner Laudatio auf den Suhrkamp-Lektor Günther Busch, die unlösbar mit ihrem historischen Erscheinungskontext verbunden seien: «Man kann sich des Textes nicht erinnern, ohne sich das Titelblatt vorzustellen, ohne Farbe und Format des Bandes vor Augen zu haben, auf dem uns der Titel zum ersten Mal begegnet ist, ohne die Schrifttype zu sehen, in der der Titel gesetzt war, ohne den Geruch, das Geräusch einer vergilbten Aktualität zu spüren, der der Titel einmal seine Symptomatik verdankt, in der er seine Durchschlagskraft entfaltet hat.»[4] Ich meine, in diesem Satz eine kleine Programmatik der Theoriegeschichte zu erkennen.

Das gilt auch für Tom Wolfes ironische Feststellung, «things like knock-off specialists, money, publicity, the smart set, and Le Chic» hätten in der Kunstgeschichte nichts zu suchen.[5] Ironisch ist diese Feststellung insofern, als sie in einem Buch steht, das 1975 das Gegenteil bewies. In *The Painted Word*, seiner kurzen Geschichte der modernen Kunst, warf Wolfe nicht nur einen bösen, nietzscheanischen Blick auf die Prestige-Ökonomie der New Yorker Kunstwelt – er führte auch die Theorie, die in dieser Welt als kostbare Währung gehandelt wurde, als Glaubensartikel, soziales Distinktionsmittel und Lifestyle-Accessoire vor. Das hat vor Wolfe, soweit ich sehe, noch niemand gemacht. Vieles von dem, was ich im letzten Teil über die Allianz von Theorie und Kunst geschrieben habe, findet sich in seinem Buch bereits vorweggenommen.

Wenn hier schon von meinen Lieblingsautoren, den *New Journalists* der 1970er Jahre, die Rede ist, dann muss auch Joan Didions tiefe Einsicht aus «Goodbye to All That» zitiert werden, ihrem Essay über ihre schleichende Entfremdung von New York: «It is easier to see the beginnings of things, and harder to see the ends.»[6] Was könnte die Wahrheit dieses Satzes besser als das vorliegende Buch illustrieren? So detailliert es die Anfänge des Theoriezeitalters schildert, so unvermittelt bricht es mit dem Fall der Mauer ab. Der Epilog, ein flüchtiger Parcours durch die 1990er und 2000er Jahre, vermag die Ratlosigkeit des Verfassers nicht zu verbergen. Dass eine Ära zu Ende gegangen war – darin bestand ja die Grundprämisse des *Langen Sommers*. Aber auf welche Weise, wann und warum – auch zur Beantwortung dieser Fragen bedürfte es eines neuen Buchs.

Zu den Trouvaillen der letzten Jahre gehört auch *Die Klimax der Theorien*, ein längst vergessenes Buch des Neukantianers Otto Liebmann, das die Theoriegeschichte naturalistisch als Gezeitenwechsel konzipiert: «Der Hang zum Theoretisieren scheint nämlich, gleich anderen menschlichen Neigungen, einem Wechsel von Ebbe und Flut unterworfen zu sein», schrieb Liebmann in den 1880er Jahren. «In einem ursächlichen Zusammenhang mit kulturgeschichtlichen Faktoren mannigfacher Art erlebt er alternierend seine Maxima und seine Minima. Es gibt Zeitalter, in denen er zur förmlichen Monogamie anschwillt und das bescheidenere Bedürfnis nach einfach beobachtender Kenntnisnahme des Tatsächlichen auf hypertrophische Weise überwuchert. Es gibt andere Zeitalter, in denen er unter Null absinkt und von eben jenem ihm antagonistischen Bedürfnis völlig zurückgedrängt scheint. Ein derartiger Umschlag hat sich oftmals und an vielen Orten der Welt wiederholt.»[7]

Abgesänge auf das Zeitalter der Theorie begleiten uns spätestens, seitdem die Gegenwartsdiagnostiker in den 1980er Jahren die «Theoriemüdigkeit» der neuen Studentengeneration feststellten. Sicher haben der Prestigeverlust des Marxismus, das Ende des Kalten Krieges, der Siegeszug der digitalen Medien und die Rückkehr der Realpolitik im Zuge der Kataklysmen seit 2001 allesamt ihren Teil dazu beigetragen, dem schwierigen Denken seine Faszinationskraft zu rauben – zumindest im europäischen Kontext. Was im selben Zeitraum dagegen eine Renaissance erlebte, war der historische Sinn. Im neunten, der Physiognomie des West-Berliner Posthistoire gewidmeten Kapitel habe ich geschrieben, kein Ort sei in den 1980er Jahren besser dazu geeignet gewesen, «den Glauben an die Zukunft zu verlieren». Das würde ich heute immer noch so schreiben. Was aber viel zu kurz kommt, obwohl die Indizien überall im Text herumliegen, ist, dass das Ende der Geschichte als Zukunft, das heißt als politischer Erwartungshorizont, mit der Rückkehr der Geschichte als Vergangenheit zusammenfiel. «Always historicize!» – Fredric Jamesons Maxime von 1981 hielt damals auch in der Merve-Kultur Einzug. Die Verleger wanderten nicht nur in den White Cube der Galerien und ins Nachtleben ab; sie wandten sich nicht nur rechten Autoren und materiellen Objekten zu, sondern gerieten zugleich auch in den Sog des Historischen. Die Erosion des Fortschrittsversprechens der Nachkriegsmoderne legte auch bei ihnen retrospektive Leidenschaften frei. David Bowie experimentierte mit den Kostümen des Faschismus, Harald Szeemann grub das Erbe der ersten Alternativbewegung aus, und Sylvère Lotringer, Sohn polnischer Juden, der die deutsche Besatzung in einem Pariser Versteck überlebt hatte, machte ein Heft über Deutschland, in dem das Gespenst des Nationalsozialismus beinah auf jeder Seite präsent ist. Während die offizielle Kultur der Bundesrepublik auf den Historikerstreit zusteuerte, formierte sich in der Crellestraße und ihrem intellektuellen Umfeld eine eigene Erinnerungspolitik.

Wenn ich mich festlegen müsste, von welchem Diskurs oder besser: von welcher intellektuellen Kultur die Theorie seit den 1990er Jahren beerbt worden ist, dann würde ich heute sagen: von der Geschichte.[8] Natürlich gab es zwischen beiden eine breite Überlappungszone: Auch Foucaults Schriften wurden ja, wie im Buch geschildert, als neuartige Form der Geschichtsschreibung rezipiert; auch Derrida transponierte die Dekonstruktion als «Hauntologie» Anfang der 1990er Jahre in eine Art von Gedächtnispolitik. Doch erwies sich das Paradigma der Historisierung in dieser Symbiose als der zunehmend dominante Part. Man kann das im Einzelnen – und nicht nur im wiedervereinigten Deutschland – anhand des Siegeszugs der historischen Kulturwissenschaften, der Konjunktur der Geschichts- und Erinnerungsdebatten, der ubiquitären Rede vom historischen Trauma und des Aufstiegs von Buzzwords wie «Narrativ» und «Storytelling» verfolgen, bei denen es sich ebenfalls um Abkömmlinge des historischen Erzählens handelt. Erst in jüngster Zeit lässt unsere Geschichtsbegeisterung ihrerseits Ermüdungserscheinungen erkennen. Historisierung – als intellektuelle Basisoperation innerhalb der Geisteswissenschaften spätestens seit den 1990er Jahren unangefochten – scheint für eine jüngere Studierendengeneration nicht mehr selbstverständlich zu sein. Mit dem Klimawandel hat sich ein dunkler Erwartungshorizont geöffnet, für den die Vergangenheit keine brauchbaren Lehren bereithält.

Warum hat sich eigentlich niemand daran gestört, dass die Lesenden auf dem Cover dieses Buchs, ein Motiv des ungarischen Fotografen André Kertész, nicht im Tiergarten, sondern auf dem Washington Square im Manhattan des Jahres 1970 aufgenommen wurden? In New York, wo ich das Herbstsemester 2024 als Gastprofessor verbringe, fällt in diesen Tagen ein merkwürdiges Phänomen ins Auge: Auf Parkbänken und in der Subway sieht man junge, hippe Menschen, die anstatt in ihre Mobiltelefone in zerlesene Paperbacks vertieft sind. Ich kann Sally Rooney und Joseph Conrad, aber auch René Girard und Sylvia Wynter erkennen. Die Antiquariate im East Village sind noch um zehn Uhr abends überfüllt. Im Strand Book Store am Union Square steht man zwanzig Minuten an der Kasse. Ist das Theorie-Taschenbuch, ähnlich wie die Vinyl-Platte, als Retro-Phänomen zurückgekehrt? Kündigt sich heute, nach der Wiederwahl von Donald Trump, eine neue Romantik des Lesens an? Wird sich das schwierige Denken aus seiner Niederlage regenerieren?

New York, Dezember 2024

Dank

Zwar stützt sich dieses Buch vor allem auf einen schriftlichen Überlieferungszusammenhang, aber ohne zahlreiche Gespräche hätte es
nicht geschrieben werden können. Für ihre Bereitschaft, auf meine
Fragen zu antworten, danke ich Hannes Böhringer, Peter Geble, Peter
Gente †, Wolfgang Hagen, Marianne Karbe, Helmut Lethen, Michaela Ott, Wolfert von Rahden, Ulrich Raulff, Hans-Jörg Rheinberger,
Cord Riechelmann, Henning Schmidgen, Edith Seifert, Walter
Seitter, Georg Stanitzek, Jochen Stankowski, Ronald Voullié, Nikolaus Wegmann und allen anderen, mit denen ich in den vergangenen
Jahren über ihre Theorieerlebnisse geredet habe. Mein besonderer
Dank geht an Tom Lamberty und Elisa Barth vom Merve Verlag für
ihre großzügige Hilfsbereitschaft und Unterstützung. Stephan Schlak
hat den Anstoß zu diesem Buch gegeben. Dafür an dieser Stelle herz-
lichen Dank. Ich danke den Mitarbeitern des Zentrums für Kunst
und Medientechnologie Karlsruhe, des Walter Benjamin Archivs (in
dem Kopien von Adornos Korrespondenz aufbewahrt werden), des
Deutschen Literaturarchivs Marbach und des Universitätsarchivs der
Freien Universität Berlin. Ohne ein aus den Mitteln der Exzellenz-
initiative der Humboldt-Universität finanziertes Freisemester hätte
ich das Buch nicht beenden können – auch dafür meinen Dank. Für
kritische Lektüre und entscheidende Anregungen danke ich Philipp
Albers, Martin Engelmeier, Martin Mittelmeier, Jan Mollenhauer,
Moritz Neuffer, Kathrin Passig, Cornelius Reiber, Johanna Seifert,
Jan von Brevern und vor allem Hanna Engelmeier. Christian Werner
Dank für engagiertes Fotografieren. Stefanie Hölscher Dank für ihr
großes Interesse an diesem Projekt. Und Yael Reuveny und Anna
Henk Dank für alles Übrige.

Anmerkungen

Einleitung
Was war Theorie?

1 Andreas Baader an Ello Michel, 21.8.1968, zit. nach: Klaus Stern u. Jörg Herrmann, *Andreas Baader. Das Leben eines Staatsfeindes*, München 2007, Abb. 40, vgl. 110–16, 177.

2 Zur «hochtheoretischen» Motivation der ersten RAF-Generation vgl. Karl Heinz Bohrer, «Die drei Kulturen», in: *Stichworte zur ‹Geistigen Situation der Zeit›*, Bd. 2, hg. v. Jürgen Habermas, Frankfurt a. M. 1979, 659.

3 Zit. nach N. N., «Marcuse: Hilfe von Arbeitslosen», in: *Der Spiegel*, 21 (1967) 25, 103.

4 Vgl. Nikolaus Wegmann, «Wie kommt die Theorie zum Leser? Der Suhrkamp-Verlag und der Ruhm der Systemtheorie», in: *Soziale Systeme*, 16 (2010) 2, 463.

5 Vgl. Sabine Vogel, «Die Kunst des Verschwindens. Es begann im Geist der 68er Bewegung: Jetzt hat der Berliner Buchverleger Peter Gente sein Lebenswerk, den Merve Verlag, weitergegeben», in: *Berliner Zeitung*, 2.1.2008.

6 Ulrich Raulff, «Tod einer Buchmacherin. Der Merve Verlag und seine Leser haben Heidi Paris verloren», in: *SZ*, 19.9.2002; vgl. Dietmar Dath, «Schwester Merve. Zum Tod der Verlegerin Heidi Paris», in: *FAZ*, 20.9.2002.

7 Nach jahrelangen Archivstudien publizierte Marchetti seine Forschungsergebnisse in einem ebenso gelehrten wie umfangreichen Werk, das es längst verdient hätte, übersetzt zu werden: Valerio Marchetti, *L'invenzione della bisessualità. Discussioni fra teologi, medici, e giuristi del XVII secolo sull'ambiguità delle corpi e delle anime*, Mailand 2001.

8 Es handelt sich um die Merve-Bände Michel Foucault, *Mikrophysik der Macht*, Berlin 1976 und Paul Veyne, *Der Eisberg der Geschichte. Foucault revolutioniert die Historie*, Berlin 1981.

9 Zit. nach Merve Lowien, *Weibliche Produktivkraft – gibt es eine andere Ökonomie? Erfahrungen aus einem linken Projekt*, Berlin 1977, 153. Zu Gentes Bekanntenkreis vgl. Jürg Altwegg, «Die Merve-Kulturen. Ein Verlags- und Verlegerporträt», in: *Die Zeit*, 22.7.1983 sowie Heinz Bude, «Die Suche nach dem Unmöglichen. Paul Arnheim und die Bücher», in: ders., *Das Altern einer Generation. Die Jahrgänge 1938 bis 1948*, Frankfurt a. M. 1995, 225.

10 Laut einer E-Mail an den Verfasser vom 9.12.2011.

11 Dass sich Merve-Bändchen unter den Hinterlassenschaften der Stamm-

heimer Gefangenen befanden, erwähnt Altwegg, «Die Merve-Kulturen».
Laut Stern u. Herrmann, *Andreas Baader*, 177 stellten viele Linksverlage den
Terroristen ihre Bücher unentgeltlich zur Verfügung.

12 Jacob Taubes, «Zweitgutachten zum Arbeitsplan und Antrag von Hans-
Peter Gente auf Graduiertenförderung», 15.7.1974. Merve-Archiv, ZKM|
Zentrum für Kunst und Medientechnologie Karlsruhe.

13 Henning Ritter, *Notizhefte*, Berlin 2010, 24.

14 Man müsste hier noch weiter differenzieren. Lorenz Jäger hat bemerkt, dass
aus der Generation der um 1935 Geborenen die besten Beobachter der – ein
paar Jahre jüngeren – Achtundsechziger hervorgegangen sind. Zu ihnen
könnte man auch den 1936 geborenen Peter Gente rechnen. Vgl. Lorenz
Jäger, «Die Jahre, die ihr nicht mehr kennt. Mission Zeitbruch: Fotos von
Abisag Tüllmann im Historischen Museum Frankfurt», in: *FAZ*, 26.11.2010.

15 Zur Problematik der Geschlechterrollen im Merve-Kollektiv vgl. Lowien,
Weibliche Produktivkraft, passim. Auch Wolfert von Rahden u. Ulrich Raulff,
«Distanzgesten. Ein Gespräch über das Zeitschriftenmachen, Interview
geführt von Moritz Neuffer und Morten Paul», in: *Grundlagenforschung für
eine linke Praxis in den Geisteswissenschaften*, Nr. 1 (2014), 67–69.

16 Der auf dem gleichnamigen Text von Heiner Müller basierende Videofilm
«Bildbeschreibung» ist m. W. nie zustande gekommen. Vgl. die umfang-
reiche Dokumentation des Projekts im Merve-Archiv.

17 Merve Verlag an Sylvère Lotringer, 25.3.1981. Merve-Archiv. Bei der hier
und im Folgenden zitierten ausgehenden Korrespondenz der Merve-Verleger handelt es sich um Briefentwürfe, die z. T. vor dem Versenden übersetzt wurden.

18 Heidi Paris, *Drei Reden zum Design. Der Spaghettistuhl*, Berlin 2012, 10. Zur
Tradition der Selbstidentifikation Berlins mit dem Zeitgeist vgl. Patrick Eiden-Offe, «Hipster-Biedermeier und Vormärz-Eckensteher (und immer
wieder Berlin)», in: *Merkur*, Nr. 786 (2014), 980–88.

19 Vgl. George Steiner, «Adorno: Love and Cognition», in: *Times Literary
Supplement*, 9.3.1973, 255.

20 Der neueren literaturwissenschaftlichen Gattungsforschung zufolge spielen
Lesererwartungen bei der Entstehung literarischer Gattungen eine zentrale
Rolle. Vgl. Wilhelm Voßkamp, «Gattungen als literarisch-soziale Institu-
tionen», in: *Textsortenlehre – Gattungsgeschichte*, hg. v. Walter Hinck, Heidel-
berg 1977, 27–44. Neue Überlegungen bei Franco Moretti, *Graphs, Maps,
Trees. Abstract Models for a Literary History*, London 2005.

21 «Wir haben uns damals Texte einverleibt, von denen Bewegungsimpulse
ausgingen. Ob das der mittlere Marcuse war, Walter Benjamin, der frühe
Marx oder einzelne Kapitel des *Kapitals* – das war auswechselbar. Es ging
einfach darum, der Stickluft der 50er Jahre endgültig zu entkommen.» So
der bereits zitierte Helmut Lethen über seine Theorielektüre in den sechziger Jahren. «Fantasia contrappuntistica – Vom Ton der Väter zum Sound
der Söhne. Ein Gespräch mit Helmut Lethen», in: Sabine Sanio, *1968 und
die Avantgarde. Politisch-ästhetische Wechselwirkungen in der westlichen Welt*, Sinzig

2008, 98. Aus der neueren Memoirenliteratur sind insbesondere Helmut Lethen, *Suche nach dem Handorakel. Ein Bericht*, Göttingen 2012 und Ulrich Raulff, *Wiedersehen mit den Siebzigern. Die wilden Jahre des Lesens*, Stuttgart 2014 hervorzuheben. Wichtige Bemerkungen zur Theorie auch bei Karl Heinz Bohrer, «Sechs Szenen Achtundsechzig», in: *Merkur*, Nr. 708 (2008), 410–24 und Hans-Jörg Rheinberger, *Rekurrenzen. Texte zu Althusser*, Berlin 2014. Eine amerikanische, dem Merve Verlag in vielerlei Hinsicht analoge Perspektive bietet Sylvère Lotringer, «Doing Theory», in: *French Theory in America*, hg. v. dems. u. Sande Cohen, New York 2001, 125–62.

22 Exemplarisch seien an dieser Stelle genannt: Martin Jay, *The Dialectical Imagination. A History of the Frankfurt School and the Institute of Social Research, 1923–1950*, Boston 1973; François Dosse, *Geschichte des Strukturalismus*, 2 Bde., Hamburg 1996–97; Vincent Descombes, *Das Selbe und das Andere. Fünfundvierzig Jahre Philosophie in Frankreich, 1933–1978*, Frankfurt a. M. 1981; Ingo Elbe, *Marx im Westen. Die neue Marx-Lektüre in der Bundesrepublik seit 1965*, Berlin 2008.

23 Zur Bedeutung von Althussers «theoretischer Praxis» für die Wissenschaftsgeschichte vgl. Hans-Jörg Rheinberger, «My Road to History of Science», in: *Science in Context*, 26 (2013) 4, 639–48; Philipp Felsch, «Homo theoreticus», in: *Eine Naturgeschichte für das 21. Jahrhundert. Hommage à, zu Ehren von, in honor of Hans-Jörg Rheinberger*, hg. v. Safia Azzouni u. a., Berlin 2011, 204–206. Spätere Konzepte, denen sich dieses Buch verpflichtet weiß, sind die «diskursiven Praktiken», die Michel Foucault in der *Archäologie des Wissens* (Frankfurt a. M. 1981) einführte, aber auch die «Stilistik intellektueller Praktiken», die Michel de Certeau (*Kunst des Handelns*, Berlin 1988), und die «historische Ethologie des Lesens», die Ivan Illich (*Im Weinberg des Textes. Als das Schriftbild der Moderne entstand*, Frankfurt a. M. 1991, 92) vorschlug. Als aktuellen Versuch, Ideen- und Wissenschaftsgeschichte zusammenzuführen, vgl. Darrin McMahon u. Samuel Moyn (Hg.), *Rethinking Modern European Intellectual History*, Oxford 2014.

24 Als Projektskizzen einer derart verstandenen Theoriegeschichte vgl. Marcel Lepper, «‹Ce qui restera […], c'est un style›. Eine institutionengeschichtliche Projektskizze (1960–1989)», in: *Jenseits des Poststrukturalismus? Eine Sondierung*, hg. v. dems. u. a., Frankfurt a. M. 2005, 51–76; Warren Breckman, «Times of Theory. On Writing the History of French Theory», in: *Journal of the History of Ideas*, 71 (2010) 3, 339–61.

25 Michel Foucault, «Die ‹Ideenreportagen›», in: ders., *Schriften in vier Bänden. Dits et Ecrits*, Bd. 3, *1976–1979*, Frankfurt a. M. 2003, 886. Foucaults Projekt ist weitgehend Programm geblieben. Seine einzige eigene Ideenreportage ist seine umstrittene Berichterstattung über die iranische Revolution von 1979.

1. Bundesrepublik Adorno

1 Die Rede, die Chruschtschow vier Monate zuvor auf dem 20. Parteitag der KPdSU gehalten hatte, wurde am 21. Juni 1956 ausgestrahlt. Vgl. Wolfgang Leonhard, «Die bedeutsamste Rede des Kommunismus», in: *Aus Politik und Zeitgeschichte* (2006) 17/18, 3–5.

2 Als Spätzünder betrachtete sich Gente selbst: «Bin irgendwie erst spät irgendwie so ein bißchen zu mir gekommen, zu meinen eigenen Sachen», erzählte er dem Soziologen Heinz Bude im Interview, der ihn für sein Porträt der Achtundsechziger-Generation befragte. Zit. nach Bude, «Die Suche nach dem Unmöglichen», 228.

3 Zur Bedeutung des Kinos in der kulturpolitischen Landschaft der geteilten Stadt vgl. Uta Berg-Ganschow u. Wolfgang Jacobsen (Hg.), *... Film ... Stadt ... Kino ... Berlin ... Katalog zur gleichnamigen Ausstellung der Stiftung Deutsche Kinemathek*, Berlin 1987.

4 Zit. nach Lowien, *Weibliche Produktivkraft*, 152.

5 Karl Marx, «Zur Kritik der Hegelschen Rechtsphilosophie», in: ders. u. Friedrich Engels, *Werke*, Bd. 1, Berlin (Ost) 1976, 383.

6 Zu Chruschtschows Rede und zur Radiopropaganda vgl. die Beiträge in Thomas Großbölting u. Hermann Wentker (Hg.), *Kommunismus in der Krise. Die Entstalinisierung 1956 und die Folgen*, Göttingen 2008.

7 Maurice Blanchot, «Berlin», in: *Modern Language Notes*, 109 (1994) 3, 347 ff.

8 Vgl. Bude, «Die Suche nach dem Unmöglichen», 211. Zur kulturellen Bedeutung von sexueller Latenz vgl. das Interview mit Friedrich Kittler, «Wir haben nur uns selber, um daraus zu schöpfen», in: *Die Welt*, 30.1.2011.

9 Vgl. Susan Sontag, *Wiedergeboren. Tagebücher 1947–1963*, München 2010. «Ich habe kein Interesse daran, Kunstwerken Zensuren zu erteilen», schrieb sie später in ihrem Essayband *Against Interpretation*, New York 1966, x. (Übers. von P. F.)

10 Zit. nach Lowien, *Weibliche Produktivkraft*, 152.

11 Mündliche Mitteilung von Peter Gente am 10.5.2012. Vgl. a. Bude, «Die Suche nach dem Unmöglichen», 218.

12 Theodor W. Adorno, *Minima Moralia. Reflexionen aus dem beschädigten Leben*, Frankfurt a. M. 1962, 254.

13 Helmut Lethen, ein paar Jahre jünger als Gente, machte diese Erfahrung wenig später mit Walter Benjamin, der ihm zum ersten Mal im Radio begegnete: «Was ich hörte, war eine Droge. Aber ich kann nicht mehr rekonstruieren, was der Wirkstoff war, der mich unter Strom setzte.» Lethen, *Handorakel*, 51.

14 Zu Adornos Diagnose einer «Erstarrung der Verhältnisse» und zu seiner Nähe zu Arnold Gehlen vgl. Wolf Lepenies, *Kultur und Politik. Deutsche Geschichten*, München 2006, 321 ff.

15 Adorno, *Minima Moralia*, 13, 176, 18, 150, 145.

16 Ebd., 21. Vgl. a. Theodor W. Adorno u. Elisabeth Lenk, *Briefwechsel 1962–1969*, München 2001, 10.

17 Zit. nach Martin Mittelmeier, *Adorno in Neapel. Wie sich eine Sehnsuchtsland-schaft in Philosophie verwandelt*, München 2013, 225. Aus diesem Buch sowie aus Gesprächen mit Martin Mittelmeier bezieht meine Adorno-Darstellung wichtige Anregungen.

18 Vgl. Bude, «Die Suche nach dem Unmöglichen», 214 sowie die Gespräche des Verfassers mit Peter Gente am 26.9.2010 und am 10.5.2012 und mit Hannes Böhringer am 20.3.2014.

19 Zit. nach Andreas Bernard, «Fünfzig Jahre *Minima Moralia*», in: *Theodor W. Adorno. ‹Minima Moralia› neu gelesen*, hg. v. Andreas Bernard u. Ulrich Raulff, Frankfurt a. M. 2003, 8.

20 Vgl. Michael Rutschky, «Erinnerungen an die Gesellschaftskritik», in: *Merkur*, Nr. 423 (1984), 28.

21 Heidi Paris u. Peter Gente, «für Buch-Markt», Statement für das gleichnamige Branchenblatt, unveröffentlichtes Typoskript, Berlin 1986 (www.heidi-paris.de/verlag/wider-das-kostbare/).

22 Zit. nach Bude, «Die Suche nach dem Unmöglichen», 219.

23 Zit. nach Ulrich Raulff, «Die *Minima Moralia* nach fünfzig Jahren. Ein philosophisches Volksbuch im Spiegel seiner frühen Kritik», in: *Theodor W. Adorno. ‹Minima Moralia› neu gelesen*, 128 f. Zur Rezeption des Buches vgl. a. Alex Demirović, *Der nonkonformistische Intellektuelle. Die Entwicklung der Kritischen Theorie zur Frankfurter Schule*, Frankfurt a. M. 1999, 537–55.

24 «Keine Angst vor dem Elfenbeinturm. *Spiegel*-Gespräch mit dem Frankfurter Sozialphilosophen Professor Theodor W. Adorno», in: *Der Spiegel*, 23 (1969) 19, 204.

25 Gottfried Benn, «Probleme der Lyrik», in: ders., *Gesammelte Werke*, Bd. 4, Wiesbaden 1968, 1092. Vgl. Wolf Lepenies, «Gottfried Benn – Der Artist im Posthistoire», in: *Literarische Profile. Deutsche Dichter von Grimmelshausen bis Brecht*, hg. v. Walter Hinderer, Königstein 1982, 326–37. Zum Siegeszug des fragmentarischen Denkens vgl. Karl Heinz Bohrer, «Welche Macht hat die Philosophie heute noch?», in: ders., *Selbstdenker und Systemdenker. Über agonales Denken*, München 2011, 69–88.

26 Theodor W. Adorno, «Der Essay als Form», in: ders., *Gesammelte Schriften*, Bd. 11, *Noten zur Literatur*, Frankfurt a. M. ³1990, 13 f.

27 So suggeriert Raulff, «Die *Minima Moralia* nach fünfzig Jahren», 128. Vgl. ders., *Kreis ohne Meister. Stefan Georges Nachleben*, München 2009, 498 f.

28 Michael Rutschky, *Erfahrungshunger. Ein Essay über die siebziger Jahre*, Köln 1980, 84. Vgl. ganz analog auch Heinz-Klaus Metzger, «Das Ende der Musikgeschichte», in: *Geist gegen Zeitgeist. Erinnerungen an Adorno*, hg. v. Josef Früchtl u. Maria Calloni, Frankfurt a. M. 1991, 163: «Ich meinte damals noch, die Philosophie der Musik könne über die Musik *hinausgehen*.» Kursivierung von H.-K. M.

29 Adorno, *Minima Moralia*, 7. Vgl. Michael Rutschky, «Fassungslose Traurigkeit. Bewusstseinsstoff für soziale Aufsteiger: Vor 50 Jahren erschien Adornos ‹Minima Moralia›», in: *Die Welt*, 17.11.2001.

30 Adorno, *Minima Moralia*, 21 f.

31 Rutschky, «Erinnerungen an die Gesellschaftskritik», 28 f.

32 Joachim Kaiser, «Was blieb von Adornos Glanz?», in: *SZ*, 11.9.2003.

33 Witold Gombrowicz, *Berliner Notizen*, Berlin 2013, 82, 97, 121. Zur West-Berliner Nachkriegsmoderne vgl. Emily Pugh, *Architecture, Politics, & Identity in Divided Berlin*, Pittsburgh 2014, 62–105; Moritz Föllmer, *Individuality and Modernity in Berlin. Self and Society from Weimar to the Wall*, Cambridge 2013, 240–64.

34 Bude, «Die Suche nach dem Unmöglichen», 214.

35 Zit. nach Lowien, *Weibliche Produktivkraft*, 152.

36 Theodor W. Adorno an Leo Löwenthal, 4.1.1949, zit. nach Gerd Koenen, «Der transzendental Obdachlose – Hans-Jürgen Krahl», in: *Zeitschrift für Ideengeschichte*, 2 (2008) 3, 12. Zur Gängigkeit des Topos, den später – wie eingangs zitiert – auch Jacob Taubes verwendete, vgl. Lepenies, *Kultur und Politik*, 267–324. Am Vorabend der Studentenrevolte schätzte Jürgen Habermas die Bereitschaft, sich politisch zu engagieren, unter deutschen Studenten als eher niedrig ein. Vgl. Jürgen Habermas u. a., *Student und Politik. Eine soziologische Untersuchung zum politischen Bewußtsein Frankfurter Studenten*, Frankfurt a. M. 1961. Zur «skeptischen Generation» vgl. Jens Hacke, «Helmuth Schelskys skeptische Jugend. Die mythische Geburtsstunde einer bundesrepublikanischen Generation», in: *Sonde 1957. Ein Jahr als symbolische Zäsur für Wandlungsprozesse im geteilten Deutschland*, hg. v. Alexander Gallus u. Werner Müller, Berlin 2010, 329–42.

37 Adorno, *Minima Moralia*, 169.

38 Theodor W. Adorno, «Rede über Lyrik und Gesellschaft», in: ders., *Gesammelte Schriften*, Bd. 11, 50.

39 Zum kulturkritischen Empowerment durch die *Minima Moralia* vgl. Demirović, *Der nonkonformistische Intellektuelle*, 529 f. Zur Supplementierung von Kunst durch Kunstkritik vgl. a. Rutschky, *Erfahrungshunger*, 227. Von 1957 bis in die Mitte der Siebziger war der Cineast Gente Abonnent der Zeitschrift *filmkritik*, die besonders in den Anfangsjahren stark von Adorno beeinflusst war. Gespräch des Verfassers mit Peter Gente am 10.5.2012.

40 Jürgen Kaube, «So gut wie nichts macht alles wieder gut. Theodor W. Adorno zum einhundertsten Geburtstag», in: *FAZ*, 6.9.2003; Adorno zit. nach Lepenies, *Kultur und Politik*, 288; Kaiser, «Was blieb von Adornos Glanz?»; Gombrowicz, *Berliner Notizen*, 109. Zur Konjunktur ästhetischer Theorie seit den fünfziger Jahren vgl. Anselm Haverkamp, *Latenzzeit. Wissen im Nachkrieg*, Berlin 2004, 85 f.

41 Vgl. Helmut Kreutzer, «Einleitung», in: Max Bense, *Ausgewählte Schriften*, Bd. 3, Stuttgart 1998, xxvi ff. Zu Benses Rolle in der frühen Bundesrepublik vgl. Barbara Büscher u. a. (Hg.), *Ästhetik als Programm. Max Bense: Daten und Streuungen*, Berlin 2004.

42 Vgl. Ilonka Czerny, *Die Gruppe Spur (1957–1965). Ein Künstlerphänomen zwischen Münchner Szene und internationalem Anspruch*, Wien 2008, 207–11; Roberto Ohrt, *Phantom Avantgarde. Eine Geschichte der Situationistischen Internationale und der modernen Kunst*, Hamburg 1997, 198. Im Geist der SPUR-Aktion produ-

zierte der Künstler Hans Imhoff 1968 Hörsaal-Dada im Sound von Adorno und Habermas. Vgl. Lorenz Jäger, *Adorno. Eine politische Biographie*, München 2005, 285–91. Da Parodierbarkeit Leser- bzw. Hörererwartungen voraussetzt, ist sie ein untrügliches Zeichen dafür, dass «Theorie» im Begriff stand, sich als Genre zu etablieren. Vgl. Voßkamp, «Gattungen als literarisch-soziale Institutionen».

43 Zit. nach Bude, «Die Suche nach dem Unmöglichen», 218.

44 Theodor W. Adorno, «Bibliographische Grillen», in: *FAZ*, 16.10.1959.

45 Vgl. etwa Kathrin Passig, «Das Buch als Geldbäumchen», in: dies., *Standardsituationen der Technologiekritik*, Frankfurt a. M. 2013, 41–54.

46 Ernesto Grassi, *Die zweite Aufklärung: Enzyklopädie heute*, Hamburg 1958, 12.

47 Hans Magnus Enzensberger, «Bildung als Konsumgut. Analyse der Taschenbuch-Produktion», in: ders., *Einzelheiten*, Frankfurt a. M. 1962, 111. Zum Taschenbuch als medialem Apriori der Studentenbewegung vgl. Ben Mercer, «The Paperback Revolution. Mass-Circulation Books and the Cultural Origins of 1968 in Western Europe», in: *Journal of the History of Ideas*, 72 (2011), 613–36.

48 Den empirischen Erhebungen zufolge, die im Lauf der sechziger Jahre an die Stelle von Spekulationen traten, handelte es sich bei den meisten Taschenbuchlesern um Großstadtbewohner unter dreißig, die an einer Hochschule immatrikuliert waren. Vgl. Mercer, «The Paperback Revolution». Speziell für die Bundesrepublik vgl. die 1963 gestarteten *Schriften zur Buchmarktforschung*.

49 Vgl. Heinz Gollhardt, «Das Taschenbuch im Zeitalter der Massenkultur. Vom Bildungskanon zum ‹locker geordneten Informationschaos›», in: *Das Buch zwischen gestern und morgen. Zeichen und Aspekte*, hg. v. Georg Ramseger, Stuttgart 1969, 131.

50 Hans Schmoller, «The Paperback Revolution», in: *Essays in the History of Publishing. In Celebration of the 250th Anniversary of the House of Longman 1724–1974*, hg. v. Asa Briggs, London 1974, 314.

51 Der folgende Abschnitt orientiert sich an Philipp Felsch u. Martin Mittelmeier, «‹Ich war ehrlich überrascht und erschrocken, wie umfangreich Sie geantwortet haben.› Theodor W. Adorno korrespondiert mit seinen Lesern», in: *Kultur & Gespenster*, Nr. 13 (2012), 159–99.

52 Klaus Reichert, «Adorno und das Radio», in: *Sinn und Form*, 62 (2010) 4, 454. Vgl. Clemens Albrecht, «Die Massenmedien und die Frankfurter Schule», in: ders. u. a., *Die intellektuelle Gründung der Bundesrepublik. Eine Wirkungsgeschichte der Frankfurter Schule*, Frankfurt a. M. 1999, 203–46.

53 Kaiser, «Was blieb von Adornos Glanz?».

54 Zit. nach Henning Ritter, «Wenn Adorno spricht», in: *FAZ*, 11.10.2008.

55 Das berichtet Hans-D. Kempf aus Brüssel, der am 8.4.1968 an Adorno schrieb. Theodor W. Adorno Archiv, Frankfurt a. M.

56 Zit. nach Frank Böckelmann u. Herbert Nagel (Hg.), *Subversive Aktion. Der Sinn der Organisation ist ihr Scheitern*, Frankfurt a. M. 1976, 146 f. Die Episode in Jäger, *Adorno*, 273.

57 Adorno, *Minima Moralia*, 178.

58 Ders. an P. G., 19.9.1967. Theodor W. Adorno Archiv. Zum Intellektuellen-diskurs in der frühen Bundesrepublik vgl. Birgit Pape, «Intellektuelle in der Bundesrepublik 1945–1967», in: *Intellektuelle im 20. Jahrhundert in Deutschland*, hg. v. Jutta Schlich, Tübingen 2000, 295–324.

59 P. G. an Adorno, 22.7.1967. Theodor W. Adorno Archiv.

60 Baronin Gersdorff an Adorno, 20.4.1956. Ebd.

61 Ely Amstein an Adorno, 18.9.1962. Ebd.

62 H. N. an Adorno, 14.8.1952. Ebd.

63 D. Gabriel an Adorno, 31.5.1959. Ebd.

64 Ella Schwarz an Adorno, 14.9.1961. Ebd. Zu Ella Schwarz vgl. Felsch u. Mittelmeier, «Theodor W. Adorno korrespondiert mit seinen Lesern», 163.

65 H. B.-R. an Adorno, 5.11.1965. Theodor W. Adorno Archiv.

66 Adorno an Roland Jaeger, 9.9.1963. Ebd.

67 Adorno an die Regierung Unterfranken, 30.1.1968. Ebd.

68 Adorno an J. A., 12.3.1968. Ebd.

69 Zit. nach Reichert, «Adorno und das Radio», 456.

70 Kurt Bauer an Adorno, 25.7.1959. Theodor W. Adorno Archiv; Ernst Bach-mann an Adorno, 12.4.1957. Ebd.

71 Vgl. Felsch u. Mittelmeier, «Theodor W. Adorno korrespondiert mit seinen Lesern», 196 ff.

72 J. A. an Adorno, 9.3.1968. Theodor W. Adorno Archiv.

73 Adorno an J. A., 12.3.1968. Ebd.

74 J. A. an Adorno, 15.3.1968. Ebd. Zu Adornos Haltung zur Homosexualität vgl. Felsch u. Mittelmeier, «Theodor W. Adorno korrespondiert mit seinen Lesern», 190.

75 H. B. an Adorno, 26.6.1966. Theodor W. Adorno Archiv.

76 Adorno an H. B., 1.7.1966. Ebd.

77 H. B. an Adorno, 18.12.1966. Ebd.

78 Peter Gente an Adorno, 30.10.1965. Ebd. Ein weiterer Grund, an Adorno zu schreiben, bestand darin, dass Gente ihn wenige Tage vorher in der Akade-mie der Künste gehört hatte, wo er «Zum Problem des Funktionalismus heute» sprach. Vgl. Michael Schwarz, «Adorno in der Akademie der Künste. Vorträge 1957–1967», in: *Zeitschrift für Kritische Theorie*, Nr. 36/37 (2013), 213.

79 Adorno an Peter Gente, 2.11.1965. Theodor W. Adorno Archiv.

80 Vgl. Gunzelin Schmid Noerr, «Die Stellung der ‹Dialektik der Aufklärung› in der Entwicklung der Kritischen Theorie. Bemerkungen zu Autorschaft, Entstehung, einigen theoretischen Implikationen und späterer Einschät-zung durch die Autoren», in: Max Horkheimer, *Gesammelte Schriften*, Bd. 5, *«Dialektik der Aufklärung» und Schriften 1940–1950*, Frankfurt a. M. 1987, 423–52.

81 Vgl. Rolf Tiedemann, «Editorische Nachbemerkung», in: Theodor W. Ador-no, *Gesammelte Schriften*, Bd. 15, *Komposition für den Film. Der getreue Korrepetitor*, Frankfurt a. M. 1976, 406.

82 Rainald Goetz, *Hirn*, Frankfurt a. M. 1986, 102.

83 Zu Eissler und Adorno vgl. Günther Mayer, *Weltbild, Notenbild. Zur Dialektik*

des musikalischen Materials, Leipzig 1978; Laura Silverberg, «Between Dissonance and Dissidence: Socialist Modernism in the German Democratic
Republic», in: *The Journal of Musicology,* 26 (2009), 44–84.

84 Rudolph Bauer an Adorno, 21. und 24.11.1965. Theodor W. Adorno Archiv.
Der Brief nahm auf Adornos Marx-Kommentar in der Vorlesung zur negativen Dialektik Bezug. In der folgenden Sitzung ging Adorno ausführlich
auf Bauers Fragen ein. Vgl. Theodor W. Adorno, *Nachgelassene Schriften,*
Bd. IV, 16, *Vorlesung über negative Dialektik,* Frankfurt a. M. 2003, 70–84.

2. In der Suhrkamp-Kultur

1 Ebd., 88 f. Zur Atmosphäre in Adornos Vorlesung vgl. Kurt Flasch, «Die
Trümmerfrau der Kultur», in: *Berliner Zeitung,* 18.7.1998.

2 Theodor W. Adorno, *Nachgelassene Schriften,* Bd. IV, 14, *Metaphysik. Begriff und
Probleme,* Frankfurt a. M. 1998, 198.

3 Vgl. Marcel Lepper, «Theoriegenerationen 1945–1989», in: *Zeitschrift für
Germanistik,* 18 (2008) 2, 244–49.

4 Vgl. Tilman Fichter u. Siegward Lönnendonker, *Kleine Geschichte des SDS,*
Essen 42008.

5 Elisabeth Lenk, «Die sozialistische Theorie in der Arbeit des SDS», in:
Adorno u. Lenk, *Briefwechsel,* 171–81.

6 Zur Theorielastigkeit des Nachkriegsmarxismus vgl. die klassische Diagnose
von Perry Anderson, *Über den westlichen Marxismus,* Frankfurt a. M. 1978.

7 Hans-Jürgen Krahl, *Konstitution und Klassenkampf,* Frankfurt a. M. 1971, 236.

8 Die Formulierung von Peter Rühmkorf, *Die Jahre, die Ihr kennt. Anfälle und
Erinnerungen,* Reinbek 1972, 141. Zum Argument-Club und zur Atmosphäre
an der Freien Universität in den sechziger Jahren vgl. «‹Wenn die Dinge
wiederkehren, sind sie schlimmer als zuvor›. Gespräch mit Margherita von
Brentano», in: Margherita von Brentano, *Das Politische und das Persönliche,*
hg. v. Iris Nachum u. Susan Neiman, Göttingen 2010, 223–59.

9 Vgl. Franz Neumann, *Behemoth. The Structure and Practice of National Socialism,*
Toronto 1942.

10 Vgl. Helmut Lethen, «Unheimliche Nähe. Carl Schmitt liest Walter Benjamin», in: *FAZ,* 16.9.1999.

11 Merve Verlag an Pierre Klossowski, 28.5.1979. Merve-Archiv.

12 Vgl. Carlo Feltrinelli, *Senior Service. Das Leben meines Vaters,* München 2001.

13 So Helmut Lethen in einer E-Mail an den Verfasser vom 9.12.2011.

14 Mündliche Mitteilung von Helmut Lethen am 30.12.2011.

15 Dieser Meinung war jedenfalls Jacob Taubes, wie Peter Gente dem Verfasser in einem Gespräch am 26.9.2010 mitteilte.

16 Henning Ritter, «Klaus Heinrich. Die lange Lehre zum kurzen Protest»,
in: ders., *Verehrte Denker,* Springe 2012, 68.

17 Walter Benjamin, «Der Autor als Produzent», in: ders., *Gesammelte Schriften,*
Bd. II, 2, Frankfurt a. M. 1977, 701.

18 Vgl. Bohrer, «Die drei Kulturen», 648 f.

19 Lethen, «Unheimliche Nähe».

20 Die Darstellung von Gentes Rolle im Streit um den Benjamin-Nachlass stützt sich auf Mitteilungen von Helmuth Lethen (vgl. E-Mails vom 9.12.2011 und 25.9.2014). Zur Intervention der *Alternative* vgl. Moritz Neuffer, *Theorie als Praxis. Die Zeitschrift Alternative (1958–1982)*, unveröffentlichte Masterarbeit, Berlin 2012. Zu den geistesgeschichtlichen Hintergründen der Auseinandersetzung auch Elke Morlok u. Frederek Musall, «Die Geschichte *seiner* Freundschaft – Gershom Scholem und die Benjamin-Rezeption in der Bonner Republik», in: *Gershom Scholem in Deutschland. Zwischen Seelenverwandtschaft und Sprachlosigkeit*, hg. v. Gerold Necker u. a., Tübingen 2014, 115–43.

21 Vgl. Peter Gente, Über das Vorwort Georg Lukács' zur zweiten Auflage der ‹Theorie des Romans›, unveröffentlichtes Typoskript, Berlin 1965. Merve-Archiv.

22 Bude, «Die Suche nach dem Unmöglichen», 231. Zu Adornos Haltung vgl. Adorno u. Lenk, *Briefwechsel*, 163.

23 Hans Magnus Enzensberger, «Gemeinplätze, die Neueste Literatur betreffend», in: *Kursbuch*, Nr. 15 (1968), 195 f. Zur Wirkung des *Kursbuch* Nr. 15 vgl. Henning Marmulla, *Enzensbergers Kursbuch. Eine Zeitschrift um 68*, Berlin 2011, 176–98.

24 Sylvère Lotringer, «German Issues», in: *Sémiotext(e): The German Issue*, 5 (²2009), vi.

25 Lowien, *Weibliche Produktivkraft*, 45.

26 Vgl. Hans-Peter Gente, «Versuch über Bitterfeld», in: *Alternative*, Nr. 38/39 (1964), 126 f.

27 E-Mail von Helmut Lethen an den Verfasser am 9.12.2011.

28 Peter Gente, «Editorische Notiz», in: Jacob Taubes, *Ad Carl Schmitt. Gegenstrebige Fügung*, Berlin 1987, 79.

29 Vgl. Nicolaus Sombart, *Jugend in Berlin, 1933–1943. Ein Bericht*, Frankfurt a. M. 1986, 53.

30 Für diesen Anspruch aufschlussreich ist Jacob Taubes, «Ästhetisierung der Wahrheit im Posthistoire», in: *Streitbare Philosophie. Margherita von Brentano zum 65. Geburtstag*, hg. v. Gabriele Althaus u. a., Berlin 1988, 41.

31 Jan Assmann, «Talmud in der Paris-Bar. Zum Tod des jüdischen Philosophen Jacob Taubes (1923–1987)», in: *taz*, 28.3.1987.

32 Adorno u. Lenk, *Briefwechsel*, 121.

33 Henning Ritter, «Akosmisch. Zum Tod von Jacob Taubes», in: *FAZ*, 24.3.1987. Zu Ritter selbst vgl. Wolf Lepenies, «Der wilde Denker. Erinnerungen an Henning Ritter», in: *Die Welt*, 29.6.2013. Eine Schilderung des Taubes-Umfelds auch bei Rheinberger, *Rekurrenzen*.

34 «Jacob Taubes», in: *Denken, das an der Zeit ist*, hg. v. Florian Rötzer, Frankfurt a. M. 1987, 307.

35 Cord Riechelmann, «Nachwort», in: Harald Fricke, *Texte 1990–2007*, Berlin 2010, 151.

36 Vgl. Sara Hakemi, *Anschlag und Spektakel. Flugblätter der Kommune I, Erklärungen von Ensslin/Baader und der frühen RAF*, Bochum 2008, 59 ff.

37 Die Episode hat Taubes immer wieder erzählt. Vgl. Taubes, *Ad Carl Schmitt*, 24. Eine anschauliche Schilderung von Kojèves geschichtsphilosophischem Snobismus bietet Nicolaus Sombart, *Pariser Lehrjahre, 1951–1954. Leçons de sociologie*, Hamburg 1994, 340–47.

38 Armin Mohler, «Der messianische Irrwisch. Über Jacob Taubes (1923–1987)», in: *Criticón*, Nr. 103 (1987), 221. Zu Taubes' Berkeley-Assoziation vgl. Martin Treml, «Paulinische Feindschaft. Korrespondenzen von Jacob Taubes und Carl Schmitt», in: *Jacob Taubes – Carl Schmitt. Briefwechsel mit Materialien*, hg. v. Herbert Kopp-Oberstebrink u. a., München 2012, 285.

39 Vgl. Roger Thiel, «Ästhetik der Aufklärung – Aufklärung der Ästhetik. Eine kritische Physiognomie der *edition suhrkamp*», in: *Wolfenbütteler Notizen zur Buchgeschichte*, 15 (1990) 1, 3 f.

40 «Einführungsprospekt zur ‹edition suhrkamp›», in: *25 Jahre edition suhrkamp 1963–1988*, Frankfurt a. M. 1988, 1.

41 Vgl. *Kleine Geschichte der edition suhrkamp*, hg. v. Raimund Fellinger u. Wolfgang Schopf, Frankfurt a. M. 2003, 26, vgl. 37; Jürgen Habermas, «Kultur des Gegenwartssinns», in: *Du – das Kulturmagazin. Gibt es eine neue Suhrkamp-Kultur?*, Nr. 803 (2010), 38.

42 N. N., «Wißbar wohin. Philosophie», in: *Der Spiegel*, 20 (1966) 29, 76.

43 Vgl. Günther C. Behrmann, «Die Theorie, das Institut, die Zeitschrift und das Buch: Zur Publikations- und Wirkungsgeschichte der Kritischen Theorie 1945 bis 1965», in: Clemens Albrecht u. a., *Die intellektuelle Gründung der Bundesrepublik. Eine Wirkungsgeschichte der Frankfurter Schule*, Frankfurt a. M. 1999, 311.

44 Vgl. Mercer, «The Paperback Revolution», 621.

45 Karl Markus Michel an Hans Blumenberg, 20.1.1965. Siegfried Unseld Archiv im Deutschen Literaturarchiv Marbach.

46 Zum Verhältnis von Minimalismus und Pop und zu den beiden Beatles-Covern vgl. Diedrich Diederichsen, «Psychedelische Begabungen. Minimalismus und Pop», in: ders., *Kritik des Auges. Texte zur Kunst*, Hamburg 2008, 75–105 und Walter Grasskamp, *Das Cover von Sgt. Pepper. Eine Momentaufnahme der Popkultur*, Berlin 2004.

47 Vgl. Jan Bürger, «Die Stunde der Theorie», in: *Zeitschrift für Ideengeschichte*, 6 (2012) 4, 5–10.

48 Jacob Taubes an Karl Markus Michel, 26.8.1965. Siegfried Unseld Archiv.

49 «Jacob Taubes», 305. Vgl. Morten Paul, «Vor der Theorie. Jacob Taubes als Verlagsberater», in: *Zeitschrift für Ideengeschichte*, 6 (2012) 4, 29–34.

50 Jacob Taubes an Karl Markus Michel, 30.11.1965. Siegfried Unseld Archiv.

51 Jacob Taubes an Karl Markus Michel, 26.8.1965. Ebd.

52 Dieter Henrich an Siegfried Unseld, 17.6.1964. Ebd.

53 Jacob Taubes an Siegfried Unseld, 4.11.1963. Ebd. Zu Taubes' früheren Herausgebertätigkeiten vgl. Behrmann, «Die Theorie, das Institut, die Zeitschrift und das Buch», 265; Treml, «Paulinische Feindschaft», 290 f.

54 Vgl. Karl Markus Michel an die Editions François Maspéro, 30.6.1966. Siegfried Unseld Archiv.

55 Jacob Taubes an Siegfried Unseld, 5.5.1964. Ebd.

56 Adorno, «Der Essay als Form», 17. Zur Geschichte des Genres in der Bundesrepublik vgl. Georg Stanitzek, *Essay – BRD*, Berlin 2011. Das *Magazin für Popkultur Spex* fügte der Liste der negativen Bestimmungen von Theorie später einen weiteren Punkt hinzu: «Gegen die Uni studieren» hieß der Themenschwerpunkt von Heft Nr. 5 (1996), 44–55.

57 Vgl. Karl Markus Michel an Jacob Taubes, 19.8.1965. Siegfried Unseld Archiv.

58 Zum Unterschied von «alter» und «neuer» Kultur, dem auch die Differenz von Taschenbüchern und Hardcovern entspricht, vgl. Bohrer, «Die drei Kulturen».

59 Jacob Taubes an Siegfried Unseld, 20.4.1965. Siegfried Unseld Archiv. «Suhrkamp steht der akademischen Philosophie äußerst skeptisch gegenüber (zum Teil mit gutem Recht)», schrieb Taubes am 10.8.1964 an Blumenberg, «und ich kann deshalb nur das Beste – nicht gängige Ware – vorschlagen.» Hans Blumenberg u. Jacob Taubes, *Briefwechsel 1961–1981 und weitere Materialien*, Frankfurt a. M. 2013, 37.

60 Karl Markus Michel, «Aktennotiz für Siegfried Unseld. Résumé der Gespräche mit Jacob Taubes am 30./31. Juli in Berlin». Siegfried Unseld Archiv.

61 Karl Markus Michel an Siegfried Unseld, 1.4.1966. Ebd.

62 Dieter Henrich an Siegfried Unseld, 17.6.1964. Ebd.

63 Karl Markus Michel an Siegfried Unseld, 1.4.1966. Ebd.

64 Jacob Taubes an Siegfried Unseld, 6.4.1965. Ebd.

65 Ob er damit auch den Essayisten Adorno meinte? Zur gegenseitigen Nichtbeachtung von Blumenberg und Adorno vgl. Christian Voller, «Kommunikation verweigert. Schwierige Beziehungen zwischen Blumenberg und Adorno», in: *Zeitschrift für Kulturphilosophie*, 7 (2013) 2, 381–405.

66 Hans Blumenberg an Karl Markus Michel, 21.4.1965. Siegfried Unseld Archiv. Unselds Bemühungen hielt er trotzdem nicht stand. Ein knappes Jahr später ist bereits von den 12 000 DM die Rede, die er als Honorar für die *Legitimität der Neuzeit* erhielt. Vgl. Siegfried Unseld an Hans Blumenberg, 14.2.1966. Ebd.

67 Jacob Taubes an Siegfried Unseld, 2.2.1965. Ebd.

68 Jacob Taubes an Karl Markus Michel, 29. und 30.11.1965. Ebd. Kursivierung von P. F.

69 Eine Beobachtung, die auch für den USA-Kritiker Adorno gilt, der nach seiner Rückkehr nach Deutschland schrieb, er habe in Amerika die Fähigkeit erworben, «Kultur von außen zu sehen». Zit. nach Lepenies, *Kultur und Politik*, 285.

70 Taubes, *Ad Carl Schmitt*, 49.

71 Jacob Taubes an Siegfried Unseld, 5.5.1964. Siegfried Unseld Archiv.

72 Karl Markus Michel an Siegfried Unseld, 1.4.1966. Ebd.

73 Jacob Taubes an Karl Markus Michel, 14.6.1966. Ebd.

74 Jacob Taubes an Karl Markus Michel, 21.9.1966. Ebd.

75 Karl Markus Michel an Siegfried Unseld, 1.4.1966. Ebd.
76 Karl Markus Michel an Jacob Taubes, 13.6.1966. Ebd.
77 Karl Markus Michel an Karel Kosík, 9.11.1966. Ebd.
78 Jacob Taubes an Karl Markus Michel, 20.4. und 12.8.1965. Ebd.
79 Vgl. Bude, «Die Suche nach dem Unmöglichen», 224 ff. Als «Schlacht am
   Tegeler Weg» ist der blutige Zusammenstoß zwischen Teilen der Berliner
   Protestbewegung und der Berliner Polizei am 4. November 1968 in die Geschichte eingegangen.
80 Josef W. Stalin, *Marxismus und Fragen der Sprachwissenschaft*, München 1968.
   Der Herausgeber Hans-Peter Gente versah den Band mit einer kurzen Einleitung.
81 Zit. nach Lowien, *Weibliche Produktivkraft*, 146 ff.
82 Vgl. ebd., 40 f.

3. Schlecht gemachte Bücher

1 Lowien, *Weibliche Produktivkraft*, 35.
2 Wolfgang Büscher, *Drei Stunden Null. Deutsche Abenteuer*, Reinbek 2003, 28.
3 Lowien, *Weibliche Produktivkraft*, 38. Zu den ökonomischen Bedingungen der
  West-Berliner Subkultur vgl. Pugh, *Divided Berlin*, 200–40; Wolfgang Müller,
  Subkultur Westberlin, 1979–1989, Hamburg 2013, 44 und passim. Zur Projekt-
  ökonomie der Subkultur generell vgl. Hans-Christian Dany u. a. (Hg.),
  *dagegen dabei. Texte, Gespräche und Dokumente zu Strategien der Selbstorganisation
  seit 1969*, Hamburg 1998.
4 Vgl. Gerd Koenen, «Der transzendental Obdachlose – Hans-Jürgen
  Krahl», in: *Zeitschrift für Ideengeschichte*, 2 (2008) 3, 5–22.
5 Nach *Marxismus und Fragen der Sprachwissenschaft* gab Gente noch einen
  weiteren Stalin-Titel heraus: Josef W. Stalin, *Zu den Fragen des Leninismus.
  Eine Auswahl*, Frankfurt a. M. 1970.
6 Vgl. Diedrich Diederichsen, *Sexbeat*, Köln ²2010, 36.
7 Zum Zerfall der Studentenbewegung vgl. Gerd Koenen, *Das rote Jahrzehnt.
  Unsere kleine deutsche Kulturrevolution, 1967–1977*, Köln 2001, 141 ff.
8 Vgl. Bohrer, «Sechs Szenen Achtundsechzig», 413 f.; Adelheid von Saldern,
  «Markt für Marx. Literaturbetrieb und Lesebewegungen in der Bundesrepublik in den Sechziger- und Siebzigerjahren», in: *Archiv für Sozialgeschichte*, 44 (2004), 149–80. Zur alternativen Presse und ihren Lesern vgl.
  Sven Reichardt, *Authentizität und Gemeinschaft. Linksalternatives Leben in den
  siebziger und frühen achtziger Jahren*, Frankfurt a. M. 2014, 223–317.
9 Eine Übersicht bietet Lowien, *Weibliche Produktivkraft*, 215.
10 Zu Althusser und zu seinem «theoretischen Antihumanismus» vgl. Robert
   Pfaller, *Althusser: Das Schweigen im Text. Epistemologie, Psychoanalyse und Nominalismus in Louis Althussers Theorie der Lektüre*, München 1997.
11 Der Begriff bei Martin Puder, «Der böse Blick des Michel Foucault», in:
   Neue Rundschau, Nr. 83 (1972), 316.

12 Louis Althusser, *Das Kapital lesen*, Bd. 1, Reinbek 1972, 76.

13 Vgl. Philipp Felsch, «Homo theoreticus», in: *Eine Naturgeschichte für das 21. Jahrhundert. Hommage à, zu Ehren von, in honor of Hans-Jörg Rheinberger*, hg. v. Safia Azzouni u. a., Berlin 2011, 204–206. Zum Entstehungskontext von Foucaults *Archäologie des Wissens* und zum Einfluss Althussers vgl. a. François Dosse, *Geschichte des Strukturalismus*, Bd. 2, *Die Zeichen der Zeit, 1967–1991*, Frankfurt a. M. 1999, 288 f., 300 f.

14 Hans-Jörg Rheinberger, «Die erkenntnistheoretischen Auffassungen Althussers», in: *Das Argument*, 17 (1975) 11/12, 931.

15 Louis Althusser, *Wie sollen wir ‹Das Kapital› lesen?*, Berlin 1970, 1.

16 So Tony Judt, «Elucubrations: The ‹Marxism› of Louis Althusser», in: ders., *Reappraisals. Reflections on the Forgotten Twentieth Century*, New York 2008, 108.

17 Theodor W. Adorno, «Marginalien zu Theorie und Praxis», in: ders., *Gesammelte Schriften*, Bd. 10, 2, *Kulturkritik und Gesellschaft II*, Frankfurt a. M. 2003, 761.

18 Anderson, *Über den westlichen Marxismus*, 109. Vgl. Alex Demirović, «Bodenlose Politik – Dialoge über Theorie und Praxis», in: *Frankfurter Schule und Studentenbewegung. Von der Flaschenpost zum Molotowcocktail, 1946–1995*, Bd. 3, hg. v. Wolfgang Kraushaar, Hamburg 1998, 71–94. Die Diskussion um das Verhältnis von Theorie und Praxis, die die Neue Linke führte, erinnert in vielem an die Auseinandersetzungen der Junghegelianer in den vierziger Jahren des 19. Jahrhunderts. Vgl. Wolfgang Eßbach, *Die Junghegelianer. Soziologie einer Intellektuellengruppe*, München 1988, 270–90.

19 Niklas Luhmann, «Die Praxis der Theorie», in: ders., *Soziologische Aufklärung*, Bd. 1, *Aufsätze zur Theorie sozialer Systeme*, Opladen 1970, 253.

20 Gilles Deleuze u. Michel Foucault, *Der Faden ist gerissen*, Berlin 1977, 87, 89. Eine erste Übersetzung des 1972 geführten Gesprächs war schon 1974 in dem von Walter Seitter herausgegebenen Band *Von der Subversion des Wissens* (München 1974, 106–15) erschienen.

21 Heidi Paris u. Peter Gente, «Ping-Pong auf der Hochebene von Tibet. Gespräch mit den Betreibern des Merve Verlages», in: *dagegen dabei*, 128.

22 Ulrich Müller, «Althussers strukturalistische Umdeutung des ‹Kapital›», in: *Das Argument*, 17 (1975) 1/2, 92. Zu Althussers schwieriger Rezeption vgl. Pfaller, *Das Schweigen im Text*, 12 f.

23 Jacques Rancière, *Wider den akademischen Marxismus*, Berlin 1975, U4, 29 f., 36. Zum Maoismus in Frankreich vgl. Julian Bourg, «Principally Contradiction. The Flourishing of French Maoism», in: *Mao's Little Red Book. A Global History*, hg. v. Alexander C. Cook, Cambridge 2014, 225–44.

24 Vgl. Friedrich Balke, «Das Ende eines Schweigens. Zu Louis Althussers *L'avenir dure longtemps*», in: *Symptome. Zeitschrift für epistemologische Baustellen*, Nr. 10 (1992), 60–62; Judt, «The ‹Marxism› of Louis Althusser», 113.

25 Vgl. Louis Althusser, *Die Zukunft hat Zeit. Die Tatsachen. Zwei autobiographische Texte*, Frankfurt a. M. 1993.

26 Heiner Müller, *Rotwelsch*, Berlin 1982, 173.

27 Louis Althusser an den Merve Verlag, 10.8.1973. Merve-Archiv.

28 Merve-Verlagskollektiv (Westberlin), «Artikel für Lexikon Feltrinelli/
    Fischer. Raubdrucke», Typoskript, Berlin 1974. In dem von Pio Baldelli her-
    ausgegebenen Band 34 der *Enciclopedia Feltrinelli Fischer Comunicazione di Massa*,
    Mailand 1974, ist der Beitrag nicht aufzufinden. Zur Raubdruckbewegung
    vgl. Albrecht Götz von Olenhusen, «‹Aufklärung durch Aktion.› Kollektiv-
    Verlage und Raubdrucke», in: *Buch, Buchhandel und Rundfunk. 1968 und die Fol-
    gen*, hg. v. Monika Estermann u. Edgar Lersch, Wiesbaden 2003, 196–212.

29 Zit. nach Albrecht Götz von Olenhusen, *«Der Weg vom Manuscript zum ge-
    druckten Text ist länger, als er bisher je gewesen ist.» Walter Benjamin im Raubdruck
    1969 bis 1996*, Lengwil 1997, 13.

30 Zur Geschichte des Copyrights vgl. Monika Dommann, *Autoren und Appa-
    rate. Die Geschichte des Copyrights im Medienwandel*, Frankfurt a. M. 2014.

31 Vgl. Ina Hitzenauer, *Der oppositionelle Buchmarkt der 1960er und 1970er Jahre in
    Deutschland*, München 2005, 3; von Saldern, «Markt für Marx», 154 f.

32 Vgl. Olenhusen, *Walter Benjamin im Raubdruck*, 3.

33 Unter Theorielesern erreichte die Merve-Raute spätestens in den achtziger
    Jahren einen ähnlichen Bekanntheitsgrad wie Willy Fleckhaus' Suhrkamp-
    Regenbogen. Vgl. Jochen Stankowski u. Christof Windgätter, «Der Rau-
    ten-Macher. Gespräch über den Merve-Verlag», in: Christof Windgätter,
    Verpackungen des Wissens. Materialität und Markenbildung in den Wissenschaften,
    Wien 2012, 57–70.

34 So Wolfgang Hagen in Guido Graf, *Schlau sein – dabei sein. Querbeat mit Merve*,
    Radio-Feature über den Merve Verlag, WDR 3, 7.7.2005.

35 Vgl. Robert Escarpit, *Die Revolution des Buches*, Gütersloh 1967.

36 Zit. nach Georg Stanitzek, «Gebrauchswerte der Ideologiekritik», in: *Theo-
    rietheorie. Wider die Theoriemüdigkeit in den Geisteswissenschaften*, hg. v. Mario
    Grizelj u. Oliver Jahraus, München 2011, 243.

37 Vgl. Gollhardt, «Das Taschenbuch im Zeitalter der Massenkommunika-
    tion», 125. «Jede Einstellung zum Buch, die dem Leser einen besonderen
    Respekt abverlangt, ist obsolet», erklärte Gilles Deleuze einige Jahre später
    in ders. u. Claire Parnet, *Dialoge*, Frankfurt a. M. 1980, 11.

38 Vgl. Stanitzek, «Gebrauchswerte der Ideologiekritik».

39 Die beiden Buchtypen nach Escarpit, *Die Revolution des Buches*, 28 ff. Für
    Jochen Stankowski, von dem die Merve-Raute stammt, bestand kein Wi-
    derspruch darin, auch als linker Designer Firmenlogos zu entwerfen. 1971
    entwickelte er etwa das Corporate Design der Rewe-Kette. Vgl. ders. u.
    Windgätter, «Der Rauten-Macher».

40 Lowien, *Weibliche Produktivkraft*, 79.

41 Heidi Paris u. Peter Gente, «Fuß-Note», in: *Geniale Dilletanten*, hg. v. Wolf-
    gang Müller, Berlin 1982, 126.

42 Paris u. Gente, «für Buch-Markt».

43 Merve-Kollektiv, «Warum wir Rancière publizieren», in: Rancière, *Wider
    den akademischen Marxismus*, 91. Vgl. Lowien, *Weibliche Produktivkraft*, 34. Zur
    Bedeutung Chinas vgl. Altwegg, «Die Merve-Kulturen».

44 Lowien, *Weibliche Produktivkraft*, 196. Nachdem Merve sich auf dem Markt etabliert hatte, bezogen linke Buchläden und Büchertische – auch in Westdeutschland – die Titel in Form von Fortsetzungsbestellungen, was einen stabilen Grundabsatz garantierte. Die Auflagenhöhe schwankte in den frühen siebziger Jahren zwischen 2000 und 5000 Exemplaren. Vgl. ebd., 52.

45 Adorno, *Minima Moralia*, 167.

46 Lowien, *Weibliche Produktivkraft*, 64, 79.

47 Ebd., 62, 83, 102, 76.

48 Herbert Marcuse an den Merve Verlag, 9.4.1977. Merve-Archiv.

49 Zur Bedeutung des Bandes vgl. Wegmann, «Wie kommt die Theorie zum Leser?». Zur Habermas-Luhmann-Kontroverse s. u. Kap. ii.

50 So sinngemäß Niklas Luhmann, «Systemtheoretische Argumentationen. Eine Entgegnung auf Jürgen Habermas», in: Jürgen Habermas u. ders., *Theorie der Gesellschaft oder Sozialtechnologie – Was leistet die Systemforschung?*, Frankfurt a. M. 1971, 316–41.

51 Lowien, *Weibliche Produktivkraft*, 72, 157, 131, 49, 168.

52 Ebd., 183, 85.

53 Vgl. Nina Verheyen, *Diskussionslust. Eine Kulturgeschichte des «besseren Arguments»* in *Westdeutschland*, Göttingen 2010, 246 f. zum Protokollwesen der West-Berliner Kommune 2.

54 Lowien, *Weibliche Produktivkraft*, 187, 183, 85, 157.

55 Merve Verlag an Jürgen Hoch, 17.8.1978. Merve-Archiv.

56 Zur Geschichte der Diskussion in der Bundesrepublik vgl. Verheyen, *Diskussionslust*. Zur Trinkfreudigkeit und zur Kompromisslosigkeit der Deutschen vgl. Norbert Elias, *Studien über die Deutschen*, Frankfurt a. M. 1989.

57 Vgl. Jean-François Lyotard, «Ein Denkmal des Marxismus», in: ders., *Streifzüge*, Wien 1989, 96.

58 Lowien, *Weibliche Produktivkraft*, 86.

59 Vgl. Verena Stefan, *Häutungen*, München 1975.

60 Alexander Kluge, *Gelegenheitsarbeit einer Sklavin. Zur realistischen Methode*, Frankfurt a. M. 1975, 7, vgl. 235, 240. Vgl. Lowien, *Weibliche Produktivkraft*, 87. Zur Frauenbewegung der siebziger Jahre auch Rutschky, *Erfahrungshunger*, 60; Wolfgang Kraushaar, «Thesen zum Verhältnis von Alternativ- und Fluchtbewegung. Am Beispiel der frankfurter scene», in: ders., *Autonomie oder Ghetto? Kontroversen über die Alternativbewegung*, hg. v. dems., Frankfurt a. M. 1978, 48–55.

61 Vgl. Hélène Cixous, *Die unendliche Zirkulation des Begehrens*, Berlin 1977. Zum Verhältnis von deutschem und französischem Feminismus vgl. Cornelia Möser, *Féminismes en traductions. Théories voyageuses et traductions culturelles*, Paris 2013.

62 Lowien, *Weibliche Produktivkraft*, 165.

63 Koenen, *Das rote Jahrzehnt*, 142 f.

64 Vgl. Jäger, *Adorno*, 284. Für Adorno waren Kunstwerke «Anweisungen auf die Praxis, deren sie sich enthalten». Ders., «Engagement», in: ders., *Gesammelte Schriften*, Bd. 11, 429.

65 Zum Gegensatz dieser beiden linken Stämme vgl. Matthis Dienstag (Pseudonym für Karl Markus Michel), «Provinz aus dem Kopf. Neue Nachrichten über die Metropolen-Spontis», in: *Autonomie oder Ghetto?*, hg. v. Wolfgang Kraushaar, 148–86.

66 Die zitierten Stellen aus Hans-Jürgen Krahl, *Konstitution und Klassenkampf. Zur historischen Dialektik von bürgerlicher Emanzipation und proletarischer Revolution*, Frankfurt a. M. 1971, 26 f., 279, 281. Vgl. Detlev Claussen, «Hans-Jürgen Krahl – ein philosophisch-politisches Profil», in: *Frankfurter Schule und Studentenbewegung*, Bd. 3, 65–70. Zu Krahls tragischem «Familienroman» vgl. Koenen, «Der transzendental Obdachlose». Zur Organisationsfrage vgl. a. *Nietzsche. Ein Lesebuch von Gilles Deleuze*, Berlin 1979, 121: «Man weiß sehr wohl, daß das heutige revolutionäre Problem darin besteht, eine Einheit der punktuellen Kämpfe zu finden, ohne in eine despotische und bürokratische Organisation der Partei oder des Staatsapparates zurückzufallen: eine Kriegsmaschine, die nicht mit einem Staatsapparat zu vergleichen ist.»

67 Lowien, *Weibliche Produktivkraft*, 159.

68 Ebd., 114.

69 Michel Foucault, *Die Ordnung des Diskurses*, Frankfurt a. M. 1996, 19.

70 Der Begriff aus Friedrich Kittler, «Ein Verwaiser», in: *Anschlüsse. Versuche nach Michel Foucault*, hg. v. Gesa Dane u. a., Tübingen 1985, 142.

71 Vgl. ders., «Vergessen», in: *Texthermeneutik: Aktualität, Geschichte, Kritik*, hg. v. Ulrich Nassen, Paderborn u. a. 1979, 216.

72 Lowien, *Weibliche Produktivkraft*, 125.

4. Wolfsburg Empire

1 Ebd., 7.

2 Vgl. Altwegg, «Die Merve-Kulturen». Für das Verhältnis zu Genossen, die in den Untergrund gingen, ist Ulrike Edschmid, *Das Verschwinden des Philip S.*, Frankfurt a. M. 2013 eine aufschlussreiche Quelle.

3 *Schily / Ströbele: Plädoyers einer politischen Verteidigung. Reden und Mitschriften aus dem Mahler-Prozeß*, hg. v. der Roten Hilfe Westberlin, Berlin 1973, 145. Übrigens nahmen Peter Gente und Heidi Paris 1975 am Begräbnis von Ulrike Meinhof teil. Vgl. Paris u. Gente, «Ping-Pong auf der Hochebene von Tibet», 130.

4 So Mahler in dem Dokumentarfilm von Birgit Schulz, *Die Anwälte. Eine deutsche Geschichte*, Köln 2009.

5 *Reden und Mitschriften aus dem Mahler-Prozeß*, 139, 130, 145 f. Zum Antisemitismus des bundesdeutschen Terroristen und zur antizionistischen Wende der deutschen Linken nach dem Sechstagekrieg vgl. Jens Benicke, *Von Adorno zu Mao. Über die schlechte Aufhebung der antiautoritären Bewegung*, Freiburg 2010, 73 ff.; Wolfgang Kraushaar, «*Wann endlich beginnt bei euch der Kampf gegen die heilige Kuh Israel?» München 1970: Über die antisemitischen Wurzeln des deutschen Terrorismus*, Reinbek 2013.

6 Einen zeitgenössischen, emphatischen Systematisierungsversuch unternahm Rolf Schwendter, *Theorie der Subkultur*, Köln 1970. Zur «counterculture» in der Bundesrepublik vgl. a. Detlef Siegfried, *Sound der Revolte. Studien zur Kulturrevolution um 1968*, Weinheim 2008, insb. 123–60.

7 Oskar Negt u. Alexander Kluge, *Öffentlichkeit und Erfahrung. Zur Organisationsanalyse von bürgerlicher und proletarischer Öffentlichkeit*, Frankfurt a. M. 1972, 10.

8 Vgl. Jochen Hörisch, *Theorie-Apotheke. Eine Handreichung zu den humanwissenschaftlichen Theorien der letzten fünfzig Jahre, einschließlich ihrer Risiken und Nebenwirkungen*, Frankfurt a. M. 2005.

9 Vgl. Walter Benjamin u. Asja Lacis, «Neapel», in: ders., *Denkbilder*, Frankfurt a. M. 1994, 307–16. Zur Bedeutung Neapels für die Frankfurter Schule vgl. Mittelmeier, *Adorno in Neapel*.

10 Dieter Kunzelmann, *Leisten Sie keinen Widerstand! Bilder aus meinem Leben*, Berlin 1998, 107, vgl. 120. Vgl. Aribert Reimann, *Dieter Kunzelmann. Avantgardist, Protestler, Radikaler*, Göttingen 2009, 211 ff.

11 Vgl. Philipp Felsch, «Beim Paten. Feltrinelli und die Deutschen», in: *Ästhetik & Kommunikation. Mythos BRD*, Nr. 129/30 (2005), 115–19; Gerd Koenen, *Vesper, Ensslin, Baader. Urszenen des deutschen Terrorismus*, Köln 2003, 264–67. Laut Koenen (ebd., 262) war Italien «das Traumland aller sich militarisierenden Bewegungselemente in Deutschland». Zur linken Reisekultur in den siebziger Jahren vgl. Anja Bertsch, «Alternative (in) Bewegung. Distinktion und transnationale Vergemeinschaftung im alternativen Tourismus», in: *Das Alternative Milieu. Antibürgerlicher Lebensstil und linke Politik in der Bundesrepublik Deutschland und Europa 1968–1983*, hg. v. Sven Reichardt u. Detlef Siegfried, Göttingen 2010, 115–30.

12 Vgl. Negt u. Kluge, *Öffentlichkeit und Erfahrung*, 162 ff.

13 Müller, *Rotwelsch*, 60. Zu den Turiner Streiks vgl. Guido Viale, *Die Träume liegen wieder auf der Strasse. Offene Fragen der deutschen und italienischen Linken nach 1968*, Berlin 1979. Die Slogans der Arbeiter zit. nach Daniel Cohn-Bendit, *Der große Basar. Gespräche mit Michel Lévy, Jean-Marc Salmon, Maren Sell*, München 1975, 99.

14 Lowien, *Weibliche Produktivkraft*, 72.

15 Vgl. Philipp Felsch, «Schafft italienische Zustände! Wolfsburg als linke Utopie – und wie sie scheiterte», in: *Radikal. Anders*, hg. von der Autostadt Wolfsburg GmbH, Karlsruhe 2011, o. S. Zur Lage der italienischen Gastarbeiter in Wolfsburg vgl. Anne von Oswald, «‹Venite a lavorare con la Volkswagen!› ‹Gastarbeiter› in Wolfsburg 1962–1974», in: *Aufbau West – Aufbau Ost. Die Planstädte Wolfsburg und Eisenhüttenstadt in der Nachkriegszeit*, hg. v. Rosmarie Beier, Ostfildern-Ruit 1997, 199–210.

16 Lowien, *Weibliche Produktivkraft*, 83 f.

17 Eine Position, die die Neue Linke in Italien bereits seit den frühen sechziger Jahren propagierte. Die Ursprünge des Operaismus sind im Umfeld der Zeitschrift *Quaderni Rossi* und insbesondere in den Schriften von Mario Tronti zu suchen, der genau wie Toni Negri zu den ersten Merve-Autoren

gehört. Sein Hauptwerk erschien allerdings im Verlag Neue Kritik. Vgl. Mario Tronti, *Arbeiter und Kapital*, Frankfurt a. M. 1974.

18 Vgl. Eddy Cherki u. Michel Wieviorka, «Autoreduction Movements in Turin», in: *Sémiotext(e): Autonomia. Post-Political Politics*, 3 (1980) 3, 72–79.

19 Zu Theorie und Geschichte des Operaismus vgl. Steve Wright, *Den Himmel stürmen. Eine Theoriegeschichte des Operaismus*, Berlin 2005 sowie *Sémiotext(e): Autonomia. Post-Political Politics*, 3 (1980) 3. Zu den Unterschieden zwischen deutschen und italienischen Militanten ist auch Edschmid, *Das Verschwinden des Philip S.* sehr informativ.

20 Cohn-Bendit, *Der große Basar*, 98, 102 f.; vgl. Koenen, *Das rote Jahrzehnt*, 317 ff.

21 Wie etwa aus einem Rundschreiben des Ufficio Internazionale von Potere Operaio von 1972 hervorgeht, das Toni Negri dem Merve-Kollektiv schickte. Das Dokument befindet sich im Merve-Archiv.

22 Toni Negri an das Merve-Kollektiv, 7.7.1972. Abgesehen von Merve hatte Negri enge Verbindungen zum Münchner Trikont-Verlag.

23 Vgl. Bude, «Die Suche nach dem Unmöglichen», 226.

24 Vgl. Giovanni di Lorenzo, «VorUrteil. Die Geschichte des Toni Negri», in: *Transatlantik*, 5 (1984) 3, 34–41.

25 Michael Hardt u. Toni Negri, *Empire*, Frankfurt a. M. 2002, 420.

26 Lowien, *Weibliche Produktivkraft*, 121, 115.

27 Vogel, «Die Kunst des Verschwindens».

28 Vgl. Lowien, *Weibliche Produktivkraft*, 133.

29 «Kunst des Büchermachens. Gespräch mit Heide Paris und Peter Gente vom Merve-Verlag», in: *Kunstforum International*, Nr. 100 (1989), 377.

30 Mündliche Mitteilung von Hannes Böhringer am 20.3.2014. Vgl. a. Frithjof Thaetner, «Trauerrede für Heidi Paris», in: *Für Heidi Paris*, Berlin 2003, 23.

31 So Hannes Böhringer in Graf, *Querbeat mit Merve*. Das Radiofeature ist in Bezug auf Heidi Paris überhaupt sehr informativ. Vgl. a. Rainald Goetz, *loslabern*, Frankfurt a. M. 2009, 166 f. Die Charakterisierung der Verlegerin stützt sich darüber hinaus auf Gespräche des Verfassers mit Marianne Karbe am 1.12.2011, mit Peter Gente am 21.4.2008 und mit Georg Stanitzek am 5.4.2014.

32 Als lesenswertes Generationsporträt vgl. Reinhard Mohr, *Zaungäste. Die Generation, die nach der Revolte kam*, Frankfurt a. M. 1992.

33 Henning Ritters Übung trug den Titel «Geschichte der Vernunft oder des Wahnsinns. Einführung in Foucaults Theorie der Epochenschwelle des 19. Jahrhunderts». Vgl. *Freie Universität Berlin. Vorlesungsverzeichnis für das Wintersemester 1973/74*, Berlin 1973.

34 Vgl. Diederichsen, *Sexbeat*, 74 ff.

35 Merve Verlag an Jean-François Lyotard, 8.10.1976. Merve-Archiv.

5. Warum Denken fröhlich macht

1 Ebd.

2 Jean-François Lyotard an den Merve Verlag, 7.11.1976. Merve-Archiv.

3 Vgl. Reinhold Urmetzer, «Müll-Abfuhr. Lyotards politische Annäherung an Duchamp», in: *taz*, 26.2.1988.

4 Vgl. Jean-François Lyotard, *Das Patchwork der Minderheiten. Für eine herrenlose Politik*, Berlin 1977, 16, 37, vgl. 28. Die Nicht-Wähler bei Sylvère Lotringer u. Christian Marazzi, «The Return of Politics», in: *Sémiotext(e): Autonomia*, 11.

5 Merve Verlag an Jean-François Lyotard, 1.10.1977. Merve-Archiv.

6 Rudolf Augstein, «Frauen fließen, Männer schießen», in: *Der Spiegel*, 31 (1977) 52, 132.

7 So Peter Gente im Gespräch mit dem Verfasser am 10.5.2012.

8 Vgl. Warren Breckman, *Adventures of the Symbolic. Post-Marxism and Radical Democracy*, New York 2013, 4 ff.; Thomas Großbölting, «Entstalinisierungskrisen im Westen. Die kommunistischen Bewegungen Westeuropas und das Jahr 1956», in: ders. u. Wentker, *Kommunismus in der Krise*, 233–49.

9 Vgl. Jean-François Lyotard, «Ein Denkmal des Marxismus», in: ders., *Streifzüge*, Wien 1989, 89–136; Stuart Sim, *Post-Marxism. An intellectual history*, London 2000, Kap. 7.

10 Jean-François Lyotard, *Intensitäten*, Berlin 1978, 7.

11 Karl Marx, «Der achtzehnte Brumaire des Louis Bonaparte», in: ders. u. Friedrich Engels, *Werke*, Bd. 8, Berlin (Ost) 1975, 161. Zum Verhältnis von Lumpenproletariat und Boheme vgl. Georg Stanitzek, «Die Bohème als Bildungsmilieu: Zur Struktur eines Soziotops», in: *Soziale Systeme*, 16 (2010) 2, 404–18.

12 Gilles Deleuze in der Diskussion zu seinem «Referat», in: *Antipsychiatrie und Wunschökonomie. Materialien des Kongresses ‹Psychoanalyse und Politik› in Mailand 8.–9. Mai 1973*, hg. v. Armando Verdiglione, Berlin 1976, 24. Zum sozialen «Bodensatz» der Machtsysteme als Gegenstand von Foucaults Analysen auch Jürgen Habermas, «Genealogische Geschichtsschreibung. Über einige Aporien im machttheoretischen Denken Foucaults», in: *Merkur*, Nr. 429 (1984), 748.

13 Vgl. Benicke, *Von Adorno zu Mao*, 30 f., 94 f.

14 Vgl. William Burroughs, *Naked Lunch*, Frankfurt a. M. 1978, 542.

15 Lyotard, *Intensitäten*, 11.

16 Félix Guattari, *Mikro-Politik des Wunsches*, Berlin 1977, 11.

17 Jean-François Lyotard, «Grabmal des Intellektuellen», in: ders., *Grabmal des Intellektuellen*, Wien 1985, 10.

18 Michel de Certeau, «Foucaults Lachen», in: ders., *Theoretische Fiktionen. Geschichte und Psychoanalyse*, Wien 1997, 55.

19 Niklas Luhmann, *Archimedes und wir*, Berlin 1987, 29. Einen Überblick über den Intellektuellendiskurs in der Bundesrepublik in den siebziger und achtziger Jahren bietet Roman Luckscheiter, «Intellektuelle in der Bundesrepublik 1968–1989», in: *Intellektuelle im 20. Jahrhundert in Deutschland*, 325–41.

Symptomatisch für die Diskussionslage in den späten siebziger Jahren ist das Erscheinen von Dietz Berings inzwischen klassischer Studie *Die Intellektuellen. Geschichte eines Schimpfworts*, Stuttgart 1978.

20 Merve Verlag an Jean-François Lyotard, 1.6.1978. Merve-Archiv.

21 Vgl. Jean-François Lyotard, *Dérive à partir de Marx et Freud*, Paris 1973.

22 Lyotard, *Intensitäten*, 20, 108 ff. Zum Kapitalismus als deterritorialisierendem Prinzip vgl. Descombes, *Das Selbe und das Andere*, 207 f., 213 f. Zur Kritik energetischer Sozialtheorien vgl. immer noch Max Webers klassischen Aufsatz «‹Energetische› Kulturtheorien», in: ders., *Gesammelte Aufsätze zur Wissenschaftslehre*, Tübingen 1985, 399–425. Zur Begriffsgeschichte der Intensität bis zu Nietzsche vgl. Erich Kleinschmidt, «Intensität. Prospekt zu einem kulturpoetischen Modellbegriff», in: *Weimarer Beiträge*, 49 (2003), 165–83.

23 So Diedrich Diederichsen, *Eigenblutdoping. Selbstverwertung, Künstlerromantik, Partizipation*, Köln 2008, 151.

24 Jean-François Lyotard, «Bemerkungen über die Wiederkehr und das Kapital», in: ders., *Intensitäten*, 32. An der Konferenz nahmen neben Lyotard u. a. auch Gilles Deleuze, Jacques Derrida und Pierre Klossowski teil. Vgl. Maurice de Gandillac, «Le colloque de Cerisy-la-Salle», in: *Nietzsche-Studien*, 4 (1975), 324–33.

25 Vgl. Lyotard, «Bemerkungen über die Wiederkehr», 17: «Der Schrei gehört noch, und Nietzsche weiß das, zur Repräsentation.» Zur Nähe des philosophischen Intensitätsdiskurses zu einem in den siebziger Jahren verbreiteten «Alltagstext» vgl. Diedrich Diederichsen, *Eigenblutdoping. Selbstverwertung, Künstlerromantik, Partizipation*, Köln 2008, 153. Zur Sprachlosigkeit der Hippies ders., *Sexbeat*, 26 ff.

26 Lyotard, «Bemerkungen über die Wiederkehr», 32, vgl. 27 ff. In den achtziger Jahren gehörte Cage, den die Verleger auch persönlich kennenlernten, zu ihren meist geschätzten Autoren. Mündliche Mitteilung von Peter Gente am 26.9.2010. Vgl. a. Marcus Klug, *Ein Leben wie eine Komposition von John Cage. Video-Interview mit Peter Gente*, Berlin 2007 (www.youtube.com/watch?v=82LiWC6EpmY).

27 Lyotard, «Bemerkungen über die Wiederkehr», 17, 32; ders., *Apathie in der Theorie*, Berlin 1979, 92.

28 Karl Heinz Bohrer, «Intensität ist kein Gefühl. Nietzsche contra Wagner als Lehrbeispiel», in: *Merkur*, Nr. 424 (1984), 138–44.

29 Vgl. Rudolf E. Künzli, «Nietzsche und die Semiologie: Neue Ansätze in der französischen Nietzsche-Interpretation», in: *Nietzsche-Studien*, 5 (1976), 263–88; Gerd Bergfleth, «Die Verewigung des Lebens. Zu Klossowskis Nietzsche-Deutung», in: Pierre Klossowski, *Nietzsche und der Circulus vitiosus deus*, München 1986, 431–49.

30 Bohrer, «Sechs Szenen Achtundsechzig», 416. Vgl. Raulff, *Kreis ohne Meister*, 499.

31 Merve Verlag an Gilles Deleuze, 8.5.1979. Merve-Archiv. Es handelt sich um *Nietzsche. Ein Lesebuch von Gilles Deleuze*, Berlin 1979.

32 Merve Verlag an Pierre Klossowski, 28.5.1979; Merve Verlag an Sylvère

Lotringer, 25.3.1981. Merve-Archiv; Paris u. Gente, «Fuß-Note», in: Müller, *Geniale Dilletanten*, 126.

33 Lowien, *Weibliche Produktivkraft*, 122. Lowien zitiert hier Jacques Derrida, «Von der beschränkten zur allgemeinen Ökonomie. Ein rückhaltloser Hegelianismus», in: ders., *Die Schrift und die Differenz*, Frankfurt a. M. 1972, 380–421.

34 S. u. Kap. 11.

35 *Nietzsche. Ein Lesebuch*, 116. «Man hat sich viel amüsiert», berichtet Deleuze in «Über Kapitalismus und Schizophrenie. Gespräch mit Félix Guattari und Gilles Deleuze», in: dies., *Rhizom*, Berlin 1977, 50.

36 Lyotard, *Apathie in der Theorie*, 92 ff. Die Idee, die Theorie zu parodieren, geht auf Klossowski zurück. Vgl. Pierre Klossowski, «Circulus vitiosus», in: ders., *Nietzsche und der Circulus vitiosus deus*, 413 f., 418 f.; Descombes, *Das Selbe und das Andere*, 216.

37 Merve Verlag an Roland Barthes, 9.5.1979. Merve-Archiv.

38 Vgl. Rudolf Heinz u. Georg Tholen (Hg.), *Schizo-Schleichwege. Beiträge zum Anti-Ödipus*, Bremen 1981.

39 Peter Bexte, «Warum haben Sie keinen Schreibtisch, Herr Gente? Der Mitbegründer des Berliner Merve Verlages im Interview», in: *FAZ-Magazin*, 2.10.1987, 107.

40 Vgl. Michael Rutschky, «Der Lachkrampf», in: *Merkur. Sonderheft: Lachen*, Nr. 641/42 (2002), 931–34. «Ich fürchte, meine Lachkrämpfe führen uns ins Zentrum der ekstatischen Philosophie», schreibt Rutschky (ebd., 934), «die von Souveränität durch Selbstverlust handelt.» Damit meinte er zwar Bataille. Doch von Bataille zu Foucault ist der Weg nicht weit.

41 Michel Foucault, *Die Ordnung der Dinge*, Frankfurt a. M. 1995, 412. Zu Foucaults beunruhigendem Gelächter vgl. Puder, «Der böse Blick des Michel Foucault», 321.

42 Heidi Paris u. Peter Gente «Ein Star ist gestorben – ein Planet geboren», Typoskript. Merve-Archiv.

43 Kittler, «Ein Verwaiser», 141.

44 Vgl. de Certeau, «Foucaults Lachen».

45 So jedenfalls Klaus Heinrich, «‹Theorie› des Lachens», in: *Lachen – Gelächter – Lächeln. Reflexionen in drei Spiegeln*, hg. v. Dietmar Kamper u. Christoph Wulf, Frankfurt a. M. 1986, 17–38.

46 Man müsste dieser Vermutung, wie gesagt, genauer nachgehen. Für die Pädagogik und angrenzende Fächer hat sie Gert Mattenklott in seinem «Versuch über Albernheit», in: ebd., 215 bestätigt: «Zumal in den siebziger Jahren scheint das Interesse an Humor und Witz, dem Lachen und Lächeln alle anderen Themen in der Erforschung der Kindheit in den Schatten gestellt zu haben.»

47 Vgl. Hans Blumenberg, «Der Sturz des Protophilosophen. Zur Komik der reinen Theorie – anhand einer Rezeptionsgeschichte der Thales-Anekdote», in: *Poetik und Hermeneutik*, Bd. 7, *Das Komische*, hg. v. Wolfgang Preisendanz u. Rainer Warning, München 1976, 60. Bemerkungen zur «Spätromantik des

Proletariats» finden sich in ebd., 17 und ders., «Wer sollte vom Lachen der Magd betroffen sein? Eine Duplik», in: *Das Komische*, 437 f. In ders., *Das Lachen der Thrakerin. Eine Urgeschichte der Theorie*, Frankfurt a. M. 1987 kommt diese Thematik nicht mehr vor.

48 Odo Marquard, «Exile der Heiterkeit», in: *Das Komische*, 133, 149 f.

49 Dieter Wellershoff, «Infantilismus als Revolte oder das ausgeschlagene Erbe – Zur Theorie des Blödelns», in: ebd., 354, 351, 356.

50 Mattenklott, «Versuch über Albernheit», 211.

51 Ariane Barth, «Luftwurzeln und Wildwuchs verlieben sich», in: *Der Spiegel*, 34 (1980) 53, 99. *Rhizom* von Deleuze und Guattari war ebenfalls 1977, aber noch vor der Buchmesse in DIN A 5 erschienen. Möglicherweise handelt es sich um den klassischsten aller Merve-Titel. Zur Reise des rosaroten Panthers durch linke und rechte Subkulturen vgl. Klaus Birnstiel, «Wer hat an der Theorie gedreht? In den siebziger Jahren war er eine Galionsfigur linker Theoriebildung. Dann geisterte Paulchen Panther durch das Mordvideo der Zwickauer Neonazis. Ein Blick auf die Bildsprache des Terrors», in: *FAZ*, 23.6.2012.

52 Merve Verlag an Jean-François Lyotard, 1.6.1978. Merve-Archiv.

53 Zum Zusammenhang von Entkolonisierung und Poststrukturalismus aufschlussreich Mark Terkessidis, «Als die Kämpfe kleiner wurden. In 30 Jahren von der ‹Internationalen Marxistischen Diskussion› zum ‹Internationalen Merve Diskurs›», in: *Jungle World*, 26.1.2000.

54 Merve Verlag an Jean-François Lyotard, o. D. Merve-Archiv. Dass die frühen Suhrkamp-Übersetzungen bis Mitte der siebziger Jahre «eine Art Geheimtip» für Akademiker und «ungelesene Klassiker» gewesen seien, behauptet – sicherlich nicht zu Unrecht – Peter Gente in einer unbetitelten handschriftlichen Notiz von 1990. Ebd. Eine detaillierte Rezeptionsgeschichte steht noch aus.

55 Am prominentesten in Theodor W. Adorno, *Jargon der Eigentlichkeit. Zur deutschen Ideologie*, Frankfurt a. M. 1964. Zu den wechselseitigen Animositäten vgl. Ulrich Raulff, «Akute Zeichen fiebriger Dekonstruktion. Die Frankfurter Schule und ihre Gegenspieler in Paris: Eine Verkennungsgeschichte aus gegebenem Anlass», in: *SZ*, 21.9.2001.

56 Jean Améry, «Leben wir im Kerker-Archipel? Eine Strafpredigt über die Strafe», in: *Die Zeit*, 14.1.1977. Vgl. a. ders., «Archäologie des Wissens. Michel Foucault und sein Diskurs der Gegenaufklärung», in: ebd., 31.3.1978. Zu Manfred Franks Attacken vgl. Raulff, *Wiedersehen mit den Siebzigern*, 69.

57 Merve Verlag an Daniel Charles, 16.12.1978. Merve-Archiv.

58 Das fanden so unterschiedliche Merve-Leser wie Diedrich Diederichsen («Aus dem Zusammenhang reißen / in den Zusammenhang schmeißen. Zur deutschen Veröffentlichung von ‹Mille Plateaux› von Gilles Deleuze und Félix Guattari», in: ders., *Freiheit macht arm. Das Leben nach Rock'n'Roll 1990–93*, Köln 1993, 163) und Friedrich Kittler («Ein Verwaiser», 141). Der Essayist Lothar Baier schrieb zu Beginn der Achtziger eine Kritik an der

«Franzosentheorie» à la Merve, deren spezifischer Stil nach seinem Dafür-halten – nicht zuletzt durch die Inkompetenz der Übersetzer – «made in Germany» war. Lothar Baier, «Franzosentheorie», in: ders., *Französische Zustände. Berichte und Essays*, Frankfurt a. M. 1982, 24.

6. Der Leser als Partisan

1 Merve Verlag an Jean-François Lyotard, 1.6.1978. Merve-Archiv.

2 Vgl. *Der neue Irrationalismus. Literaturmagazin*, Nr. 9, Reinbek 1978.

3 Merve Verlag an Jürgen Hoch, 17.8.1978.

4 Roland Barthes, «Der Tod des Autors», in: ders., *Das Rauschen der Sprache*, Frankfurt a. M. 2006, 63.

5 Michel Foucault, «Was ist ein Autor», in: ders., *Schriften zur Literatur*, Frankfurt a. M. 2003, 242.

6 Roland Barthes, «Das Lesen schreiben», in: ders., *Das Rauschen der Sprache*, 29.

7 Michel Foucault, *Dispositive der Macht*, Berlin 1978, 46.

8 Louis Althusser, *Für Marx*, Frankfurt a. M. 1968, 214.

9 Vgl. Manfred Naumann u. a., *Gesellschaft, Literatur, Lesen. Literaturrezeption in theoretischer Sicht*, Berlin 1973.

10 Zit. nach Michel de Certeau, «Foucaults Lachen», 45.

11 Jorge Luis Borges, *Niedertracht und Ewigkeit*, Frankfurt a. M. 1991, 11.

12 Vgl. Kittler, «Vergessen», 204 f., 210 f. Aus Kittlers Perspektive erweisen sich zumindest ältere Merve-Titel als Antithese zur Hermeneutik, denn schon bei der zweiten Lektüre beginnen die meisten von ihnen auseinanderzu-fallen.

13 Roland Barthes, *Die Lust am Text*, Frankfurt a. M. 1974, 20.

14 Bexte, «Warum haben Sie keinen Schreibtisch, Herr Gente?», 107.

15 Vgl. Henning Ritter, «Jacob Taubes. Verstehen, was da los ist», in: ders., *Verehrte Denker*, 41.

16 Zu Ritters «notorischen Hemmungen beim Schreiben» vgl. Lepenies, «Der wilde Denker».

17 Zu Heidi Paris als Leserin vgl. Goetz, *loslabern*, 167.

18 Paris u. Gente, «Editorische Notiz» in: Szeemann, *Museum der Obsessionen*, 225.

19 So Michel Foucault in seinem berühmten Vorwort zur amerikanischen Ausgabe. Foucault, *Dispositive der Macht*, 228. Zu Deleuzes und Guattaris nietzscheanischer Version des Freudo-Marxismus vgl. Descombes, *Das Selbe und das Andere*, 202 ff.

20 So Wolfgang Hagen in Graf, *Querbeat mit Merve*.

21 Manfred Frank, *Was ist Neostrukturalismus?*, Frankfurt a. M. 1984, 402.

22 Paris u. Gente, «Ping-Pong auf der Hochebene von Tibet», 130.

23 Bexte, «Warum haben Sie keinen Schreibtisch, Herr Gente?», 107. Auch ihre Übersetzungen lasen sich Paris und Gente gegenseitig vor. Mündliche

Mitteilung des Merve-Übersetzers Ronald Vouillé am 6.12.2011. Zur Geschichte des lauten und des leisen Lesens zwischen Mittelalter und Früher Neuzeit vgl. Illich, *Im Weinberg des Textes.*

24 Die Praxis des wiederholenden, lauten und kollektiven Lesens spielt in den meisten Lektüreexperimenten der siebziger Jahre eine Rolle. Ein frühes Beispiel bei Althusser, der schon 1965 dazu aufgefordert hatte, das *Kapital* endlich «im wahrsten Sinne des Wortes» zu lesen – «den ganzen Text, die vier Bücher Zeile für Zeile; man sollte zehnmal die Anfangskapitel durchgehen». Althusser, *Das Kapital lesen,* 12. Vgl. Harald Weinrich, «Lesen – schneller lesen – langsamer lesen», in: *Neue Rundschau,* 84 (1984) 3, 80–99, der das langsame Lesen als Strategie gegen den generellen Trend zur beschleunigten Lektüre interpretiert.

25 Zu Nietzsches Lesart vgl. Matthias Bickenbach, *Von den Möglichkeiten einer ‹inneren› Geschichte des Lesens,* Tübingen 1999, 40–54.

26 Vgl. Paris u. Gente, «Fuß-Note», in: Müller, *Geniale Dilletanten,* 127.

27 Dies., «Ping-Pong auf der Hochebene von Tibet», 130.

28 Hans-Thies Lehmann u. Helmuth Lethen, «Das kollektive Lesen», in: *Berthold Brechts ‹Hauspostille›. Text und kollektives Lesen,* hg. v. dens., Stuttgart 1978, 2 f., 8 ff. Zum Gefühl des Strömens vgl. Lethen, *Auf der Suche nach dem Handorakel,* 126 f. Zur Konzeption des Wunsches, die hier im Hintergrund stand, vgl. Ulrich Raulf, «Der nicht-ödipale Wunsch. Notizen zu Deleuze/Guattari: ‹Anti-Ödipus›», in: *Über die Wünsche. Ein Versuch zur Archäologie der Subjektivität,* hg. v. Dietmar Kamper, München 1977, 64–81.

29 Lyotard, *Intensitäten,* 32. Kursivierungen von J. F. L.

30 Deleuze u. Guattari, *Rhizom,* 7. Auch François Dosse hält *Rhizom* für eine «Theorie der Lektüre»: *Gilles Deleuze & Félix Guattari. Intersecting Lives,* New York 2010, 362.

31 Guattari, *Mikro-Politik des Wunsches,* 46. Das Kind als Wunschadressat der Theorie begegnet später auch in Lyotards *Postmoderne für Kinder,* Wien 1987 wieder. Zur Schwierigkeit des *Anti-Ödipus* vgl. Raulf, «Der nicht-ödipale Wunsch», 64.

32 Frank, *Was ist Neostrukturalismus?,* 417.

33 Guattari, *Mikro-Politik des Wunsches,* 40, vgl. 46. Zu Bachtins Rabelais als Projektsfläche der siebziger Jahre vgl. Dirk Schümer, «Lachen mit Bachtin – ein geisteshistorisches Trauerspiel», in: *Merkur. Sonderheft: Lachen,* 847–54.

34 Deleuze u. Guattari, *Rhizom,* U4.

35 Kein Wunder, dass der Maoist Alain Badiou Deleuze und Guattari der «Tyrannei des Revisionismus» für schuldig hielt. Zit. nach Dosse, *Intersecting Lives,* 366. Der Poststrukturalismus sei insgesamt «eine frohe Botschaft für alle Menschen» gewesen, «die gern lesen», schreibt Jörg Lau in «Der Jargon der Uneigentlichkeit», in: *Merkur. Sonderheft: Postmoderne. Eine Bilanz,* Nr. 594/95 (1998), 945.

36 Bude, «Die Suche nach dem Unmöglichen», 201.

37 Barthes, *Die Lust am Text,* 8.

38 Vgl. Bude, «Die Suche nach dem Unmöglichen», 236.

39 Merve-Kollektiv, «Warum wir Rancière publizieren», 91.

40 Vgl. Agnes Heller, «Paradigm of Production, Paradigm of Work», in: *Dialecti-cal Anthropology*, 6 (1981), 71–79.

41 Guattari, *Mikro-Politik des Wunsches*, 37. Zum Produktionsparadigma des Anti-Ödipus vgl. Raulf, «Der nicht-ödipale Wunsch», 68 ff.

42 Michel de Certeau, *Kunst des Handelns*, Berlin 1988, 9, 12, 20.

43 Zur Entstehungsgeschichte und zum Hintergrund des Buches vgl. François Dosse, *Michel de Certeau. Le marcheur blessé*, Paris 2002, 443 ff., 489 ff.

44 Hans-Ulrich Wehler, «Geschichte – von unten gesehen», in: *Die Zeit*, 3.5.1985.

45 Michel de Certeau an den Merve Verlag, 1.7.1985. Merve-Archiv.

46 Ders., *Kunst des Handelns*, 9.

47 Ebd., 9, 24 ff., 297 ff., 306.

48 Enzensberger, «Bildung als Konsumgut», 111.

49 Zur linken Konsumkritik in den siebziger Jahren vgl. Alexander Sedlmaier, «Konsumkritik und politische Gewalt in der linksalternativen Szene der siebziger Jahre», in: *Das Alternative Milieu*, 185–205.

50 Zu diesem Begriffspaar vgl. Stanitzek, «Gebrauchswerte der Ideologie-kritik».

51 Jean Baudrillard, *Das System der Dinge. Über unser Verhältnis zu den alltäglichen Gegenständen*, Frankfurt a. M. 1991, 243 f. Aus dieser neuen Perspektive – die nicht allein Baudrillard eröffnete – ist spätestens seit den achtziger Jahren eine ganze Forschungsliteratur herausgewachsen. Vgl. David Graeber, «Die eigentümliche Idee des Konsums», in: ders., *Frei von Herrschaft. Frag-mente einer anarchistischen Anthropologie*, Wuppertal 2008, insb. 146, 174.

52 Sie waren das Personal für die Abwicklung der «heroischen Moderne», de-ren starkes Subjekt in den Tagen der Studentenrevolte in der westlichen Hemisphäre einen letzten Höhepunkt erlebte. Vgl. Lethen, *Auf der Suche nach dem Handorakel*, 33 f.

53 Michel Foucault, *Die Geburt der Biopolitik. Geschichte der Gouvernementalität*, Bd. 2, *Vorlesung am Collège de France 1978–1979*, Frankfurt a. M. 2006, 314.

54 Vgl. Gary Becker, «Zur neuen Theorie des Konsumentenverhaltens», in: ders., *Der ökonomische Ansatz zur Erklärung menschlichen Verhaltens*, Tübingen 1982, 145.

55 Adorno, *Minima Moralia*, 206 ff. Zum Nachwirken von Adornos Verdikt vgl. Thomas Hecken, *Das Versagen der Intellektuellen. Eine Verteidigung des Konsums gegen seine deutschen Verächter*, Bielefeld 2010.

56 Helmut Lethen, *Verhaltenslehren der Kälte. Lebensversuche zwischen den Kriegen*, Frankfurt a. M. 1994, 236 ff.

57 Paris, *Drei Reden zum Design*, 9. Zum Berliner Ready-Made-Design und seinen Entstehungsbedingungen vgl. Christian Borngräber (Hg.), *Berliner Design-Handbuch*, Berlin 1987 und ders. (Hg.), *Berliner Wege. Prototypen der Designwerkstatt*, Berlin 1988.

58 Vgl. Paris u. Gente, «für Buch-Markt».

59 Hans Magnus Enzensberger, *Mittelmaß und Wahn. Gesammelte Zerstreuungen*, Frankfurt a. M. 1991, 33 f.

60 Gerhard Schmidtchen, «Lesekultur in Deutschland. Ergebnisse repräsentativer Buchmarktstudien für den Börsenverein des Deutschen Buchhandels», in: *Börsenblatt* für den *Deutschen Buchhandel*, 24 (1968) 70, 1990. Mit Sicherheit hatte Schmidtchen, nach seiner Zeit bei Allensbach katholischer Religionssoziologe, Carl Schmitt gelesen, dessen *Theorie des Partisanen* das Für und Wider einer metaphorischen «Begriffsauflösung» diskutiert: «Dann kann schließlich jeder Einzelgänger oder Nicht-Konformist ein Partisan genannt werden, ohne Rücksicht darauf, ob er überhaupt noch daran denkt, eine Waffe in die Hand zu nehmen. Als Metapher braucht das nicht unzulässig zu sein; ich selber habe mich ihrer zur Kennzeichnung geistesgeschichtlicher Figuren und Situationen bedient.» Carl Schmitt, *Theorie des Partisanen. Zwischenbemerkung zum Begriff des Politischen*, Berlin 1963, 25.

7. Foucault und die Terroristen

1 Vgl. Reinhard Lettau, «Las Vegas der Literatur. Flohzirkus, Schwerpunkttitel und abgeräumte Büfetts», in: *Die Zeit*, 28.10.1977.

2 Vgl. «Schmidt, Bonn, Suhrkamp. Aus Siegfried Unselds ‹Chronik›», in: *Zeitschrift für Ideengeschichte*, 4 (2010) 4, 99–106; Jan Bürger, «Herrenrunde mit Panzerwagen. Ein Kommentar», in: ebd., 107–10.

3 Das vorhergehende sowie die folgenden Zitate stammen von diesem unveröffentlichten Tonbandmitschnitt. Michel Foucault im Gespräch mit Heidi Paris, Peter Gente, Walter Seitter, Hans-Joachim Metzger und Pasquale Pasquino, Paris 1977. Eine digitale Version befindet sich im Besitz des Merve Verlags. Die Batterie der Kassettenrecorder, die Foucault bei seinen Vorlesungen am Collège de France umstand, erwähnt Raulff, *Wiedersehen mit den Siebzigern*, 66.

4 Heiner Müller, *Krieg ohne Schlacht. Leben in zwei Diktaturen*, Köln ⁴1999, 306.

5 So Peter Gente im Gespräch mit dem Verfasser am 10.5.2012.

6 Das bemerkt Heidi Paris in ihrem mit «die piepsmaus» gezeichneten Artikel «Die Brille von Foucault», in: *taz*, 22.6.1979: «Alle Bücher enden ca. 1830 (wo die von Marx beginnen).»

7 Vgl. Uta Liebmann Schaub, «Foucault, Alternative Presses, and Alternative Ideology in West Germany: A Report», in: *German Studies Review*, 12 (1989) 1, 139–53.

8 Vgl. etwa Jean Baudrillard, *Kool Killer oder Der Aufstand der Zeichen*, Berlin 1978, 11 oder Lyotard, *Patchwork der Minderheiten*, 44. Zur Bedeutung der RAF im intellektuellen Haushalt der siebziger Jahre vgl. Rutschky, *Erfahrungshunger*, 133–93.

9 Laut Gespräch des Verfassers mit Peter Gente am 10.5.2012. Vgl. Ben Kafka u. Jamieson Webster, «No, Oedipus does not exist», in: *Cabinet*, Nr. 42 (2011), 27–30. Zu den Decknamen, die die RAF aus Moby Dick entlehnte, und

ihren Implikationen vgl. Stefan Aust, *Der Baader-Meinhof-Komplex*, München 1998, 286–89; auch Geoffrey Winthrop-Young, «Kittler und seine Terroristen», in: *Tumult*, Nr. 40 (2012), 76 ff.

10 Foucault, *Die Ordnung der Dinge*, 320. Zu Foucault und Althusser vgl. Didier Eribon, *Foucault und seine Zeitgenossen*, München 1998, Kap. 10.

11 Vgl. Puder, «Der böse Blick des Michel Foucault».

12 Vgl. Peter Gente, unbetiteltes, undatiertes Manuskript über das Verhältnis der Merves zu Foucault. Merve-Archiv. Zu Foucaults Handschrift vgl. Raulff, *Wiedersehen mit den Siebzigern*, 79.

13 So Günter Maschke über Carl Schmitt («Im Irrgarten Carl Schmitts», in: *Intellektuelle im Bann des Nationalsozialismus*, hg. v. Karl Corino, Hamburg 1980, 204), ein Wort, das sich vielleicht auch für Foucault verwenden lässt. Zur Bedeutung der Medizin für seine Denk- und Schreibweise vgl. Michel Foucault, *Das giftige Herz der Dinge. Gespräch mit Claude Bonnefoy*, Zürich 2012.

14 Paris, «Die Brille von Foucault».

15 Ulrich Raulff, «Auf sie mit Gedrill! Martialisch, monumentalisch, mythisch: Michel Foucault erfand die Historie, von der Friedrich Nietzsche träumte», in: *FAZ*, 2.11.1999.

16 Vgl. Michel Foucault, *Von der Freundschaft als Lebensweise. Michel Foucault im Gespräch*, Berlin 1984, 17. Zur Wahrnehmungsschärfe und zum Begriffsrealismus der zwanziger Jahre vgl. Lethen, *Verhaltenslehren der Kälte*, 187.

17 So Walter Seitter in *Foucault in Berlin*, einer Dokumentation von Agnes Handwerk, Hamburg 1992/93.

18 Zur zeitgenössischen Diskussion um den Ausnahmezustand des Jahres 1977 vgl. Wolfgang Kraushaar, «‹Unsere Aufgabe die Herbeiführung des wirklichen Ausnahmezustands.› Walter Benjamin, die Studentenbewegung und der große Katzenjammer», in: *Der Ausnahmezustand als Regel. Eine Bilanz der kritischen Theorie*, hg. v. Rüdiger Schmidt-Grépály u. a., Weimar 2013, 114–34.

19 Vgl. N. N., «Buback – ein Nachruf», in: *Göttinger Nachrichten*, 25.4.1977.

20 Zu den «Freunden der Deutschen Kinemathek» und den Berliner Programmkinos vgl. Berg-Ganschow u. Jacobsen, *... Film ... Stadt ... Kino ... Berlin ...*, 55 f.

21 Vgl. Raulff, *Wiedersehen mit den Siebzigern*, 107.

22 So Gente auf dem Tonbandmitschnitt des Besuchs bei Foucault im Oktober 1977.

23 Vgl. Rutschky, *Erfahrungshunger*, 197 ff.

24 Vgl. Peter Sloterdijk, *Zeilen und Tage. Notizen 2008–2011*, Berlin 2012, 74.

25 So Heidi Paris auf dem Pariser Tonbandmitschnitt. Vgl. dazu die Beiträge in Irene Bandhauer-Schöffmann u. Dirk van Laak (Hg.), *Der Linksterrorismus der 1970er Jahre und die Ordnung der Geschlechter*, Trier 2013.

26 Michel Foucault, «Wir fühlten uns als schmutzige Spezies», in: *Der Spiegel*, 31 (1977) 52, 78.

27 Merve Verlag an Michel Foucault, 12.12.1977. Merve-Archiv.

28 Merve Verlag an Roland Barthes, 9.5.1979. Ebd.

29 Vgl. Sebastian Haumann, «‹Stadtindianer› and ‹Indiani Metropolitani›.

Recontextualizing an Italian Protest Movement in West-Germany», in: *Between Prague Spring and French May. Opposition and Revolt in Europe, 1960–1980*, hg. v. Martin Klimke u. a., New York 2011, 141–53.

30 Als kritische zeitgenössische Analyse vgl. Wolfgang Kraushaar, «Thesen zum Verhältnis von Alternativ- und Fluchtbewegung. Am Beispiel der frankfurter scene», in: *Autonomie oder Ghetto?*, hg. v. dems., 8–67.

31 Sämtliche Zitate aus Dieter Hoffmann-Axthelm u. a., *Zwei Kulturen? Tunix, Mescalero und die Folgen*, Berlin 1979, 93 f., 122. Vgl. Mohr, *Zaungäste*, 36 f.

32 Diederichsen, *Sexbeat*, 18. Sehr instruktiv nach wie vor Norbert Röttgen u. Florian Rabe, *Vulkantänze. Linke und alternative Ausgänge*, München 1978, insb. 132 ff.

33 Merve Verlag an Daniel Defert, 10.1.1978. Merve-Archiv.

34 Merve Verlag an Jean-François Lyotard, 12.1.1978; Jean-François Lyotard an den Merve Verlag, 5.1.1978. Ebd.

35 Vgl. Gente in Marcus Klug, *Ein Leben wie eine Komposition von John Cage*.

36 Vgl. Matthew G. Hannah, «Foucault's ‹German Moment›: Genealogy of a Disjuncture», in: *Foucault Studies*, Nr. 13 (2012), 116–37.

8. Kritik der Bleiwüste

1 Merve Verlag an Michel Foucault, 23.3.1978. Merve-Archiv.

2 Jürgen Habermas, «Einleitung», in: *Stichworte zur ‹Geistigen Situation der Zeit›*, Bd. 1, hg. v. dems., Frankfurt a. M. 1979, 34.

3 Merve Verlag an Jacques Rancière, 31.5.1978. Merve-Archiv.

4 Vgl. Walter Seitter, «Was ist die ‹Neue Philosophie›, und wo steht sie zwischen Wissenschaft und ‹Irrationalismus›?», undatiertes Typoskript. Nachlass Dietmar Kamper, Freie Universität Berlin, Universitätsarchiv.

5 André Glucksmann, *Die Meisterdenker*, Frankfurt a. M. 1989, 302, 38. Für einen zeitgenössischen Abgesang auf die Theorie aus deutscher Sicht vgl. Kurt Sontheimer, *Das Elend unserer Intellektuellen. Linke Theorie in der Bundesrepublik Deutschland*, Hamburg 1976.

6 Oskar Negt, «Nicht das Gold, Wotan ist das Problem. Der jüngste Aufstand gegen die dialektische Vernunft: die ‹Neuen Philosophen› Frankreichs», in: *Der neue Irrationalismus*, 44.

7 Wilfried Gottschalch, «Foucaults Denken – eine Politisierung des Urschreis?», in: ebd., 66–73.

8 N. N., «Buback – ein Nachruf». So etwa Negt, «Nicht das Gold, Wotan ist das Problem», 45, aber – weitaus differenzierter – auch Kraushaar, «Thesen zum Verhältnis von Alternativ- und Fluchtbewegung».

9 Bohrer, «Die drei Kulturen», 666.

10 Vgl. Mohr, *Zaungäste*, 153.

11 Hildegard Brenner u. a., «Der Ort der Theorie», in: *Alternative*, Nr. 145/46 (1982), 204.

12 Peter Gente hielt den «antitheoretischen Affekt» der Alternativbewegung schlichtweg für gefährlich. Gespräch mit Foucault, Paris 1977.

13 Baudrillard, «Kool Killer oder der Aufstand der Zeichen», in: ders., *Kool Killer*, 31.

14 Niklas Luhmann, *Kann die moderne Gesellschaft sich auf ökologische Gefährdungen einstellen?* Rheinisch-Westfälische Akademie der Wissenschaften, Vorträge, Opladen 1985, 31.

15 «Warum Ökologie? Eine Diskussion zwischen Libération, Brice Lalonde, Dominique Simonnet, Laurent Samuel und Jean Baudrillard», in: Baudrillard, *Kool Killer*, 119–27. Zu Baudrillards Karriereweg vgl. Jürg Altwegg, «Alles ist nur noch eine einzige Show. Jean Baudrillards ‹Der symbolische Tausch und der Tod› – Die Herrschaft des Scheins über das Sein», in: *FAZ*, 20.5.1983.

16 Paul Virilio, «Projekt für eine Katastrophen-Zeitschrift», in: *Tumult. Zeitschrift für Verkehrswissenschaft*, Nr. 2 (1979), 128.

17 Gerd Bergfleth, «Die Fatalität der Moderne. Interview mit Jean Baudrillard», in: ders. u. a., *Zur Kritik der palavernden Aufklärung*, München 1984, 133.

18 Jean Baudrillard, *Der symbolische Tausch und der Tod*, München 1982, 12 f., 66. Bei dem erwähnten Merve-Band handelt es sich um ders., *Der Tod tanzt aus der Reihe*, Berlin 1979.

19 Gerd Bergfleth, «Nachwort», in: Baudrillard, *Der symbolische Tausch und der Tod*, 366

20 Mündliche Mitteilung von Peter Gente am 10.5.2012.

21 Jean Baudrillard, *Oublier Foucault*, München 1983, 22 f.

22 Vgl. z. B. Paolo Virno, *Grammatik der Multitude. Untersuchungen zu gegenwärtigen Lebensformen*, Berlin 2005, 109–11.

23 Baudrillard, *Der symbolische Tausch und der Tod*, 14.

24 Jean Baudrillard an Markus Sedlacek, o. D. Merve-Archiv. Vgl. Peter Gente, «Vorwort», in: *Philosophie und Kunst: Jean Baudrillard. Eine Hommage zu seinem 75. Geburtstag*, hg. v. Peter Gente u. a., Berlin 2005, 19 f.

25 Zit. nach Klaus Laermann, «Das rasende Gefasel der Gegenaufklärung. Dietmar Kamper als Symptom», in: *Merkur*, Nr. 433 (1985), 215.

26 Baudrillard, *Der symbolische Tausch und der Tod*, 21.

27 Vgl. Roman Jakobson, *Poesie und Sprachstruktur*, Zürich 1970, 18.

28 Kittler, «Ein Verwaiser», 142.

29 Jean Baudrillard an den Merve Verlag, 8.5.1985. Merve-Archiv.

30 Peter Sloterdijk, *Kritik der zynischen Vernunft*, Bd. 1, Frankfurt a. M. 1983, 21.

31 Jean Baudrillard an den Merve Verlag, 15.10.1978. Merve-Archiv.

32 Vgl. Florian Rötzer, «Die Rache der Dinge», in: Baudrillard, *System der Dinge*, 251.

33 Zur Erwartung der ökologischen Katastrophe gesellte sich damals das Szenario des nuklearen Overkill. Vgl. Jörg Schröder u. Uwe Nettelbeck, *Cosmic*, Schlechtenwegen 1982 für das Gefühl der realen Bedrohung und den damit einhergehenden Eindruck von Unwirklichkeit.

34 Lorenz Lorenz, «Lasst Euch nicht verführen!», in: *Elaste*, Nr. 7 (1983), o. S.

35 Thomas Meineke, «Die göttliche Linke. Jean Baudrillards Simulations-Theorie», in: *Die Zeit*, 6.3.1987.

36 Steiner, «Adorno: Love and Cognition», 255.

37 Das Zitat entnehme ich ebenso wie die folgenden Beobachtungen Jost Philipp Klenner, «Suhrkamps Ikonoklasmus», in: *Zeitschrift für Ideengeschichte*, 6 (2012) 4, 82–91.

38 Vgl. Raulff, *Wiedersehen mit den Siebzigern*, 110.

39 Merve Verlag an div. Empfänger, 20.1.1977. Nachlass Dietmar Kamper.

40 Frank Böckelmann u. a., *Das Schillern der Revolte*, Berlin 1978, U4.

41 Heidi Paris an die *Tumult*-Redaktion, 3.3.1980. Merve-Archiv. Vgl. N. N., «metro», undatiertes Konzeptpapier. Nachlass Dietmar Kamper.

42 Dietmar Kamper, Exposé zur Vorstellung von *Tumult* in der Westberliner Autorenbuchhandlung Carmerstraße, 23.2.1982. Ebd.

43 «Wer kann denn noch erkennen», schrieb Kampers Kollege Klaus Laermann 1985, «welche der folgenden Titel, die dem herrschenden Trend entsprechen, nicht von mir erfunden worden sind, sondern uns allen Ernstes schon zugemutet wurden? *Das Textbegehren des Phallus; Das Murmeln des Diskurses; Vom Geheimnis des Referenten; Der buchstäbliche Körper; Der übersinnliche Leib; Der all-einstehende Penis; Zur Zirkulation des Begehrens; Das Schweigen der Schrift vor dem Buchstaben.*» Laermann, «Das rasende Gefasel der Gegenaufklärung», 219. Vgl. dagegen Lyotards bereits erwähnte Überlegung, den «Terror der Theorie» durch Theorieparodie zu bekämpfen: Lyotard, *Apathie in der Theorie*, 92 ff.

44 N. N., «MYZEL», undatiertes Konzeptpapier. Nachlass Dietmar Kamper.

45 Laermann, «Das rasende Gefasel der Gegenaufklärung», 213. Vgl. a. Eckhard Henscheid, «Der rasende Fasler», in: ders., *Erledigte Fälle. Bilder deutscher Menschen*, Frankfurt a. M. 1986, 110–17.

46 Frank Böckelmann, «Bericht über Verhandlungen mit Roger & Bernhard», 5.5.1978. Nachlass Dietmar Kamper.

47 Walter Seitter, «Zum Programmtext», undatiertes Konzeptpapier. Nachlass Dietmar Kamper.

48 So Seitter auf dem Tonbandmitschnitt des Gesprächs mit Foucault im Oktober 1977.

49 Vgl. Ulrich Raulff, «Foucaults Versuchung», in: *Zeitschrift für Ideengeschichte*, 6 (2012) 4, 11–17.

50 Vgl. Peter Gente, «Vorwort», in: ders., *Philosophie und Kunst: Jean Baudrillard*, 18–22.

51 N. N., «metro», undatiertes Konzeptpapier. Nachlass Dietmar Kamper.

52 Vgl. Gérard Genette, «Sketching an Intellectual Itinerary», in: *French Theory in America*, 71–86. Zum Paratext vgl. ders., *Paratexte. Das Buch vom Beiwerk des Buches*, Frankfurt a. M. 1989.

53 «Versuche, per Unfall zu Denken. Gespräch mit Paul Virilio», in: *Tumult*, Nr. 1 (1979), 86. Zu Virilios Katholizismus vgl. Raulff, *Wiedersehen mit den Siebzigern*, 110.

54 N. N., «Text», undatiertes Konzeptpapier. Nachlass Dietmar Kamper.

55 Diederichsen, *Sexbeat*, VI.

56 Ulrich Raulff u. Marie Luise Syring, «Sich quer durch die Kultur schlagen.

Über die französische Zeitschrift *Traverses*», in: *Tumult. Zeitschrift für Verkehrs-wissenschaft*, Nr. 1 (1979), 105 f. Der New Yorker Theorieverleger Sylvère Lotringer verfolgte zur selben Zeit eine ganz ähnliche Strategie: «Für mich waren eine große theoretische Abhandlung und ein auf der Straße gefundenes Flugblatt oder eine Anzeige aus einer psychiatrischen Zeitschrift total gleichwertig.» Sylvère Lotringer, *Foreign Agent. Kunst in den Zeiten der Theorie*, Berlin 1991, 12.

57 Zur Bedeutung der Collage für die historischen Avantgarden und zu Benjamin vgl. Peter Bürger, *Theorie der Avantgarde*, Frankfurt a. M. 1974, 92 ff.

58 Ulrich Giersch, «Zur Produktivkraft taktiler Schnittstellen. Vom Fotokopieren aus gesehen – life is Xerox, you are just a copy» (www.gewebewerk. silvia-klara-breitwieser.cultd.de/giersch/index.htm). In seinem «Baukasten zu einer Theorie der Medien» hatte Enzensberger den Kopierer schon 1970 als ein Gerät gespriesen, das «potentiell jedermann zum Drucker macht». Hans Magnus Enzensberger, «Baukasten zu einer Theorie der Medien», in: *Kursbuch*, Nr. 20 (1970), 162.

59 Zum Konzept der Stiltrennung vgl. Erich Auerbach, *Mimesis. Dargestellte Wirklichkeit in der abendländischen Literatur*, Tübingen ¹⁰2001. Zum März Verlag vgl. Jan-Frederik Bandel, Barbara Kalender u. Jörg Schröder, *Immer radikal, niemals konsequent. Der März Verlag – erweitertes Verlegertum, postmoderne Literatur und Business Art*, Hamburg 2011.

60 Vgl. Heidi Paris an die *Tumult*-Redaktion, 3.3.1980. Merve-Archiv: «Die Kosten für Nr. 1 lagen mit ca. 5000,– DM höher als eigentlich möglich.»

61 Auch schon vorher haben Theoretiker mit Kuratoren zusammengearbeitet. François Burkhardt, der Leiter des Centre de Création Industrielle, kooperierte 1972 auf der Documenta 5 z. B. mit Ernst Bloch. Neu war hingegen, dass die Rolle des Theoretikers mit der des Kurators zusammenfiel. Vgl. Jean-François Lyotard, *Immaterialität und Postmoderne*, Berlin 1985, 29.

62 Vgl. Paul Virilio, *Bunker-Archäologie*, München 1992. Eine Auswahl der Fotografien findet sich bereits in dem Merve-Band Paul Virilio, *Geschwindigkeit und Politik*, Berlin 1980.

63 Lyotard, *Immaterialität und Postmoderne*, 24. Vgl. Antonia Wunderlich, *Der Philosoph im Museum. Die Ausstellung ‹Les Immatérieaux› von Jean-François Lyotard*, Bielefeld 2008.

64 Vgl. Bruno Latour, *Iconoclash oder Gibt es eine Welt jenseits des Bilderkrieges?*, Berlin 2002.

65 In den achtziger Jahren wollte auch der Romanist Hans Ulrich Gumbrecht «den Materialismus als philosophisches Kernstück aller marxistischen Theorien einer Revision unterziehen»: Hans Ulrich Gumbrecht, *Nach 1945. Latenz als Ursprung der Gegenwart*, Frankfurt a. M. 2012, 284. Das Ergebnis war der von Gumbrecht herausgegebene einflussreiche Sammelband *Materialität der Kommunikation*, Frankfurt a. M. 1988.

66 Raulff u. Syring, «Sich quer durch die Kultur schlagen», 107.

67 N. N., «Zeit-Zeichen der Macht», undatiertes Konzeptpapier. Nachlass Dietmar Kamper.

68 Lepenies, «Der Artist im Posthistoire», 328.

69 Bohrer, «Die drei Kulturen», 666 f.

9. Into the White Cube

1 «‹Theorie muss aus der Kunstecke rauskommen.› Interview mit Tom Lamberty», in: *taz*, 19.8.2014.

2 Für ein institutionelles und institutionenkritisches Kunstverständnis immer noch aufschlussreich Arthur C. Danto, «The Artworld», in: *The Journal of Philosophy*, 61 (1964), 571–84.

3 Was u. a. daran liegt, dass Peter Gente seine Verlagsanteile vor seiner Übersiedlung nach Thailand zur kommissarischen Verwaltung an den Kunstsammler und Verleger Harald Falckenberg übergab. Symptomatisch Alexander Cammann, «Lebendig-museal: 40 Jahre Merve Verlag», in: *Die Zeit*, 18.2.2010: «Ist das noch Theorie oder schon Kunst? Oder vielleicht beides?»

4 Vgl. Alix Rule u. David Levine, »International Art English. Zur Karriere der Pressemitteilung in der Kunstwelt», in: *Merkur*, 769 (2013), 516–27.

5 Vgl. Hannes Böhringer, *Begriffsfelder. Von der Philosophie zur Kunst*, Berlin 1985, 125, der diese Situation bereits in den achtziger Jahren beschrieb. Das Phänomen unterscheide sich insofern von der bereits 1960 von Arnold Gehlen diagnostizierten «Kommentarbedürftigkeit» der modernen Kunst, als der Kommentar nicht mehr dazu diene, «etwas auf den ersten Blick Unverständliches zu erklären, sondern umgekehrt etwas für den ersten Blick leichtverständlich Präsentiertes zu konzeptualisieren und zu komplizieren». Für den amerikanischen Kontext vgl. Lotringer, *Foreign Agent*, 66 ff.

6 Vgl. Joseph Kosuth, «Kunst nach der Philosophie», in: *Über Kunst. Künstlertexte zum veränderten Kunstverständnis nach 1965*, hg. v. Gerd de Vries, Köln 1974, 136–75. Vgl. Böhringer, *Begriffsfelder*, 92, sowie für das Verhältnis von Kunst und Kritik seit Hegel Christian Demand, *Die Beschämung der Philister. Wie die Kunst sich der Kritik entledigte*, Springe ²2007.

7 Als Abgesang auf die schöne Literatur vgl. Karl Markus Michel, «Ein Kranz für die Literatur. Fünf Variationen über eine These», in: *Kursbuch*, Nr. 15 (1968), 169–86.

8 Vgl. Arthur C. Danto, «Approaching the End of Art», in: ders., *The State of the Art*, New York 1987, 217.

9 Merve Verlag an Michael Foucault, 9.5.1979. Merve-Archiv.

10 Harald Szeemann, «Monte Verità – Berg der Wahrheit», in: *Mont Verità. Berg der Wahrheit. Lokale Anthropologie als Beitrag zur Wiederentdeckung einer neuzeitlichen sakralen Topologie*, hg. v. dems., Mailand 1980, 6.

11 Heidi Paris u. Peter Gente, «Psychopathen aller Länder, vereinigt Euch!», in: *taz*, 20.4.1979.

12 Zit. nach Hans-Joachim Müller, *Harald Szeemann. Ausstellungsmacher*, Bern 2006, 70 f.

13 Vgl. ebd., 14–33.

14 «Institutionen sind für mich Instrumente», schrieb Szeemann, «um die Besitzvorstellungen der Benützer zu verändern oder zumindest aufzuweichen.» Zit. nach ebd., 20.

15 Eine weitere zeitgenössische Variante stellt das ebenfalls 1979 konzipierte «Musée Sentimental» von Daniel Spoerri und Marie-Luise Plessen dar. Auch Spoerri und Plessen präsentierten Gebrauchsgegenstände wie Reliquien. Vgl. Anke te Heesen u. Susanne Padberg (Hg.), *Musée Sentimental 1979. Ein Ausstellungskonzept*, Ostfildern 2011.

16 Zur Museumskritik und zu Museumsutopien vgl. Anke te Heesen, *Theorien des Museums zur Einführung*, Hamburg 2012, Kap. 5 und 7.

17 Das wird vor allem im Katalog zur Ausstellung «Junggesellenmaschinen» deutlich. Vgl. Hans Ulrich Reck u. Harald Szeemann (Hg.), *Junggesellenmaschinen. Erweiterte Neuausgabe*, Wien 1999, passim. Der ursprünglich 1975 erschienene Katalog enthält u. a. Texte von Lyotard, Deleuze und de Certeau.

18 Dieses und alle voranstehenden Zitate, die die Begegnung mit Szeemann betreffen, in Paris u. Gente, «Editorische Notiz» in: *Museum der Obsessionen*, 225 ff. Vgl. a. dies., «Wunschmaschinen. Stellungnahme zur Frage: Was hat der Merve Verlag mit Szeemanns Wunschmaschinen zu tun?», in: Reck u. Szeemann, *Junggesellenmaschinen*, 50–53.

19 Merve Verlag an Michel Foucault, 9.5.1979. Merve-Archiv.

20 Lethen, *Suche nach dem Handorakel*, 91 f.

21 So Hannes Böhringer im Gespräch am 20.3.2014.

22 Zur Düsseldorfer «Kunstblüte» vgl. Harald Szeemann, *Individuelle Mythologien*, Berlin 1985, 27.

23 Günter Brus, *Das gute alte West-Berlin*, Salzburg 2010, 23, vgl. 40. Vgl. Gert u. Gundel Mattenklott, *Berlin Transit. Eine Stadt als Station*, Frankfurt a. M. 1987, 239 ff. zum Fehlen einer besseren Berliner Gesellschaft, die als Kunstpublikum in Frage gekommen wäre.

24 So Martin Kippenberger über die Gegend, zit. nach: Stephan Schmidt-Wulffen, «Alles in allem – Panorama ‹wilder› Malerei», in: *Tiefe Blicke. Kunst der achtziger Jahre aus der Bundesrepublik Deutschland, der DDR, Österreich und der Schweiz*, hg. v. Verein der Freunde und Förderer des Hessischen Landesmuseums in Darmstadt, Köln 1985, 62. Zur Geschichte der West-Berliner Kunstszene und zu den Neuen Wilden vgl. a. Wolfgang Max Faust u. Gerd de Vries, *Hunger nach Bildern. Deutsche Malerei der Gegenwart*, Köln 1982.

25 Middendorf zit. nach Schmidt-Wulffen, «Panorama ‹wilder› Malerei», 37, die *Zeit* nach ebd., 46; vgl. 33–51.

26 Kippenberger beschäftigte einen professionellen Plakatmaler, anstatt selber zu malen, und ließ in der Presse verlautbaren, mit seiner Aktion «in der Expressionisten-Stadt Berlin» zur «Vollbeschäftigung» beitragen zu wollen. Zit. nach ebd., 68. Kippenbergers West-Berliner Phase in ebd., 51–70 sowie bei Susanne Kippenberger, *Kippenberger. Der Künstler und seine Familien*, Berlin 2007, 143–218.

27 Zur «Business Art» vgl. Barbara Kalender u. Jörg Schröder, «Der März Verlag – Geschichte und Geschichten», in: Bandel u. dies., *Immer radikal, niemals konsequent*, 49 ff.

28 Frieder Butzmann, «Hamburg, Berlin, Musik, Punk, Kunscht, Gudrun, Diedrichsen, die Schranknumer usw.», in: Dany, *dagegen dabei*, 245.

29 «Kunst des Büchermachens. Gespräch mit Heide Paris und Peter Gente vom Merve-Verlag», in: *Kunstforum International*, Nr. 100 (1989), 377–80. Vgl. Bude, «Die Suche nach dem Unmöglichen», 233.

30 Vgl. Paris u. Gente, «Ping-Pong auf der Hochebene von Tibet», 135: «Die Bewegung der *Neuen Wilden* hat sich stark über Bilderbücher definiert.»

31 Thomas Kapielski, «Baden-Baden. Juni und Juli 1999», in: ders., *Sozialmanierismus*, Berlin 2001, 88.

32 «Heidi und Peter» zit. nach *For Sale? A Presentation of New Design on the Border*, hg. v. prodomo, Wien 1989, o. S. (www.heidi-paris.de/design/for-sale-1982/).

33 Merve Verlag an Sylvère Lotringer, 25.3.1981. Merve-Archiv. Zu Kippenberger und den Frauenbuchläden vgl. Paris u. Gente, «Ping-Pong auf der Hochebene von Tibet», 131.

34 Martin Kippenberger an den Merve Verlag 15.1.1987. Merve-Archiv.

35 Vgl. John Klein, «The Dispersal of the Modernist Series», in: *Oxford Art Journal*, 21 (1998), 121–35.

36 Die Bedeutung, die Fluxus für Heidi Paris spielte, betonten Marianne Karbe und Hannes Böhringer in Gesprächen mit dem Verfasser am 1.12.2011 bzw. 20.3.2014. Zu Künstlerbüchern und Multiples vgl. Michael Glasmeier, *Die Bücher der Künstler. Publikationen und Editionen seit den sechziger Jahren in Deutschland. Eine Ausstellung in zehn Kapiteln*, 1994. Vgl. a. Craig Dworkin, «Textual Prostheses», in: *Comparative Literature*, 57 (2005) 1, 1–24.

37 Der Merve Verlag habe «Ereignisse zwischen theoretischer Literatur und Avantgardekunst» erfunden, schrieb Ulrich Raulff in seinem Nachruf «Tod einer Buchmacherin».

38 Paris u. Gente, «Ping-Pong auf der Hochebene von Tibet», 134.

39 L. W., «Der maskierte Philosoph», in: *taz*, 12.6.1981.

40 Lotringer, *Foreign Agent*, 8.

41 Zit. nach David Morris, «This is the End of the Sixties!», in: *Cabinet*, Nr. 44 (2012), 24 f. Vgl. Lotringer, «Doing Theory», 140 f.

42 Ebd., 128. Das Format des Künstler-Interviews hat sich in jüngerer Zeit vor allem der stilbildende Kurator Hans-Ulrich Obrist zu eigen gemacht. Vgl. D. T. Max, «The Art of Conversation. A Star Curator's Migratory Nature», in: *The New Yorker*, 8.12.2014, 64–72.

43 Ebd., 153, vgl. passim. Zu Derridas Literarisierung der Theorie vgl. Arthur C. Danto, «Philosophie als/und/der Literatur», in: ders., *Die philosophische Entmündigung der Kunst*, München 1993, 165–92.

44 Vgl. als immer noch lesenswerten Klassiker Bürger, *Theorie der Avantgarde*.

45 Arthur C. Danto, «Das Ende der Kunst», in: ders., *Die philosophische Entmündigung der Kunst*, 141.

46 Kosuth, «Kunst nach der Philosophie», 145. Danto sah den entscheidenden

Durchbruch schon bei Andy Warhol. In Warhols *Brillo boxes*, 1964 in der Stable Gallery ausgestellt, erblickte er die letztmögliche Position der Kunst, die hier zur abschließenden Erkenntnis ihrer selbst gelangte. Die Frage nach dem Wesen der Kunst innerhalb der Kunst zu stellen, hielt er fürderhin für obsolet. Alle weitere Reflexion oblag der Philosophie. Seine Entscheidung, die eigene Künstlerkarriere zu beenden, um sich fortan dem Denken zu widmen, war von daher konsequent. Vgl. Danto, «Approaching the End of Art».

47 Dass sie im Grunde eher Künstler als Theoretiker seien, ist von Deleuze, von Baudrillard, von Virilio und selbst von Niklas Luhmann behauptet worden. Vgl. Henning Schmidgen, «Begriffszeichnungen. Über die philosophische Konzeptkunst von Gilles Deleuze», in: *Deleuze und die Künste*, hg. v. Peter Gente u. Peter Weibel, Frankfurt a. M. 2007, 26–53; Lotringer, «Doing Theory», 150, 154; Dirk Käsler, «Soziologie: ‹Flug über den Wolken›. Dirk Käsler über Niklas Luhmanns ‹Soziale Systeme›», in: *Der Spiegel*, 38 (1984) 50, 190.

48 Lotringer, «German Issues», vi.

49 Sylvère Lotringer an Peter Gente, 11.3.1981. Merve-Archiv.

50 Als Holocaust-Überlebender stand Lotringer der Bundesrepublik distanziert gegenüber. Vgl. Lotringer, *Foreign Agent*, 14 f.

51 Merve Verlag an Sylvère Lotringer, 25.3.1981. Merve-Archiv.

52 Lotringer, «German Issues», vii.

53 Blanchot, «Berlin», 347 ff.

54 Merve Verlag an Sylvère Lotringer, 25.3.1981. Merve-Archiv.

55 Dass die französischen Theoretiker der Postmoderne in Deutschland zuerst in West-Berlin rezipiert wurden, bestätigt Gert Mattenklott, «‹Komm ins Offene, Freund!› Transit ins wilde Denken», in: *Zeitschrift für Ideengeschichte*, 2 (2008) 4, 5–10.

56 Jean-François Lyotard an den Merve Verlag, 21.1.1983. Merve-Archiv.

57 Zit. nach der deutschen Übersetzung in Müller, *Rotwelsch*, 67.

58 Vgl. Mike Davis, *City of Quartz. Excavating the Future in Los Angeles*, New York 1992, Kap. 1.

59 Zum Konzept des «Nachkriegs» vgl. Haverkamp, *Latenzzeit* und Gumbrecht, *Nach 1945*.

60 Gottfried Benn, «Der Ptolemäer», in: ders., *Gesammelte Werke*, Bd. 5, Wiesbaden 1968, 1384; ders. an Friedrich Wilhelm Oelze, 4.11.1946, in: ders., *Briefe an F. W. Oelze, 1932–1945*, Wiesbaden 1977, 55. Vgl. Helmuth Lethen, «Gelegentlich auf Wasser sehen. Benns Inseln», in: *Zeitschrift für Ideengeschichte*, 2 (2008) 4, 45–53.

61 Gombrowicz, *Berliner Notizen*, 83, 87. Vgl. Föllmer, *Individuality and Modernity in Berlin*, 240 ff.

62 Vgl. Wolf Jobst Siedler u. Elisabeth Niggemeyer, *Die gemordete Stadt. Abgesang auf Putte und Straße, Platz und Baum*, Berlin 1993.

63 Vgl. Mattenklott, *Berlin Transit*, 229.

64 Michael Rutschky, «Panzerhaut der DDR. Die Ruinierung der Berliner

Mauer», in: *Ruinen des Denkens. Denken in Ruinen*, hg. v. Norbert Bolz u. Willem van Reijen, Frankfurt a. M. 1996, 60.

65 Vgl. Belinda Davis, «The City as Theater of Protest. West Berlin and West Germany, 1962–1983», in: *The Spaces of the Modern City. Imaginaries, Politics, and Everyday Life*, hg. v. Gyan Prakash u. Kevin M. Kruse, Princeton 2008, 247–74.

66 So Tobias Rüther, *Helden. David Bowie und Berlin*, Berlin 2008. Zur «breiten Gegenwart» als Charakteristikum der Jetztzeit vgl. Hans Ulrich Gumbrecht, *Unsere breite Gegenwart*, Frankfurt a. M. 2010.

67 Vgl. Mattenklott, *Berlin Transit*, 229.

68 Nicolaus Sombart, *Journal intime 1982/83. Rückkehr nach Berlin*, Berlin 2005, 153, 199, vgl. 71 f., 97.

69 Die Konferenz fand aus Anlass von Adornos achtzigstem Geburtstag statt und markierte eine Etappe auf dem Weg zu seiner Kanonisierung. Vgl. Ludwig von Friedeburg (Hg.), *Adorno-Konferenz*, Frankfurt a. M. 1983.

70 Taubes, «Ästhetisierung der Wahrheit im Posthistoire», 41. Das Interesse am Posthistoire war in den achtziger Jahren zunächst ein Berliner Phänomen. Vgl. Lutz Niethammer, *Posthistoire. Ist die Geschichte zu Ende?*, Reinbek 1989, 17.

71 Vgl. Taubes, «Ästhetisierung der Wahrheit im Posthistoire», 45, 47. Für die Modellhaftigkeit des ästhetischen Urteils in der Postmoderne vgl. Hans Ulrich Gumbrecht, «Die Prämisse jeglichen Urteilens. Erinnerung an Frank Schirrmacher», in: *FAZ*, 16.6.2014, der hier seinerseits Lyotard paraphrasiert. Zur Verwandtschaft von Kojèves Samurais und Jüngers Waldgänger vgl. Niethammer, *Posthistoire*, 82, der von «ästhetischer Simulation des Herrentums nach seinem geschichtlichen Ende» spricht.

72 Vgl. etwa Kampers undatiertes, unbetiteltes Konzeptpapier zur «Wilden Akademie», von der im folgenden Kapitel die Rede sein wird: «Sie verbindet ein posthistorisches Bewußtsein mit dem wilden Denken.» Nachlass Dietmar Kamper.

73 Zu Taubes' Einschätzung der französischen Modephilosophen vgl. das Interview «Jacob Taubes», in: *Denken, das an der Zeit ist*, hg. v. Florian Rötzer, Frankfurt a. M. 1987, 312 f.

74 Marianne Karbe, «Protokoll vom 8.1.82», Typoskript. Nachlass Dietmar Kamper.

75 Vgl. Dietmar Kamper an Bruno Hoffmann, 22.9.1982. Ebd.

76 Alexander Dill, «Protokoll der Sitzung vom 15.11.1982», Typoskript. Ebd.

10. Preußentum und Spontaneismus

1 Gente zit. nach dem Tonbandmitschnitt des Gesprächs mit Foucault, Oktober 1977.

2 Meg Huber, «Von wo aus schreiben wir?», undatiertes Konzeptpapier. Nachlass Dietmar Kamper. Ausgehend vom Phänomen der Neuen Rechten

nach der Wiedervereinigung hat Diedrich Diederichsen die rechte Linie der deutschen Franzosenrezeption speziell im Umkreis der *Tumult*-Gruppe in «Spirituelle Reaktionäre und völkische Vernunftkritiker», in: ders., *Freiheit macht arm. Das Leben nach Rock'n'Roll, 1990–93*, Köln 1993, 117–57 rekonstruiert.

3 Ernst Jünger, *Der Waldgang*, Stuttgart 2008, 30.

4 «Versuche, per Unfall zu Denken. Gespräch mit Paul Virilio», 84. Vgl. ders., «Der Urfall (Accidens originale)», in: *Tumult*, Nr. 1 (1979), 77–82.

5 Ernst Jünger, *Der Arbeiter. Herrschaft und Gestalt*, Stuttgart 1982, 138, vgl. 137. Zu Jüngers Geringschätzung von Bücherwissen vgl. a. ders., «Über den Schmerz», in: ders., *Blätter und Steine*, Hamburg 1943, 186 f. Zur Bedeutung von Jünger für Virilios Werk vgl. Karl Prümm, «Gefährliche Augenblicke. Ernst Jünger als Medientheoretiker», in: *Ernst Jünger: Politik – Mythos – Kunst*, hg. v. Lutz Hagestedt, Berlin 2004, 349 f.

6 Vgl. *Tumult*, Nr. 4 (1982); Nr. 7 (1985); Nr. 8 (1986) sowie die Vorankündigungen in Nr. 2 (1979), U4.

7 Walter Seitter, «Zum Programmtext». Nach der Wiedervereinigung erhob er den «rechten Gebrauch der Franzosen» zum Programm: Mit Foucault lernen, Deutschland zu denken. Vgl. ders., «Vom rechten Gebrauch der Franzosen», in: *Tumult*, Nr. 15 (1991), 5–14.

8 Der dann kurzfristig doch nicht zustande kam. So Wolfert von Rahden in einem Telefonat mit dem Verfasser am 24.9.2014.

9 Ders. u. Heinz-Dieter Kittsteiner, «‹Jetzt zieht Leutnant Jünger seinen Mantel aus.› Überlegungen zur ‹Ästhetik des Schreckens›», in: *Berliner Hefte*, Nr. 11 (1979), 22. Vgl. Karl Heinz Bohrer, *Die Ästhetik des Schreckens. Die pessimistische Romantik und Ernst Jüngers Frühwerk*, Frankfurt a. M. 1978.

10 Joschka Fischer, zit. nach Malte Herwig, «In Papiergewittern», in: *Der Spiegel*, 41 (2007) 40, 202. Zur Jünger-Rezeption in der BRD und zur Tendenzwende in den siebziger Jahren vgl. Detlev Schöttker, «Postalische Jagden. Ernst Jüngers Präsenz in der deutschen Literatur und Publizistik nach 1945», in: *Ernst Jünger. Arbeiter am Abgrund*, hg. v. Stephan Schlak u. a., Marbach 2010, 242 ff. und «Karl Heinz Bohrer im Gespräch mit Stephan Schlak», in: ebd., 249–78.

11 Norbert Bolz, der Assistent von Jacob Taubes, fand in Jüngers Waldgang «ein theoretisches Urbild der Fluchtlinie (nicht esacpe) und nomadischen Intensität». Norbert Bolz, «Pop-Philosophie», in: Heinz u. Tholen, *Schizo-Schleichwege*, 191. Zur Rezeption von Jünger in der Postmoderne vgl. Peter Koslowski, *Der Mythos der Moderne. Die dichterische Philosophie Ernst Jüngers*, München 1991 und Niethammer, *Posthistoire*, 82–104. Vgl. a. Daniel Morat, *Von der Tat zur Gelassenheit. Konservatives Denken bei Martin Heidegger, Ernst Jünger und Friedrich Georg Jünger*, Göttingen 2007.

12 Müller, *Krieg ohne Schlacht*, 281 f.

13 Ulrich Raulff, «Schneid», in: *Tumult*, Nr. 4 (1982), 125, 128. «Wir dachten damals, mit dem Interesse an der Sexualität würde es bald vorbei sein», schreibt Raulff, *Wiedersehen mit den Siebzigern*, 103.

14 Michel Foucault, *Vom Licht des Krieges zur Geburt der Geschichte*, Berlin 1986, 12. Vgl. Raulff, «Auf sie mit Gedrill!».

15 Ders., «Schneid», 128. Zum Verhältnis von Marxismus und Kriegswissenschaft vgl. Bernard Semmel (Hg.), *Marxism and the Science of War*, Oxford 1981.

16 Zum Folgenden vgl. die zeitgenössischen Darstellungen von Jean-Luc Pinard-Legry, «Alexandre Kojève. Zur französischen Hegel-Rezeption», in: *Vermittler. Deutsch-französisches Jahrbuch, Bd. 1*, hg. v. Jürgen Sieß, Frankfurt a. M. 1981, 105–17 und Traugott König, «Die Abenteuer der Dialektik in Frankreich», in: *Fugen. Deutsch-französisches Jahrbuch für Text-Analytik, Bd. 1*, Olten & Freiburg i. Br. 1980, 282–89. Als neuere Analyse Bruce Baugh, *French Hegel. From Surrealism to Postmodernism*, New York 2003.

17 Zum Verhältnis von Kojève und Collège de Sociologie vgl. Stephan Moebius, *Die Zauberlehrlinge. Soziologiegeschichte des Collège de Sociologie (1937–1939)*, Konstanz 2006, 212–22.

18 Vgl. Descombes, *Das Selbe und das Andere*, 22.

19 Vgl. Jan Rehmann, *Postmoderner Links-Nietzscheanismus. Deleuze & Foucault. Eine Dekonstruktion*, Hamburg 2004, 136–39; Raulff, «Auf sie mit Gedrill!».

20 *Nietzsche. Ein Lesebuch von Gilles Deleuze*, 118 ff.; De Certeau, *Kunst des Handelns*, 20. Zu Deleuzes von Nietzsche inspirierten Kriegsmaschinen vgl. Rehmann, *Postmoderner Links-Nietzscheanismus*, 60–68. Wichtig für den Gegensatz von Staat und Krieg auch die zeitgenössische politische Anthropologie von Pierre Clastres, *Archäologie der Gewalt*, Zürich 2008.

21 Pinard-Legry, «Alexandre Kojève», 109.

22 Vgl. Ulrich Raulff, «Disco: Studio 54 revisited», in: *Tumult*, Nr. 1 (1979), 64.

23 Vgl. Hannes Böhringer, «Avantgarde – Geschichten einer Metapher», in: *Archiv für Begriffsgeschichte*, 22 (1978), 90–114.

24 Das Bonmot in Friedrich Kittler, *Grammophon, Film, Typewriter*, Berlin 1986, 149. Zur Bedeutung des Krieges für Kittlers Mediengeschichte vgl. Geoffrey Winthrop-Young, «Drill and Distraction in the Yellow Submarine: On the Dominance of War in Friedrich Kittler's Media Theory», in: *Critical Inquiry*, 28 (2002) 4, 825–54.

25 Günter Maschke, «Positionen inmitten des Hasses. Der Staat, der Feind und das Recht – Der umstrittene Denker Carl Schmitt / Zu seinem Tode», in: *FAZ*, 11.4.1985. Zu Schmitts Theorieaffinität vgl. Armin Mohler, «Links-Schmittisten, Rechts-Schmittisten und Establishment-Schmittisten. Über das erste Carl-Schmitt-Symposium», in: *Criticón*, Nr. 98 (1986), 266 sowie Volker Neumann, «Die Wirklichkeit im Lichte der Idee», in: *Complexio Oppositorum. Über Carl Schmitt*, hg. v. Helmut Quaritsch, Berlin 1988, 557–75.

26 Zu den frühen bundesrepublikanischen Schmitt-Zirkeln vgl. Dirk van Laak, *Gespräche in der Sicherheit des Schweigens. Carl Schmitt in der politischen Geistesgeschichte der frühen Bundesrepublik*, Berlin 1993.

27 Sombart, *Journal Intime*, 16.

28 Vgl. Heinz Dieter Kittsteiner, «Der *Begriff des Politischen* in der heroischen Moderne. Carl Schmitt, Leo Strauss, Karl Marx», in: *Die (k)alte Sachlichkeit.*

Herkunft und Wirkungen eines Konzepts, hg. v. Moritz Baßler u. Ewout van der Knaap, Würzburg 2004, insbes. 164 f.

29 Vgl. Walter Seitter, «Strukturalistische Stichpunkte zur Politik», in: Böckelmann u. a., *Das Schillern der Revolte*, 87.

30 Vgl. Raulff, «Schneid», 124.

31 Peter Gente, undatiertes, unbetiteltes Vortragsmanuskript über Carl Schmitt. Merve-Archiv. Der erste Artikel zu Carl Schmitt in Gentes Zeitungsarchiv stammt von 1967.

32 Vgl. Henning Ritter, «Mein Besuch bei Carl Schmitt», in: *FAZ*, 9.12.2006.

33 Schmitt, *Theorie des Partisanen*, 51. Die ersten Mao-Bibeln dürften in der Bundesrepublik von jungen Schmitt-Lesern bestellt worden sein. Vgl. Ritter, «Mein Besuch bei Carl Schmitt».

34 Joachim Schickel, *Gespräche mit Carl Schmitt*, Berlin 1993, 21.

35 Vgl. ders. (Hg.), *Guerilleros, Partisanen. Theorie und Praxis*, München 1970.

36 Mündliche Mitteilung von Cord Riechelmann am 2.4.2014.

37 Maschke, «Positionen inmitten des Hasses»; Lethen, *Suche nach dem Handorakel*, 36. Vgl. Heinz Dieter Kittsteiner, «Erkenne die Lage. Über den Einbruch des Ernstfalls in das Geschichtsdenken», in: *Sprachen der Ironie – Sprachen des Ernstes*, hg. v. Karl Heinz Bohrer, Frankfurt a. M. 2000, 233–52.

38 So sinngemäß Peter Sloterdijk in einer Podiumsdiskussion mit Beat Wyss im Salon Kufsteiner Straße, Berlin, am 4.10.2013. Für den Stellenwert der Feindschaft in Schmitts Œuvre vgl. ders., *Der Begriff des Politischen*, Berlin 1991. Vgl. Neumann, «Die Wirklichkeit im Lichte der Idee», 566.

39 Nicolaus Sombart, *Jugend in Berlin, 1933–1943. Ein Bericht*, Frankfurt a. M. 1986, 258.

40 Armin Mohler, «Carl Schmitt und die ‹Konservative Revolution›», in: *Complexio Oppositorium. Über Carl Schmitt*, hg. v. Helmut Quaritsch, Berlin 1988, 142.

41 Maschke, «Im Irrgarten Carl Schmitts», 204. Zu Günter Maschke vgl. Manuel Seitenbecher, *Mahler, Maschke & Co. Rechtes Denken in der 68er Bewegung?*, Paderborn 2013, v. a. 261–68.

42 Paris u. Gente, «Ping-Pong auf der Hochebene von Tibet», 133.

43 Peter Gente, unbetiteltes, undatiertes Vortragsmanuskript über Carl Schmitt. Merve-Archiv.

44 Vgl. etwa Christian Linder, *Der Bahnhof von Finnentrop. Eine Reise ins Carl Schmitt Land*, Berlin 2008.

45 «Leider kenne ich Lacan noch nicht, was – nach Ihren Darlegungen – offenbar notwendig wäre, um Sie zu verstehen.» Zit. nach Walter Seitter, *Menschenfassungen. Studien zur Erkenntnispolitikwissenschaft*, Weilerswist ²2012, 9.

46 Vgl. Sombart, *Jugend in Berlin*, 258. Kursivierung von N. S.

47 Mündliche Auskunft von Edith Seifert und Michaela Ott am 7.3.2014.

48 Dasselbe berichtet Diedrich Diederichsen über den Gründerzirkel der *Spex*: «‹So obskur, wie es gerade noch ging.› Diedrich Diederichsen erzählt von seinen Spex-Jahren», in: *Jungle World*, 28.2.2013.

49 N. N., «Zeit-Zeichen der Macht», undatiertes Konzeptpapier; Frank Böckelmann an Pasquale Pasquino am 30.10.1978. Nachlass Dietmar Kamper.

50 Vgl. Raulff, *Wiedersehen mit den Siebzigern*, 104.

51 Vgl. Bude, «Die Suche nach dem Unmöglichen», 233.

52 Nach ausdauernden naturhistorischen Studien meint der Erzähler, «ein Stückchen vom Irisschleier dieser Welt» zu sehen, und vergleicht dieses Erlebnis mit einer Bergwanderung: «Im Steigen nähern wir uns dem Geheimnis, das der Staub verbirgt. Mit jedem Schritte, den wir im Gebirg gewinnen, schwindet das Zufallsmuster des Horizontes, und wenn wir hoch genug gestiegen sind, umschließt uns überall, wo wir auch stehen, der reine Ring, der uns der Ewigkeit verlobt.» Ernst Jünger, *Auf den Marmorklippen*, Berlin 1998, 23, 24 f.

53 Dietmar Kamper, undatiertes, unbetiteltes Konzeptpapier zur Wilden Akademie. Nachlass Dietmar Kamper.

54 Sombart, *Journal intime*, 160, vgl. 65.

55 Laermann, «Das rasende Gefasel der Gegenaufklärung», 217, 220. Der Einzug der Kulinarik in den geisteswissenschaftlichen Betrieb lässt sich auch im Umfeld der von Hans-Ulrich Gumbrecht in den achtziger Jahren veranstalteten Dubrovnik-Kolloquien beobachten, vgl. Rembert Hüser, «Etiketten aufkleben», in: *Das Populäre der Gesellschaft. Systemtheorie und Populärkultur*, hg. v. Christian Huck u. Carsten Zorn, Wiesbaden 2007, 239–60. Vgl. a. Mattenklott, «Komm ins Offene, Freund!».

56 «Elite sind diejenigen, deren Soziologie keiner zu schreiben wagt», hat Carl Schmitt 1953 bemerkt und hinzugefügt, seine Definition besitze den Vorzug, «daß sie gleichzeitig auch die Soziologie definiert». Carl Schmitt an Armin Mohler am 26.12.1953, in: *Carl Schmitt – Briefwechsel mit einem seiner Schüler*, hg. v. Armin Mohler, Berlin 1995, 147. Es wäre zu untersuchen, inwieweit in den achtziger Jahren das soziologische und kulturhistorische Interesse an Eliten wuchs. Ein weiteres Vorbild für intellektuelle Elitenbildung im *Tumult*-Umfeld war sicherlich Pierre Klossowskis im Kontext seiner Nietzsche-Interpretation artikulierte Idee einer «kleinen, geheimen Gemeinschaft» von Verschwörern, vgl. Klossowski, «Circulus vitiosus», 405.

57 Vgl. «Elite oder Avantgarde? Jacob Taubes im Gespräch mit Wolfert von Rahden und Norbert Kapferer», in: *Tumult*, Nr. 4 (1982), 64–76. Zum persönlichen Hintergrund von Taubes' Engagement vgl. Raulff, *Kreis ohne Meister*, 494 f.

58 Vgl. Treml, «Paulinische Feindschaft», 275.

59 Ritter, «Jacob Taubes», 35 f. sowie ders., «Akosmisch. Zum Tod von Jacob Taubes».

60 Zit. nach Taubes, «Ästhetisierung der Wahrheit im Posthistoire», 41.

61 Diese Überlegung geht auf ein Gespräch des Verfassers mit Cord Riechelmann am 2.4.2014 zurück.

62 Vgl. Treml, «Paulinische Feindschaft», 290.

63 Vgl. Ritter, «Jacob Taubes», 35. Eine Kurzfassung von Strauss' Argument ist später bei Merve erschienen, vgl. Leo Strauss, Alexandre Kojève u. Friedrich Kittler, *Kunst des Schreibens*, Berlin 2009.

64 Vgl. dazu Sombart, *Jugend in Berlin*, 257 ff. Sombart hielt Schmitts Lektüreverfahren für moderne Gnosis.

65 Taubes, *Ad Carl Schmitt*, 31.

66 Vgl. Gente, «Editorische Notiz», in: ebd., 79.

67 Ebd. Zu Taubes' Briefaktion und zu den Hintergründen der Beziehung zwischen Schmitt und Benjamin vgl. Taubes, *Ad Carl Schmitt*, passim; Treml, «Paulinische Feindschaft» sowie vor allem Ritter, «Jacob Taubes».

68 Gente, «Editorische Notiz», in: Taubes, *Ad Carl Schmitt*, 79.

69 Taubes, *Ad Carl Schmitt*, 16, 22 f. Zu Taubes' eschatologischen Lebensthemen vgl. Elettra Stimilli (Hg.), *Der Preis des Messianismus. Briefe von Jacob Taubes an Gershom Scholem und andere Materialien*, Würzburg 2006.

70 So jedenfalls Ritter, «Jacob Taubes», 41.

71 Mohler, «Der messianische Irrwisch», 221.

72 Vgl. Taubes, *Ad Carl Schmitt*, 49 f.

11. Dispositive der Nacht

1 Assmann, «Talmud in der Paris-Bar».

2 Vgl. Martin Treml u. Herbert Kopp-Oberstebrink, «Netzwerker, Projektemacher. Die goldenen Jahre der Philosophie an der Freien Universität Berlin: Ein Gespräch über den abwesenden Herrn Taubes», in: *Der Freitag*, 13.10.2010.

3 Jacob Taubes an Heidi Paris und Peter Gente, 16.6.1986. Merve-Archiv.

4 Vgl. Jacob Taubes an Heidi Paris, 8.12.1986. Merve-Archiv.

5 Vgl. ders., «Ein Brief», in: *Paris Bar Berlin*, hg. v. Michel Würthle, München 2000, 19.

6 Diederichsen, *Sexbeat*, 46.

7 Vgl. Bernd Cailloux, *Gutgeschriebene Verluste*, Frankfurt a. M. 2013, 19. An anderer Stelle (ebd., 45) spricht er vom «gastronomischen Ausdruckstanz». Zum Zusammenhang von Theoriemüdigkeit und Nachtleben in West-Berlin in den frühen achtziger Jahren vgl. a. Thomas E. Schmidt, «Als ich mal dazugehörte. Szenenbildung Anfang der Achtziger», in: *Merkur*, Nr. 773/74 (2013), 957–66.

8 Bude, «Die Suche nach dem Unmöglichen», 241.

9 Paris u. Gente, «Ping-Pong auf der Hochebene von Tibet», 132. Die Vermischung von Arbeit und Sozialleben, die in den achtziger Jahren begann, hat Diedrich Diederichsen als «Nietzsche-Ökonomie» bezeichnet. Vgl. «People of Intensity, People of Power: The Nietzsche-Economy», in: *e-flux journal*, Nr. 19 (2010), 8–29.

10 Vgl. Jürgen Habermas, *Strukturwandel der Öffentlichkeit*, Frankfurt a. M. 1990, 92 f.; E. P. Thompson, *Die Entstehung der englischen Arbeiterklasse*, Bd. 1, Frankfurt a. M. 1987, 19 ff.

11 Vgl. Simon Ford, *Die Situationistische Internationale. Eine Gebrauchsanleitung*, Hamburg 2007, 21, 29.

12 Vgl. Elisabeth Lenk (Hg.), *Die Badewanne. Ein Künstlerkabarett der frühen Nachkriegszeit*, Berlin 1991.

13 «‹30 000 Euro Unterhalt im Monat.› Interview mit Rolf Eden», in: *SZ*, 17.5.2010.

14 Lowien, *Weibliche Produktivkraft*, 38.

15 Hartmut Sander u. Ulrich Christians (Hg.), *Subkultur Berlin. Selbstdarstellung Text-, Ton-Bilddokumente Esoterik der Kommunen Rocker subversiven Gruppen*, Darmstadt 1969, 2.

16 Norbert Klugmann, «Selten allein. Szenen einer WG», in: *Kursbuch*, Nr. 54 (1978), 166.

17 Vgl. etwa Büscher, *Drei Stunden Null*, 34 ff.

18 Vgl. Richard Sennett, *Verfall und Ende des öffentlichen Lebens. Die Tyrannei der Intimität*, Frankfurt a. M. 1983, 333.

19 Sander u. Christians, *Subkultur Berlin*, 5.

20 Lenk, «Die sozialistische Theorie in der Arbeit des SDS», 174.

21 Marie-Luise Scherer, «Der RAF-Anwalt Otto Schily», in: dies., *Ungeheurer Alltag. Geschichten und Reportagen*, Reinbek 1988, 137. Zur Flucht vor der Theoriearbeit und zum schlechten Gewissen Klaus Laermann, «Kneipengerede. Zu einigen Verkehrsformen der Berliner ‹linken› Subkultur», in: *Kursbuch*, Nr. 37 (1974), 173.

22 Cailloux, *Gutgeschriebene Verluste*, 77 ff.

23 Laermann, «Kneipengerede», 168.

24 Bernd Cailloux, «Spielzeit 77/78: Die weisse Phase», in: *Nachtleben Berlin. 1974 bis heute*, hg. v. Wolfgang Farkas, Berlin 2013, 35. Zu Baaders Stammkneipe vgl. Stern u. Herrmann, *Andreas Baader*, 75.

25 Vgl. Lethen, *Suche nach dem Handorakel*, 29. Im Grunde bestätigt das auch Hubert Fichte, *Die Palette*, Reinbek 1968.

26 Laermann, «Kneipengerede», 168, 171. Zur alternativen Kneipenszene vgl. Reichardt, *Authentizität und Gemeinschaft*, 572–83. Zu den Diskotheken der späten sechziger Jahre vgl. Lorenz Jäger, «Doch wo sind die Brandstifter geblieben?», in: *FAZ*, 22.2.2013 und Bernd Cailloux, *Das Geschäftsjahr 1968/69*, Frankfurt a.M 2005.

27 Lowien, *Weibliche Produktivkraft*, 121.

28 Laermann, «Kneipengerede», 173, 169.

29 Zit. nach Graf, *Querbeat mit Merve*.

30 Laermann, «Kneipengerede», 178.

31 Ders., «Das rasende Gefasel der Gegenaufklärung». Vgl. ders., «Lacancan und Derridada. Über die Frankolatrie in den Kulturwissenschaften», in: *Kursbuch*, Nr. 84 (1986), 34–43.

32 Sloterdijk, *Zeilen und Tage*, 134.

33 Vgl. Jürgen Habermas u. Niklas Luhmann, *Theorie der Gesellschaft oder Sozialtechnologie – Was leistet die Systemforschung?*, Frankfurt a. M. 1971.

34 Vgl. Verheyen, *Diskussionslust*, 302 f. zur Banalisierung von Habermas' Theorie aufgrund ihres unmittelbar einleuchtenden Charakters.

35 Zur Ausblendung von Zukunft und Vergangenheit im Nachtleben vgl. Niklas Luhmann, «Zeit und Handlung – eine vergessene Theorie», in: ders., *Soziologische Aufklärung*, Bd. 3, *Soziales System, Gesellschaft, Organisation*, Opladen 1981, 122.

36 Cailloux, *Gutgeschriebene Verluste*, 34.

37 Vgl. Michel de Certeau, «La prise de parole (mai 1968)», in: ders., *La prise de parole et autres écrits politiques*, Paris 1994, 29–132.

38 Niklas Luhmann, «Öffentliche Meinung», in: ders., *Politische Planung. Aufsätze zur Soziologie von Politik und Verwaltung*, Opladen 1971, 30.

39 Habermas, *Strukturwandel der Öffentlichkeit*, 97, 247, 251.

40 Laermann, «Kneipengerede», 180.

41 Jürgen Habermas, «Vorbereitende Bemerkungen zu einer Theorie der kommunikativen Kompetenz», in: ders. u. Luhmann, *Theorie der Gesellschaft oder Sozialtechnologie*, 115, 121.

42 Diederichsen, *Sexbeat*, 46.

43 Deshalb lässt etwa Wolfgang Farkas sein Kompendium *Berliner Nachtleben* auch erst im Jahr 1974 beginnen.

44 Vgl. Müller, *Subkultur Westberlin*, 64.

45 Vgl. Max Frisch, *Aus dem Berliner Journal*, Frankfurt a. M. 2014, 156.

46 Vgl. Brus, *Das gute alte West-Berlin*, 20.

47 Zum Exil vgl. Oswald Wiener, «Austria go home!», in: *Sémiotext(e): The German Issue*, 222–32; Susanne Kippenberger, «Wie Ingrid und Oswald Wiener keine Ahnung von der Gastronomie hatten, aber alles richtig machten», in: dies., *Am Tisch. Die kulinarische Bohème oder Die Entdeckung der Lebenslust*, Berlin 2012, 122–31; Stephan Landwehr, «Das Schlupfloch der Bohème», in: *Nachtleben Berlin*, 76 f. Zu den Österreichischen Exillokalen in West-Berlin als Schule der Kulinarik vgl. Jürgen Kaube, «Aufklärung ohne Rettungsversprechen. Die Denkfigur, die einem ein Licht aufsteckt: Zum Tod unseres Kollegen Henning Ritter», in: *FAZ*, 25.6.2013.

48 Brus, *Das gute alte West-Berlin*, 67. Zum Wiener Aktionismus vgl. Eva Badura-Triska u. Hubert Klocker (Hg.), *Wiener Aktionismus. Kunst und Aufbruch im Wien der 1960er-Jahre*, Köln 2012.

49 Vgl. Brus, *Das gute alte West-Berlin*, 25.

50 Vgl. Oswald Wiener, «Turings Test. Vom dialektischen zum binären Denken», in: *Kursbuch*, Nr. 75 (1984), 12–37.

51 Zu Schily, der sich nach dem Tod seiner Stammheimer Mandanten eine Auszeit im Berliner Nachtleben nahm, vgl. Scherer, «Der RAF-Anwalt Otto Schily»; Michael Althen, «Der Sieg der neuen Mitte. Aus für die ‹Paris-Bar›», in: *FAZ*, 25.11.2005.

52 Heiner Müller, «Traumhölle in Berlin Paris Bar Eine Ortsbeschreibung», in: Würthle, *Paris Bar Berlin*, 10. Der Band dokumentiert die Geschichte der Paris Bar umfangreich. Vgl. a. Michel Würthle, «Die Verführung der Kunst», in: *Nachtleben Berlin*, 78–85.

53 Sombart, *Journal Intime*, 33.

54 Cailloux, *Gutgeschriebene Verluste*, 41 f. Zu allen genannten Lokalen vgl. Müller, *Subkultur Westberlin*. Zu West-Berlin als Drogenstadt vgl. Klaus Weinhauer, «Heroinszenen in der Bundesrepublik Deutschland und in Großbritannien der siebziger Jahre. Konsumpraktiken zwischen staatlichen, medialen und zivilgesellschaftlichen Einflüssen», in: Reichardt u. Siegfried,

Das Alternative Milieu, 244–63. Spätestens seit 1979, als Christiane F. zu Ruhm gelangte, stand West-Berlin im Ruf, die «Heroinhauptstadt der Welt» zu sein. So angeblich Iggy Pop, der 1976 unter anderem nach Berlin gekommen war, um seine Kokainsucht loszuwerden. Zit. nach Rüther, *Helden*, 143.

55 Vgl. Rüther, *Helden*, 117 ff. Hier auch die Zitate aus dem *Playboy*.

56 Raulff, «Disco: Studio 54 revisited», 59 f.

57 Vgl. Adriano Sack u. a., «Dschungel. Yes, we could», in: *Liebling* (2008) 11/12.

58 Raulff, «Disco: Studio 54 revisited», 60.

59 Diedrich Diederichsen, «Die Auflösung der Welt. Vom Ende und Anfang», in: ders. u. a., *Schocker. Stile und Moden der Subkultur*, Reinbek 1980, 178, vgl. 166.

60 Bolz, «Pop-Philosophie», 192; Deleuze u. Guattari, *Rhizom*, 38; Gilles Deleuze u. Claire Parnet, *Dialoge*, Frankfurt a. M. 1980, 16. Zu Deleuzes und Guattaris «Pop-Analyse» vgl. Diedrich Diederichsen, «Aus dem Zusammenhang reißen», 163, 182; Tom Holert, «‹Dispell them›. Anti-Pop und Pop-Philosophie. Ist eine andere Politik des Populären möglich?», in: *Deleuze und die Künste*, hg. v. Peter Gente u. Peter Weibel, Frankfurt a. M. 2007, 168–89.

61 Peter Gente an Karlheinz Barck, 6.11.1988, zit. nach Karlheinz Barck u. a., «Statt eines Nachwortes», in: *Aisthesis. Wahrnehmung heute oder Perspektiven einer anderen Ästhetik*, hg. v. dens., Berlin 1990, 447.

62 Merve Verlag an Gilles Deleuze, 8.5.1979. Vgl. Merve Verlag an Roland Barthes, 9.5.1979. Merve-Archiv.

63 Shuhei Hosokawa, «Der Walkman-Effekt», in: Barck u. a., *Aisthesis*, 244.

64 Shuhei Hosokawa an den Merve Verlag, 15.9.1987. Merve-Archiv.

65 Vgl. Peter Gente an Karlheinz Barck, 6.11.1988, zit. nach Barck u. a., «Statt eines Nachwortes», 447.

66 Bohrer, «Die drei Kulturen», 662.

67 Cailloux, *Gutgeschriebene Verluste*, 31.

68 Diederichsen, «Die Auflösung der Welt», 166

69 Vgl. Enno Stahl, «Bolz, Hörisch, Kittler und Winkels tanzen im Ratinger Hof. Was körperlich-sportiv begann, setzt sich auf anderer Ebene fort: Diskurs-Pogo», in: *Kultur & Gespenster*, Nr. 6 (2008), 108–17. «Intensität hat mit Eigennamen zu tun», schrieb Deleuze in *Nietzsche. Ein Lesebuch*, 115. Vgl. dazu Peter Gentes Selbsteinschätzung («Ping Pong auf der Hochebene von Tibet», 131): «So wie wir uns das vorgestellt haben, ist es nicht gelaufen und konnte es vielleicht auch nicht. Zudem hat sich, um so mehr wir im Bereich der Kunst unterwegs waren, eine Beschäftigung mit den einzelnen Autoren durchgesetzt. Dem Deleuze, dem Cage oder auch Foucault einfach zu folgen, das hat uns erstmal gereicht. Dabei ging die Militanz verloren zugunsten eines Genießertums.» Als Charakterisierung der geistigen Lage vgl. Diedrich Diederichsen, «Virtueller Maoismus: Das Wissen von 1984», in: ders., *Freiheit macht arm. Das Leben nach Rock'n'Roll, 1990–93*, Köln 1993, 227–45.

70 Gottschalch, «Foucaults Denken», 72. Vgl. Negt, «Nicht das Gold, Wotan ist das Problem», 44 f.

71 Goetz, *Hirn*, 89.

72 Vgl. Gilles Deleuze u. Claire Parnet, «Boisson/Alkohol», in: dies., *Abécédaire. Gilles Deleuze von A bis Z*, DVD, deutsche Fassung, Fridolfing 2009.

73 Michael Rutschky, *Wartezeit. Ein Sittenbild*, Köln 1983, 177. Kursivierung von M. R.

74 Niklas Luhmann, *Archimedes und wir*, Berlin 1987, 145. In Gesellschaft bewegte sich Luhmann ungelenk. Vgl. z. B. Andrea Frank, «Weder Naserümpfen noch Augenaufschlag», in: *Gibt es eigentlich den Berliner Zoo noch? Erinnerungen an Niklas Luhmann*, hg. v. Theodor M. Bardmann u. Dirk Baecker, Konstanz 1999, 70.

75 Luhmann, «Systemtheoretische Argumentationen», 329, 331.

76 Zur Habermas-Luhmann-Debatte aus der Sicht eines Berliner Zeitgenossen vgl. Norbert Bolz, «Niklas Luhmann und Jürgen Habermas. Eine Phantomdebatte», in: *Luhmann Lektüren*, hg. v. Wolfram Burckhardt, Berlin 2010, 34–52.

77 Luhmann zitiert Cavan mindestens in folgenden Texten: «Systemtheoretische Argumentationen», 331; «Öffentliche Meinung», 30; «Einfache Sozialsysteme», in: ders., *Soziologische Aufklärung*, Bd. 2, *Aufsätze zur Theorie der Gesellschaft*, Opladen 1975, 37; «Zeit und Handlung – eine vergessene Theorie», 122; *Liebe als Passion*, Frankfurt a. M. 1982, 206; *Soziale Systeme*, Frankfurt a. M. 1984, 569; *Rechtssoziologie*, Opladen ³1987, 45; «Die Form ‹Person›», in: ders., *Soziologische Auklärung*, Bd. 6, *Die Soziologie und der Mensch*, Opladen 1995, 147; *Die Gesellschaft der Gesellschaft*, Frankfurt a. M. 1997, 814. Zu Luhmanns apokryphen Referenzen vgl. Hans Ulrich Gumbrecht, «‹Alteuropa› und ‹Der Soziologe›. Wie verhält sich Niklas Luhmanns Theorie zur philosophischen Tradition?», in: Burckhardt, *Luhmann Lektüren*, 70–90.

78 Luhmann, *Soziale Systeme*, 569.

79 Vgl. Sherri Cavan, *Liquor License. An Ethnography of Bar Behaviour*, Chicago 1966, 49.

80 Dafür – unter vielen anderen möglichen Belegen – Niklas Luhmann, «Die Unwahrscheinlichkeit der Kommunikation», in: ders., *Aufsätze und Reden*, Stuttgart 2001, 76–93.

81 Goetz, *Hirn*, 66. In einem seiner späteren Bücher nannte er das «Theorie des LOSLABERNS». Sie ist der Theorie des Geredes genau entgegengesetzt: ders., *loslabern. Bericht Herbst 2008*, Frankfurt a. M. 2009, 17.

82 Ders., *Hirn*, 47, 79.

83 Vgl. Luhmann, *Archimedes und wir*, 115.

84 Vgl. Bazon Brock, «Gegen das Chaos der Möglichkeiten – zur Debatte zwischen Habermas und Luhmann», in: *FAZ*, 12.10.1971. Zur ideenpolitischen Bedeutung dieser Debatte vgl. Wegmann, «Wie kommt die Theorie zum Leser?».

85 Luhmann, *Archimedes und wir*, 102, 104. Die Bezeichnung als «Jet-Set-Christdemokrat» ebd., 58.

86 Luhmann, *Soziale Systeme*, 13.

87 Käsler, «Soziologie: Flug über den Wolken», 190.

88 Jürgen Kaube zufolge lässt sich Luhmann nur schwierig ideengeschichtlich kontextualisieren, da er überwiegend auf innerakademische Reize reagierte. Vgl. Jürgen Kaube, «Theorieproduktion ohne Technologiedefizit. Niklas Luhmann, sein Zettelkasten und die Ideengeschichte der Bundesrepublik», in: *Was war Bielefeld? Eine ideengeschichtliche Nachfrage*, hg. v. Sonja Asal u. Stephan Schlak, Göttingen 2009, 161–70.

89 Vgl. Dietrich Schwanitz, «Der Zauberer hext sich selber weg. Operation Systemtheorie abgeschlossen: Niklas Luhmann macht die unsichtbare Gesellschaft sichtbar», in: *FAZ*, 14.10.1997.

90 Dirk Baecker an den Merve Verlag, 3.8.1987. Merve-Archiv.

91 Peter Gente an Dirk Baecker, 2.9.1987. Merve-Archiv.

92 Georg Stanitzek an den Merve Verlag, 15.12.1987. Merve-Archiv.

Epilog
After Theory?

1 Kapielski, «Baden-Baden», 89.

2 Vgl. Karlheinz Barck u. a., «Statt eines Nachwortes», in: dies., *Aisthesis*, 445, 456.

3 Michel Serres, *Hermes I: Kommunikation*, Berlin 1991. Den neuen Geldgeber erwähnte Bude, «Die Suche nach dem Unmöglichen», 192.

4 Vgl. Rolf Lindner, *Die Stunde der Cultural Studies*, Wien 2000, 9 ff.

5 Der amerikanische Physiker Alan Sokal reichte 1996 ein Paper bei der literaturwissenschaftlichen Zeitschrift *Social Text* ein, in dem er vorgab, die Quantentheorie zu dekonstruieren. Nach der Publikation des Artikels machte er seinen Hoax öffentlich und löste eine heftige Polemik aus. Vgl. Keith Parsons (Hg.), *The Science Wars. Debating Scientific Knowledge and Technology*, Amherst 2003. Als früheres Beispiel US-amerikanischer Theoriefeindschaft vgl. Walter Benn Michaels u. Steven Knapp, «Against Theory», in: *Critical Inquiry*, 8 (1982) 4, 723–42.

6 Als kritische Bilanz vgl. etwa *Merkur. Sonderheft: Postmoderne. Eine Bilanz*, Nr. 594/95 (1998).

7 Vgl. z. B. *Merkur. Sonderheft: Wirklichkeit! Wege in die Realität*, Nr. 677/78 (2005).

8 Vgl. Terry Eagleton, *After Theory*, New York 2003.

9 Vgl. Benjamin Kunkel, «How Much Is Too Much?», in: *London Review of Books*, 33 (2011) 3, 9–14.

10 Vgl. Andreas Rosenfelder, «Der hedonistische Mönch. Was hätte er zur Verstaatlichung des Finanzwesens gesagt? Was zur Lage in Iran? 25 Jahre nach seinem Tod fehlt uns Foucault mehr denn je», in: *Frankfurter Allgemeine Sonntagszeitung*, 21.6.2009.

11 Das vermutet Nicholas Dames, «The Theory Generation», in: *n+1*, Nr. 14 (2012).

12 Mario Grizelj u. Oliver Jahraus, «Einleitung: Theorietheorie. Geisteswissenschaft als Ort avancierter Theoriebildung – Theorie als Ort avancierter Geisteswissenschaft», in: *Theorietheorie. Wider die Theoriemüdigkeit in den Geisteswissenschaften*, hg. v. dens., München 2011, 9.

13 Goetz, *loslabern*, 166. Vgl. die Trauerreden in *Für Heidi Paris*, Berlin 2003.

14 Mündliche Mitteilung von Marianne Karbe am 1.12.2011.

Nachwort zur Taschenbuchausgabe

1 Alexandre Kojève, *Hegel. Eine Vergegenwärtigung seines Denkens*, Frankfurt a. M. 1975, 298.

2 S. o. S. 48.

3 Vgl. dazu das Themenheft «Antiakademismus», *Mittelweg 36*, 26 (2017) 4/5, hg. v. Hanna Engelmeier u. Philipp Felsch.

4 Jürgen Habermas, «Über Titel, Texte und Termine oder wie man den Zeitgeist reflektiert», in: ders., *Die nachholende Revolution. Kleine politische Schriften VII*, Frankfurt a. M. 1990, 48.

5 Tom Wolfe, *The Painted Word*, New York 1975, 11, 5, 71.

6 Joan Didion, «Goodbye to All That», in: dies., *Slouching Towards Bethlehem. Essays*, New York 2008, 225.

7 Otto Liebmann, *Die Klimax der Theorien*, Straßburg 1884, 4 f.

8 Vgl. dazu Philipp Felsch, *Der Philosoph. Habermas und wir*, Berlin 2024.

Literaturverzeichnis

Archive

Merve-Archiv
ZKM | Zentrum für Kunst und Medientechnologie Karlsruhe
Lorenzstraße 19
76135 Karlsruhe

Theodor W. Adorno Archiv
Institut für Sozialforschung
Senckenberganlage 26
60325 Frankfurt am Main

Siegfried Unseld Archiv
Reihe Theorie
Deutsches Literaturarchiv Marbach
Schillerhöhe 8–10
71672 Marbach am Neckar

Universitätsarchiv
Nachlass Dietmar Kamper
Freie Universität Berlin
Malteserstraße 74–100
12249 Berlin

Gespräche und Interviews

mit Hannes Böhringer am 20.3.2014
mit Marianne Karbe am 1.12.2011
mit Peter Gente am 21.4.2008, am 26.9.2010 und am 10.5.2012
mit Wolfgang Hagen am 5.3.2008
mit Helmut Lethen am 30.12.2011
mit Michaela Ott und Edith Seifert am 7.3.2014

mit Wolfert von Rahden am 24.9.2014
mit Ulrich Raulff am 12.7.2012
mit Hans-Jörg Rheinberger am 4.11.2013
mit Cord Riechelmann am 2.4.2014
mit Walter Seitter am 25.10.2013
mit Henning Schmidgen am 15.3.2008
mit Georg Stanitzek am 5.4.2014
mit Jochen Stankowski am 11.3.2008
mit Ronald Voullié am 6.12.2011
mit Nikolaus Wegmann am 10.4.2014

Audio- und Videomaterial

Gilles Deleuze u. Claire Parnet, *Abécédaire. Gilles Deleuze von A bis Z*, DVD, deutsche
Fassung, übers. v. Valeska Bertoncini, Fridolfing 2009.
Michel Foucault im Gespräch mit Heidi Paris, Peter Gente, Walter Seitter, Hans-
Joachim Metzger und Pasquale Pasquino, unveröffentlichter Tonbandmitschnitt,
Paris 1977. Eine Kopie befindet sich im Besitz des Merve Verlags.
Guido Graf, *Schlau sein – dabei sein. Querbeat mit Merve*, Radio-Feature über den
Merve Verlag, WDR 3, 7.7.2005.
Agnes Handwerk, *Foucault in Berlin*, Dokumentation, Hamburg 1992/93.
Marcus Klug, *Ein Leben wie eine Komposition von John Cage*, Video-Interview mit
Peter Gente, Berlin 2007 (www.youtube.com/watch?v=82LiWC6EpmY).
Birgit Schulz, *Die Anwälte. Eine deutsche Geschichte*, Dokumentarfilm, Köln 2009.

Literatur

Theodor W. Adorno, «Bibliographische Grillen», in: *FAZ*, 16.10.1959.
Ders., *Minima Moralia. Reflexionen aus dem beschädigten Leben*, Frankfurt a. M.
1962.
Ders., *Jargon der Eigentlichkeit. Zur deutschen Ideologie*, Frankfurt a. M. 1964.
Ders., «Der Essay als Form», in: ders., *Gesammelte Schriften*, Bd. 11, *Noten zur Litera-
tur*, Frankfurt a. M. 1990, 9–33.
Ders., «Rede über Lyrik und Gesellschaft», in: ebd., 49–68.
Ders., «Engagement», in: ebd., 409–30.
Ders., *Nachgelassene Schriften*, Bd. IV, 14, *Metaphysik. Begriff und Probleme*, Frankfurt
a. M. 1998.
Ders., «Marginalien zu Theorie und Praxis», in: ders., *Gesammelte Schriften*,
Bd. 10.2, *Kulturkritik und Gesellschaft II*, Frankfurt a. M. 2003, 759–82.

Ders., *Nachgelassene Schriften*, Bd. IV, 16, *Vorlesung über negative Dialektik*, Frankfurt a. M. 2003.

Ders. u. Elisabeth Lenk, *Briefwechsel 1962–1969*, München 2001.

Clemens Albrecht, «Die Massenmedien und die Frankfurter Schule», in: ders. u. a., *Die intellektuelle Gründung der Bundesrepublik. Eine Wirkungsgeschichte der Frankfurter Schule*, Frankfurt a. M. 1999, 203–46.

Michael Althen, «Der Sieg der neuen Mitte. Aus für die ‹Paris-Bar›», in: *FAZ*, 25.11.2005.

Louis Althusser, *Für Marx*, übers. v. Karin Bachmann, Frankfurt a. M. 1968.

Ders., *Wie sollen wir ‹Das Kapital› lesen?*, Berlin 1970.

Ders., *Das Kapital lesen*, Bd. 1, übers. v. Frieder Otto Wolf und Eva Pfaffenberger, Reinbek 1972.

Ders., *Die Zukunft hat Zeit. Die Tatsachen. Zwei autobiographische Texte*, übers. v. Hans-Horst Henschen, Frankfurt a. M. 1993.

Jürg Altwegg, «Alles ist nur noch eine einzige Show. Jean Baudrillards ‹Der symbolische Tausch und der Tod› – Die Herrschaft des Scheins über das Sein», in: *FAZ*, 20.5.1983.

Ders., «Die Merve-Kulturen. Ein Verlags- und Verlegerporträt», in: *Die Zeit*, 22.7.1983.

Jean Améry, «Leben wir im Kerker-Archipel? Eine Strafpredigt über die Strafe», in: *Die Zeit*, 14.1.1977.

Ders., «Archäologie des Wissens. Michel Foucault und sein Diskurs der Gegenaufklärung», in: *Die Zeit*, 31.3.1978.

Perry Anderson, *Über den westlichen Marxismus*, übers. v. Reinhard Kaiser, Frankfurt a. M. 1978.

«Antiakademismus», *Mittelweg 36*, 26 (2017) 4/5, hg. v. Hanna Engelmeier u. Philipp Felsch.

Jan Assmann, «Talmud in der Paris-Bar. Zum Tod des jüdischen Philosophen Jacob Taubes (1923–1987)», in: *taz*, 28.3.1987.

Erich Auerbach, *Mimesis. Dargestellte Wirklichkeit in der abendländischen Literatur*, Tübingen 2001.

Rudolf Augstein, «Frauen fließen, Männer schießen», in: *Der Spiegel*, 31 (1977) 52, 132–41.

Stefan Aust, *Der Baader-Meinhof-Komplex*, München 1998.

Eva Badura-Triska u. Hubert Klocker (Hg.), *Wiener Aktionismus. Kunst und Aufbruch im Wien der 1960er-Jahre*, Köln 2012.

Lothar Baier, «Franzosentheorie», in: ders., *Französische Zustände. Berichte und Essays*, Frankfurt a. M. 1982, 21–26.

Friedrich Balke, «Das Ende eines Schweigens. Zu Louis Althussers *L'avenir dure longtemps*», in: *Symptome. Zeitschrift für epistemologische Baustellen*, Nr. 10 (1992), 60–62.

Jan-Frederik Bandel, Barbara Kalender u. Jörg Schröder, *Immer radikal, niemals konsequent. Der März Verlag – erweitertes Verlegertum, postmoderne Literatur und Business Art*, Hamburg 2011.

Irene Bandhauer-Schöffmann u. Dirk van Laak (Hg.), *Der Linksterrorismus der 1970er Jahre und die Ordnung der Geschlechter*, Trier 2013.

Karlheinz Barck u. a., «Statt eines Nachwortes», in: *Aisthesis. Wahrnehmung heute oder Perspektiven einer anderen Ästhetik*, hg. v. dens., Berlin 1990.

Ariane Barth, «Luftwurzeln und Wildwuchs verlieben sich», in: *Der Spiegel*, 34 (1980) 53, 98–102.

Roland Barthes., *Die Lust am Text*, übers. v. Traugott König, Frankfurt a. M. 1974.

Ders., «Der Tod des Autors», in: ders., *Das Rauschen der Sprache*, übers. v. Dieter Hornig, Frankfurt a. M. 2006, 57–63.

Ders., «Das Lesen schreiben», in: ebd., 29–32.

Jean Baudrillard, *Kool Killer oder Der Aufstand der Zeichen*, übers. v. Hans-Joachim Metzger, Berlin 1978.

Ders., *Der Tod tanzt aus der Reihe*, übers. v. Ronald Voullié, Berlin 1979.

Ders., *Der symbolische Tausch und der Tod*, übers. v. Gerd Bergfleth, Gabriele Ricke und Ronald Voullié, München 1982.

Ders., *Oublier Foucault*, übers. unter Mitarb. v. Horst Brühmann, München 1983.

Ders., *Das System der Dinge. Über unser Verhältnis zu den alltäglichen Gegenständen*, übers. v. Joseph Garzuly, Frankfurt a. M. 1991.

Bruce Baugh, *French Hegel. From Surrealism to Postmodernism*, New York 2003.

Gary Becker, «Zur neuen Theorie des Konsumentenverhaltens», in: ders., *Der ökonomische Ansatz zur Erklärung menschlichen Verhaltens*, übers. v. Monika Vanberg und Viktor Vanberg, Tübingen 1982, 145–66.

Günther C. Behrmann, «Die Theorie, das Institut, die Zeitschrift und das Buch: Zur Publikations- und Wirkungsgeschichte der Kritischen Theorie 1945 bis 1965», in: Clemens Albrecht u. a., *Die intellektuelle Gründung der Bundesrepublik. Eine Wirkungsgeschichte der Frankfurter Schule*, Frankfurt a. M. 1999, 247–311.

Jens Benicke, *Von Adorno zu Mao. Über die schlechte Aufhebung der antiautoritären Bewegung*, Freiburg 2010.

Walter Benjamin, «Der Autor als Produzent», in: ders., *Gesammelte Schriften*, Bd. II.2, Frankfurt a. M. 1977, 683–701.

Walter Benjamin u. Asja Lacis, «Neapel», in: ders., *Denkbilder*, Frankfurt a. M. 1994, 307–16.

Gottfried Benn, «Der Ptolemäer», in: ders., *Gesammelte Werke*, Bd. 5, Wiesbaden 1968.

Ders., «Probleme der Lyrik», in: ders., *Gesammelte Werke*, Bd. 4, Wiesbaden 1968, 1058–96.

Ders., *Briefe an F. W. Oelze, 1932–1945*, Wiesbaden 1977.

Gerd Bergfleth, «Nachwort», in: Jean Baudrillard, *Der symbolische Tausch und der Tod*, München 1982, 363–430.

Ders., «Die Fatalität der Moderne. Interview mit Jean Baudrillard», in: ders. u. a., *Zur Kritik der palavernden Aufklärung*, München 1984, 133–44.

Ders., «Die Verewigung des Lebens. Zu Klossowskis Nietzsche-Deutung», in: Pierre Klossowski, *Nietzsche und der Circulus vitiosus deus*, München 1986, 431–49.

Uta Berg-Ganschow u. Wolfgang Jacobsen (Hg.), ... *Film ... Stadt ... Kino ... Berlin ... Katalog zur gleichnamigen Ausstellung der Stiftung Deutsche Kinemathek*, Berlin 1987.

Dietz Bering, *Die Intellektuellen. Geschichte eines Schimpfworts*, Stuttgart 1978.

Andreas Bernard, «Fünfzig Jahre *Minima Moralia*», in: *Theodor W. Adorno. ‹Minima Moralia› neu gelesen*, hg. v. Andreas Bernard u. Ulrich Raulff, Frankfurt a. M. 2003, 7–10.

Anja Bertsch, «Alternative (in) Bewegung. Distinktion und transnationale Vergemeinschaftung im alternativen Tourismus», in: *Das Alternative Milieu. Antibürgerlicher Lebensstil und linke Politik in der Bundesrepublik Deutschland und Europa 1968–1983*, hg. v. Sven Reichardt u. Detlef Siegfried, Göttingen 2010, 115–30.

Peter Bexte, «Warum haben Sie keinen Schreibtisch, Herr Gente? Der Mitbegründer des Berliner Merve Verlages im Interview», in: *FAZ-Magazin*, 2.10.1987, 106 f.

Matthias Bickenbach, *Von den Möglichkeiten einer ‹inneren› Geschichte des Lesens*, Tübingen 1999.

Klaus Birnstiel, «Wer hat an der Theorie gedreht? In den siebziger Jahren war er eine Galionsfigur linker Theoriebildung. Dann geisterte Paulchen Panther durch das Mordvideo der Zwickauer Neonazis. Ein Blick auf die Bildsprache des Terrors», in: *FAZ*, 23.6.2012.

Maurice Blanchot, «Berlin», in: *Modern Language Notes*, 109 (1994) 3, 345–55.

Hans Blumenberg, «Der Sturz des Protophilosophen. Zur Komik der reinen Theorie – anhand einer Rezeptionsgeschichte der Thales-Anekdote», in: *Poetik und Hermeneutik*, Bd. 7, *Das Komische*, hg. v. Wolfgang Preisendanz u. Rainer Warning, München 1976, 11–64.

Ders., «Wer sollte vom Lachen der Magd betroffen sein? Eine Duplik», in: ebd., 437–41.

Ders., *Das Lachen der Thrakerin. Eine Urgeschichte der Theorie*, Frankfurt a. M. 1987.

Ders. u. Jacob Taubes, *Briefwechsel 1961–1981 und weitere Materialien*, Frankfurt a. M. 2013.

Frank Böckelmann u. Herbert Nagel (Hg.), *Subversive Aktion. Der Sinn der Organisation ist ihr Scheitern*, Frankfurt a. M. 1976.

Ders. u. a., *Das Schillern der Revolte*, Berlin 1978.

Karl Heinz Bohrer, *Die Ästhetik des Schreckens. Die pessimistische Romantik und Ernst Jüngers Frühwerk*, Frankfurt a. M. 1978.

Ders., «Die drei Kulturen», in: *Stichworte zur ‹Geistigen Situation der Zeit›*, Bd. 2, hg. v. Jürgen Habermas, Frankfurt a. M. 1979, 636–69.

Ders., «Intensität ist kein Gefühl. Nietzsche contra Wagner als Lehrbeispiel», in: *Merkur*, Nr. 424 (1984), 138–44.

Ders., «Sechs Szenen Achtundsechzig», in: *Merkur*, Nr. 708 (2008), 410–24.

«Karl Heinz Bohrer im Gespräch mit Stephan Schlak», in: *Ernst Jünger. Arbeiter am Abgrund*, hg. v. Stephan Schlak u. a., Marbach 2010, 249–78.

Ders., «Welche Macht hat die Philosophie heute noch?», in: ders., *Selbstdenker und Systemdenker. Über agonales Denken*, München 2011, 69–88.

Hannes Böhringer, «Avantgarde – Geschichten einer Metapher», in: *Archiv für Begriffsgeschichte*, 22 (1978), 90–114.

Ders., *Begriffsfelder. Von der Philosophie zur Kunst*, Berlin 1985.

Norbert Bolz, «Pop-Philosophie», in: *Schizo-Schleichwege. Beiträge zum Anti-Ödipus*, hg. v. Rudolf Heinz u. Georg Tholen, Bremen 1981, 183–93.

Ders., «Niklas Luhmann und Jürgen Habermas. Eine Phantomdebatte», in: *Luhmann Lektüren*, hg. v. Wolfram Burckhardt, Berlin 2010, 34–52.

Jorge Luis Borges, *Niedertracht und Ewigkeit*, übers. v. Karl August Horst und Gisbert Haets, Frankfurt a. M. 1991.

Christian Borngräber (Hg.), *Berliner Design-Handbuch*, Berlin 1987.

Ders. (Hg.), *Berliner Wege. Prototypen der Designwerkstatt*, Berlin 1988.

Julian Bourg, «Principally Contradiction. The Flourishing of French Maoism», in: *Mao's Little Red Book. A Global History*, hg. v. Alexander C. Cook, Cambridge 2014, 225–44.

Warren Breckman, «Times of Theory. On Writing the History of French Theory», in: *Journal of the History of Ideas*, 71 (2010) 3, 339–61.

Ders., *Adventures of the Symbolic. Post-Marxism and Radical Democracy*, New York 2013.

Hildegard Brenner u. a., «Der Ort der Theorie», in: *Alternative*, Nr. 145/46 (1982), 202–12.

Margherita von Brentano, *Das Politische und das Persönliche*, hg. v. Iris Nachum u. Susan Neiman, Göttingen 2010.

Bazon Brock, «Gegen das Chaos der Möglichkeiten – zur Debatte zwischen Habermas und Luhmann», in: *FAZ*, 12.10.1971.

Günter Brus, *Das gute alte West-Berlin*, Salzburg 2010.

Heinz Bude, «Die Suche nach dem Unmöglichen. Paul Arnheim und die Bücher», in: ders., *Das Altern einer Generation. Die Jahrgänge 1938 bis 1948*, Frankfurt a. M. 1995, 191–241.

Jan Bürger, «Herrenrunde mit Panzerwagen. Ein Kommentar», in: *Zeitschrift für Ideengeschichte*, 4 (2010) 4, 107–10.

Ders., «Die Stunde der Theorie», in: *Zeitschrift für Ideengeschichte*, 6 (2012) 4, 5–10.

Peter Bürger, *Theorie der Avantgarde*, Frankfurt a. M. 1974.

William Burroughs, *Naked Lunch*, übers. v. Carl Weissner, Frankfurt a. M. 1978.

Barbara Büscher u. a. (Hg.), *Ästhetik als Programm. Max Bense: Daten und Streuungen*, Berlin 2004.

Wolfgang Büscher, *Drei Stunden Null. Deutsche Abenteuer*, Reinbek 2003.

Frieder Butzmann, «Hamburg, Berlin, Musik, Punk, Kunscht, Gudrun, Diedrichsen, die Schranknumer usw.», in: *dagegen dabei. Texte, Gespräche und Dokumente zu Strategien der Selbstorganisation seit 1969*, hg. v. Hans-Christian Dany u. a., Hamburg 1998, 242–46.

Bernd Cailloux, *Das Geschäftsjahr 1968/69*, Frankfurt a. M. 2005.

Ders., *Gutgeschriebene Verluste*, Frankfurt a. M. 2013.

Ders., «Spielzeit 77/78: Die weisse Phase», in: *Nachtleben Berlin. 1974 bis heute*, hg. v. Wolfgang Farkas, Berlin 2013, 34–39.

Alexander Cammann, «Lebendig-museal: 40 Jahre Merve Verlag», in: *Die Zeit*, 18.2.2010.

Sherri Cavan, *Liquor License. An Ethnography of Bar Behaviour*, Chicago 1966.

Michel de Certeau, *Kunst des Handelns*, übers. v. Ronald Voullié, Berlin 1988.

Ders., «La prise de parole (mai 1968)», in: ders., *La prise de parole et autres écrits politiques*, Paris 1994, 29–132.

Ders., «Foucaults Lachen», in: ders., *Theoretische Fiktionen. Geschichte und Psychoanalyse*, übers. v. Andreas Mayer, Wien 1997, 44–58.

Eddy Cherki u. Michel Wieviorka, «Autoreduction Movements in Turin», in: *Sémiotext(e): Autonomia. Post-Political Politics*, 3 (1980) 3, 72–79.

Ulrich Christians u. Hartmut Sander (Hg.), *Subkultur Berlin. Selbstdarstellung Text-, Ton-Bilddokumente Esoterik der Kommunen Rocker subversiven Gruppen*, Darmstadt 1969.

Hélène Cixous, *Die unendliche Zirkulation des Begehrens*, übers. v. Eva Meyer, Berlin 1977.

Pierre Clastres, *Archäologie der Gewalt*, übers. v. Mark Blankenberg, Zürich 2008.

Daniel Cohn-Bendit, *Der große Basar. Gespräche mit Michel Lévy, Jean-Marc Salmon, Maren Sell*, übers. v. Thomas Hartmann, München 1975.

Ilonka Czerny, *Die Gruppe Spur (1957–1965). Ein Künstlerphänomen zwischen Münchner Szene und internationalem Anspruch*, Wien 2008.

Nicholas Dames, «The Theory Generation», in: *n+1*, Nr. 14 (2012).

Arthur C. Danto, «The Artworld», in: *The Journal of Philosophy*, 61 (1964), 571–84.

Ders., «Approaching the End of Art», in: ders., *The State of the Art*, New York 1987, 202–18.

Ders., «Das Ende der Kunst», in: ders., *Die philosophische Entmündigung der Kunst*, übers. v. Karen Lauer, München 1993, 109–46.

Ders., «Philosophie als/und/der Literatur», in: ebd., 165–92.

Hans-Christian Dany u. a. (Hg.), *dagegen dabei. Texte, Gespräche und Dokumente zu Strategien der Selbstorganisation seit 1969*, Hamburg 1998.

Dietmar Dath, «Schwester Merve. Zum Tod der Verlegerin Heidi Paris», in: *FAZ*, 20.9.2002.

Belinda Davis, «The City as Theater of Protest. West Berlin and West Germany, 1962–1983», in: *The Spaces of the Modern City. Imaginaries, Politics, and Everyday Life*, hg. v. Gyan Prakash u. Kevin M. Kruse, Princeton 2008, 247–74.

Mike Davis, *City of Quartz. Excavating the Future in Los Angeles*, New York 1992, 15–97.

Gilles Deleuze, «Referat», in: *Antipsychiatrie und Wunschökonomie. Materialien des Kongresses ‹Psychoanalyse und Politik› in Mailand 8.–9. Mai 1973*, hg. v. Armando Verdiglione, übers. v. Martin Pfeiffer, Berlin 1976, 1–30.

Nietzsche. Ein Lesebuch von Gilles Deleuze, übers. v. Ronald Voullié, Berlin 1979.

Gilles Deleuze u. Michel Foucault, *Der Faden ist gerissen*, übers. v. Walter Seitter, Berlin 1977.

Ders. u. Felix Guattari, *Rhizom*, übers. v. Dagmar Berger, Berlin 1977.

Ders. u. Claire Parnet, *Dialoge*, übers. v. Bernd Schwibs, Frankfurt a. M. 1980.

Christian Demand, *Die Beschämung der Philister. Wie die Kunst sich der Kritik entledigte*, Springe ²2007.

Alex Demirović, «Bodenlose Politik – Dialoge über Theorie und Praxis», in: *Frankfurter Schule und Studentenbewegung. Von der Flaschenpost zum Molotowcocktail, 1946–1995*, Bd. 3, hg. v. Wolfgang Kraushaar, Hamburg 1998, 71–94.

Ders., *Der nonkonformistische Intellektuelle. Die Entwicklung der Kritischen Theorie zur Frankfurter Schule*, Frankfurt a. M. 1999.

Jacques Derrida, «Von der beschränkten zur allgemeinen Ökonomie. Ein rückhaltloser Hegelianismus», in: ders., *Die Schrift und die Differenz*, übers. v. Rodolphe Gasché und Ulrike Köppen, Frankfurt a. M. 1972, 380–421.

Vincent Descombes, *Das Selbe und das Andere. Fünfundvierzig Jahre Philosophie in Frankreich*, übers. v. Ulrich Raulff, *1933–1978*, Frankfurt a. M. 1981.

Gerd de Vries u. Wolfgang Max Faust, *Hunger nach Bildern. Deutsche Malerei der Gegenwart*, Köln 1982.

Joan Didion, «Goodbye to All That», in: dies., *Slouching Towards Bethlehem. Essays*, New York 2008.

Diedrich Diederichsen, «Die Auflösung der Welt. Vom Ende und Anfang», in: ders. u. a., *Schocker. Stile und Moden der Subkultur*, Reinbek 1980, 165–88.

Ders., «Spirituelle Reaktionäre und völkische Vernunftkritiker», in: ders., *Freiheit macht arm. Das Leben nach Rock'n'Roll, 1990–93*, Köln 1993, 117–57.

Ders., «Aus dem Zusammenhang reißen / in den Zusammenhang schmeißen. Zur deutschen Veröffentlichung von ‹Mille Plateaux› von Gilles Deleuze und Félix Guattari», in: ebd., 159–82.

Ders., «Virtueller Maoismus: Das Wissen von 1984», in: ebd., 227–45.

Ders., «Psychedelische Begabungen. Minimalismus und Pop», in: ders., *Kritik des Auges. Texte zur Kunst*, Hamburg 2008, 75–105.

Ders., *Eigenblutdoping. Selbstverwertung, Künstlerromantik, Partizipation*, Köln 2008.

Ders., *Sexbeat*, Köln ²2010.

Ders., «People of Intensity, People of Power: The Nietzsche-Economy», in: *e-flux journal*, Nr. 19 (2010), 8–29.

Ders., «‹So obskur, wie es gerade noch ging.› Diedrich Diederichsen erzählt von seinen Spex-Jahren», in: *Jungle World*, Nr. 9, 28.2.2013.

Matthis Dienstag, «Provinz aus dem Kopf. Neue Nachrichten über die Metropolen-Spontis», in: *Autonomie oder Ghetto? Kontroversen über die Alternativbewegung*, hg. v. Wolfgang Kraushaar, Frankfurt a. M. 1978, 148–86.

Monika Dommann, *Autoren und Apparate. Die Geschichte des Copyrights im Medienwandel*, Frankfurt a. M. 2014.

François Dosse, *Geschichte des Strukturalismus*, Bd. 2, *Die Zeichen der Zeit, 1967–1991*, übers. v. Stefan Barmann, Frankfurt a. M. 1999.

Ders., *Michel de Certeau. Le marcheur blessé*, Paris 2002.

Ders., *Gilles Deleuze & Félix Guattari. Intersecting Lives*, New York 2010.

Craig Dworkin, «Textual Prostheses», in: *Comparative Literature*, 57 (2005) 1, 1–24.

· Terry Eagleton, *After Theory*, New York 2003.

Rolf Eden, «‹30 000 Euro Unterhalt im Monat.› Interview mit Rolf Eden», in: *SZ*, 17.5.2010.

Ulrike Edschmid, *Das Verschwinden des Philip S.*, Frankfurt a. M. 2013.

Patrick Eiden-Offe, «Hipster-Biedermeier und Vormärz-Eckensteher (und immer wieder Berlin)», in: *Merkur*, Nr. 786 (2014), 980–88.

«Einführungsprospekt zur ‹edition suhrkamp›», in: *25 Jahre edition suhrkamp 1963–1988*, Frankfurt a. M. 1988, 1.

Ingo Elbe, *Marx im Westen. Die neue Marx-Lektüre in der Bundesrepublik seit 1965*, Berlin 2008.

Norbert Elias, *Studien über die Deutschen*, Frankfurt a. M. 1989.

Hans Magnus Enzensberger, «Bildung als Konsumgut. Analyse der Taschenbuch-Produktion», in: ders., *Einzelheiten*, Frankfurt a. M. 1962, 110–36.

Ders., «Gemeinplätze, die Neueste Literatur betreffend», in: *Kursbuch*, Nr. 15 (1968), 187–97.

Ders., *Mittelmaß und Wahn. Gesammelte Zerstreuungen*, Frankfurt a. M. 1991.

Ders., «Baukasten zu einer Theorie der Medien», in: *Kursbuch*, Nr. 20 (1970), 159–86.

Didier Eribon, *Foucault und seine Zeitgenossen*, übers. v. Michael von Killisch-Horm, München 1998.

Robert Escarpit, *Die Revolution des Buches*, übers. v. Wolf Dieter Bach, Gütersloh 1967.

Wolfgang Eßbach, *Die Junghegelianer. Soziologie einer Intellektuellengruppe*, München 1988.

Wolfgang Farkas (Hg.), *Nachtleben Berlin. 1974 bis heute*, Berlin 2013.

Raimund Fellinger u. Wolfgang Schopf (Hg.), *Kleine Geschichte der edition suhrkamp*, Frankfurt a. M. 2003.

Philipp Felsch, «Beim Paten. Feltrinelli und die Deutschen», in: *Ästhetik & Kommunikation. Mythos BRD*, Nr. 129/30 (2005), 115–119.

Ders., «Schafft italienische Zustände! Wolfsburg als linke Utopie – und wie sie scheiterte», in: *Radikal. Anders*, hg. von der Autostadt Wolfsburg GmbH, Karlsruhe 2011, o. S.

Ders., «Homo theoreticus», in: *Eine Naturgeschichte für das 21. Jahrhundert. Hommage à, zu Ehren von, in honor of Hans-Jörg Rheinberger*, hg. v. Safia Azzouni u. a., Berlin 2011, 204–206.

Ders., *Der Philosoph. Habermas und wir*, Berlin 2024.

Ders. u. Martin Mittelmeier, «‹Ich war ehrlich überrascht und erschrocken, wie umfangreich Sie geantwortet haben.› Theodor W. Adorno korrespondiert mit seinen Lesern», in: *Kultur & Gespenster*, Nr. 13 (2012), 159–99.

Carlo Feltrinelli, *Senior Service. Das Leben meines Vaters*, übers. v. Friederike Hausmann, München 2001.

Hubert Fichte, *Die Palette*, Reinbek 1968.

Tilman Fichter u. Siegward Lönnendonker, *Kleine Geschichte des SDS*, Essen 2008.

Kurt Flasch, «Die Trümmerfrau der Kultur», in: *Berliner Zeitung*, 18.07.1998.

Moritz Föllmer, *Individuality and Modernity in Berlin. Self and Society from Weimar to the Wall*, Cambridge 2013.

«Gespräch zwischen Michel Foucault und Gilles Deleuze. Die Intellektuellen und die Macht», in: *Von der Subversion des Wissens*, hg. u. übers. v. Walter Seitter, München 1974, 106–15.

Michel Foucault, *Mikrophysik der Macht*, übers. v. Hans-Joachim Metzger, Berlin 1976.

Ders., «Wir fühlten uns als schmutzige Spezies», in: *Der Spiegel*, 31 (1977) 52, 77 f. übers. v. Jürgen Schröder.

Ders., *Dispositive der Macht*, übers. v. Jutta Kranz, Hans-Joachim Metzger, Ulrich Raulff, Walter Seitter und E. Wehr, Berlin 1978.

Ders., *Von der Freundschaft als Lebensweise. Michel Foucault im Gespräch*, übers. v. Marianne Karbe und Walter Seitter, Berlin 1984.

Ders., *Vom Licht des Krieges zur Geburt der Geschichte*, übers. v. Walter Seitter, Berlin 1986.

Ders., *Die Ordnung der Dinge*, übers. v. Ulrich Köppen, Frankfurt a. M. 1995.

Ders., «Die ‹Ideenreportagen›», übers. v. Michael Bischoff, in: ders., *Schriften in vier Bänden. Dits et Ecrits*, Bd. 3, *1976–1979*, Frankfurt a. M. 2003, 885 f.

Ders., «Was ist ein Autor», übers. v. Karin von Hofer, in: ders., *Schriften zur Literatur*, Frankfurt a. M. 2003, 234–70.

Ders., *Die Ordnung des Diskurses*, übers. v. Walter Seitter, Frankfurt a. M. 1996.

Ders., *Die Geburt der Biopolitik. Geschichte der Gouvernementalität*, Bd. 2, *Vorlesung am Collège de France 1978–1979*, übers. v. Jürgen Schröder, Frankfurt a. M. 2006.

Ders., *Das giftige Herz der Dinge. Gespräch mit Claude Bonnefoy*, übers. v. Franziska Humphreys-Schottmann, Zürich 2012.

Simon Ford, *Die Situationistische Internationale. Eine Gebrauchsanleitung*, Hamburg 2007.

Andrea Frank, «Weder Naserümpfen noch Augenaufschlag», in: *Gibt es eigentlich den Berliner Zoo noch? Erinnerungen an Niklas Luhmann*, hg. v. Theodor M. Bardmann u. Dirk Baecker, Konstanz 1999, 67–71.

Manfred Frank, *Was ist Neostrukturalismus?*, Frankfurt a. M. 1984.

Freie Universität Berlin, *Vorlesungsverzeichnis für das Wintersemester 1973/74*, Berlin 1973.

Ludwig von Friedeburg (Hg.), *Adorno-Konferenz*, Frankfurt a. M. 1983.

Max Frisch, *Aus dem Berliner Journal*, Berlin 2014.

Maurice de Gandillac, «Le colloque de Cerisy-la-Salle», in: *Nietzsche-Studien*, 4 (1975), 324–33.

«Gegen die Uni Studieren», in: *Spex. Das Magazin für Popkultur*, 17 (1996) 5, 44–55.

Gérard Genette, «Sketching an Intellectual Itinerary», übers. v. Joanna Augustyn, in: *French Theory in America*, hg. v. Sylvère Lotringer u. Sande Cohen, New York 2001, 71–86.

Ders., *Paratexte. Das Buch vom Beiwerk des Buches*, übers. v. Dieter Hornig, Frankfurt a. M. 1989.

Hans-Peter Gente, «Versuch über Bitterfeld», in: *Alternative*, Nr. 38/39 (1964), 126 f.

Peter Gente, «Editorische Notiz», in: Jacob Taubes, *Ad Carl Schmitt. Gegenstrebige Fügung*, Berlin 1987, 79 f.

Ders., «Vorwort», in: *Philosophie und Kunst: Jean Baudrillard. Eine Hommage zu seinem 75. Geburtstag*, hg. v. dems. u. a., Berlin 2005, 18–23.

Ulrich Giersch, «Zur Produktivkraft taktiler Schnittstellen. Vom Fotokopieren aus gesehen – life is Xerox, you are just a copy» (www.gewebewerk.silvia-klara-breitwieser.cultd.de/giersch/index.htm).

Michael Glasmeier, *Die Bücher der Künstler. Publikationen und Editionen seit den sechziger Jahren in Deutschland. Eine Ausstellung in zehn Kapiteln*, Stuttgart 1994.

André Glucksmann, *Die Meisterdenker*, Frankfurt a. M. 1989.

Rainald Goetz, *Hirn*, Frankfurt a. M. 1986.

Ders., *loslabern*, Frankfurt a. M. 2009.

Heinz Gollhardt, «Das Taschenbuch im Zeitalter der Massenkultur. Vom Bildungskanon zum docker geordneten Informationschaos»», in: *Das Buch zwischen gestern und morgen. Zeichen und Aspekte*, hg. v. Georg Ramseger, Stuttgart 1969, 122–32.

Witold Gombrowicz, *Berliner Notizen*, Berlin 2013.

Wilfried Gottschalch, «Foucaults Denken – eine Politisierung des Urschreis?», in: *Der neue Irrationalismus. Literaturmagazin*, Nr. 9, Reinbek 1978, 66–73.

David Graeber, «Die eigentümliche Idee des Konsums», in: ders., *Frei von Herrschaft. Fragmente einer anarchistischen Anthropologie*, Wuppertal 2008, 144–85.

Ernesto Grassi, *Die zweite Aufklärung: Enzyklopädie heute*, Hamburg 1958.

Walter Grasskamp, *Das Cover von Sgt. Pepper. Eine Momentaufnahme der Popkultur*, Berlin 2004.

Mario Grizelj u. Oliver Jahraus, «Einleitung: Theorietheorie. Geisteswissenschaft als Ort avancierter Theoriebildung – Theorie als Ort avancierter Geisteswissenschaft», in: dies. (Hg.), *Theorietheorie. Wider die Theoriemüdigkeit in den Geisteswissenschaften*, München 2011, 9–14.

Thomas Großbölting u. Hermann Wentker (Hg.), *Kommunismus in der Krise. Die Entstalinisierung 1956 und die Folgen*, Göttingen 2008.

Thomas Großbölting, «Entstalinisierungskrisen im Westen. Die kommunistischen Bewegungen Westeuropas und das Jahr 1956», in: ebd., 233–49.

Félix Guatarri, *Mikro-Politik des Wunsches*, übers. v. Hans-Joachim Metzger, Berlin 1977.

Hans Ulrich Gumbrecht (Hg.), *Materialität der Kommunikation*, Frankfurt a. M. 1988.

Ders., *Unsere breite Gegenwart*, Frankfurt a. M. 2010.

Ders., «‹Alteuropa› und ‹Der Soziologe›. Wie verhält sich Niklas Luhmanns Theorie zur philosophischen Tradition?», in: *Luhmann Lektüren*, hg. v. Wolfram Burckhardt, Berlin 2010, 70–90.

Ders., *Nach 1945. Latenz als Ursprung der Gegenwart*, Frankfurt a. M. 2012.

Ders., «Die Prämisse jeglichen Urteilens. Erinnerung an Frank Schirrmacher», in: *FAZ*, 16.6.2014.

Jürgen Habermas, *Student und Politik. Eine soziologische Untersuchung zum politischen Bewußtsein Frankfurter Studenten*, Frankfurt a. M. 1961.

Ders., «Vorbereitende Bemerkungen zu einer Theorie der kommunikativen Kompetenz», in: ders. u. Luhmann, *Theorie der Gesellschaft oder Sozialtechnologie – Was leistet die Systemforschung?*, Frankfurt a. M. 1971, 101–41.

Ders., «Einleitung», in: *Stichworte zur ‹Geistigen Situation der Zeit›*, Bd. 1, Frankfurt a. M. 1979, 7–35.

Ders., «Genealogische Geschichtsschreibung. Über einige Aporien im macht-theoretischen Denken Foucaults», in: *Merkur*, Nr. 429 (1984), 745–53.

Ders., *Strukturwandel der Öffentlichkeit*, Frankfurt a. M. 1990.

Ders., «Über Titel, Texte und Termine oder wie man den Zeitgeist reflektiert», in: ders., *Die nachholende Revolution. Kleine politische Schriften VII*, Frankfurt a. M. 1990, 48–50.

Ders., «Kultur des Gegenwartssinns», in: *Du – das Kulturmagazin. Gibt es eine neue Suhrkamp-Kultur?*, Nr. 803 (2010), 36–39.

Ders. u. Niklas Luhmann, *Theorie der Gesellschaft oder Sozialtechnologie – Was leistet die Systemforschung?*, Frankfurt a. M. 1971.

Jens Hacke, «Helmuth Schelskys skeptische Jugend. Die mythische Geburts-stunde einer bundesrepublikanischen Generation», in: *Sonde 1957. Ein Jahr als symbolische Zäsur für Wandlungsprozesse im geteilten Deutschland*, hg. v. Alexander Gallus u. Werner Müller, Berlin 2010, 329–42.

Sara Hakemi, *Anschlag und Spektakel. Flugblätter der Kommune I, Erklärungen von Ensslin/Baader und der frühen RAF*, Bochum 2008.

Matthew G. Hannah, «Foucault's ‹German Moment›: Genealogy of a Disjunc-ture», in: Foucault Studies, Nr. 13 (2012), 116–37.

Michael Hardt u. Toni Negri, *Empire*, übers. v. Thomas Atzert und Andreas Wirthensohn, Frankfurt a. M. 2002.

Sebastian Haumann, «‹Stadtindianer› and ‹Indiani Metropolitani›. Recontextua-lizing an Italian Protest Movement in West-Germany», in: *Between Prague Spring and French May. Opposition and Revolt in Europe, 1960–1980*, hg. v. Martin Klimke u. a., New York 2011, 141–53.

Anselm Haverkamp, *Latenzzeit. Wissen im Nachkrieg*, Berlin 2004.

Thomas Hecken, *Das Versagen der Intellektuellen. Eine Verteidigung des Konsums gegen seine deutschen Verächter*, Bielefeld 2010.

Anke te Heesen, *Theorien des Museums zur Einführung*, Hamburg 2012.

Klaus Heinrich, «‹Theorie› des Lachens», in: *Lachen – Gelächter – Lächeln. Reflexionen in drei Spiegeln*, hg. v. Dietmar Kamper u. Christoph Wulf, Frankfurt a. M. 1986, 17–38.

Rudolf Heinz u. Georg Tholen (Hg.), *Schizo-Schleichwege. Beiträge zum Anti-Ödipus*, Bremen 1981.

Agnes Heller, «Paradigm of Production, Paradigm of Work», in: *Dialectical Anthropology*, 6 (1981), 71–79.

Eckhard Henscheid, «Der rasende Fasler», in: ders., *Erledigte Fälle. Bilder deutscher Menschen*, Frankfurt a. M. 1986, 110–17.

Malte Herwig, «In Papiergewittern», in: *Der Spiegel*, 41 (2007) 40, 200–202.

Ina Hitzenauer, *Der oppositionelle Buchmarkt der 1960er und 1970er Jahre in Deutschland*, München 2005.

Dieter Hoffmann-Axthelm u. a., *Zwei Kulturen? Tunix, Mescalero und die Folgen*, Berlin 1979.

Tom Holert, «‹Dispell them›. Anti-Pop und Pop-Philosophie. Ist eine andere Politik des Populären möglich?», in: *Deleuze und die Künste*, hg. v. Peter Gente u. Peter Weibel, Frankfurt a. M. 2007, 168–89.

Jochen Hörisch, *Theorie-Apotheke. Eine Handreichung zu den humanwissenschaftlichen Theorien der letzten fünfzig Jahre, einschließlich ihrer Risiken und Nebenwirkungen*, Frankfurt a. M. 2005.

Shuhei Hosokawa, «Der Walkman-Effekt», übers. v. Birger Ollrogge, in: *Aisthesis. Wahrnehmung heute oder Perspektiven einer anderen Ästhetik*, hg. v. Karlheinz Barck u. a., Berlin 1990.

Rembert Hüser, «Etiketten aufkleben», in: *Das Populäre der Gesellschaft. Systemtheorie und Populärkultur*, hg. v. Christian Huck u. Carsten Zorn, Wiesbaden 2007, 239–60.

Ivan Illich, *Im Weinberg des Textes. Als das Schriftbild der Moderne entstand*, übers. v. Ylva Eriksson-Kuchenbuch, Frankfurt a. M. 1991.

Lorenz Jäger, *Adorno. Eine politische Biographie*, München 2005.

Ders., «Die Jahre, die ihr nicht mehr kennt. Mission Zeitbruch: Fotos von Abisag Tüllmann im Historischen Museum Frankfurt», in: *FAZ*, 26.11.2010.

Ders., «Doch wo sind die Brandstifter geblieben?», in: *FAZ*, 22.2.2013.

Roman Jakobson, *Poesie und Sprachstruktur*, Zürich 1970.

Martin Jay, *The Dialectical Imagination. A History of the Frankfurt School and the Institute of Social Research, 1923–1950*, Boston 1973.

Tony Judt, «Elucubrations: The ‹Marxism› of Louis Althusser», in: ders., *Reappraisals. Reflections on the Forgotten Twentieth Century*, New York 2008, 106–15.

Ernst Jünger, «Über den Schmerz», in: ders., *Blätter und Steine*, Hamburg 1943.

Ders., *Der Arbeiter. Herrschaft und Gestalt*, Stuttgart 1982.

Ders., *Auf den Marmorklippen*, Berlin 1998.

Ders., *Der Waldgang*, Stuttgart 2008.

Ben Kafka u. Jamieson Webster, «No, Oedipus does not exist», in: *Cabinet*, Nr. 42 (2011), 27–30.

Barbara Kalender u. Jörg Schröder, «Der März Verlag – Geschichte und Geschichten», in: Jan-Frederik Bandel u. dies., *Immer radikal, niemals konsequent. Der März Verlag – erweitertes Verlegertum, postmoderne Literatur und Business Art*, Hamburg 2011, 7–163.

Thomas Kapielski, «Baden-Baden. Juni und Juli 1999», in: ders., *Sozialmanierismus*, Berlin 2001, 83–139.

Dirk Käsler, «Soziologie: ‹Flug über den Wolken›. Dirk Käsler über Niklas Luhmanns ‹Soziale Systeme›», in: *Der Spiegel*, 38 (1984) 50, 184–90.

Jürgen Kaube, «Theorieproduktion ohne Technologiedefizit. Niklas Luhmann, sein Zettelkasten und die Ideengeschichte der Bundesrepublik», in: *Was war Bielefeld? Eine ideengeschichtliche Nachfrage*, hg. v. Sonja Asal u. Stephan Schlak, Göttingen 2009, 161–70.

Ders., «Aufklärung ohne Rettungsversprechen. Die Denkfigur, die einem ein Licht aufsteckt: Zum Tod unseres Kollegen Henning Ritter», in: *FAZ*, 25.6.2013.

Susanne Kippenberger, *Kippenberger. Der Künstler und seine Familien*, Berlin 2007.

Dies., «Wie Ingrid und Oswald Wiener keine Ahnung von der Gastronomie hatten, aber alles richtig machten», in: dies., *Am Tisch. Die kulinarische Bohème oder Die Entdeckung der Lebenslust*, Berlin 2012, 122–31.

Friedrich A. Kittler, «Vergessen», in: *Texthermeneutik: Aktualität, Geschichte, Kritik*, hg. v. Ulrich Nassen, Paderborn u. a. 1979, 195–221.

Ders., «Ein Verwaiser», in: *Anschlüsse. Versuche nach Michel Foucault*, hg. v. Gesa Dane u. a., Tübingen 1985, 141–46.

Ders., *Grammophon, Film, Typewriter*, Berlin 1986.

Heinz Dieter Kittsteiner, «Erkenne die Lage. Über den Einbruch des Ernstfalls in das Geschichtsdenken», in: *Sprachen der Ironie – Sprachen des Ernstes*, hg. v. Karl Heinz Bohrer, Frankfurt a. M. 2000, 233–52.

Ders., «Der *Begriff des Politischen* in der heroischen Moderne. Carl Schmitt, Leo Strauss, Karl Marx», in: *Die (k)alte Sachlichkeit. Herkunft und Wirkungen eines Konzepts*, hg. v. Moritz Baßler u. Ewout van der Knaap, Würzburg 2004, 161–87.

John Klein, «The Dispersal of the Modernist Series», in: *Oxford Art Journal*, 21 (1998), 121–35.

Erich Kleinschmidt, «Intensität. Prospekt zu einem kulturpoetischen Modellbegriff», in: *Weimarer Beiträge*, 49 (2003), 165–83.

Jost Philipp Klenner, «Suhrkamps Ikonoklasmus», in: *Zeitschrift für Ideengeschichte*, 6 (2012) 4, 82–91.

Pierre Klossowski, «Circulus vitiosus», in: ders., *Nietzsche und der Circulus vitiosus deus*, übers. v. Ronald Vouillé, München 1986, 403–29.

Alexander Kluge, *Gelegenheitsarbeit einer Sklavin. Zur realistischen Methode*, Frankfurt a. M. 1975.

Norbert Klugmann, «Selten allein. Szenen einer WG», in: *Kursbuch*, Nr. 54 (1978), 163–73.

Gerd Koenen, *Das rote Jahrzehnt. Unsere kleine deutsche Kulturrevolution, 1967–1977*, Köln 2001.

Ders., *Vesper, Ensslin, Baader. Urszenen des deutschen Terrorismus*, Köln 2003.

Ders., «Der transzendental Obdachlose – Hans-Jürgen Krahl», in: *Zeitschrift für Ideengeschichte*, 2 (2008) 3, 5–22.

Traugott König, «Die Abenteuer der Dialektik in Frankreich», in: *Fugen. Deutsch-französisches Jahrbuch für Text-Analytik, Bd. 1*, Olten & Freiburg i. Br. 1980, 282–89.

Alexandre Kojève, *Hegel. Eine Vergegenwärtigung seines Denkens*, Frankfurt a. M. 1975.

Peter Koslowski, *Der Mythos der Moderne. Die dichterische Philosophie Ernst Jüngers*, München 1991.

Joseph Kosuth, «Kunst nach der Philosophie», in: *Über Kunst. Künstlertexte zum veränderten Kunstverständnis nach 1965*, hg. v. Gerd de Vries, Köln 1974, 136–75.

Hans-Jürgen Krahl, *Konstitution und Klassenkampf*, Frankfurt a. M. 1971.

Wolfgang Kraushaar, «‹Unsere Aufgabe die Herbeiführung des wirklichen Ausnahmezustands.› Walter Benjamin, die Studentenbewegung und der große Katzenjammer», in: *Der Ausnahmezustand als Regel. Eine Bilanz der kritischen Theorie*, hg. v. Rüdiger Schmidt-Grépály u. a., Weimar 2013, 114–34.

Ders., «Thesen zum Verhältnis von Alternativ- und Fluchtbewegung. Am Beispiel der frankfurter scene», in: *Autonomie oder Ghetto? Kontroversen über die Alternativbewegung*, hg. v. dems., Frankfurt a. M. 1978, 8–67.

Ders., *«Wann endlich beginnt bei euch der Kampf gegen die heilige Kuh Israel?» München 1970: Über die antisemitischen Wurzeln des deutschen Terrorismus*, Reinbek 2013.

Helmut Kreutzer, «Einleitung», in: Max Bense, *Ausgewählte Schriften*, Bd. 3, Stuttgart 1998.

Benjamin Kunkel, «How Much Is Too Much?», in: *London Review of Books*, 33 (2011) 3, 9–14.

Dieter Kunzelmann, *Leisten Sie keinen Widerstand! Bilder aus meinem Leben*, Berlin 1998.

Rudolf E. Künzli, «Nietzsche und die Semiologie: Neue Ansätze in der französischen Nietzsche-Interpretation», in: *Nietzsche-Studien*, 5 (1976), 263–88.

Dirk van Laak, *Gespräche in der Sicherheit des Schweigens. Carl Schmitt in der politischen Geistesgeschichte der frühen Bundesrepublik*, Berlin 1993.

Klaus Laermann, «Kneipengerede. Zu einigen Verkehrsformen der Berliner ‹linken› Subkultur», in: *Kursbuch*, Nr. 37 (1974), 168–80.

Ders., «Das rasende Gefasel der Gegenaufklärung. Dietmar Kamper als Symptom», in: *Merkur*, Nr. 433 (1985), 211–20.

Ders., «Lacancan und Derridada. Über die Frankolatrie in den Kulturwissenschaften», in: *Kursbuch*, Nr. 84 (1986), 34–43.

Tom Lamberty, «‹Theorie muss aus der Kunstecke rauskommen.› Interview mit Tom Lamberty», in: *taz*, 19.8.2014.

Stephan Landwehr, «Das Schlupfloch der Bohème», in: *Nachtleben Berlin. 1974 bis heute*, hg. v. Wolfgang Farkas, Berlin 2013, 76 f.

Bruno Latour, *Iconoclash oder Gibt es eine Welt jenseits des Bilderkrieges?*, übers. v. Gustav Roßler, Berlin 2002.

Jörg Lau, «Der Jargon der Uneigentlichkeit», in: *Merkur. Sonderheft: Postmoderne. Eine Bilanz*, Nr. 594/95 (1998), 944–55.

Hans-Thies Lehmann u. Helmut Lethen, «Das kollektive Lesen», in: *Berthold Brechts ‹Hauspostille›. Text und kollektives Lesen*, hg. v. dens., Stuttgart 1978, 1–20.

Elisabeth Lenk (Hg.), *Die Badewanne. Ein Künstlerkabarett der frühen Nachkriegszeit*, Berlin 1991.

Dies., «Die sozialistische Theorie in der Arbeit des SDS», in: Theodor W. Adorno u. dies., *Briefwechsel 1962–1969*, München 2001, 171–81.

Wolfgang Leonhard, «Die bedeutsamste Rede des Kommunismus», in: *Aus Politik und Zeitgeschichte* (2006) 17/18, 3–5.

Wolf Lepenies, «Gottfried Benn – Der Artist im Posthistoire», in: *Literarische Profile. Deutsche Dichter von Grimmelshausen bis Brecht*, hg. v. Walter Hinderer, Königstein 1982, 326–37.

Ders., *Kultur und Politik. Deutsche Geschichten*, München 2006.

Ders., «Der wilde Denker. Erinnerungen an Henning Ritter», in: *Die Welt*, 29.6.2013.

Marcel Lepper, «‹Ce qui restera […], c'est un style›. Eine institutionengeschichtliche Projektskizze (1960–1989)», in: *Jenseits des Poststrukturalismus? Eine Sondierung*, hg. v. dems. u. a., Frankfurt a. M. 2005, 51–76.

Ders., «Theoriegenerationen 1945–1989», in: *Zeitschrift für Germanistik*, 18 (2008) 2, 244–49.

Helmut Lethen, *Verhaltenslehren der Kälte. Lebensversuche zwischen den Kriegen*, Frankfurt a. M. 1994.

Ders., «Unheimliche Nähe. Carl Schmitt liest Walter Benjamin», in: *FAZ*, 16.9.1999.

Ders., «Gelegentlich auf Wasser sehen. Benns Inseln», in: *Zeitschrift für Ideengeschichte*, 2 (2008) 4, 45–53.

«Fantasia contrappuntistica – Vom Ton der Väter zum Sound der Söhne. Ein Gespräch mit Helmut Lethen», in: Sabine Sanio, *1968 und die Avantgarde. Politisch-ästhetische Wechselwirkungen in der westlichen Welt*, Sinzig 2008, 97–107.

Ders., *Suche nach dem Handorakel. Ein Bericht*, Göttingen 2012.

Ders. u. Heinz-Dieter Kittsteiner, «‹Jetzt zieht Leutnant Jünger seinen Mantel aus.› Überlegungen zur ‹Ästhetik des Schreckens›», in: *Berliner Hefte*, Nr. 11 (1979), 20–50.

Reinhard Lettau, «Las Vegas der Literatur. Flohzirkus, Schwerpunkttitel und abgeräumte Büfetts», in: *Die Zeit*, 28.10.1977.

David Levine u. Alix Rule, «International Art English. Zur Karriere der Presse-mitteilung in der Kunstwelt», in: *Merkur*, Nr. 769 (2013), 516–27.

Otto Liebmann, *Die Klimax der Theorien*, Straßburg 1884.

Christian Linder, *Der Bahnhof von Finnentrop. Eine Reise ins Carl Schmitt Land*, Berlin 2008.

Rolf Lindner, *Die Stunde der* Cultural Studies, Wien 2000.

Lorenz Lorenz, «Lasst Euch nicht verführen!», in: *Elaste*, Nr. 7 (1983), o. S.

Giovanni di Lorenzo, «VorUrteil. Die Geschichte des Toni Negri», in: *Transatlan-tik*, 5 (1984), 3, 34–41.

Sylvère Lotringer, *Foreign Agent. Kunst in den Zeiten der Theorie*, Berlin 1991.

Ders., «Doing Theory», in: *French Theory in America*, hg. v. dems. u. Sande Cohen, New York 2001, 125–62.

Ders., «German Issues», in: *Sémiotext(e): The German Issue*, 5 (²2009), v–viii.

Ders. u. Christian Marazzi, «The Return of Politics», in: *Sémiotext(e): Autonomia. Post-Political Politics*, 3 (1980) 3, 8–21.

Merve Lowien, *Weibliche Produktivkraft – gibt es eine andere Ökonomie? Erfahrungen aus einem linken Projekt*, Berlin 1977.

Roman Luckscheiter, «Intellektuelle in der Bundesrepublik 1968–1989», in: *Intel-lektuelle im 20. Jahrhundert in Deutschland*, hg. v. Jutta Schlich, Tübingen 2000, 325–41.

Niklas Luhmann, «Die Praxis der Theorie», in: ders., *Soziologische Aufklärung*, Bd. 1, *Aufsätze zur Theorie sozialer Systeme*, Opladen 1970, 253–67.

Ders., «Systemtheoretische Argumentationen. Eine Entgegnung auf Jürgen Ha-bermas», in: *Theorie der Gesellschaft oder Sozialtechnologie – Was leistet die Systemfor-schung?*, hg. v. dems. u. Jürgen Habermas, Frankfurt a. M. 1971, 291–405.

Ders., «Öffentliche Meinung», in: ders., *Politische Planung. Aufsätze zur Soziologie von Politik und Verwaltung*, Opladen 1971, 9–34.

Ders., «Einfache Sozialsysteme», in: ders., *Soziologische Aufklärung*, Bd. 2, *Aufsätze zur Theorie der Gesellschaft*, Opladen 1975, 25–47.

Ders., «Zeit und Handlung – eine vergessene Theorie», in: ders., *Soziologische Auf-klärung*, Bd. 3, *Soziales System, Gesellschaft, Organisation*, Opladen 1981, 115–42.

Ders., *Liebe als Passion*, Frankfurt a. M. 1982.

Ders., *Soziale Systeme*, Frankfurt a. M. 1984.

Ders., *Kann die moderne Gesellschaft sich auf ökologische Gefährdungen einstellen?* Rheinisch-Westfälische Akademie der Wissenschaften, Vorträge, Opladen 1985.

Ders., *Archimedes und wir*, Berlin 1987.

Ders., *Rechtssoziologie*, Opladen ³1987.

Ders., «Die Form ‹Person›», in: ders., *Soziologische Auklärung*, Bd. 6, *Die Soziologie und der Mensch*, Opladen 1995, 137–48.

Ders., *Die Gesellschaft der Gesellschaft*, Frankfurt a. M. 1997.

Ders., «Die Unwahrscheinlichkeit der Kommunikation», in: ders., *Aufsätze und Reden*, Stuttgart 2001, 76–93.

Jean-François Lyotard, *Dérive à partir de Marx et Freud*, Paris 1973.

Ders., *Das Patchwork der Minderheiten. Für eine herrenlose Politik*, übers. v. Clemens-Carl Haerle, Berlin 1977.

Ders., *Intensitäten*, übers. v. Lothar Kurzawa und Volker Schaefer, Berlin 1978.

Ders., «Bemerkungen über die Wiederkehr und das Kapital», in: ebd., 15–34.

Ders., *Apathie in der Theorie*, übers. v. Clemens-Carl Haerle und Lothar Kurzawa, Berlin 1979.

Ders., «Grabmal des Intellektuellen», in: ders., *Grabmal des Intellektuellen*, übers. v. Clemens-Carl Haerle, Wien 1985, 9–19.

Ders., *Immaterialität und Postmoderne*, übers. v. Marianne Karbe, Berlin 1985.

Ders., *Postmoderne für Kinder*, übers. v. Dorothea Schmidt und Christine Pries, Wien 1987.

Ders., «Ein Denkmal des Marxismus», in: ders., *Streifzüge*, übers. v. Hans-Walter Schmidt,Wien 1989, 89–136.

Valerio Marchetti, *L'invenzione della bisessualità. Discussioni fra teologi, medici, e giuristi del XVII secolo sull'ambiguità delle corpi e delle anime*, Mailand 2001.

Henning Marmulla, *Enzensbergers Kursbuch. Eine Zeitschrift um 68*, Berlin 2011.

Odo Marquard, «Exile der Heiterkeit», in: *Poetik und Hermeneutik*, Bd. 7, *Das Komische*, hg. v. Wolfgang Preisendanz u. Rainer Warning, München 1976, 133–51.

Karl Marx, «Der achtzehnte Brumaire des Louis Bonaparte», in: ders. u. Friedrich Engels, *Werke*, Bd. 8, Berlin (Ost) 1975, 111–207.

Ders., «Zur Kritik der Hegelschen Rechtsphilosophie», in: *Marx-Engels-Werke*, Bd. 1, Berlin (Ost) 1976, 378–91.

Günther Maschke, «Im Irrgarten Carl Schmitts», in: *Intellektuelle im Bann des Nationalsozialismus*, hg. v. Karl Corino, Hamburg 1980, 204–41.

Ders., «Positionen inmitten des Hasses. Der Staat, der Feind und das Recht – Der umstrittene Denker Carl Schmitt / Zu seinem Tode», in: *FAZ*, 11.4.1985.

Gert Mattenklott, «Versuch über Albernheit», in: *Lachen – Gelächter – Lächeln. Reflexionen in drei Spiegeln*, hg. v. Dietmar Kamper u. Christoph Wulf, Frankfurt a. M. 1986, 210–23.

Ders., «‹Komm ins Offene, Freund!› Transit ins wilde Denken», in: *Zeitschrift für Ideengeschichte*, 2 (2008) 4, 5–10.

Gert u. Gundel Mattenklott, *Berlin Transit. Eine Stadt als Station*, Frankfurt a. M. 1987.

D. T. Max, «The Art of Conversation. A Star Curator's Migratory Nature», in: *The New Yorker*, 8.12.2014, 64–72.

Günther Mayer, *Weltbild, Notenbild. Zur Dialektik des musikalischen Materials*, Leipzig 1978.

Darrin McMahon u. Samuel Moyn (Hg.), *Rethinking Modern European Intellectual History*, Oxford 2014.

Thomas Meineke, «Die göttliche Linke. Jean Baudrillards Simulations-Theorie», in: *Die Zeit*, 6.3.1987.

Ben Mercer, «The Paperback Revolution. Mass-Circulation Books and the Cultural Origins of 1968 in Western Europe», in: *Journal of the History of Ideas*, 72 (2011), 613–36.

Merkur. Sonderheft: Postmoderne. Eine Bilanz, Nr. 594/95 (1998).

Merkur. Sonderheft: Wirklichkeit! Wege in die Realität, Nr. 677/78 (2005).

Merve-Kollektiv, «Warum wir Rancière publizieren», in: Jacques Rancière, *Wider den akademischen Marxismus*, Berlin 1975, 91 f.

Heinz-Klaus Metzger, «Das Ende der Musikgeschichte», in: *Geist gegen Zeitgeist. Erinnerungen an Adorno*, hg. v. Josef Früchtl u. Maria Calloni, Frankfurt a. M. 1991, 163–78.

Walter Benn Michaels u. Steven Knapp, «Against Theory», in: *Critical Inquiry*, 8 (1982) 4, 723–42.

Karl Markus Michel, «Ein Kranz für die Literatur. Fünf Variationen über eine These», in: *Kursbuch*, Nr. 15 (1968), 169–86.

Martin Mittelmeier, *Adorno in Neapel. Wie sich eine Sehnsuchtslandschaft in Philosophie verwandelt*, München 2013.

Stephan Moebius, *Die Zauberlehrlinge. Soziologiegeschichte des Collège de Sociologie (1937–1939)*, Konstanz 2006.

Armin Mohler, «Links-Schmittisten, Rechts-Schmittisten und Establishment-Schmittisten. Über das erste Carl-Schmitt-Symposium», in: *Criticón*, Nr. 98 (1986), 265–67.

Ders., «Der messianische Irrwisch. Über Jacob Taubes (1923–1987)», in: *Criticón*, Nr. 103 (1987), 219–21.

Ders., «Carl Schmitt und die ‹Konservative Revolution›», in: *Complexio Oppositorium. Über Carl Schmitt*, hg. v. Helmut Quaritsch, Berlin 1988, 129–51.

Reinhard Mohr, *Zaungäste. Die Generation, die nach der Revolte kam*, Frankfurt a. M. 1992.

Daniel Morat, *Von der Tat zur Gelassenheit. Konservatives Denken bei Martin Heidegger, Ernst Jünger und Friedrich Georg Jünger*, Göttingen 2007.

Franco Moretti, *Graphs, Maps, Trees. Abstract Models for a Literary History*, London 2005.

Elke Morlok u. Frederek Musall, «Die Geschichte *seiner* Freundschaft – Gershom Scholem und die Benjamin-Rezeption in der Bonner Republik», in: *Gershom Scholem in Deutschland. Zwischen Seelenverwandtschaft und Sprachlosigkeit*, hg. v. Gerold Necker u. a., Tübingen 2014, 115–43.

David Morris, «This is the End of the Sixties!», in: *Cabinet*, Nr. 44 (2012), 21–26.

Cornelia Möser, *Féminismes en traductions. Théories voyageuses et traductions culturelles*, Paris 2013.

Hans-Joachim Müller, *Harald Szeemann. Ausstellunsgmacher*, Bern 2006.

Heiner Müller, *Rotwelsch*, Berlin 1982.

Ders., *Krieg ohne Schlacht. Leben in zwei Diktaturen*, Köln ⁴1999.

Ders., «Traumhölle in Berlin Paris Bar Eine Ortsbeschreibung», in: *Paris Bar Berlin*, hg. v. Michel Würthle, München 2000, 10.

Ulrich Müller, «Althussers strukturalistische Umdeutung des ‹Kapital›», in: *Das Argument*, 17 (1975), 85–92.

Wolfgang Müller, *Subkultur Westberlin, 1979–1989*, Hamburg 2013.

Manfred Naumann u. a., *Gesellschaft, Literatur, Lesen. Literaturrezeption in theoretischer Sicht*, Berlin 1973.

Oskar Negt, «Nicht das Gold, Wotan ist das Problem. Der jüngste Aufstand gegen die dialektische Vernunft: die ‹Neuen Philosophen› Frankreichs», in: *Der neue Irrationalismus. Literaturmagazin*, Nr. 9, Reinbek 1978, 37–51.

Ders. u. Alexander Kluge, *Öffentlichkeit und Erfahrung. Zur Organisationsanalyse von bürgerlicher und proletarischer Öffentlichkeit*, Frankfurt a. M. 1972.

Uwe Nettelbeck u. Jörg Schröder, *Cosmic*, Schlechtenwegen 1982.

Der neue Irrationalismus. Literaturmagazin, Nr. 9, Reinbek 1978.

Franz Neumann, *Behemoth. The Structure and Practice of National Socialism*, Toronto 1942.

Volker Neumann, «Die Wirklichkeit im Lichte der Idee», in: *Complexio Oppositorum. Über Carl Schmitt*, hg. v. Helmut Quaritsch, Berlin 1988, 557–75.

Lutz Niethammer, *Posthistoire. Ist die Geschichte zu Ende?*, Reinbek 1989.

Nietzsche. Ein Lesebuch von Gilles Deleuze, übers. v. Ronald Vouillé, Berlin 1979.

N. N., «Buback – ein Nachruf», in: *Göttinger Nachrichten*, 25.4.1977.

N. N., «Marcuse: Hilfe von Arbeitslosen», in: *Der Spiegel*, 21 (1967) 25, 103 f.

N. N., «Wißbar wohin. Philosophie», in: *Der Spiegel*, 20 (1966) 29, 76.

Roberto Ohrt, *Phantom Avantgarde. Eine Geschichte der Situationistischen Internationale und der modernen Kunst*, Hamburg 1997.

Albrecht Götz von Olenhusen, *«Der Weg vom Manuscript zum gedruckten Text ist länger, als er bisher je gewesen ist.» Walter Benjamin im Raubdruck 1969 bis 1996*, Lengwil 1997.

Ders., «‹Aufklärung durch Aktion.› Kollektiv-Verlage und Raubdrucke», in: *Buch, Buchhandel und Rundfunk. 1968 und die Folgen*, hg. v. Monika Estermann u. Edgar Lersch, Wiesbaden 2003, 196–212.

Anne von Oswald, «‹Venite a lavorare con la Volkswagen!› ‹Gastarbeiter› in Wolfsburg 1962–1974», in: *Aufbau West – Aufbau Ost. Die Planstädte Wolfsburg und Eisenhüttenstadt in der Nachkriegszeit*, hg. v. Rosmarie Beier, Ostfildern-Ruit 1997, 199–210.

Susanne Padberg u. Anke te Heesen (Hg.), *Musée Sentimental 1979. Ein Ausstellungskonzept*, Ostfildern 2011.

Heidi Paris, *Drei Reden zum Design, Der Spaghettistuhl*, Berlin 2012.

Dies., «Die Brille von Foucault», in: *taz*, 22.6.1979.

Dies. u. Peter Gente, «Psychopathen aller Länder, vereinigt Euch!», in: *taz*, 20.4.1979.

Dies., «Editorische Notiz» in: Harald Szeemann, *Museum der Obsessionen*, Berlin 1981, 225–30.

Dies., «Fuß-Note», in: *Geniale Dilletanten*, hg. v. Wolfgang Müller, Berlin 1982, 126 f.

Dies., «für Buch-Markt», Statement für das gleichnamige Branchenblatt, unveröffentlichtes Typoskript, Berlin 1986 (www.heidi-paris.de/verlag/wider-das-kostbare/).

«Kunst des Büchermachens. Gespräch mit Heide Paris und Peter Gente vom Merve-Verlag», in: *Kunstforum International*, Nr. 100 (1989), 377–80.

«Heidi und Peter» in: *For Sale? A Presentation of New Design on the Border*, hg. v. pro-domo, Wien 1989, o. S. (www.heidi-paris.de/design/for-sale-1982/).

Dies., «Ping-Pong auf der Hochebene von Tibet. Gespräch mit den Betreibern des Merve Verlages», in: *dagegen dabei. Texte, Gespräche und Dokumente zu Strategien der Selbstorganisation seit 1969*, hg. v. Hans-Christian Dany u. a., Hamburg 1998, 127–36.

Dies., «Wunschmaschinen. Stellungnahme zu der Frage: Was hat der Merve Verlag mit Szeemanns Wunschmaschinen zu tun?», in: *Junggesellenmaschinen. Erweiterte Neuausgabe*, hg. v. Hans Ulrich Reck u. Harald Szeemann, Wien 1999, 50–53.

Keith Parsons (Hg.), *The Science Wars. Debating Scientific Knowledge and Technology*, Amherst 2003.

Kathrin Passig, «Das Buch als Geldbäumchen», in: dies., *Standardsituationen der Technologiekritik*, Frankfurt a. M. 2013, 41–54.

Morten Paul, «Vor der Theorie. Jacob Taubes als Verlagsberater», in: *Zeitschrift für Ideengeschichte*, 6 (2012) 4, 29–34.

Robert Pfaller, *Althusser: Das Schweigen im Text. Epistemologie, Psychoanalyse und Nominalismus in Louis Althussers Theorie der Lektüre*, München 1997.

Jean-Luc Pinard-Legry, «Alexandre Kojève. Zur französischen Hegel-Rezeption», in: *Vermittler. Deutsch-französisches Jahrbuch*, Bd. 1, hg. v. Jürgen Sieß, Frankfurt a. M. 1981, 105–17.

Karl Prümm, «Gefährliche Augenblicke. Ernst Jünger als Medientheoretiker», in: *Ernst Jünger: Politik – Mythos – Kunst*, hg. v. Lutz Hagestedt, Berlin 2004, 349–70.

Martin Puder, «Der böse Blick des Michel Foucault», in: *Neue Rundschau*, 83 (1972), 315–24.

Emily Pugh, *Architecture, Politics, & Identity in Divided Berlin*, Pittsburgh 2014.

Florian Rabe u. Norbert Röttgen, *Vulkantänze. Linke und alternative Ausgänge*, München 1978.

Wolfert von Rahden u. Ulrich Raulff, «Distanzgesten. Ein Gespräch über das Zeitschriftenmachen. Interview geführt von Moritz Neuffer und Morten Paul», in: *Grundlagenforschung für eine linke Praxis in den Geisteswissenschaften*, Nr. 1 (2014), 65–87.

Jacques Rancière, *Wider den akademischen Marxismus*, übers. v. Wolfgang Hagen, Konrad Hansel, Otto Kallscheuer und Gerlinde Koch, Berlin 1975.

Ulrich Raulf, «Der nicht-ödipale Wunsch. Notizen zu Deleuze/Guattari: ‹Anti-

Ödipus»», in: *Über die Wünsche. Ein Versuch zur Archäologie der Subjektivität*, hg. v. Dietmar Kamper, München 1977, 64–81.

Ulrich Raulff, «Disco: Studio 54 revisited», in: *Tumult*, Nr. 1 (1979), 55–65.

Ders., «Schneid», in: *Tumult*, Nr. 4 (1982), 122–29.

Ders., «Auf sie mit Gedrill! Martialisch, monumentalisch, mythisch: Michel Foucault erfand die Historie, von der Friedrich Nietzsche träumte», in: *FAZ*, 2.11.1999.

Ders., «Akute Zeichen fiebriger Dekonstruktion. Die Frankfurter Schule und ihre Gegenspieler in Paris: Eine Verkennungsgeschichte aus gegebenem Anlass», in: *SZ*, 21.9.2001.

Ders., «Tod einer Buchmacherin. Der Merve Verlag und seine Leser haben Heidi Paris verloren», in: *SZ*, 19.9.2002.

Ders., «Die *Minima Moralia* nach fünfzig Jahren. Ein philosophisches Volksbuch im Spiegel seiner frühen Kritik», in: *Theodor W. Adorno. ‹Minima Moralia› neu gelesen*, hg. v. Andreas Bernard u. dems., Frankfurt a. M. 2003, 123–31.

Ders., *Kreis ohne Meister. Stefan Georges Nachleben*, München 2009.

Ders., «Foucaults Versuchung», in: *Zeitschrift für Ideengeschichte*, 6 (2012) 4, 11–17.

Ders., *Wiedersehen mit den Siebzigern. Die wilden Jahre des Lesens*, Stuttgart 2014.

Ders. u. Marie Luise Syring, «Sich quer durch die Kultur schlagen. Über die französische Zeitschrift *Traverses*», in: *Tumult. Zeitschrift für Verkehrswissenschaft*, Nr. 1 (1979), 103–7.

Hans Ulrich Reck u. Harald Szeemann (Hg.), *Junggesellenmaschinen. Erweiterte Neuausgabe*, Wien 1999.

Jan Rehmann, *Postmoderner Links-Nietzscheanismus. Deleuze & Foucault. Eine Dekonstruktion*, Hamburg 2004.

Sven Reichardt, *Authentizität und Gemeinschaft. Linksalternatives Leben in den siebziger und frühen achtziger Jahren*, Frankfurt a. M. 2014.

Klaus Reichert, «Adorno und das Radio», in: *Sinn und Form*, 62 (2010) 4, 454–65.

Aribert Reimann, *Dieter Kunzelmann. Avantgardist, Protestler, Radikaler*, Göttingen 2009.

Hans-Jörg Rheinberger, «Die erkenntnistheoretischen Auffassungen Althussers», in: *Das Argument*, 17 (1975) 11/12, 922–51.

Ders., *Rekurrenzen. Texte zu Althusser*, Berlin 2014.

Ders., «My Road to History of Science», in: *Science in Context*, 26 (2013) 4, 639–48.

Cord Riechelmann, «Nachwort», in: Harald Fricke, *Texte 1990–2007*, Berlin 2010, 149–54.

Henning Ritter, «Akosmisch. Zum Tod von Jacob Taubes», in: *FAZ*, 24.3.1987.

Ders., «Mein Besuch bei Carl Schmitt», in: *FAZ*, 9.12.2006.

Ders., «Wenn Adorno spricht», in: *FAZ*, 11.10.2008.

Ders., *Notizhefte*, Berlin 2010.

Ders., «Klaus Heinrich. Die lange Lehre zum kurzen Protest», in: ders., *Verehrte Denker*, Springe 2012, 67–78.

Ders., «Jacob Taubes. Verstehen, was da los ist», in: ebd., 27–66.

Andreas Rosenfelder, «Der hedonistische Mönch. Was hätte er zur Verstaatlichung des Finanzwesens gesagt? Was zur Lage in Iran? 25 Jahre nach seinem
Tod fehlt uns Foucault mehr denn je», in: *Frankfurter Allgemeine Sonntagszeitung*,
21.6.2009.

Florian Rötzer, «Die Rache der Dinge», in: Jean Baudrillard, *Das System der
Dinge. Über unser Verhältnis zu den alltäglichen Gegenständen*, Frankfurt a. M. 1991,
250–63.

Peter Rühmkorf, *Die Jahre, die Ihr kennt. Anfälle und Erinnerungen*, Reinbek 1972.

Tobias Rüther, *Helden. David Bowie und Berlin*, Berlin 2008.

Michael Rutschky, *Erfahrungshunger. Ein Essay über die siebziger Jahre*, Köln 1980.

Ders., *Wartezeit. Ein Sittenbild*, Köln 1983.

Ders., «Erinnerungen an die Gesellschaftskritik», in: *Merkur*, Nr. 423 (1984), 28–38.

Ders., «Panzerhaut der DDR. Die Ruinierung der Berliner Mauer», in: *Ruinen des
Denkens. Denken in Ruinen*, hg. v. Norbert Bolz u. Willem van Reijen, Frankfurt
a. M. 1996, 59–90.

Ders., «Fassungslose Traurigkeit. Bewusstseinsstoff für soziale Aufsteiger: Vor
50 Jahren erschien Adornos ‹Minima Moralia›», in: *Die Welt*, 17.11.2001.

Ders., «Der Lachkrampf», in: *Merkur. Sonderheft: Lachen*, Nr. 641/42 (2002),
931–34.

Adriano Sack u. a., «Dschungel. Yes, we could», in: *Liebling* (2008) 11/12.

Adelheid von Saldern, «Markt für Marx. Literaturbetrieb und Lesebewegungen
in der Bundesrepublik in den Sechziger- und Siebzigerjahren», in: *Archiv für
Sozialgeschichte*, 44 (2004), 149–80.

Uta Liebmann Schaub, «Foucault, Alternative Presses, and Alternative Ideology
in West Germany: A Report», in: *German Studies Review*, 12 (1989) 1, 139–53.

Marie-Luise Scherer, «Der RAF-Anwalt Otto Schily», in: dies., *Ungeheurer Alltag.
Geschichten und Reportagen*, Reinbek 1988, 132–43.

Joachim Schickel (Hg.), *Guerilleros, Partisanen. Theorie und Praxis*, München 1970.

Ders., *Gespräche mit Carl Schmitt*, Berlin 1993.

Schily u. Ströbele, *Plädoyers einer politischen Verteidigung. Reden und Mitschriften aus dem
Mahler-Prozeß*, hg. v. der Roten Hilfe Westberlin, Berlin 1973.

Gunzelin Schmid Noerr, «Die Stellung der ‹Dialektik der Aufklärung› in der Entwicklung der Kritischen Theorie. Bemerkungen zu Autorschaft, Entstehung,
einigen theoretischen Implikationen und späterer Einschätzung durch die Autoren», in: Max Horkheimer, *Gesammelte Schriften*, Bd. 5, *«Dialektik der Aufklärung»
und Schriften 1940–1950*, Frankfurt a. M. 1987, 423–52.

Henning Schmidgen, «Begriffszeichnungen. Über die philosophische Konzeptkunst von Gilles Deleuze», in: *Deleuze und die Künste*, hg. v. Peter Gente u. Peter
Weibel, Frankfurt a. M. 2007, 26–53.

Thomas E. Schmidt, «Als ich mal dazugehörte. Szenenbildung Anfang der Achtziger», in: *Merkur*, Nr. 773/74 (2013), 957–66.

Gerhard Schmidtchen, «Lesekultur in Deutschland. Ergebnisse repräsentativer Buchmarktstudien für den Börsenverein des Deutschen Buchhandels», in: *Börsenblatt für den Deutschen Buchhandel*, 24 (1968) 70, 1977–2152.

Stephan Schmidt-Wulffen, «Alles in allem – Panorama ‹wilder› Malerei», in: *Tiefe Blicke. Kunst der achtziger Jahre aus der Bundesrepublik Deutschland, der DDR, Österreich und der Schweiz*, hg. v. Verein der Freunde und Förderer des Hessischen Landesmuseums in Darmstadt, Köln 1985, 17–95.

Carl Schmitt, *Theorie des Partisanen. Zwischenbemerkung zum Begriff des Politischen*, Berlin 1963.

Ders., *Der Begriff des Politischen*, Berlin 1991.

Carl Schmitt – Briefwechsel mit einem seiner Schüler, hg. v. Armin Mohler, Berlin 1995.

Hans Schmoller, «The Paperback Revolution», in: *Essays in the History of Publishing. In Celebration of the 250th Anniversary of the House of Longman 1724–1974*, hg. v. Asa Briggs, London 1974, 283–319.

Detlev Schöttker, «Postalische Jagden. Ernst Jüngers Präsenz in der deutschen Literatur und Publizistik nach 1945», in: *Ernst Jünger. Arbeiter am Abgrund*, hg. v. Stephan Schlak u. a., Marbach 2010, 221–45.

Dirk Schümer, «Lachen mit Bachtin – ein geisteshistorisches Trauerspiel», in: *Merkur. Sonderheft: Lachen*, Nr. 641/42 (2002), 847–54.

Dietrich Schwanitz, «Der Zauberer hext sich selber weg. Operation Systemtheorie abgeschlossen: Niklas Luhmann macht die unsichtbare Gesellschaft sichtbar», in: *FAZ*, 14.10.1997.

Michael Schwarz, «Adorno in der Akademie der Künste. Vorträge 1957–1967», in: *Zeitschrift für Kritische Theorie*, Nr. 36/37 (2013), 207–16.

Rolf Schwendter, *Theorie der Subkultur*, Köln 1970.

Alexander Sedlmaier, «Konsumkritik und politische Gewalt in der linksalternativen Szene der siebziger Jahre», in: *Das Alternative Milieu. Antibürgerlicher Lebensstil und linke Politik in der Bundesrepublik Deutschland und Europa 1968–1983*, hg. v. Sven Reichardt u. Detlef Siegfried, Göttingen 2010, 185–205.

Manuel Seitenbecher, *Mahler, Maschke & Co. Rechtes Denken in der 68er Bewegung?*, Paderborn 2013.

Walter Seitter, «Strukturalistische Stichpunkte zur Politik», in: Frank Böckelmann u. a., *Das Schillern der Revolte*, Berlin 1978, 83–91.

Ders., «Vom rechten Gebrauch der Franzosen», in: *Tumult*, Nr. 15 (1991), 5–14.

Ders., *Menschenfassungen. Studien zur Erkenntnispolitikwissenschaft*, Weilerswist ²2012.

Bernard Semmel (Hg.), *Marxism and the Science of War*, Oxford 1981.

Richard Sennett, *Verfall und Ende des öffentlichen Lebens. Die Tyrannei der Intimität*, übers. v. Reinhard Kaiser, Frankfurt a. M. 1983.

Michel Serres, *Hermes I: Kommunikation*, übers. v. Michael Bischoff, Berlin 1991.

Wolf Jobst Siedler u. Elisabeth Niggemeyer, *Die gemordete Stadt. Abgesang auf Putte und Straße, Platz und Baum*, Berlin 1993.

Detlef Siegfried, *Sound der Revolte. Studien zur Kulturrevolution um 1968*, Weinheim 2008.

319

Laura Silverberg, «Between Dissonance and Dissidence: Socialist Modernism in the German Democratic Republic», in: *The Journal of Musicology*, 26 (2009), 44–84.

Stuart Sim, *Post-Marxism. An intellectual history*, London 2000.

Peter Sloterdijk, *Kritik der zynischen Vernunft*, Bd. 1, Frankfurt a. M. 1983.

Ders., *Zeilen und Tage. Notizen 2008–2011*, Berlin 2012.

Nicolaus Sombart, *Jugend in Berlin, 1933–1943. Ein Bericht*, Frankfurt a. M. 1986.

Ders., *Pariser Lehrjahre, 1951–1954. Leçons de sociologie*, Hamburg 1994.

Ders., *Journal intime 1982/83. Rückkehr nach Berlin*, Berlin 2005.

Susan Sontag, *Against Interpretation*, New York 1966.

Dies., *Wiedergeboren. Tagebücher 1947–1963*, übers. v. Kathrin Razum, München 2010.

Kurt Sontheimer, *Das Elend unserer Intellektuellen. Linke Theorie in der Bundesrepublik Deutschland*, Hamburg 1976.

Enno Stahl, «Bolz, Hörisch, Kittler und Winkels tanzen im Ratinger Hof. Was körperlich-sportiv begann, setzt sich auf anderer Ebene fort: Diskurs-Pogo», in: *Kultur & Gespenster*, Nr. 6 (2008), 108–17.

Josef W. Stalin, *Marxismus und Fragen der Sprachwissenschaft*, übers. v. Heinz D. Becker, München 1968.

Ders., *Zu den Fragen des Leninismus. Eine Auswahl*, Frankfurt a. M. 1970.

Georg Stanitzek, «Die Bohème als Bildungsmilieu: Zur Struktur eines Soziotops», in: *Soziale Systeme*, 16 (2010) 2, 404–18.

Ders., *Essay – BRD*, Berlin 2011.

Ders.: «Gebrauchswerte der Ideologiekritik», in: *Theorietheorie. Wider die Theoriemüdigkeit in den Geisteswissenschaften*, hg. v. Mario Grizelj u. Oliver Jahraus, München 2011, 231–59.

Jochen Stankowski u. Christof Windgätter, «Der Rauten-Macher. Gespräch über den Merve-Verlag», in: Christof Windgätter, *Verpackungen des Wissens. Materialität und Markenbildung in den Wissenschaften*, Wien 2012, 57–70.

Verena Stefan, *Häutungen*, München 1975.

George Steiner, «Adorno: Love and Cognition», in: *Times Literary Supplement*, 9.3.1973, 253–55.

Klaus Stern u. Jörg Herrmann, *Andreas Baader. Das Leben eines Staatsfeindes*, München 2007.

Elettra Stimilli (Hg.), *Der Preis des Messianismus. Briefe von Jacob Taubes an Gershom Scholem und andere Materialien*, Würzburg 2006.

Leo Strauss, Alexandre Kojève u. Friedrich Kittler, *Kunst des Schreibens*, Berlin 2009.

Harald Szeemann, «Monte Verità – Berg der Wahrheit», in: *Mont Verità. Berg der Wahrheit. Lokale Anthropologie als Beitrag zur Wiederentdeckung einer neuzeitlichen sakralen Topologie*, hg. v. dems., Mailand 1980, 5–9.

Ders., *Museum der Obsessionen*, Berlin 1981.

Ders., *Individuelle Mythologien*, Berlin 1985.

«Elite oder Avantgarde? Jacob Taubes im Gespräch mit Wolfert von Rahden und Norbert Kapferer». in: *Tumult*, Nr. 4 (1982), 64–76.

Jacob Taubes, *Ad Carl Schmitt. Gegenstrebige Fügung*, Berlin 1987.

«Jacob Taubes», in: *Denken, das an der Zeit ist*, hg. v. Florian Rötzer, Frankfurt a. M. 1987, 305–19.

Jacob Taubes, «Ästhetisierung der Wahrheit im Posthistoire», in: *Streitbare Philosophie. Margherita von Brentano zum 65. Geburtstag*, hg. v. Gabriele Althaus u. a., Berlin 1988, 41–51.

Ders., «Ein Brief», in: *Paris Bar Berlin*, hg. v. Michel Würthle, München 2000, 19.

Mark Terkessidis, «Als die Kämpfe kleiner wurden. In 30 Jahren von der ‹Internationalen Marxistischen Diskussion› zum ‹Internationalen Merve Diskurs›», in: *Jungle World*, 26.1.2000.

Frithjof Thaetner, «Trauerrede für Heidi Paris», in: *Für Heidi Paris*, Berlin 2003, 21–4.

Roger Thiel, «Ästhetik der Aufklärung – Aufklärung der Ästhetik. Eine kritische Physiognomie der *edition suhrkamp*», in: *Wolfenbütteler Notizen zur Buchgeschichte*, 15 (1990) 1, 1–47.

Edward P. Thompson, *Die Entstehung der englischen Arbeiterklasse*, Bd. 1, übers. v. Lotte und Mathias Eidenbenz, Christoph Groffy, Thomas Lindenberger, Gabriele Mischkowski und Ray Mary Rosdale, Frankfurt a. M. 1987.

Rolf Tiedemann, «Editorische Nachbemerkung», in: Theodor W. Adorno, *Gesammelte Schriften*, Bd. 15, *Komposition für den Film. Der getreue Korrepititor*, Frankfurt a. M. 1976, 405 f.

Martin Treml, «Paulinische Feindschaft. Korrespondenzen von Jacob Taubes und Carl Schmitt», in: *Jacob Taubes – Carl Schmitt. Briefwechsel mit Materialien*, hg. v. Herbert Kopp-Oberstebrink u. a., München 2012, 273–99.

Ders. u. Herbert Kopp-Oberstebrink, «Netzwerker, Projektemacher. Die goldenen Jahre der Philosophie an der Freien Universität Berlin: Ein Gespräch über den abwesenden Herrn Taubes», in: *Der Freitag*, 13.10.2010.

Mario Tronti, *Arbeiter und Kapital*, übers. v. Karin Monte und Wolfgang Rieland, Frankfurt a. M. 1974.

Siegfried Unseld, «Schmidt, Bonn, Suhrkamp. Aus Siegfried Unselds ‹Chronik›», in: *Zeitschrift für Ideengeschichte*, 4 (2010) 4, 99–106.

Reinhold Urmetzer, «Müll-Abfuhr. Lyotards politische Annäherung an Duchamp», in: *taz*, 26.2.1988.

Armando Verdiglione, *Antipsychiatrie und Wunschökonomie. Materialien des Kongresses ‹Psychoanalyse und Politik› in Mailand 8.–9. Mai 1973*, übers. v. Martin Pfeiffer, Berlin 1976.

Nina Verheyen, *Diskussionslust. Eine Kulturgeschichte des «besseren Arguments» in Westdeutschland*, Göttingen 2010.

Paul Veyne, *Der Eisberg der Geschichte. Foucault revolutioniert die Historie*, Berlin 1981.

Guido Viale, *Die Träume liegen wieder auf der Strasse. Offene Fragen der deutschen und italienischen Linken nach 1968*, übers. v. Susanne Schoop und Michaela Wunderle, Berlin 1979.

Paul Virilio, «Der Urfall (Accidens originale)», übers. v. Ulrich Raulff, in: *Tumult*, Nr. 1 (1979), 77–82.

«Versuche, per Unfall zu Denken. Gespräch mit Paul Virilio», übers. v. Ulrich Raulff und Luise Syring, in: ebd., 83–87.

Ders., «Projekt für eine Katastrophen-Zeitschrift», übers. v. Ulrich Raulff, in: *Tumult*, Nr. 2 (1979), 128.

Ders., *Geschwindigkeit und Politik*, übers. v. Ronald Vouillé, Berlin 1980.

Ders., *Bunker-Archäologie*, übers. v. Bernd Wilczek, München 1992.

Paolo Virno, *Grammatik der Multitude. Untersuchungen zu gegenwärtigen Lebensformen*, übers. v. Thomas Atzert, Berlin 2005.

Sabine Vogel, «Die Kunst des Verschwindens. Es begann im Geist der 68er Bewegung: Jetzt hat der Berliner Buchverleger Peter Gente sein Lebenswerk, den Merve Verlag, weitergegeben», in: *Berliner Zeitung*, 2.1.2008.

Christian Voller, «Kommunikation verweigert. Schwierige Beziehungen zwischen Blumenberg und Adorno», in: *Zeitschrift für Kulturphilosophie*, 7 (2013) 2, 381–405.

Wilhelm Voßkamp, «Gattungen als literarisch-soziale Institutionen», in: *Textsortenlehre – Gattungsgeschichte*, hg. v. Walter Hinck, Heidelberg 1977, 27–44.

L. W., «Der maskierte Philosoph», in: *taz*, 12.6.1981.

Max Weber, «‹Energetische› Kulturtheorien», in: ders., *Gesammelte Aufsätze zur Wissenschaftslehre*, Tübingen 1985, 399–425.

Nikolaus Wegmann, «Wie kommt die Theorie zum Leser? Der Suhrkamp-Verlag und der Ruhm der Systemtheorie», in: *Soziale Systeme*, 16 (2010) 2, 463–70.

Hans-Ulrich Wehler, «Geschichte – von unten gesehen», in: *Die Zeit*, 3.5.1985.

Dieter Wellershoff, «Infantilismus als Revolte oder das ausgeschlagene Erbe – Zur Theorie des Blödelns», in: *Poetik und Hermeneutik*, Bd. 7, *Das Komische*, hg. v. Wolfgang Preisendanz u. Rainer Warning, München 1976, 335–57.

Klaus Weinhauer, «Heroinszenen in der Bundesrepublik Deutschland und in Großbritannien der siebziger Jahre. Konsumpraktiken zwischen staatlichen, medialen und zivilgesellschaftlichen Einflüssen», in: *Das Alternative Milieu. Antibürgerlicher Lebensstil und linke Politik in der Bundesrepublik Deutschland und Europa 1968–1983*, hg. v. Sven Reichardt u. Detlef Siegfried, Göttingen 2010, 244–63.

Harald Weinrich, «Lesen – schneller lesen – langsamer lesen», in: *Neue Rundschau*, 84 (1984) 3, 80–99.

Oswald Wiener, «Austria go home!», in: *Sémiotext(e): The German Issue*, 5 (²2009), 222–32.

Ders., «Turings Test. Vom dialektischen zum binären Denken», in: *Kursbuch*, Nr. 75 (1984), 12–37.

Geoffrey Winthrop-Young, «Drill and Distraction in the Yellow Submarine: On the Dominance of War in Friedrich Kittler's Media Theory», in: *Critical Inquiry*, 28 (2002) 4, 825–54.

Ders., «Kittler und seine Terroristen», in: *Tumult*, Nr. 40 (2012), 70–78.

Tom Wolfe, *The Painted Word*, New York 1975.

Steve Wright, *Den Himmel stürmen. Eine Theoriegeschichte des Operaismus*, übers. v. Dirk Hauer, Berlin 2005.

Antonia Wunderlich, *Der Philosoph im Museum. Die Ausstellung ‹Les Immatérieaux› von Jean-François Lyotard*, Bielefeld 2008.

Michel Würthle, «Die Verführung der Kunst», in: *Nachtleben Berlin. 1974 bis heute*, hg. v. Wolfgang Farkas, Berlin 2013, 78–85.

Bildnachweis

Personenregister

Folgende Doppelseite: *Boris Becker, Der Gropius-Bau mit der Mauer im Rücken, Berlin, Anfang der 1980er Jahre*